HOMELIES
FESTIVES,

De Meſsire IEAN PIERRE CAMVS,
Eueſque & Seigneur de Belley.

A ROVEN,

Chez la Veſue DV BOSC, dans
la Court du Palais.

M. DC. XXXV.

A MONSEIGNEVR L'ILLVSTRISSIME ET Reuerendissime Cardinal de la Roche-Foucault, Euesque de Senlis.

MONSEIGNEUR,

Ceux-là sont estimez heureux par le ieune Pline, qui ont receu ceste grace du Ciel, d'escrire des choses dignes d'estre leuës: plus heureux ceux qui en font de dignes d'estre escrites: tres-heureux ceux qui peuuent & l'vn & l'autre. Les ouurages que vous auez donné au public, & vos exercices ordinaires tesmoignent que vous auez tout cela, & tout cela me manque: trop heureux si seulement ie pouuois escrire des choses dignes d'estre faites. Telles sont celles que vous presen-

EPISTRE.

sent ces Homelies, où ie recite tout simplement selon le styl de la verité, les grandes vertus que Dieu a operees en ses Saincts. Vous y verrez l'original des vostres en prou d'endroits, & serez bien estonné que i'ay peu deuiner vos imitations, & plus encores de voir estale en public ce que vous faites en secret, tirant des florissantes actions des Saincts, le miel de vostre perfection, sicut apis argumentosa, comme parle l'Eglise, à l'imitation de S. Antoine, duquel S. Athanase escrit que des vertus de tous les Saincts, il composa en soy le Sainct de toutes les vertus; à l'instar d'Appelles qui tira sa Venus dame de toutes les beautez, de la beauté de toutes les Dames de Grece. Ie n'en dis pas dauantage, puisque vostre humilité cache tant de feux sous sa cendre: & S. Gregoire m'apprend que Sapiens cùm laudatur in ore, flagellatur in aure, & contristatur in mente. S'il vous plaisoit de communi-

EPISTRE.

quer ces Predications Festiues le merite d'estre leuës; comme elles representent des vertus tres-dignes d'estre faites, c'est le plus haut poinct où elles aspirent; leur pauureté fera de vous cét emprunt, Monseigneur, & l'esclat de vostre nom leur prestera aisément cét aduantage. Presumant de vostre benignité que vous continuerez à ces productions spirituelles, les mesmes tendres affections que vostre saincte charité, a tesmoignees à leur autheur, qui tient à gloire de se publier,

MONSEIGNEVR,

Vostre tres-humble & tres-affectionné seruiteur,
IEAN PIERRE Euesque de Belley.

TABLE DES HOMELIES FESTIVES.

Homelie **D**E la vocation de S. André. fol. 1
Des loüanges de sainct Nicolas. 13
De l'immaculee Conception de la B. Vierge. 28
De l'incredulité de S. Thomas. 42
De la Natiuité de nostre Seigneur I.C. 53
De la lapidation de sainct Estienne. 72
Des graces de Dieu en S. Ieã l'Euangeliste. 84
Le massacre des SS. Innocens. 99
De la Circoncision de nostre Seigneur. 114
De l'adoration des Mages, en l'Epiphanie. 130
Eloge de S. Antoine. 144
Des fléches de S. Sebastien. 159
Zodiaque spirituel, en la Conuersion de S. Paul. 170
De la Purification de la saincte Vierge. 186
De l'election de sainct Mathias. 167
Des qualitez de sainct Ioseph. 209
De l'Annonciation. 224
De l'Euangeliste sainct Marc. 239
De la cognoissance de Dieu. Pour la feste de S. Philippes & sainct Iacques. 250

Table des Homelies.

De l'Inuention de la saincte Croix. 262
D'aspirer au ciel, en l'Ascension de nostre Seigneur. 273
De la venuë du S. Esprit à la Pentecoste. 285
De l'amour de Dieu. Pour le Lundy de la Pentecoste. 299
Porte mystique. Pour le Mardy de Pentecoste. 312
De la tressaincte Trinité. 324
Rapports du soleil à la sacree Eucharistie. Pour la feste du tressainct Sacrement. 337
De sainct Barnabé. 351
Des excellences de sainct Iean Baptiste. Pour le iour de sa naissance. 361
Au iour du Martyre des SS. Apostres Pierre & Paul. 373
La Penitente Magdaleine. 386
Contre l'ambition, en la feste de S. Iacques le Majeur. 401
Panegyre de saincte Anne. 412
Des liens de S. Pierre. 425
Sainct Dominique conferé au Temple de Salomon. 436
Des flammes de sainct Laurens. 451
De l'Assomptiō de la tres-sainte Vierge. 463
De la priere solitaire. Pour la feste de sainct Barthelemy. 475
De la Natiuité nostre Dame. 485

Table des Homelies.

Paralleles du peché au Serpent. Pour l'Exaltation de la saincte Croix. 498
De la vocation de sainct Matthieu. 517
De la Devotion vers les saincts Anges, en la feste de sainct Michel. 528
S. François, Temple mystique. 539
De l'Evangeliste sainct Luc. 550
De la dilection du prochain, & haine du monde, au iour des SS. Simon & Iude. 563
Le dernier Pseaume de David expliqué, & appliqué à la feste de tous les saincts. 576
De la mort. En la commemoration des fideles Trespassez. 591
Liberalité pieuse de sainct Martin. 604
Loüanges de saincte Catherine. 616

Approbation des Docteurs.

Nous soubs-signez Docteurs en la Faculté de Paris, certifions auoir leu les premieres Homelies Festiues de Messire Iean Pierre Camus, Euesque & Seigneur de Belley, ausquelles n'auons rien trouué qui ne soit conforme à la foy de la saincte Eglise Catholique, Apostolique & Romaine. Faict à Paris, ce quatorziesme Nouembre 1616.

F. E. CORRANIN, *Gardien des Cordeliers de Paris.*

F. P. LE FRANC, *Docteur Regent.*

HOMELIES
FESTIVES,

DE MESSIRE

IEAN PIERRE CAMVS,
Euesque & Seigneur de Belley.

XXX. NOVEMBRE.

De la vocation de S. André.

HOMELIE.

Ambulans Iesus iuxta mare Galilea.
Matth. 4.

Es rays Solaires par la douceur de leur allechement esleuent en l'air les vapeurs qui se trouuent disposées à leur attraction, & les purifient esleuees. Les attraicts des yeux be-

A

Mala. 4 nins du Soleil de Iustice dardans ordinairement
Ps. 33. sur les iustes, *Oculi domini super iustos*, enleuent à
soy ces cœurs preparez par leurs aspirations à la
reception de ses sacrées inspirations.

  Cela paroist clairement en la vocation du
B. Apostre S. André, duquel nous celebrons
auiourd'huy la feste, lequel au premier appel
de N. S. quitta tout pour le suiure. Le texte
Euangelique narre ponctuellement ceste vocation, lequel expliquant mot apres mot nous y
verrons, 1. que *Iesus cheminant*, 2. *iouxta la mer de
Galilee*, 3. *regarda les deux freres Simon & André
qui peschoient*, 4. *& il leur dit: venez apres moy*, 5. *ie
vous veux faire pescheurs d'hommes*, 6. *& soudain
quittans leurs filets il le suiuirent*. Voila nostre
ordre.

  Le Soleil bel œil du monde est tousiours ouuert, ce beau flambeau de l'Vniuers rode sans
Prou. 31 cesse, *& non extinguitur in nocte lucerna eius*. Sa
splendeur esclaire les quatre coins, & le milieu
de ceste grande machine par vne ronde incessante. Vne seule retrogradation de peu de lignes, vn parer momentanee de ce grand astre,
seruent aux lecteurs des histoires sainctes d'estonnement & d'admiration. Tant que la belle
ame de N. S. a battu dans ses flancs en ceste
vie mortelle, que pour nous il a trainee si angoisseuse icy bas, il a tousiours esté en perpetuelle action pour nostre salut: & maintenant
3. Ieã. 2. qu'il est en gloire, il ne cesse *de prier son pere pour
1. Ioã. 5.* nous*, & ce pere, *operatur continuò vsque adhuc*,
soit en la production des ames, soit en la conduite de l'Vniuers.

Festiues.

Pource ne se faut-il pas estonner si nostre texte dit que *Iesus cheminoit*, car helas quand s'est-il iamais reposé ? quand a-il cessé de procurer le salut des ames ? Dormant pour la necessité corporelle, si est-ce que son cœur veilloit, il le dit luy-mesme, *Ego dormio, sed cor meum vigilat*.

Il se lit bien qu'vne fois, *fatigué du chemin*, son beau visage decoulant de sueur, & baigné de ses larmes, *il s'assit sur le bord d'vn puits* : mais le texte y met la particule *sic*, ainsi comme voulant dire qu'il n'y estoit que comme l'oyseau sur la branche, prest de prendre vn nouueau vol, vn nouuel essor. Ioan. 4.

Et encore en ce moment de repos inquiete, voyez comme il a soif de la conuersion d'vne Samaritaine, laquelle en fin il gagne à son pere.

C'est luy qui a mis *son tabernacle dans le Soleil*, pour denoter son perpetuel tournoyement, *& ipse tanquam sponsus procedens de thalamo suo. Exultauit vt Gygas*, &c. Ps. 18.

Les Naturalistes tiennent que des diuers branfles des Cieux naist la varieté de leurs influences. Ainsi le Roy des Cieux roulant dans le monde la sphere de son humanité, darde çà & là plusieurs secrettes inspirations dans les cœurs.

Et comme le sont, à ce qu'on dict, les planettes, qui dans les entrailles de la terre forment les diuers metaux, chacune ayant le sien affecté selon les Chymistes. Ainsi selon les aspects de nostre Seigneur se façonnent les diuerses inspirations & mouuements occultes des cœurs.

A 2

Voyez combien la Colomne de feu traînoit après soy d'Israëlites, & puis considerez combien les attraicts de Nostre Seigneur attiroient après luy de milliers de personnes jusques dans le cœur des plus affreux deserts, charmez du doux son de sa parole, emportez par l'exemple de sa vie, & transportez par l'admiration des œuvres miraculeuses qu'il operoit à la face de tous.

Ô mon Sauveur à ce cheminer voster, j'approuy bien que vous estes pelerin, & passager sur la terre comme nos peres selon la chair Abraham, Isaac, & Iacob. Donnez-moy, ô mon Redempteur, qu'à vostre imitation ie n'attache mon cœur à rien de terrestre, à fin que plus à l'ayse, & librement ie parfournisse la carriere de mon pelerinage mortel.

Psal. 38

Donnez-moy que suyvant vos pas bien-heureux, ie face allaigrement & dispostement mes visites au petit parc de ce Diocese, qu'il a pleu à vostre misericorde commettre à ma sollicitude : ostez-moy toute langueur & paresse, & inspirez-moy un sainct zele des ames desquelles ie suis responsable au tribunal de vostre Iustice.

Sus, mes freres tres-doux, baisons les vestiges sacrez de ce cher Sauveur qui ne faict que cheminer après nostre conqueste. Le voyez-vous ce sien de cherse, le voyla dict l'Espouse, qu'il vient sautillant & bondissant de coline en montagne.

Cant. 1.

Voy la deux pelerins disciples qui s'en vont à val de route en Emaüs, en danger de faire banqueroute à leur foy : voyla qu'il accourt &

à la moindre parole, il embrase leurs cœurs, & ou- Luc 24.
ure leurs yeux à la fraction du pain, puis il disparoist.
Quantesfois, ô mon frere bien-aymé, t'a il faict
ceste grace, te ramenant à la componction par
vne predication, de sa t'envoyant à vn confessoire, puis se communiquant à ton cœur en te
communiant par la bouche, par la participation
de son sacré, & sucré corps?

Combien de fois a-il esté trouué de ceux qui ne le cer- Cant. 5.
choient pas, ains qui le fuyoient? quantesfois s'est il Isa. 46.
fait sentir; combien ramené à leur cœur de prevari-
cateurs? Ruben trouue sans y penser en vn champ Gen. 30.
des Mandragores, qui guerissent la sterilité de
Rachel: ô qui pourroit narrer les inuentions
qu'a Nostre Seigneur de conuertir les ames
pecheresses par des voyes inopinées, & inscrutables?

La vie des Saincts trouuee fortuitement &
leuë faute de Romans, voyla la conuersion du
B. Ignace fondateur de la grande Compagnie
de Iesus.

Ainsi vne predication entendue auec attention, vne disgrace du monde, vne maladie, vne
admonition, font des effects impreueus telle
fois, & du tout admirables.

O que le Royaume des Cieux est voirement Mat. 13.
bien comparé à vn thresor caché en vn champ trouué
à l'improuiste.

Benitte soit vostre bonté mon Redempteur,
si preste & prompte à nous bien faire, que vous
vous appellez la porte ouuerte, par laquelle celuy qui Ioã. 10.
entrera trouuera & en vous des pasturages abondans. Et
qui comme vn amant estes tousiours à la porte

de nos cœurs, y heurtant sans cesse pour y entrer, & nous combler des biens inseparables de vostre saincte presence. Vous estes pour mon bien en mouuement perpetuel, & le premier agent de ma diuersion de la terre, & de ma conuersion à vous: si vous commencez ie suis, ie poursuis, *dilectus meus mihi, & ego illi, ego dilecto meo, & ad me conuersio illius.*

II. Ce chemin de Nostre Seigneur nous a faict faire vne longue traitte, voyons où c'est, & c'est *sur le riuage de la mer de Galilee.* Peinture du monde qui comme la mer est ainsi dite de son amertume, est ainsi appellé pour son immondicité.

Mais mer de Galilee, qui veut dire volubilité, & y a il rien de plus inconstant que le monde? *Mirabiles elationes maris.* Merueilleux en ses souslevemens, & en ses absorptions, *pauperem facit, & ditat: humiliat, & sublevat.*

C'est vn grand miracle que *cheminer sur la mer,* & vne plus grande merueille que de fouler aux pieds les vanitez du monde: ceux qui sont *portez de l'esprit de Dieu, ferentur super has aquas, super flumina Babylonis.*

Enarrat in Ps. 8.

S. Augustin interprete ces paroles du Psalmiste, *& pisces maris qui perambulant semitas maris,* des pecheurs qui sont dans le monde. Et ne pense pas, ô mon frere, qu'il n'y aye que des petits poissons dans l'amertume de ceste saulmure, car au contraire ils sont dans les ruisseaux d'eau douce : mais c'est où se trouuent les gros, comme les monstrueuses baleines. Ainsi les plus grands du monde, Roys, Princes, puissants, ce sont ceux qui ont les plus grandes amertumes, & qui aualent les plus fascheux calices de disgrace, *Iob ecce gigantes gemunt sub aquis*. Ce que S. Gregoire entend des puissans du siecle, qui sont de tant plus opprimez de soucis cuisans qu'ils sont haut esleuez; au lieu que les petits trainent vne vie sourde & cachee, mais tranquile, mais douce. *Iob. 26.*

...raris aconita bibuntur. *Iuuenal*
Fictilibus raras venit in cœnacula miles.
Cantabit vacus coram latrone viator.

Vous pensez que leur souppe soit grasse, mais qu'il y a des coloquintes meslees, *mors in olla*. *4. Reg. 4*

Tout ce qui reluit en eux, n'est pas or: pour vne rose en apparence, mille espines sous le fueillage. Il semble que *in labore hominum non sunt*, &c. mais si vous auez loisir de patienter, vous verrez que *tanquam fœnum velociter arescent*, &c.

III. Sur le riuage de ces flots marins, Nostre Seigneur void nostre B. Apostre occupé à sa vacation qui estoit de pescheur: ainsi *celuy qui est fidele en peu, est constitué sur beaucoup*. *Luc. 19.*

Ainsi se trouue vray cét axiome, *que Dieu ne denie sa grace à celuy qui fait ce qu'il peut & ce qu'il doit*. Exerçons-nous fidellement en nos professions, mes freres, & nous verrons que Dieu nous communiquera de signalees faueurs.

Mais *vidit*, belle parole qui porte vn regard tout bon & misericordieux: ainsi le Soleil de la diuinité caché sous la nuee de ceste humanité, l'entre-fend quelquesfois, & darde

A 4

des vifs rayons par ceste cour'ouverture, ô le grand ascendant que ces beaux yeux ont sur les cœurs! est-il possible ou de les voir, ou d'en estre veu sans brusler d'amour aux rays qu'ils estincellent?

D'où vient que nous n'en bruslons pas? c'est parce que nos pechez l'empeschent de nous regarder, & nous empeschent de le voir.

O belle Panthere, ô *tout amour*, ô Dieu de charité, & qui ne vous suiura en l'odeur de vos bontez, à l'aspect de vos beautez?

O Dauphin Royal que les poissons de ceste mer du monde ne vous suiuent-ils à grosses troupes?

O mes desirs petits papillons volages, ne bruslerez-vous iamais vos aisles à ce doux flambeau? ne vous consommerez-vous iamais en ces cheres & precieuses flammes?

Que ne pouuons-nous dire auec verité ce que cet autre auec vanité, *Ve vidi, ve perijt, ve me bonus abstulit error*. O nous ne meritons pas d'ardre en vn si beau feu! il ne brusle, ce feu sacré, que des bois odorans, que des matieres pures, & nos cœurs ne sont qu'ordure, qu'impureté. Osons-nous bien seulement supporter l'aspect de ces beaux yeux conscents de nos laschetez & ingratitudes?

IV. Oyons du moins sa voix qui nous dicte, comme aux saincts Apostres, *Venite post me*. Et si nous n'osons aller à luy, allons apres luy, *& à longè*, comme S. Pierre. Mais au moins tournons les espaules à ce faux monde qui nous a tant abusez.

Escoutons ceste douce & charmante voix, *Ps. 94.*
Et si nous l'entendons aujourd'huy, en cette predi- *Ps. 57.*
cation, n'endurcissons pas nos cœurs, ou comme des
aspics, ne bouchons pas nos aureilles.

Vox dilecti mei pulsantis, aperi mihi soror mea, a-
mica mea, immaculata mea, qui caput meum plenum *Cant. 5.*
est rore, & cincinni mei stillant guttis noctium. Ie laisse à vos esprits à ruminer ces delicatesses, sans
m'espandre en paraphrases contraires à la
briefveté que ie m'impose. Mais ie ne croy pas
que l'on puisse convier vne ame par de plus
charmantes coniurations; il n'y a que les rochers insensibles à cette voix; encores si elle
s'adressoit à eux s'esmouueroient-ils comme iadis au son de la Lyre Thebaine, & les Feres au
pouce d'Orphée.

O mon Espoux! voila que *ostendis faciem tuam,*
& que sonat vox tua in auribus meis, & vox tua dul-
cis, & facies tua decora, & ie marchande encores
à me rendre tout vostre: Non, non, *tuus sum ego,*
da mihi intellectum, & scrutabor legem tuam, & cu-
stodiam illam in toto corde meo. Deduc me in semitam,
&c. Tibi dixit cor meum, exquisiuit te facies mea, fa-
ciem tuam, Domine, requiram. Paratum cor meum
Deus, paratum cor meum.

I'oy que vous me criez auec passion, *Veni de* *Cant. 4.*
Libano sponsa mea, veni de Libano, veni coronaberis.
Ce redoublement de *veni,* tesmoigne l'excez de
vostre amour, & l'accez de vostre fieure. Et voilà que ie vous respons comme vn autre Isaye, *ec-*
ce ego mitte me.

Non, ie ne veux point estre comme Samuel, *Ps. 6.*
qui appellé de vous respondoit à Hely qui le

renuoyoit dormir : ainsi quantes ames appellees de Dieu par secrettes inspirations à la penitence, regimbent *contre les aiguillons* interieurs,
pour aller au monde, qui les endort de voluptez
& de sensualitez? Non ie ne les veux point imiter, mais plustost comme fit Samuel à la fin, vous
dire, ô mon Sauueur *Loquere Domine, quia audit*
seruus tuus. Vocabulis me, & ego respondebo tibi.

en marge: 1.Reg.3. Act. 9. 1.Reg.3. Iob 14.

O mon ame, combien de fois en suyuant le
faux reclam du monde, & t'abusant au vain
leurre de ses plaisirs, t'es-tu trouuee enlassee
en ses filets, & entrapee en ses pieges? & pourquoy maintenant sage par tes cheutes, & sçauante de ses malices, ne te retourneras-tu point
à ton celeste Espoux qui te reclame si amoureusement.

V. Et qui plus est t'appelle auec des appeaux
proportionnez à tes appetits. Veux-tu des honneurs çà bas? il te propose la gloire eternelle
de là haut. Veux-tu des richesses perissables?
il te promet des biens immortels. Veux-tu des
plaisirs? il t'enyurera *de torrens de volupté*: en fin
ostendit tibi omne bonum.

Benites soient vos inuentions, benites vos
stratagesmes amoureux, ô cher Amant! voila
que vous attirez l'amoureuse Magdaleine par
l'amour, changeant ses vicieuses infections en
de sainctes affections.

Vous allechez S. Matthieu par promesse des
biens eternels, & de banqueroutier terrestre le
faites banquier celeste.

La Samaritaine est par vous conuertie, sur le
suiet de l'eau qu'elle puisoit.

Festiues.

L'aueugle-né, par le desir de voir.

Le Centurion, par la santé de son page. La Chananee de sa fille, qui estoient leurs plus grands souhaits.

Et les Apostres pescheurs sont attirez par la pesche plus grande des hommes que vous leur promettez, leur faisant rencontrer le trepied d'or, qui est la science de vostre foy.

S. Augustin friand de sçauoir & de bien dire, est attiré, puis attrapé par celuy de S. Ambroise. O Roy de mon cœur que vous auez de longues & artistes mains!

Ainsi l'accort pescheur sçait dresser ses appasts selon l'appetit des poissons.

Et pour pescher le poisson Sargus se reuestit d'vne peau de cheure qu'il ayme esperduëment. Loüee soit la bonté de mon Dieu, & ce *bon dol* qui me desrobe à moy mesme pour me rendre sien: non ie ne suis plus mien, mon moy c'est d'estre à luy, à luy ie veux estre au temps & en l'eternité, Amen. *Alciat. in embl.*

Et pource à l'imitation de nostre S. Apostre, ie suis tout resolu de le suyure en tout & par tout, & d'abandonner tout, voire moy-mesme pour acheuer vn si genereux dessein. Il est le premier mobile qui entraine apres soy toutes mes affections & mes pensees, *Iacto super Dominum curam & cogitatum meum*. I.

Il est mon centre, pourtant me veux-ie porter, voire transporter à luy auec impetuosité.

Torua leæna lupum sequitur, lupus ipse cappellam,
Corque meum te Christe: trahit sua quemque voluptas.

Nul respect humain me retiendra, ie veux laisser les morts enseuelir les morts.

Matt. 8.
Luc 9.

Ny les rets, ny les filets du monde de m'arresteront ny arresteront pas : ie prendray des aisles d'aigle, & de colombe, pour voler par dessus. *Frustra iacietur rete ante oculos pennatorum.*

Prou. 1.

Ie veux à l'instar du S. Apostre obeyr aueuglément, & le suyure sans m'enquerir ce que ie deuiendray, celuy qui est en la compagnie de Iesus, ne peut iamais manquer de rien, en luy n'ayans rien *nous possedons toutes choses.*

2. Cor. 6.
Cant. 1.

Tirez-nous apres vous, cher amant, nous voilà tout à fait determinez à courir en l'odeur de vos parfums. Non iamais le monde ne me sera rien, il m'est crucifié, & moy à luy. Ie renonce à ces cisternes creuassées, qui ne peuuent contenir des eaux, sinon relantes, pourries & corrompuës, puisque i'ay trouué la fontaine d'eau viue reialissante à vie eternelle, *venam aquarum viuentium Dominum.*

Ierem. 2.

Voylà l'aymant du fer de mon cœur, l'amorce de sa paille, le feu de son naphthe.

Pauure moy! ainsi dy-ie quand le bouillon d'vne saincte ferueur me presse à recognoistre dans la bonté de mon Dieu la malice du monde, tyran de mon ame, & que *Ego dico in excessu mentis meæ, omnis homo mendax*: mais helas quand ie suis refroidy, l'aisle de mon zele succombe à la pierre de ma dureté, & retournant laschement à ce que i'ay vomy, & au peché que i'ay detesté, il semble par ce retour que ie face penitence au diable de celle que i'ay voulu faire à Dieu.

Pf. 115.

O! mes tres-chers freres, pour Dieu plorez

sur la foiblesse d'vne si grande infirmité, sur la malice d'vne telle inconstance.

Et n'oubliez pas de recueillir de ceste Homelie, 1. combien sont vtiles les promenades de nostre Seigneur, 2. emmy les miseres de ce monde, 3. combien profitables les inspirations de ses regards, 4. & ses vocations, 5. à la pesche des ames, 6. Suyuons-le auec vn grand courage, car de sa suitte despend nostre eternel bon-heur. Allez en paix.

VI. DECEMBRE.

Des loüanges de S. Nicolas.

HOMELIE.

Beatus vir qui inuentus est sine macula, & post aurum non abijt, &c. Eccl. 31.

LA vie du grand sainct Nicolas Euesque de Myrrhe, duquel nous faisons maintenant la feste, me paroist vn beau parterre bigarré d'vne si gracieuse varieté de fleurs de vertu, que l'abondance met en peine mon choix : mais comme en l'esmail d'vne prairie l'abeille a quelques boutons affectez, aussi en vne telle diuersité i'ay pensé de m'attacher aux perfections que me presente & represente le texte que nous auons pris pour theme de ceste exhortation. Suyuant lequel nous verrons, 1. la candeur de son bon naturel, 2. sa promptitude à suyure la diuine inspiration, 3. son delaissement de tout, 4. combien il a esté riche en pauureté, 5. pauure dans les richesses, & 6. combien il a esté miraculeux.

I. Le naturel que les Latins par vn terme particulier appellent *indolem*, a vn grand ascendant selon le sens sur les actions de nostre vie. Parole & chose indifferente de soy, il y en a des bons, il y en a des mauuais, *non omnis fert omnia tellus*. Les temperamens diuersifient fort la paste de laquelle nous sommes paistris, c'est belle chose d'estre bien formé, vne belle ame se plaist d'habiter en vn bon corps, & bien composé, pour ce *gaudeant bene nati*, & ceux

Quêis meliore luto finxit præcordia Titan.

Il est des terrains de toutes les sortes, iusques aux animaux se recognoist la varieté du naturel, voire iusques aux arbres & aux plantes.

Or c'est vn grand bon-heur quand dés la ieunesse, que l'on est *in puris naturalibus*, & comme en l'estat d'innocence, auant que ce naturel aye pris aucun ply par habitude, d'estre porté au bien. Pource le Sage dict qu'il *est tres-bien à l'homme de porter le ioug de Dieu dés ses tendres ans*, Car lors.

Dum dociles animi iuuenum, dum mobilis ætas.

C'est vne matiere premiere, & pure, susceptible de toutes formes, disposee à receuoir toutes impressions. C'est de la terre grasse, & argille destrempee entre les mains du potier. C'est le Protee muable en toutes figures.

C'est la cire molle propre à receuoir tels caracteres que l'on voudra.

C'est vne carte blanche & rase, dit Aristote,

où l'on peut tracer ce que l'on veut.

Toutesfois ceux qui se sont estudiez à l'examen & discretion des esprits, disent, que dés les plus tendres ans les enfans donnent certains indices de leur naturel, que les Latins appellent *Igniculos*, comme qui diroit petites bluettes, par lesquelles on peut iuger leurs interieures inclinations.

Ce sont comme eschantillons de la piece de leur vie, des presages de leurs humeurs, & futurs deportemens.

Quelqu'vn preuit aux viues actions de Themistocle encor enfant, qu'il seroit tout bon, ou tout meschant: ce qui aduint, car il estoit tousiours aux extremitez, tres-austere à Sparte, tres-dissolu en Perse.

On preiugea la douceur des mœurs de Paul Æmille par la benignité de son enfance, en laquelle il acquit le surnom de Brebiette.

Ces principes font iuger du progrez, comme du Lyon par l'ongle, du Cerf par le pas, de la Protogene par vne ligne.

Les serpens estouffez par Hercule en son berceau, & les boutees du ieune Alexandre estoient de clairs indices de leur future valeur.

L'exaim d'abeilles nichant sur la bouche de Platon enfant, furent vn augure de son eloquence future. Cela mesme se lit & se dit de S. Ambroise.

S. Athanase iouant auec ses compagnons en son enfance faisoit tousiours le Docteur ou le Pasteur, aussi fut-il vn grand Euesque & Predicateur, & vn insigne lumiere en l'Eglise.

Ceux qui ont escrit la vie de S. Bernard, remarquent soigneusement sa grande ingenuité, candeur & docilité, dés son enfance, comme les indices de la saincteté où il paruint apres.

I'ay aduancé tout cecy, mes tres-chers freres, parce que nostre S. Nicolas entre autres siennes perfections fut doüé d'vn naturel singulierement beau, *& preuenu de Dieu en benedictions de douceur.* En voulez-vous vn tesmoignage plus exprés, que de dire que tettant encores il ieusnoit les Mercredy & Vendredy, faisant auant que dire, & ieusnant auant tout terme de nature, & de raison?

Pſ. 20.

A peine auoit-il la langue desliee qu'il ne parloit que de Dieu : à peine pouuoit-il marcher qu'il alloit aux Eglises, d'où pleurant on le retiroit.

Pſ. 67.

II. Delaissé orphelin en fort bas aage, abandonné ça bas, mais assisté d'enhaut *au pere des orphelins & des pupils,* se voyant possesseur de grãds biens il les distribuë aux paures, pouuant dire auec Iob, *Ab infantia creuit mecum miseratio.*

Il croist en aage, croist l'inspiration croist en luy la distribution de ses biens : aussi tost qu'il a le moindre mouuement du S. Esprit, aussi tost il l'execute; il ne demande à Dieu sinon qu'il luy enseigne à faire sa volonté, comme S. Augustin qui disoit ordinairement, *Da quod iubes, & iube quod vis.*

Pſ. 142.

La parole de Dieu trouue en luy le bon terroir Euangelique qui rend au centuple.

S'il oit prescher du ieusne, le voila aux extrémes abstinences, ce sont pour luy les discours meurtriers du Philosophe Egesias, qui persuadoit si viuement la parsimonie au manger, que ses disciples se laissoient presque mourir de faim.

S'il entend prescher de l'autre vie, à peine que ce discours ne face en luy ce que l'Axioche de Platon en Cleombrotus.

Il a l'esprit versatile, comme vn Aristippe, mais à toute sorte de bien seulement, nullement au mal.

Mon Dieu quels effects ne font les diuines inspirations en des ames ainsi dociles & bien disposees, ce cœur creux d'humilité ramasse les rays de ces interieures splendeurs, & s'en embrase.

Ne vous estonnez point s'il donne ses biens aux pauures, car ne sçauez vous pas que comme la chaleur du corps fait despoüiller l'homme, & l'ardeur de la fiéure le fait suer, aussi que l'ardeur du sainct amour le fait dessaisir de toutes les possessions de la terre.

Où la commune lecture porte aux Cantiques *decolorauit me sol*, vn autre a *spoliauit me sol*. O que la douce chaleur du sainct amour fait de merueilleuses spoliations.

L'Hermite Spiridion leut dans sa Bible, *Va, vends ce que tu as, & le donne aux pauures*, &c. Soudain il trouue vn pauure tout nud, il luy baille sa robbe, & luy trouué presque tout nud, & interrogé quel larron l'auoit ainsi despoüillé, le voila, dit-il, monstrant son liure qu'il auoit sous les bras.

Vne autre fois relisant ce mesme passage, &

B

pesant ce mot de *tout ce que tu as*, il vendit le liure mesme pour en donner le prix aux pauures & estoit en termes de se vendre soy mesme, pour faire l'aumosne du prix de sa propre vendition. Voyez en quels excez porte l'accez de ceste saincte fiéure.

S. Martin inspiré de reuestir vn pauure, partage aussi tost auec luy son manteau, voila de brusques obeyssances aux diuins mouuemens.

Au premier rayon d'inspiratiō, voila ces belles ames esueillees, & qui comme des Samuels disent, *Loquere Domine, quia audit seruus tuus.*

[1.Reg.3.]

La trompette sonne & le tambour, voila ces braues champions au camp impatiens de mener les mains.

Ces cœurs ressemblent aux Automates, à ces machines monstrueuses qui se meuuent par des ressorts secrets & cachez, auec estonnement des spectateurs : on admire leurs effects en ignorant la cause.

O la grande chose que ce vif touchement *du doigt de Dieu*, qui est le S. Esprit. Il n'y a foudre qui face de plus prodigieux escarres.

Le foudre font les matieres dures, & la forte inspiration liquefie les cœurs plus durs, *Anima mea liquefacta est, vt dilectus locutus est. Sicut aqua effusus sum, & dispersa sunt omnia ossa mea.*

Le foudre resoult, & l'inspiration fait resoudre au bien, & il n'y a point de ferme resolution que celle qui prouient de ce principe.

Voyez cōme la Magdeleine en vn instāt frapee de ceste sagette iette-là tous ses attifets, renonce à tous ses fards, restant toute metamorphosee.

Le plomb fond tout à coup, ainsi quelquesfois les pecheurs se conuertissent en vn instant. Et comme les diamans durs à casser, se brisans aussi se reduisent en poudre.

Quelquesfois des rocs d'obstination, & d'endurcissement se meuuent, touchez de la moindre inspiration du Sainct Amour, comme ce rocher d'Elide branfle touché du bout du doigt.

Que si l'inspiration a tant de force *in viridi*, *Luc. 23* embrasant les pecheurs acariastres, *in arido quid faciet*, en ces cœurs tous disposez à reciproquer des diuines flammes, tel qu'estoit celuy de nostre Sainct si bien né, & si prompt à obeyr à la diuine volonté?

Car le diuin amour se perfectionnant en luy par l'augmentation, voila qu'il met les biens terrestres qu'il auoit heritez de ses parens dans le sein des pauures, *thesaurisant au Ciel des thresors eternels*. Ils l'auoient laissé riche d'argent, mais voulant estre riche des vertus, voila qu'il commence à rechercher les richesses spirituelles dans la pauureté temporelle: le voila qui change la terre au Ciel, & pour viser entierement à celuy-cy, renonce absolument à celle-là. *Mat. 6.*

III.

Ne pouuant souffrir ce desmembrement de Penthee, qui partage le cœur entre le soucy des choses temporelles, & le soing d'acquerir l'eternité, il se destache de l'vn pour n'estre point diuisé en sa celeste entreprise; ainsi plus il s'esloigne de la terre, plus il s'auoisine au Ciel.

B 2

Il sçavoit que comme le fer vole à l'aymant, pourveu qu'il ne soit frotté d'ail, aussi que le cœur tend volontiers à Dieu, qui n'est embarrassé dans le maniement des biens du monde.

Pource afin de passer allaigrement au desert de la penitence en la terre promise de la gloire, il renonce aux aulx de l'Egypte du siecle.

Et se dessaisit tellement de tout, qu'il ne se reserva de tant de possessions *ne vngulam quidem*. [Exo. 10]

Sçachant combien sont odieuses à Dieu les despouilles du monde son ennemy.

IV. Il abandonne mesme son pays, afin d'estre pauure de tant plus à son ayse, qu'il seroit moins assisté de ses parens & amis, & pour estre plus abondamment riche en la saincte pauureté. Car à vray dire vne pauureté honorée, caressée, soulagée, ce n'est qu'vne demie pauureté: car si on est pauure de biens, on est riche en estime, & en assistance, & ceste sorte de pauureté est souuent exposée à l'orgueil, vice pire que l'auarice. Mais vne pauureté mesprisée, rebutée, baffouée, angoisseuse, delaissée, souffreteuse, abandonnée, c'est vne pauureté vrayement pauure, & d'esprit, & de corps, & telle que nostre Seigneur la desire, & telle qu'il l'a practiquée.

Comme aussi nostre Sainct, lequel ayant tout donné, quitte le pays de sa naissance pour aller pelerin en la terre saincte, demandant humblement l'aumosne pour l'amour de Dieu. Mais voyez comme l'amour de Dieu dispute la palme auec celuy de ce Sainct: il faict ce qu'il pour peur d'appauvrir, & nostre Seigneur le veut enrichir: il cherche d'estre riche en pauvreté, & nostre Seigneur le fait riche en sa pauvreté, parce que s'il s'estoit fait pauvre en sa richesse, *ut iustificetur in sermonibus suis*, & pour verifier la promesse de la reddition du centuple. *Psal. 50 Matth.*

J'oubliois presque vn stratageme dont s'ad- *19. 3.* uisa nostre Sainct pour deuenir riche en pauureté, acte qui ne doit iamais mourir en la memoire des hommes, & qui est de ceux lesquels *& decies repetita placent*. Vne vefue auoit trois filles dont la pauureté faisoit pericliter l'honneur, il s'en va jetter dans leur maison à cachettes autant d'argent qu'il en falloit pour les colloquer en mariage, ainsi il les tira de danger. Dieu caché a publié cet acte caché, faict pour sa gloire, & rendu lumineux ce qui auoit esté sainctement fait en tenebres, faisant prescher hautement ce qui auoit esté fait sourdement. *Mat. 10*

Senecea raconte qu'Aristippus fut visiter vn *Senec. de* sien amy fort malade & pauure, mais n'osant *Benef.* manifester sa necessité, l'ayant descouuerte, il glisse vne bourse derriere le cheuet de son lict, laquelle trouuee: voila, fit le malade, des bonnes tromperies d'Aristippus. Nostre Sainct vsa de pareille finesse pour secourir la necessité de ces paupres vierges periclitantes, & de leur ame, & de leur corps.

Cela vous doit apprendre, mes freres, à faire ainsi des aumosnes secrettes en des occasions secrettes; c'est vn grand mal que l'extreme necessité, laquelle souuent *magnum opprobrium inhonestas quidem & facere & pati*; & qui pis est,

B 3

virtutis viam deserit ardua. Mais la honte en cet extremité est encores pire que la necessité mesme, pource ie vous recommande grandement les pauures honteux, car ils sont vrayement pauures & de corps & d'esprit, plus angoissez de la vergongne, que de leur disette.

Helas! vous employez si librement vos biens en festins, en pompes, en habits, en bastimens, en vanitez, en plaisirs momentanees, à seruir à vos appetits. S'il faut fondre vne idole, voila Israël à l'enuy qui prodigue ses deniers: s'il faut bastir vn Tabernacle, chacun fait du retenu, il faut vser de contrainte & de cottisation: Ainsi, ainsi pour seruir au monde, rien ne vous couste, mais pour aider les pauures Temples & membres de Dieu, vous ne baillez qu'à regret, ô! que vous n'auez pas l'esprit de nostre sainct, les mains duquel *distillent la myrrhe.*

Cant. 3.

Car à propos voila nostre Seigneur qui lors qu'il fuyoit les honneurs & les richesses de son pays, qui luy procure miraculeusement des honneurs & des richesses en vn autre, se faisant par vne voye inaudite eslire Euesque de Myrrhe cité de Lycie. Il y arriue comme les Euesques Prouinciaux & le Clergé estoient assemblez pour l'eslection d'vn Euesque, lesquels furent diuinement aduertis d'eslire celuy qui le lendemain se trouueroit le premier à la porte de l'Eglise portant le nom de Nicolas. Nostre Sainct s'y trouue parmy les pauures, lequel inopinément, & contre son gré est esleué à ceste dignité. O eslection saincte & diuine, combien esloignee des brigues & courtisanneries de ce temps, auquel *venerunt gentes in hæreditatē Dei!* O sacrees ellections, quād reuiendrez-vous à l'Eglise, ce sera quand nos vertus vous rappelleront. Mais parce que *peccauimus, iniuſtè egimus, iniquitatem fecimus, hæreditas noſtra verſa eſt ad extraneos. Hieruſalem poſita eſt in pomorum cuſtodiam:* car on ne void regner que confidences. *O Domine conuerte captiuitatem noſtram.*

Voila donc noſtre ſainct de riche en pauureté, deuenu pauure en la richeſſe, comme la barbe & le ſaffran reuient plus elle eſt raſee & foulee.

Pareille à l'ombre, elle fuit ceux qui la ſuiuent, & ſuit ceux qui la fuyent.

Noſtre Seigneur a fait comme Alexandre qui donna vn gouuernement à ce villageois, qui luy preſenta vne belle organe de ſon creu, iugeant qu'il gouuerneroit bien, par cét eſchantillon de ſon meſnage, auſſi a-il conſtitué ſainct Nicolas *ſur beaucoup, l'ayant recogneu fidele ſur peu.*

Il n'eſt pas pluſtoſt deuenu riche en la pauureté, que voila qu'il taſche de deuenir pauure d'eſprit parmy les richeſſes reelles, *ſe rendant diſpenſateur fidele* des threſors que ſon maiſtre luy auoit conſignez, plus pour les pauures, que pour ſoy.

V.

1. Pet. 4.

Le voila comme vn autre Ioſeph, qui cōmence à ouurir les greniers royaux aux indigens de la cité, & crier au nom *de Ieſus : Venite omnes qui laboratis & onerati eſtis, & ego reficiam vos; gratis accipite gratis do, venite, emite abſque argento.*

O mes tres-aymez freres, ſi nous n'auons

assez de courage pour l'imiter en son abandonnement de tout, & en sa riche pauureté, au moins ne pouuons-nous auoir d'excuse, si nous ne l'imitons en ceste pauureté qu'il a practiquee dans les richesses : car c'est vn degré de pauureté dont aucun n'est exempt, de quelque vacation qu'il soit, s'il veut estre du nombre de ces heureux desquels il est dit, *Beati pauperes spiritu*, & par consequent mal-heureux les riches d'esprit : or ceux sont riches d'esprit qui ont les richesses dans l'esprit, ou l'esprit dans les richesses ; combien au rebours ceux sont pauures d'esprit qui n'ont ny les richesses dans l'esprit, ny l'esprit dans les richesses.

Certes & le iugement des sages, & l'experience des moins aduisez, tesmoigne suffisamment qu'il est plus difficile d'estre pauure desprit dans les richesses, que dans la pauureté: pource ceux qui ont escrit la vie de S. Gregoire le grand le loüent extrémement d'auoir sçeu si puissamment mespriser les richesses dans leur vsage tant abondant.

Et sont dignes de pareil los nostre Roy Sainct Louys, saincte Elizabeth fille du Roy de Hongrie, & le B. Amé Duc de Sauoye, qui ont sçeu maintenir vne parfaite pauureté d'esprit emmy de grandes possessions.

Bien qu'ils fussent dans vn Ocean de commoditez temporelles, neantmoins leurs cœurs comme des meres-perles ne se nourrissoient que de la rosee du Ciel, sans contracter la saleure des terrestres affections.

C'estoient des fontaines d'eau douce, au milien du sein de la mer.

Des Salemandres & des Pyrausles dans des feux, sans se brusler.

Des Alcyons nichans sur la mer, sans submersion.

Des Alphees la trauersans, sans contracter son amertume.

Et à vray dire, c'est vne aussi grande merueille d'estre dans les richesses, sans s'y s'affectionner, comme de manier de la poix, sans se salir les mains.

Mais aussi comme l'on a trouué le secret de certaines lotions & onctions, par le moyen desquelles on se peut lauer les mains de plomb fondu sans se brusler, aussi l'onction de l'amour de Dieu peut empescher que le glu des richesses ne s'attache à nos cœurs.

Et comme les trois enfans dans la fournaise, & le buisson dans des flammes ne furent point consommez, ainsi n'est-il pas impossible d'estre dans les biens sans estre deuoté & bruslé d'auarice. *Dan. 3. Exod. 1.*

Le cœur empoisonné de Germanicus resista bien au feu de son buscher funebre : & pourquoy le preseruatif de l'amour du Ciel ne pourroit-il antidoter les attainctes de celuy de la terre?

Nostre sainct Nicolas a sçeu si dextrement se comporter emmy les richesses Episcopales, qu'en conseruant soigneusement, voire augmentant les reuenus de son benefice, il a donné liberalement la plus grande part de l'vsufruit aux paunres, s'en reseruant la moindre, bien different de plusieurs beneficiers de ce siecle miserable, qui impitoyables aux indigens, & dilapidans les biens du Crucifix en despenses vaines, & quelquesfois malheureuses, ruinent encores & alienent les fonds, vrays dissipateurs plustost que dispensateurs. O Dieu, quelle punition les attend! *Memor esto Domine filiorum Edom, qui dicunt exinanite, exinanite vsque ad fundamentum in ea.*

Pf. 136.

VI. Vantent & celebrent les autres, les œuures miraculeuses que Dieu a operees en S. Nicolas: pour moy ie tiens à insigne merueille qu'il aye peu dans les richesses maintenir leur mespris, & les fouler aux pieds: voirement ce sont-elles que eleuant nos, dit sainct Augustin, *si sunt infra nos, & demergunt si supra.*

Estre chaste és delices, humble és honneurs, patient és trauerses, sobre és festins, petit és grandeurs, & pauure és richesses, sont à mon aduis des merueilles de la grace, comme les miracles sont des merueilles surnaturelles.

C'est en ses merueilles que nostre Seigneur nous recommande de l'imiter, dit S. Augustin, non à bastir des mondes, non à guerir des malades, non à marcher sur les eaux, mais bien *à estre humbles & doux de cœur.*

Es miracles i'admire Dieu en S. Nicolas, mais és vertus insignes & merueilleuses i'admire S. Nicolas en Dieu. L'operation des miracles est bien à la verité de grand esclat deuant les hommes, que les choses insolites touchent grandement ; mais non de telle mise deuant Dieu. Plusieurs au iour du iugement seront reprouuez qui auront fait des miracles au nom de noſtre Seigneur, quand ils diront, *Domine, nonne in nomine tuo dæmonia eiecimus?* il leur ſera dit, *Amen, neſcio vos.*

S. Bernard pleuroit quand il voyoit que l'on l'eſtimoit à cauſe des miracles que Dieu operoit par ſa main, & diſoit quelquesfois qu'il liſoit *miracula fieri per perfectos, & per fictos*: mais qu'il ne liſoit point que par iceux on ſe ſauuaſt, comme par l'humilité, *humiles ſpiritu ſaluabit.*

S. Gregoire Thaumaturge, ou le Miraculeux, attribuoit ceux que Dieu operoit en luy aux Reliques que pour cela il portoit pendues à ſon col.

Ce n'eſt pas pourtant que ce ne ſoit quelque indice de ſainĉteté, quand on voit que la vie correſpond à tels effects; car Dieu ſe plaiſt d'eſtre *admiré & loüé en ſes Saincts.* *Pſ. 150.*

La lumiere pour cachee qu'elle ſoit, monſtre touſiours quelque rayon.

Et les boëttes de parfum exhalent touſiours quelque odeur.

Quand à ce don noſtre Sainct a eſté fort aduantagé de Dieu: car ſerener les tempeſtes plus horribles, *& commander au nom de Ieſus à la mer & aux vents,* reſſuſciter les morts, & entre autres trois enfans d'vne maniere toute prodigieuſe, (auſſi pour cela eſt-il le Patron ſpecial des Eſcoliers & ieunes enfans) marcher ſur les eaux, guerir des maladies incurables, luy ont eſté choſes familieres. *Matt 8. Luc. 8. Marc 4.*

Mais que t'ais-ie le miracle perpetuel, continuel, viſible & ſenſible qui tous les iours ſe voit en ceſte liqueur merueilleuſe, & comme celeſte qui decoule de ſon ſainct corps à Bary en la Poüille en Italie, appellee communément la manne de Sainct Nicolas? liqueur qui en mille & mille occaſions de maladies & accidens opere tous les iours mille & mille merueilles.

O Sainct tout miraculeux, impetrez-nous ces graces de Dieu, 1. de vous imiter en voſtre bon naturel, 2. en voſtre prompte obeyſſance aux diuines inſpirations, 3. au delaiſſement de toutes choſes pour l'amour de Dieu, 4. en voſtre riche pauureté, 5. en voſtre pauure richeſſe, & 6. ſinon en vos operations miraculeuſes, au moins en vos inſignes vertus. *Amen.*

VIII. DECEMBRE.
De l'immaculee Conception de la B. Vierge.

HOMELIE.

Tota pulchra es amica mea, & macula non eſt in te. Cant. 4.

LE Phoſphore Aſtre du poinct du iour, vulgairement l'eſtoile du Berger, eſt fourriere de l'Aurore, comme l'Aurore eſt auant-courriere du Soleil, touſiours claire, touſiours brillante & ſans eclypſe. Telle eſt la Saincte Vierge appellee pour cela, *Stella matutina*, mais Ecc. 50. *in media nebula*, à cauſe des conteſtations que la curiosité a faict naistre sur sa Conception, dont nous celebrons auiourd'huy la feste, la supposans & croyans sans macule, & sans eclypse du peché originel : pource nostre texte la nomme *toute belle & sans tache*, tant originelle que actuelle.

Cant. 4.

C'est surquoy nous auons à discourir, monstrans, 1. par vn prelude l'indifference de ceste assertion, inclinant neantmoins vers l'affirmatiue que nous prouuerons, 2. par authoritez prophetiques, 3. par figures, 4. par raisons, 5. pour clôture nous fermerons des conclusions pieuses en faueur de ceste solennité. Prestez vne attention fauorable à ce discours que ie vay faire en faueur de nostre commune Mere.

C'est vne gracieuse imagination, mes freres bien aymez, de se representer vn esprit esgalement balancé entre deux affections toutes pareilles : car à quoy se resoudra il ? quel choix peut-il faire en l'indetermination, sans lezer ceste esgalité ? car sans doute s'il panche vers l'vn des bassinets plustost que vers l'autre, il n'y a plus de partialité d'affection, car la plus forte l'a emporté. Oyez le grand Poëte peignant vn irresolu :

I.

---- *Animum nunc hunc dirigit illuc,*
In partesque rapit varias, perque omnia versat.

Virg. 4. Æneid.

Le mesme descriuant son Ænee combattu puissamment du desir de suiure sa route, & du desplaisir de laisser Carthage, le faict voir fort perplex : *heu quid agat!* entre vn Royaume acquis & vn plus grand à acquerir, entre l'amour & la gloire, mais celle-cy preuaut.

Ainsi void-on quelquesfois le voyageur perplex en vn carrefour qui luy presente diuerses routes, comme à Hercules chez Xenophon, il demeure non faute de chemin, mais bien faute d'adresse:

Vt stat & incertus quà sit sibi nescit eundum,
Cùm videt ex omni parte viator iter.

Mettez vn homme auec esgale faim & soif entre le boire & le manger, il ne luy restera que de mourir alteré & affamé : car si ces deux appetits sont en vne iuste equilibre, par où voulez-vous qu'il commence sans rompre ceste esgalité?

Donnez-moy vn fer constitué entre deux aymans de pareille force, il demeurera suspendu au milieu, comme on conte qu'est le tombeau du faux Prophete Mahomet.

Baillez-moy vn cheueu, vn filet esgalement fort par toutes les parties de sa continuité ; ie vous dis que tous les tiraillemens du monde ne le sçauroient rompre : car par où voulez-vous qu'il se lasche, s'il est esgal en force par tout ? Il ne rompra pas à la fois par toutes ses parcelles: doncques necessairement par où il se cassera il estoit le plus foible.

I'aduance ces gentillesses, mes tres-aimez, pour vous mettre en appetit par ces entrees de table, & ensemble pour vous representer la perplexité, en laquelle ie me trouue, ayant à traicter en ceste question de l'immaculee Conception de la sacree Vierge, laquelle la saincte Eglise, & le S. Siege ont voulu estre sans determination, laissans neantmoins à chacun la libetté détenir l'affirmatiue & la negatiue, auec prohibition de reprendre, moins denigrer, ceux qui auroient l'opinion contraire à celle que nous aurons embrassee.

Ne vous est-il pas aduis que c'est passer le fer entre les tendons & les cartillages, & couper la chair sans entamer les ligamens ? car il semble que toute assertion porte annexe auec soy la refutation de la sentence contraire : c'est icy vrayement le demembrement de Penthee.

Neantmoins i'y voy vn milieu, car comme és grandes assemblees des conseils signalez chacun peut dire simplement & ingenuëment son auis, sans preiudicier à celuy d'autruy : Ainsi en ce fait il me semble qu'il nous sera loisible de fortifier nostre affirmatiue, sans violenter la negatiue.

Comme ceux qui iadis couroient sur des chariots au stade Olympique, deuoyent tournoyer prestement autour de la butte sans la toucher, ainsi ferons-nous des passades tout contre la negatiue, mais sans l'offenser.

Car si Solon a autresfois declaré coulpables ceux qui en vne esmotion publique se monstreroient neutres, comme tesmoignans n'auoir aucune affection pour leur patrie : ainsi me semble-il qu'en ceste question qui regarde l'honneur de nostre mere, debatu, non combattu, moins abbatu, la neutralité monstre que l'on a peu de zele pour son seruice, lequel ceux qui embrasseront ont pour prix l'eternité, *Qui elucidant me, vitam æternam possidebunt*, dit la Sagesse pour elle.

In Serm.
de Côce.
B. Virg.

Naïfuement nostre bon Docteur Gerson après sainct Anselme, *Non est verus amator Virginis, qui respuit diem suæ Conceptionis colere*: ce qui soit dict auec ce grand personnage, sans preiudice des contrarians.

On dict de quelque Iurisconsulte qu'il auoit escrit à la marge des loix de ses Pandectes, & de son Code, qui luy sembloient auoir deux visages, & estre balancees par de puissantes antinomies, *loy pour l'amy*; voulant dire que le cas escheant il l'employeroit pour telle des parties qu'il voudroit soustenir & supporter. Ainsi semble-il que la diuine prouidence aye voulu par la bouche de son Eglise, declarer ceste question indeterminee, comme vne pierre de touche, pour discerner les vrays seruiteurs de la Vierge d'auec les moins feruens, sans que ceux-cy neantmoins puissent estre pourtant arguez du peché.

Et ces indecisions sont de puissantes brides à la vanité de nostre curieuse outrecuidance: car par nos pointilles *cælum ipsum petimus stultitia*, & donnans trop à la culture de nostre entendement nous pensons peu à abonnir nostre volonté, *neque per nostrum patimur scelus iracunda Ionem ponere fulmina.*

Tant y a, mes freres, que la celebration que nous faisons de ceste feste en ce Diocese, de toute antiquité, nous range assez de la bande des affirmans. Soustenons donc nostre affirmation selon nostre ordre.

Premierement par authoritez Propheticques, lesquelles bien qu'elles ne conuainquent pas absolu-

absoluëment, pressent toutesfois bien fort les esprits disposez à croire. Celle-cy me semble puissante. *Dominus possedit me ab initio viarum sua-* Prou. 8. *rum, antequam quicquam faceret à principio.* Et bien qu'à la lettre cela soit dit de la Sagesse, neantmoins l'Eglise nostre mere, de laquelle nous deuons honorer & venerer les applications, les adoptant à la Vierge saincte, que Dieu sans doute a conceuë en son idee eternelle, comme la plus parfaicte des pures creatures, il nous seroit messeant de nous escarter pour nostre plaisir de son intelligence, pour suyure nostre caprice particulier. Or puisque Dieu l'a *possedee dés son commencement*, comment voudrions-nous dire qu'elle eust esté conceuë en peché originel, & ensemble possedee de Dieu ? qui seroit associer la lumiere & les tenebres : *Deus lumen est, tenebræ in eo non sunt vllæ*, il est *longè à peccatoribus*. Le peché & la grace sont incompatibles, mais nous ne pouuons estre en mesme enfans d'ire & d'adoption, vsages d'ignominie & d'honneur, vaisseaux de reprobation & d'election : estre possedé de Dieu presuppose vne exemption de toute tache, *car rien de soüillé ne peut entrer en son sein*, principalement originelle, qui imprime vne telle soüilleure, que mourant en icelle, on est incapable de voir la face de Dieu: & qui croira que nostre Royne aye iamais esté vn seul moment en ce miserable estat ?

Elle de qui les fleurs ont esté des fruicts d'honneur Eccl. 24. *& d'honnesteté*. Les fleurs sont les principes des fruicts, & comme leur conception, que si aucun n'a iamais reuoqué en doute ie dy mesme

C

de ceux qui semblent peu fauorables à ceste saincte conception, que le fruict bien-heureux de saincte Anne n'aye esté sanctifié en son ventre, comme celuy de saincte Elizabeth, tesmoin la feste de la Natiuité de la Vierge, qui de tout temps a esté celebree en l'Eglise : pourquoy ne passerons-nous pas plus outre à la pureté de la fleur de ce fruict, puis que ceste fleur est vn fruict, & fruict *d'honneur*, non d'ignominie; *d'honnesteté*, non d'impureté?

Prou. 8. *Priusquam formarentur abyssi, ego iam concepta eram*, dit d'elle vne autre Prophetie, qui me semble merueilleusement formelle pour la pureté de sa conception : car par ces abysmes on ne peut entendre les materiels, mais les spirituels, qui sont les pechez, desquels dit le Prophete, que *Abyssus abyssum inuocat*: abysmes voirement de neant, qui se forment pour engloutir la gloire du grand tout qui est Dieu : abysme est le peché originel, qui a englouty tous les hommes en *Adam, auquel tous ont peché*, nostre Princesse exceptee, laquelle preuenuë de la grace a euité cét abysme en sa conception.

Ps. 40. *In hoc cognoui quoniam voluisti me, quoniam non gaudebit inimicus meus super me.* Diriez-vous pas que le grand Chantre aye dit cela pour la Vierge, de laquelle chante l'Eglise, *Elegit eam Deus & praelegit eam, in tabernaculo suo habitare facit eam?* Et qui oseroit dire cela immonde, que Dieu a esleu & logé en sa maison impenetrable à toute soüillure? *Quod benedixit Deus, immundum ne dixeris. Act. 11.* Et qui voudroit penser vn vaisseau de telle sanctification auoir esté iamais en la puissance de l'ennemy de Dieu? & que Cesar aye iamais triomphé de Cleopatre?

Elle est appellee esleuë comme le Soleil, reuestuë du Soleil, & qui peut imaginer des tenebres en vn si bel Astre? A tout cela si nous adioustons nostre texte, nous enclorrons ce me semble proprement ces authoritez prophetiques, affirmans *sa toute-belle beauté sans aucune tache de peché*, voire originel. — Eccl. 24

III. Venons aux authoritez figurees & allegoriques, qui sont vne autre sorte de preuue encores plus pressante que la precedente. Si quand les Prestres portans l'Arche deuant Israël au passage du Iourdain les eaux s'ouurirent, & par leur rebrouissement firent vne forme de digue & de muraille, pour empescher le decoulement, & donner voye à pied sec à ceste figure de la diuinité: ne pourrons-nous pas bien nous persuader que les eaux de ce grand fleuue du peché originel qui inondent tous ceux qui naissent au monde, ont peu s'entr'ouurir pour donner passage à nostre vraye Arche d'Alliance, qui a contenu en ses entrailles la vraye Manne, le pain des Anges, *le pain vif descendu des Cieux*, en son incarnation? — Ioan. 6.

Ceste Arche estoit toute doree dedans & dehors, & nostre saincte Mere a tousiours esté pure exterieurement, & interieurement exempte de la coulpe originelle qui côtagie l'ame par le corps.

Elle estoit de bois de Sethim incorruptible, & la saincte Vierge n'a iamais esté dans la corruption du peché de l'origine.

A propos d'Arche, la pourrions nous pas comparer à celle de Noé, qu'il fit, & par le commandement de Dieu, & selon les dimensions & mesures qu'il luy prescriuit, & dans laquelle il se sauua de l'inondation de l'vniuersel deluge.

Gen. 3. Ainsi pouuons-nous dire, que Dieu a façonné de sa propre main ceste Eue innocente: & tout ce que Dieu fabrique n'est il pas *bon, voire grandement bon*? & que comme l'Arche elle a surnagé les eaux delogeantes du peché originel *qui destruisent toute chair*.

4. Reg. 19. Il est promis au liure des Roys à la saincte Cité de Hierusalem, que les Assyriens ses ennemis n'y entreront point, ny mesmes l'assiegeront, & que seulement ils ne pourront tirer leurs flesches dans son enclos. Peintures des pechez, qui n'ont iamais eu d'accez ny au corps ny en l'ame de nostre Princesse, vraye Hierusalem & Cité de Dieu, *Gloriosa dicta sunt de te Ciuitas Dei*: & n'est elle pas *gloria Hierusalem, lœtitia Israël, honorificentia populi*?

Pf. 86. Or le peché mortel denoté par l'entree n'a iamais penetré en elle, le veniel figuré par l'assiegement n'en est iamais approché, ny l'originel, qui comme vne flesche est dardé de loing, par le decoulement de nos premiers parens, s'est onc meslé en sa substance? *Quia Dominus protectio sua super manum*

Pf. 120. *dexteram suam. Per diem sol non vssit eam*, au iour de sa vie nullement attaquee de peché actuel *neque Luna per noctem*, ny entachee d'originel en la nuict de sa generation & conception. *Dominus custodiuit eam ab omni malo, custodiuit animam suam Dominus sub vmbra & tegmine alarum suarum, & sicut pupillam oculi*, qui ne peut endurer la moindre ordure.

Que si le grand Prestre de l'ancienne Loy, qui n'estoit que le type de celuy qui l'est *eternellement selon l'ordre de Melchisedech*, deuoit estre né de pere & mere irreprochables, oserions-nous bien attacher ce reproche de coulpe originelle à celle qui seule par vne voye inouye, Mere & Vierge tout ensemble, a seruy de pere & de mere à la diuine humanité de nostre Souuerain Sacrificateur? *Ps. 116.*

Que si l'Espouse de ce mesme grand Prestre deuoit estre si exempte de macule & si pure, que mesme non d'estre repudiee, ou de mauuais bruit, mais seulement d'estre vefue ou estrangere, luy obstacloient la fonction de ceste dignité, oserions-nous bien appeller l'Espouse du sainct Esprit, & la mere du Verbe autrefois repudiee par le peché de l'origine, delaissee du malin, à qui elle auroit appartenu comme *fille d'ire*, & conceuë en la terre foraine de l'iniquité, *terre d'estoignement du prodigue*?

Certes, comme disoit sainct Cyrille contre Nestorius, *pour le respect du fils il est temeraire, voire indigne, d'imaginer aucune coulpe ou peché en ceste saincte Mere.* IV.

Ceste raison me preste la transition à d'autres en quittant les figures. Dieu en la creation du monde ayant formé vn vaste sein pour le receptacle de toutes les eaux il l'appella mer, *congregationes aquarum vocauit Maria*: & il semble qu'en la creation de l'Vniuers il aye esleu, formé & choisi le sein de celle qui s'appelle *Maria*, pour y faire le receptacle de toutes les eaux de ses graces. Pource est-elle saluee par vn esprit *Genes. 1*

Angelique, & de la part de Dieu, *pleine de grace.* Or ce seroit vn notable manquemét à ceste plenitude, si elle auoit esté en disgrace à sõ origine.

Iamais aucun n'a esté si mal affectionné à son seruice (si ce ne sont les errans, qui taschent de faire charbõ de la blancheur des Escritures, pour tascher par malice de ternir sa gloire) que la dire seulement suiette au peché veniel : & pourquoy ne la dirons-nous pas exempte de l'originel, tache mortelle en son principe? d'où pensons nous que soit prouenuë son impeccabilité en sa vie, sinon de l'exemption du peché originel par la speciale grace de Dieu, la pureté de la fleur de son innocence prouenant de ceste racine?

L. Princeps. ff. de legib. Le Prince, dit la Loy, est exempt des loix, & son espouse par priuilege. Nostre Seigneur de sa nature a esté exempt de la tache de l'origine, & sa mere par speciale prerogatiue.

Que si quand vn Roy esleue quelqu'vn à vne haute dignité, il est censé dispenser celuy-là de tous empeschemens qui pourroient retarder l'honneur de sa prouection : qui ne dira que nostre Seigneur aye entierement effacé toute tache de reproche en celle qu'il vouloit esleuer à ce feste incomparable, & incommunicable à toute autre creature, que d'estre mere de Dieu?

Il nous est indubitable par nostre creance que l'humanité sacree de N. Seigneur a esté formee du plus pur sang du cœur de la S. Vierge : & qui osera taxer ceste pure substance d'auoir esté en la mere de Dieu soüillee originellement, & que ce qui a esté vny hypostatiquement au Verbe diuin incarné, eust esté en son premier principe vn seul instant en la possession du malin? Mes freres ayons vn plus pieux sentiment du fils en sa mere, & de la mere en son fils.

On dit que la belle eau fresche mise dans vn verre, & touchee de quelque animal venimeux, comme serpent ou crapaut, deuient aussi tost toute trouble & corrompuë, ainsi se contaminent les ames par la contagion & attouchement des corps en la coulpe originelle, & qui voudra imaginer telle corruption en celle que nostre texte nous presche *toute belle & sans tache*?

Ne m'alleguez point qu'elle a esté peu en ceste coulpe, & que soudain apres sa conception elle a esté sanctifiee, car ce moment ne peut estre agreable à ceux qui ont vn plus doux sentiment de sa pureté.

Vt flos in septis secretus nascitur hortis,
Ignotus pecori nullo contusus aratro,
Quem mulcent aurae, firmat sol, educat imber,
Multi illum pueri multae optauere puellae:
Sic virgo dum intacta manet tum chara suis est.

 Catul. in Epithal.

Quoy ne la voudrions-nous point esleuer à vne categorie plus haute que sainct Iean Baptiste sanctifié au ventre de sa mere? Comme aussi Hieremie? Mais qu'en diroient ces Saincts mesmes s'ils ressuscitoyent?

Non, non, mes freres, elle outrepasse, non seulement ces hommes en dignité, mais encores en pureté, en integrité, en saincteté, en sanctification, voire & les Anges mesmes.

Tantò melior Angelis effecta, quantò differentius prae illis nomen hereditauit. Or si les Anges ont esté

Heb. 1.

creez sans coulpe orignelle, comment ne pourra s'estendre ce priuilege à la mere de Dieu?

Disons plus, & cette me semble vne tresforte raison. Eue nostre premiere mere a esté creée sans coulpe originelle, Eue, dis-ie, la mere des mourans. Eue le peché de laquelle a esté effacé par le fils de Marie, qui saluee par l'Ange d'vn *Aue*, a esté signalee pour la reparatrice de la faute d'Eue, *murans nomen Eue*. Et pourquoy desnierons-nous ce priuilege à la mere des *viuans* d'auoir esté conceuë sans la macule originelle?

V. De ces Propheties, figures, raisons, tirons nos conclusions en ce dilude, selon nostre promesse en faueur de nostre chere Mere. Hé! quel enfant bien nay, mes amis, ne conclurra tousiours à l'aduantage de celle de qui il tient l'estre, & que ne deuons-nous tenir d'aduantageux pour celle de qui nous tenons le bien-estre?

Dites-moy, si vous auiez vn amy dont la noblesse estans controuersee, il fust ordonné qu'il fust loisible à chacun de l'estimer noble ou ignoble, n'inclineriez-vous pas aussi tost à ce qui luy seroit aduantageux en consideration de vostre amitié, qui ne vous feroit point hesiter en la liberté de ce choix? Il en est tout de mesme en ceste matiere de la conception, pour la pureté de laquelle nous pouuons tenir, sans offenser les parties contrariantes.

La sçauante Eschole de la Sorbonne resoult entierement l'affirmatiue, à laquelle nous nous rangeons: mais neantmoins par de tres-serieuses considerations, & le poids des grands hommes qui l'ont autrement tenu, l'Eglise & le S. Siege ont laissé cela indeterminé, laissant chacun *en la main de son conseil*, & en la liberté de son election : de maniere que nos conclusions semblent entre le marteau & l'enclume, pendillantes entre l'amour & le respect, ô combien il est vray que,

Non bene conueniunt, nec in vna sede morantur
Maiestas & amor!

Contentons neantmoins nostre amour de la partie affirmatiue, mais que la maiesté de l'Eglise nous empesche de denigrer la negatiue.

Ainsi voyons nous que ceste espouse de Dieu a fait en ces derniers iours sur la question tant fameuse de *Auxilis*, leuant la barre aux trop subtiles contestations des esprits curieux & sçauans outre la *sobrieté*.

Quoy si les secrets de la Nature nous sont inscrutables, l'attraction de l'aymant & de l'ambre, les taches de la Lune, les Epicicles de Mercure, le reflux de l'Ocean, les influences du Ciel, le chant du coq effrayant le Lyon, & mille pareils effects dont nous ignorons les causes : Helas combien deuons nous estre aueugles és choses surnaturelles, qu'il vaut mieux croire auec simplicité, que sonder par vne vaine subtilité ?

L'Eglise ayant *donné la loy à la redondance* Iob. 38. *des eaux* des raisons, & *reclus en certaines portes la mer* des raisons humaines, il se faut contenir en ces limites sans les transgresser : contens de voir les secrets diuins, comme disoit S. Denys Areopagite, *in caligine*.

Ie ſerre ce pas d'indifference par vn mot aigu de la B. Catherine de Sienne: quelqu'vn ayant intention de blaſmer ſes iournalieres communions, luy alleguoit que S. Auguſtin diſoit, *qu'il ne loüoit ny blaſmoit la Communion quotidienne*: & bien, luy repartit-elle tout doucement, puis que il ne la blaſme, ne la reprenez pas auſſi. Ainſi dirions-nous à celuy qui tenant la negatiue, reprendroit noſtre affirmatiue? puiſque l'Egliſe l'approuue, ne l'improuuez pas: comme de noſtre part nous ne blaſmons voſtre negatiue, puis que l'Egliſe ne la blaſme pas, *per indulgentiam & vobis parcens.*

Receuz de ceſte Homelie, mes freres, 1. à ſuſpendre voſtre iugement és choſes que l'Egliſe laiſſe inbeciles, 2. à venerer ſelon voſtre deuotion l'immaculee conception de la ſaincte Vierge, que nous auons auctoriſee par Propheties, 3. par figures, 4. par raiſons, 5. par pieuſes & douces concluſions: & de tout cela augmentez tant que vous pourrez voſtre deuotion vers la Mere de Dieu.

XXI. DECEMBRE.
De l'incredulité de S. Thomas.

HOMELIE.

Noli eſſe incredulus, ſed fidelis. Ioã. 20.

L'Hironde reſtituë la veuë à ſes petits aueuglez, par la pierre dicte Chelidoine: & noſtre Seigneur Ieſus Chriſt, *pierre viue & angu-*

laire, pierre d'aymant & d'amour, redonne auiourd'huy l'œil de la foy à son Disciple Thomas, offusqué d'vne taye espesse d'incredulité.

Ce sera le suiect de ce discours, auquel nous examinerons, 1. l'infidelité de cét Apostre, 2. la douce reprehension de nostre Seigneur, 3. l'ostension & attouchement de ses playes, 4. cause de la restitution de sa foy. Commençons:

Il y a plusieurs Interpretes de cét Euangile, mes freres tres-aymez, qui s'empressent fort à chercher des excuses pour pallier l'infidelité de ce glorieux Apostre, duquel nous honorons auiourd'huy la memoire: mais il m'est aduis que c'est & contre l'intention du texte, & le dessein de l'Eglise, qui le faict lire expressément pendant les sacrez mysteres, & le propose à expliquer à ses enfans pour y mirer & la grandeur de nostre foiblesse, & la foiblesse de nostre grandeur, & ensemble admirer la bonté de nostre Dieu, dont l'abondante grace *aide nostre incredulité*, & soulage nostre infirmité. *Marc. 27.*

Il ne faut iamais traitter les vices de mainmorte, ny les flatter ou pallier: car autrement c'est farder vn laid visage, & *reblanchir vn tombeau*. *Mat. 23.*

Ceux-là sont repris par le Royal Prophete, lesquels *excusant excusationes in peccatis*.

Nous ressentons encores les miserables effects de la friuole excuse dont Adam voulut replastrer son peché, qui luy eust esté remis sur le champ, dit S. Gregoire, s'il l'eust ingenuement confessé.

Pſ. 10. *Il ne faut iamais loüer le pecheur aux deſirs de ſon ame, ny donner des benedictions à l'inique: la mauuaiſe herbe* ne croiſt que trop ſans l'arrouſer.

Au contraire l'Egliſe nous propoſe ceſte cheute pour conſoler noſtre infirmité, releuer de deſeſpoir les puſillanimes, & leur faire eſperer pareille grace de pareille faute: c'eſt accuſer Dieu que de l'excuſer, c'eſt le loüer que de l'accuſer. N'alterons donc point par nos trop ſubtiles inuentions cét obiect de ſon extreſme miſericorde.

Eſt-il pas vray que la grandeur de la maladie exalte la gloire qui eſt deuë à la cure du Medecin, & que l'adreſſe du Chirurgien paroiſt en vne chorme bleſſure? Beniſſons la douce main du Medecin de nos ames *Ieſus*, qui a ſçeu ſi bien guérir par le toucher des ſacrees playes de ſon corps celle du cœur de ſon diſciple, qu'à peine la cicatrice y demeure-elle, ayans plus à loüer ſon releuement, qu'à ſyndiquer ſon choppement.

Oſtez le reniement de S. Pierre, vous effacez ces belles larmes qui ſeruent de miroirs aux pecheurs de la poſterité.

Oubliez les perſecutions de S. Paul, vous terniſſez le luſtre de ſon admirable conuerſion.

Rayez de voſtre memoire les enormes pechez de Dauid, faictes-vous pas grand tort à l'excellente beauté de ſa penitence?

Ne faictes point de mention des abandonnemens de la Magdaleine, auec quoy releuerez-vous ſon amour & ſes auſteritez?

Le vernis & la vermoulure d'vne piece antique est ce qui rehausse son estime & son prix: les fautes precedentes des Saincts encherissent la valeur de leur subsequente reformation : ce sont les plus grands pecheurs, qui conuertis font les plus grandes penitences.

O la bonne infidelité de S. Thomas, dit Sainct Augustin, *qui estançône nostre foy d'vn si fort arcboutāt.* Serm. de temp.

O l'heureuse coulpe, disoit saint Gregoire de celle d'Adam, *qui a merité vne telle redemption que celle du Sauueur!*

Ce n'est pas que nous estimions pour cela les defauts des Saincts comme les flateurs disciples de Platon le dos voûté de leur maistre; moins les proposons-nous à nostre imitation : mais nous loüons en icelles la misericordieuse bonté de Dieu, qui les a sçeu retirer *& rehausser des portes de la mort*, & de leurs infirmitez nous esperons le pardon & la guerison des nostres. Psal. 9.

Mais regardons de prés, mes tres doux Auditeurs, l'incredulité de nostre Apostre, voyez-vous iusques où elle va ? *Non credam nisi videro*, fait-il, ô foy entierement ruinee, renuersee, perduë! Helas *fides*, disent les Clercs, *est credere quod non vides*, & la foy, dict S. Paul, *est des choses inuisibles & non apparentes* : & voicy que S. Thomas proteste qu'il ne croira point s'il ne voit qui est autant comme s'il disoit, *ie ne croiray iamais*, car *la foy*, dict vn ancien Pere, *ne loge point auec l'experience*. Heb. 11.

Ainsi font & disent les pauures errans de ce siecle, ausquels *tota ratio credendi est ratio videndi*, ô la mauuaise Logique en matiere de foy, ie ne voy rien, doncques ie ne croy pas, argument qui conclud à contre-sens, ie ne voy, doncques ie croy : car voir & croire sont choses incompatibles, voire en la partie celeste *la foy sera euacuee,* lors que l'on verra *face à face & sans voile,* ce que l'on aura creu icy bas *par miroir & par enigme.*

1.Cor.13

Plorons, mes freres sur l'incredulité de ces pauures aueugles, & prions noster Sauueur *qu'il illumine leurs tenebres*, leur faisant toucher au doigt la realité de son sacré Corps en sa toutepuissante parole.

II. Parole douce & amiable, qui par vne gracieuse & suaue reprehension s'insinue dans le cœur de sainct Thomas, & comme le son d'vne trompe sacerdotale, abbat les murailles de son obstinee infidelité.

O! qui ne se rendroit à ces doux mots, *infer digitum huc, &c.* quelle glace ne se fondroit à l'emboucheure de ceste fournaise d'amour?

Le Soleil se leuant peu à peu dessus nostre horison, dissipe suauement les sombres horreurs de la nuict, puis à mesure qu'il s'esleue sur l'hemisphere, il poind doucement auec ses rays qui sont de gracieux traicts & des mignards attraicts, tout est esclairé de sa lumiere, *rien exempt de sa chaleur.* Ainsi nostre beau Soleil de Iustice sorty glorieux du tombeau, *comme vn espoux de son lict nuptial,* communique petit à petit la splendeur de sa presence à ses disciples, ores se leuant & monstrant, ores se couchant & cachant, ores perçant les rays de sa diuinité, la nuee de son humanité, & lançant des traicts attrayans dans les cœurs de ceux qu'il daignoit bien-heurer de sa chere presence.

Ps.18.

Festiues.

Tesmoins en sont les deux Disciples pelerins en Emaüs, qui reptis *de peu de foy & de tardiueté à croire*, se sentoyent *embraser le cœur des diuines paroles de Iesus*.   Luc. 24.

Tesmoin S. Thomas, qui taxé d'incredulité d'vne façon amoureusement douce, tesmoigne par son exclamation l'ardant zele de son amour, enuers son cher maistre.

O le bel enseignement, mes freres tres-aimez: pour nous apprendre combien est puissante & energique vne douce & suaue reprehension faite *en esprit de benignité*: non onglee de malice. Tres-bien le Chantre diuin, *superueniet mansuetudo & corripiemur*.   Gal. 6.

Emitte agnum dominatorem terræ, dict l'Eglise apres vn Prophete: car à la verité la mansuetude dompte iusques aux Tygres, ce que le Pré spirituel verifie en plusieurs exemples des Anciens Anachorettes de l'Orient.   Isa. 16.

Le miel attire les mouches, que le vinaigre escarte: la benignité ramene les esprits que la rudesse effarouche.

Vous souuenez-vous point de ceste nef, dont faict mention Tite-Liue, qui n'ayant peu estre esbranlee par tant de tireurs & de rames, fut ramenee au port par vne Vestale auec vn filet: tels sont les effects de la douceur par dessus la violence.

Les cœurs humains sont d'vne trempe si genereuse & altiere, qu'ils ne veulent aucunement estre rudoyez, pareils à ces braues cheuaux qu'vn filet de soye conduit, & qu'vn camoure faict cabrer.

Et semblables à ce roc d'Elide qui se rémuë touché du bout du doigt, & est inesbranlable aux vehementes impulsions, *nolunt ybi velis, in vetitum nituntur.*

Voyez comme la fluste harmonieuse engourdit les serpens & les rend immobiles, la mansuetude endort ainsi tous les mouuemens du coleric, *sermo mollis frangit iram.*

L'eau forte graue & mine le fer, telle impression faict la douce reprehension sur des cœurs d'acier.

Donecques ie vous exhorte, ô vous qui par droict de superiorité deuez à ceux qui vous sont commis en charge de salutaire reprehensions, que vous imitiez le benin Iesus, lequel corrige si courtoisement l'incredulité de son disciple, luy disant *qu'il touchast ses playes, & qu'il ne fust plus incredule, mais fidele:* action & paroles capables de fendre les rochers plus durs.

Non, non, vous n'aduancerez iamais rien par ces criailleries tempestatiues, par ces grondemens iniurieux, *il faut arguer,* mais aussi il faut *prier,* i'aduouë *qu'il faut quelquefois vser d'increpation,* mais en mesme temps *d'obsecration,* selon la saincte doctrine de l'Apostre à Timothée.

2.Th.4.

On aduance plus en mer d'vn coup de vent, que de cent voguerancades : tel aduancera au bien volontairement & pris auec suauité, qui s'en reculera si vous le forcez.

Reg. 19.

Elie attend au sommet d'vn roc que Dieu passe; voila vn tourbillon, & Dieu n'estoit point là; voila vn tremblement, & Dieu n'estoit point là ; voila vn feu foudroyant, & Dieu n'estoit point

point là, voila venir vn zephyre, & Dieu eſtoit là.

Superieur, tant que tu rudoyeras ton inferieur, que tu exerceras ſur luy des rigueurs plus iniurieuſes que iuſtes, tu declares ta paſſion & teſmoignes ton infirmité, & Dieu n'eſt point là, bien que tu te maſques de ſa iuſtice & de ſa gloire: mais ſi tu te relaſches à compaſſion, & qu'en l'autruy *tu ne meſpriſes ta chair*, c'eſt en ceſte conſtitution d'eſprit que Dieu ſe trouue: *Dirigit manſuetos in iudicio, docens mites vias ſuas.* Iſai. 38.

Ouurez leur tendrement les bras de charité, de dilection, & de miſericorde, & s'il les faut condamner, tirez de leur propre bouche & confeſſion la teneur de leur ſentence: c'eſt là le ſeul moyen pour faire venir les pecheurs à reſipiſcence, & de faire des ſuaues & vtiles corrections. Croyez-moy, tel portera plus patiemment & allaigrement vne ſaincte correction, qu'il n'agreeroit ſon abſolution, apres auoir eſté gourmandé: ainſi ſont paiſtris nos cœurs.

III. Imitez le doux *Ieſus*, qui au lieu de punir l'incredulité de ſon diſciple par la priuation de ſa preſence, luy communique au contraire plus de faueur qu'à aucun des autres, non meſme à Iean ſon bien-aymé, ny meſmes à l'embraſee Magdelaine, à laquelle il prohiba de le toucher. O cher eſpoux de nos ames, il ſemble qu'il y aye de l'aduantage, à laiſſer voſtre deſmeſuree bonté, puis que vous traictez plus mignardement les pecheurs que les iuſtes, vos ennemis, que vos amis, le prodigue, que ſon aiſné.

O abyſme de toute bonté! vous comblez cét

infidele des faueurs que vos plus fauoris n'osent esperer ; vous luy permettez de toucher de ses doigts mescreans ces glorieuses playes *in quas cupiunt Angeli prospicere.* Mon Sauueur que i'vsurpe icy vostre parole, *est il raisonnable de prodiguer aux chiens le pain des enfans?*

Marc 7.

On souloit anciennement à Rome, la paix estant faicte, serrer le temple de Mars, & ouurir celuy de Ianus : & voicy nostre Seigneur qui semble accomplir mystiquement ceste ceremonie entrant à ses Apostres, les portes estant closes *propter metum Iudæorum,* de peur de la guerre & persecution des Iuifs, & leur declarant *que l'hyuer estoit passé, le mauuais temps escoulé,* la guerre de sa passion finie.

Il verroüille de ses mains fortes
Le temple beant à cent portes,
Où forcenoit l'horrible Mars.

Et leur annonce la paix, voire la leur donne, disant, *Pax vobis* & encores *Pacem meam do vobis.* Et d'autre part, le voila qui rebroussant sa robbe pour faire la paix & reconciliation auec l'incredule Thomas, il ouure les portes de Ianus qui sont ses playes sacrees, luy qui est le vray Ianus à double front, estant homme & Dieu, eternel & temporel, engendré auant le temps & en temps : cheres playes, azyle & refuge de tous les miserables pecheurs, & à trauers lesquelles on void la diuinité cachee sous l'humanité, & le Soleil rayonnant par les fentes de ce nuage corporel qui s'obstacloit.

Ce sont icy, ô mon ame, les portes sacrees qu'il faut visiter souuent pour nous entretenir en paix auec Dieu: par ces cinq embouchevres se desbonde le Nil des diuines graces sur l'Egypte de nos miseres.

Icy t'appelle ton S. Espoux sous le nom *de colobe aux boulins de ceste pierre angulaire*, qui est le corps nauré de Iesus, *& aux trous de ceste masure desmolie*, que tu vois pour ton amour pendante & deschiree en la Croix. *Cant. 2.*

Vole là dedans, ma chere ame, portee sur les aisles des saincts desirs, tu trouueras en ces sainctes boëttes des onguents & des remedes pour tous tes maux.

Là dedans tu trouueras vn toict contre la pluye, vne ombrelle cötre le chaud, & tu seras à sauueté des serres de l'oyseau de proye qui *ne cherche qu'à te deuorer*. *Isa. 25.* *1. Pet. 5.*

Ce sont icy les fontaines de Helim, ioinctes aux palmes: si nous beuuons à ces sources des palmes des pieds & du costé de Iesus, nostre amour, nous resterons victorieux de nos ennemis dans les deserts de ceste terre basse, & passerons en la terre de promission de l'eternité. *Exo. 15.*

Allons donc & puisons auec ioye dans les fontaines du Sauueur: venez, mes amis, enuirons-nous. Mes freres allons au S. Autel, là est le mesme Iesus qui apparut à Thomas, il est entre les mains des Prestres, en ce mystere sacré de la consecration Eucharistique, successeurs des Apostres: frequentons la sacree communion, & là nous toucherons, gousterons, & sauourerons ceste chair precieuse toute ruisselante du sang qui lauera nos offenses, & guerira nos incredulitez. *Isa. 12.*

Touchons ceste pierre philosophale, & quand

IV. nous serions tous de plomb & de terre, nous serons metamorphosez en or pur de deuotion & charité.

Voyez comme nostre Apostre est changé, quand il s'escrie *Dominus meus & Deus meus*: Exclamation admirante qui denote comme son incredulité est changee en pure foy.

Dominus meus & Deus meus: remarquez comme il void l'humanité, & croit la diuinité, car la sacree humanité de *Iesus* nous sert de mystique escalier de Iacob pour atteindre à la diuinité; nous conceuons *le Verbe par la chair*.

Telle a esté la foy des Apostres, qui voyans *le fils de l'homme, l'ont creu fils de Dieu*. Ainsi respondit sainct Pierre à nostre Sauueur: *Tu es Christus filius Dei viui*.

<small>Ioan. 1.</small>

Apprenons de là, mes chers amis, à fortifier nostre foy vers la saincte Eucharistie, car le corps glorieux & inuisible de *Iesus* est caché sous les sainctes especes du pain & du vin, comme sa diuinité pendant qu'il estoit en terre, estoit voilee de son humanité.

En cét adorable mystere, il est cét espoux sacré, lequel *prospicit per cancellos*, les ames qui le recherchent auec amour & pureté de cœur.

Là si tost que nous aurons touché son corps, & luy nostre cœur, tressaillons comme l'Espouse du Cantique *à son attouchement*, & disons auec le Roy Chantre, *Cor meum & caro mea exultauerunt in Deum viuum*: ou bien comme nostre S. Apostre, *Dominus meus & Deus meus*: & nous tenans bien vnis auec luy, protestons auec S. Paul *que rien ne nous separera de son amour*.

<small>Cant. 5.
Ps. 83.

Rom. 8.</small>

Et disons auec l'Espouse passionnee, *tenui eum, nec dimittam.*

A tant, mes tres-doux freres, colligez de ceste Homelie, 1. l'incredulité de S. Thomas, 2. la douce reprehension de N.S. 3. le toucher de ses sacrees playes, 4. qui restitua la foy à sainct Thomas. Par les prieres duquel plaise à Dieu de nous fortifier & conseruer tousiours en la foy de la saincte Eglise Catholique, Apostolique & Romaine. *Amen.*

XXV. DECEMBRE.
De la Natiuité de nostre Seigneur Iesus Christ.

HOMELIE.

Et pannis eum inuoluit, & reclinauit eum in præsepio.

IL n'appartient pas à tous les peintres de representer Alexandre, ny à touts les oyseaux d'enuisager le Soleil, ny à tous les vaisseaux de cingler en haute mer. Ie confesse ingenuëment mes tres-aymez freres, que ie suis & tres indigne, & tres-incapable de vous expliquer ce grand *Verbum cora factum est,* que resonne l'Eglise en l'Euangile de la derniere des trois Messes, qu'elle celebre en ceste solennelle feste de Noël, ie n'ay ny pinceau ny couleurs assez viues pour depeindre ce releué mystere, ny la veuë assez forte pour affronter ceste splendeur, ny de barque assez ferme pour voguer en vn Ocean si vaste.

Nous nous contenterons mesurans le subject à nostre foiblesse sur les crayons tracez par la plume de S. Luc aux deux precedens Euangiles, de coucher, 1. nos admirations comme les vniques couleurs que nous puissions contribuer à ce merueilleux mystere, 2. ne le pouuans mirer en soy de l'entreuoir à l'aide des ombres & nuages des figures anciennes, 3. rasans la terre auec nostre esquif, nous verrons comme l'enfant *Iesus* en ceste sienne naissance a vaincu entierement le Monde; 4. terrassant son orgueil par son abiection; 5. son auarice par son indigence, 6. ses delices par sa mortification, 7. en quoy nous auons à l'imiter, si nous voulons solemniser dignement ceste saincte iournee. Commençons.

Can. 3.   *Sortez, filles de Syon, & venez voir le Roy Salo-*
Ecc. 4.   *mon auec le diademe duquel sa mere l'a couronné au*
Colos. I.   *iour de ses espousailles, & de la liesse de son cœur:* quelle est ceste couronne, mes cheres ames, sinon l'humanité sacree de nostre Seigneur; laquelle couure son chef, sçauoir sa diuinité: car comme *Iesus* est chef de l'Eglise, le chef de *Iesus*, c'est *Dieu*. Et quel est ce iour de nopces, sinon cestuy-cy, auquel par vne vnion admirable & lien indissoluble, l'eternité se remarie à la mortalité, la diuinité à l'humanité, le tout au rien, le Createur à la creature, le Ciel à la terre, la nature diuine à l'humaine; & cela par vn attachement encores plus estroit, n'en desplaie à S. Athanase, que celuy du corps & de l'ame: car celle-

cy est separable de celuy-là, comme on voit en la mort, mais la diuinité est indiuisible de ceste saincte humanité du Sauueur, voire & en sa mort elle n'a point abandonné son corps dans le sepulchre, ny son ame dans les limbes. *Nō derelinquit animam in inferno, nec dedit sanctum videre corruptionem* : & qui luy a donné ce diademe corporel; sinon sa mere seule, sans aide de pere : ainsi est-il engendré en terre sans pere, & au Ciel engendré en l'eternité de son Pere, sans mere : ce diademe couure sa teste, parce que son humanité voile sa diuinité. O ames pieuses, qui n'admirera vn tel mystere; qui n'adorera vn tel accouplage? Venez donc, filles de Syon, & admirons ensemble ceste grandeur abbaissee de nostre espoux, & de nostre petitesse esleuee en ce Verbe incarné.

Tous les Peres concourent en ceste Conception, qu'il est plus aisé de s'imaginer ou representer Dieu estre grand que petit, estre tout que rien. Lisez l'histoire de la creation, vous n'y trouuerez point tant d'occasion d'admirer, qu'en celle de la recreation ou Redemption. Conferez *l'in Principio* de Moyse auec celuy de sainct Iean, & vous verrez de combien l'apparente hautesse de celuy-là, cede à l'abbaissement de cestuy-cy. Là vn Verbe faict tout puissamment, icy refaict tout, mais auec imbecillité : là il agit, icy il patit : là il chemine sur les eaux, icy dans les angoisses : là *sine ipso factum nihil*, icy, *& Verbum ipsum factum* *est nihil, exinaniuit semetipsam formam serui accipiens.*

Lisez és Escritures la grandeur de Dieu, vous trouuerez, qu'il remplit le Ciel & la terre, qu'il a faict les Cieux en son entendement, que le Ciel est son siege, la terre son marche-pied, que les Cieux des Cieux ne le peuuent contenir, qu'il est plus haut que le Ciel, plus profond que l'enfer. Que sa grandeur n'a point de fin, qu'il est incomprehensible : Somme, bouffissez, enflez, & grossissez vostre imaginatiue de ceste infinité, iusques à ce qu'elle creue, & puis qu'aurez-vous pensé de Dieu sinon infiniement moins que ce qu'il est ? Mais venez-çà, n'est-ce pas vne consequence naturelle de ceste diuinité que la notion de son immensité? Ce mot de Dieu frappe-il pas soudain nostre sens & nostre esprit d'vne excellence imaginable? encore nostre ame a-elle quelque appuy en ceste magnificence.

Que si nous venons à bouleuerser ce principe, & à penser de Dieu choses basses, petites, raualées, abiectes, & des annihilations, est-

1.Th.6. il pas vray que bien *que la lumiere de sa grandeur soit inaccessible*, *que les tenebres de sa cachette* & de son aneantissement sont encores moins perceptibles à nos yeux ? Bien que ie ne puisse comprendre tout, si peux-ie conceuoir en quelque façon idealement que Dieu est tout. Platon mesme l'a recogneu tel : mais que Dieu ne soit rien, c'est chose que ie ne peux

2.Co.10. faire entrer en mon imaginatiue, & qui à peine entreroit en ma creance, sans la *vifue capti-*

...tion que ie fay de mon entendement sous l'obeyssance de la foy.

Quoy? si David disoit de soy *ad nihilum redactus sum, & nescivi. Ego dixi in excessu mentis meę, proiectus sum ab vtero.* Si mesmes nous pouuons à peine penetrer, si nous n'auons la veuë bien saine & purifiee, l'abysme de nostre neant, *substantia mea tanquam nihilium, vniuersa vanitas omnis homo*, bien que nostre estre ne soit que par despendance de l'estre des estres: Helas comment pourrions-nous conceuoir que cét estre des estres auiourd'huy pour nostre amour se fait vn beau Rien, se fait homme, s'aneantit, se rend *vn ver de terre non vn homme, l'opprobre des mortels, & l'abiection du peuple*. O abysme, abysme incrutable! à l'admiration, mes freres, à l'admiration! nous n'auons point d'autre azile, d'autre refuge, d'autre port: autrement nous serons engloutis sous les eaux de ce torrent ingayable d'Ezechiel. *Ps. 21.*

Disons en l'excez de nostre ame, voicy l'Iliade de la diuinité sous la coquille de l'humanité.

Voicy le grand nauire de l'infinité sous l'aisle de la mouche d'vne enfance.

Voicy tout le Ciel dans vne Sphere de verre, auec tous ses Astres, tous ses mouuemens, toutes ses dimensions.

Voicy tout l'vniuers, non en representation, mais en effect, sous vne mappemonde.

O sainct Augustin, ne vous estonnez plus, voicy l'Ocean dans vne coquille. Voicy la perle de la diuinité dans la nacque de la mortalité.

O mortels qui auez la veuë trop foible pour contempler ce Soleil diuin, venez le considerer dans le bassin d'vne cresche, ou à trauers le crespe de son corps enfantin.

Si sa diuinité vous estonne, que son humanité asseure vostre confiance: si vous redoutez comme Esther la Maiesté de cét Assuere, venez auec Eliphaz contempler ce pauure Iob sur vn fumier.

Exo. 19. *Num. 9.* Ne craignez point d'aborder ce diuin tabernacle, voila que la nuee de nostre fresle mortalité le couure.

Le rideau de nostre humanité voile celuy qui dans le Ciel est *le Sainct des Saincts*, & à qui les Anges chantent incessamment, *Sainct, Sainct, Sainct, Seigneur des armees*.

Ne dites plus Mages de Nabucadnezar que, *Dan. 2.* *Dei non est cum hominibus conuersatio*: car auiourd'huy *apparuit benignitas & humanitas Saluatoris* *Tit. 3.* *nostri Dei*. Auiourd'huy *cum hominibus conuersatus est*: auiourd'uy *habitauit in nobis, & vidimus glo-* *Ioan. 1.* *riam eius quasi vnigeniti à patre*.

Les yeux de linx, que la foy nous communique, nous font percer la muraille de ce petit corps, pour voir au trauers de ceste terre le Ciel de la diuinité.

Elle nous donne les yeux de Tybere pour nous faire voir clair en l'obcure nuict de ce tenebreux aneantissement.

Toutesfois, de quelque costé que ie me

tourne, ie ne voy que suiect d'estonnement. Ie voy la vraye Manne tombee du Ciel: pource auec admiration ie crie *Manhu*, qu'est-ce cy.

Ie voy les Cherubins affrontez sur l'Arche de ceste humanité en posture estonnee. Figures de la Vierge & de Ioseph, esprits Cherubiques embrasez d'amour pour cét enfant.

Ie voy les Cieux iouër à l'estonné, & les Anges chantans & carollans à grosses trouppes.

En terre il n'est pas iusques aux animaux qui n'en soient estonnez: ie dis, & les plus stupides, comme le bœuf & l'asne, qui autour de ceste creche adorent leur Createur nouueau né.

Estonnement par tout, & pour rouler encores nos admirations, iusques dans les figures de ce grand mystere: disons que voici le *beau lys des valées*, que Salomon n'esgala *iamais auec toute sa gloire*, parce que *plusquàm Salmon hic.*

Icy la Royne de Saba, la Vierge admire non l'exaltation, mais l'extréme abaissement de son Sálomon, Roy pacifique *venu en terre pour apporter la paix aux hommes de bonne volonté.*

Voicy l'Elisee racourcy sur l'enfant de la vefue, pour luy redonner le vie. Car *Verbum abbreuiatum fecit Dominus super terram, vt eos qui sub peccati erant redimeret.* 4.Re.29

O bon Moyse enamouré de ceste noire Ethiopienne nostre nature, *Denigrata super carbones facies nostra.* Helas quel amour, & quelle compassion vous esmeut de l'espouser.

Fort & vaillant Samson, *quis similis tui in fortibus ? quis fortis sicut Deus noster ?* d'où vient que vous laissez tant de filles en Israël, tant d'Anges au Ciel pour poursuiure vne perfide Philistine, nostre nature qui vous trahira, qui vous bandera les yeux, qui vous ostera la force, & en fin liurera à vne douloureuse & ignominieuse mort?

Exod. 2. Nouueau Moyse, venu pour retirer le peuple de l'Egypte du peché, de la seruitude de l'erreur: mais qui vous a mis sur ce panier de joncs, & puis entre les mains de ceste Princesse, & fait esleuer par son Eunuque, qui vous a couché dans ceste mangeoire, consigné à ceste Vierge pure vostre mere, & donné en garde à sainct Ioseph vostre pere nourrissier?

Mais, ô grand Moyse, qui vous a voilé de ce crespe de chair, ceste belle splendeur de la diuinité, *que les Anges voyent, & desirent de voir?* Pourquoy enuiez-vous ceste lumiere à nos yeux, sinon parce que nous en sommes indignes, ou que nous ne la pourrions pas supporter?

Voyez ô Ezechiel, ce Soleil couuert du cilice qui vous fut monstré en vision.

Voicy, ô enfans d'Adam, l'arbre de vie, le fruict duquel nous donnera le germe de l'immortalité : le voyez-vous planté humblement dans le Paradis terrestre de ceste pauure estable?

Elle est maintenant conuertie aux champs des benedictions d'Isaac.

Festiues.

C'est icy le *lieu Sainct*, *sur lequel nous auons à* **Gen.28.**
espancher l'huyle de nostre Amour, & auquel nous
verrons en verité ce que Iacob ne vid qu'en la
figure de son escalier mystique : ceste humanité sacree est ceste eschelle, par laquelle les Anges humains ou les hommes Angeliques montent au Ciel. C'est par-là que Dieu *a incliné les*
Cieux, & est descendu. D'vn bout elle touche la
terre, voila l'humanité : de l'autre elle atteint
le ciel, voila la diuinité : *le Pere est appuyé dessus*,
parce que, Hic est filius eius dilectus, in quo sibi bene complacuit.

C'est icy le canal des eaux viues, & par où de- **Can.2.3.**
coule la grace *dans le iardin clos de l'Eglise*, *par la*
fontaine du verger.

C'est icy la source qui arrouse l'Eden de l'E- **Gen.2.**
glise, dont *les emissions sont vn Paradis.*

Voicy la petite fontaine de Mardochee, la- **Esth.10.**
quelle creuë en abondance se conuertit en lumiere & en
Soleil. Sol institiæ Christus, Oriens ex alto. Lux mundi.
Lumen de lumine.

C'est auiourd'huy que *le Seigneur monte sur la* **Isa. 19.**
nuee legere de son corps enfantin.

Auiourd'huy mesme qu'il passe par la porte
close d'Ezechie : sans l'ouurir, c'est à dire, qu'il
naist d'vne vierge sans aucune lesion de sa virginité.

C'est maintenant que nostre Noé, dont nous
celebrons le Noël, nous sauuera du deluge de
damnation, auec l'Arche de son humanité.

Pourueu, comme des colombes, que nous
allions à luy auec des rameaux de paix *pleins de*
bon vouloir.

Cant. 5. Et que nous ayons recours aux *trous de ceste pierre angulaire, & à la cauerne de la masure* de ceste estable.

Mais ne voyez-vous par ce bon Noé, qui enyuré de son amour : se monstre tout nud estendu enfançon sur vn peu de fumier dans vne pauure creche?

Gen. 5. O aueuglé Samson, nous voulez-vous donc rendre le iouet de la race Philistine?

O que nous pouuons bien dire de ce second Adam *celestemẽt terrestre*, ce que Dieu dit du premiar *Adam vbi es?* Mais où estes-vous, ô diuinité, dans l'abysme du neant de ceste humanité; Voirement, *Ecce Adam quasi vnus ex nobis & ho-*
Hebr. 1. mo factus, & in similitudinem carnis peccati formam serui accepit, & habitu inuentus est vt homo.

Autresfois Dieu dit, *Faciamus hominem ad imaginem & similitudinem nostram* : maintenant il dit, *facimus Deum ad imaginem & similitudinem hominis.* Celuy qui est l'image de la substance du Pere quant à la diuinité, se fait l'image de sa mere en son humanité.

Somme le premier Adam fut creé d'vne terre pure & vierge, sans œuure humaine, & le second aussi sans œuure d'homme, mais par l'operation du sainct Esprit est formé d'vne mere
Ps. 84. vierge, & d'vne terre beniste: *Benedixisti, Domine, terram tuam.* Est-ce assez de figures?

III. Passons maintenant de ces admirations figurees, à considerer de plus pres ceste naissance, en laquelle nous trouuerons vn exemplaire tresparfaict du mespris & terrassement du monde; qui est la grande vtilité que ie desire que nous

tirions de ce iour. Et pour continuer par no- Gen.14.
stre Adam, ne fut-il pas dit au premier soudain
apres sa creation, *Donaberis volucribus cœ-*
li, piscibus maris, bestiis terræ, & sub te erit appetitus Mat.18.
tuus ? Et au second, *toute puissance a-elle pas esté*
donnee tant au Ciel qu'en la terre ? n'a il pas eu les Ps. 1.
gens pour son heritage, & les bornes de la terre pour
termes de sa possession? *Quoniam hæreditabit in omnibus gentibus.* Et quant aux appetits, nostre Seigneur a regenté souuerainement les siens, &
iusques-là, que la Theologie ne luy attribuë
pas des passions, ains seulement des propassions.

Or moralement par ceste domination sur
les oyseaux, les poissons, & les feres, nous entendons la victoire sur l'orgueil, denoté par
les volatilles, la volupté figurée par les poissons, & l'auarice signifiée par les animaux terrestres, qui se trouue *au monde malin*, *lequel*, selon sainct Iean, *n'est que concupiscence de la chair,*
des yeux, ou superbe de vie. Et c'est ce que nostre
Seigneur a debellé par son humilité, mortification & indigence : de sorte qu'on peut dire
de sa natiuité, *Hæc est victoria quæ vicit mundum.*

Il est nostre Bellerophon, qui monté sur le
Pegase de son humanité, aislé par l'vnion de sa
diuinité, a dompté le monde, *Confide, ego vici*
mundum, monde vraye chimere bigarrée, lyon
par le deuant en son orgueil, dragon par la partie posterieure en son auarice, & chéure en la
metoyenne par sa lubricité.

Il est nostre ieune Horace terrassant ces

trois Cuiraces de l'ambition, de la conuoitise, & sensualitité.

Il est nostre Hercule qui a terracé ce cerbere à trois gosiers.

Et qui en son berceau a estouffé des serpens; vray est que celuy-là n'en escrasa que deux: mais le nostre trois, sçauoir la vanité du monde par son abiection; son auarice par son indigence; & sa sensualité par sa mortification: c'est ce que nous auons à desduire briefuement aux trois poincts suyuans.

IV. Que la vanité du siecle soit denottee & figuree sous l'emblesme de ce Colosse de diuerse composition que vid le Roy d'Assyre: il est assez commun chez les Allegoriques. Voicy donc *Dan. 2.* que pour le fracasser & pulueriser, la petite pierre de Daniel destachee d'vne montagne sans mains, vient rouler contre & le reduit en poudre.

Cessent les Empyriques de vanter leurs distillations, qui reduisent à si peu l'essence de si grosses masses. Car voicy la diuinité reduicte sous l'humanité, comme alambicquee & quintessentiee sous le corps d'vn petit enfant.

Quelle prodigieuse Alchymie, qui change le Ciel en terre, & la terre en Ciel, rendant l'immortalité mortelle, & la mortalité immortelle?

Le premier Adam par orgueil se voulut esgaler à Dieu en science, & le second venu pour reparer la faute de ce premier, s'humilie sous les hommes, & se rend en son abiection comme compagnon des bestes, *in medio duorum animalium tium cognoscitur. Vt iumentum factus apud nos.* Pauure Agneau né dans vne vile estable.

O qu'il est bien vray nostre petit Espoux, que *vous estes la pomme des vallees.*

Que vous estes *le puits de seaux viues,* tres-profond & creux en humilité.

Que vid iamais en vn si vil lieu, chose plus precieuse, direz-vous pas que c'est vn diamant dans la mousse de quelque rocher escarté?

Voyez que ce grand fleuue qui doit *resioüyr la cité de Dieu* est petit en sa source.

Admirez ce peu de leuain qui doit enfler la paste de son Euangile.

Voyez ce grain de moustarde, lequel estant creu abriera tant de nations sous son ombre.

Voicy le pepin de ce bel arbre : *sous l'ombre du-*   Can. 2. 3. *quel l'Espouse desire se reposer & asseoir, dont le fruict est si doux à son goust.* En fin voicy le tout deuenu rien. Peut-on descendre en vn degré plus bas d'humilité & d'abiection, pour confondre toute mondaine superbe?

Mais voyez à quelle extremité l'indigence le   V. reduit, des drapelets deschirez, vn peu de fumier, vne estable abandonnee, vn froid extréme, vne mangeoire à bestes, & l'estoille pour enseigne de ceste belle hostellerie. Voulez-vous vne plus expresse peinture de pauureté? Voyez-y ce pauure Iob, *testa radentem saniem.* Contem-   Iob. 2. plez comme la douce Vierge essuye en les lauant de ses larmes, les membres tendrelets de ce pauure enfant tous creuassez par l'inclemence de l'hyuer.

O cher Espoux, qu'il n'est que trop vray à

E

vous voir en cét equipage, que *les oyseaux ont leurs nids, les feres leurs tanieres, mais que vous* 2.Cor.8. *n'auez pas où reposer vostre pauure chef.* Vous voila, *pauper & in laboribus à iuuétute.* Vous voyla, *indigent & souffreteux pour l'amour de nous, afin de nous enrichir de vos despoüilles.*

Voicy le pauure Lazare mendiant aux portes de Bethleem, & ne trouuant aucun repaire.

O enfant prodigue d'amour! *vous voila en vne region lointaine auec vostre substance dissipee: combien d'Anges mercenaires à vostre Pere celeste qui abondet de richesses, & vous estes icy accablé de pauureté?* Iusques où vous reduit vostre saincte Charité, ô doux Agneau?

Ioan.1. Voicy le ieune Alexis qui vit en pauureté dans sa propre maison, mais incogneu, *Mundus* Psal.23. *eum non cognouit,* bien que, *Domini sit terra & plenitudo eius.*

La pauureté l'accable d'vne part, l'amour de nostre salut le presse de l'autre: mais l'amour preuaut; pource pouuoit-il dire:

Paupertas me sæua domat dirusque Cupido:
Est toleranda fames, non tolerandus amor.

Venez, mes cheres ames, cherchons nostre richesse en ceste pauureté: foüillons dans ce fumier, nous y trouuerons comme le coq fabuleux, vne pierrerie cachee.

Nous y rencontrerõs le thresor mussé: la perle Euangelique, pour laquelle acquerir il nous faut engager corps & biens. Voicy nostre dragme esgaree, voicy l'Agneau que nous recherchons tant.

Venez, & nous descouurirons ce feu sacré

de nos cœurs en ceste bouë.

Et comme dit S. Dominique nettoyant les vers qui rongeoient vn pauure vlceré, ils se changerent en perles: ainsi dans les vers qui groüillent dans le fumier de ceste estable, nous trouuerons infailliblement la marguerite inestimable de l'humanité de Iesus.

En ceste saincte iournee tous ceux qui ont esté à la sacree Communion: hé, dites-moy, n'ont ils pas trouué le petit Iesus dans le foin des especes consacrees, dans les langes des corporaux, sur la creche de l'Autel, sur la mangeoire des patenes? Bien-heureux, si en simplicité pareils à ces deux animaux qui l'entourent nous admirons.

Sa mortification, laquelle sans doute en vn VI. aage si tendre est incomparable, & qui comme son indigence destruict les richesses du siecle, confond puissamment les mondaines sensualitez de ceux qui brutalement se laissant emporter aux plaisirs de la chair & du sang, & encores plus les molles delicatesses de ceux qui forts & robustes ne veulent endurer aucune peine pour ce petit enfant, qui souffre tant pour eux en vn aaxe si tendre, en vne saison si froide.

Representez-vous vn enfant nouueau né, est-il rien de plus frilleux? c'est vn bourgeon que la moindre gelee peut rostir, ouy: car comme dict le Poëte.

Faict vne viue bruslure
Sa penetrante froidure.

Et l'Aristote a bien remarqué que le grand froid a quelquefois fait couler & resoudre du plomb. Là dessus, pensez comment deuoit transir le petit

Iesus dans ceste estable, dominee des quatre vents pendant la nuict, sans couuerture que de meschans drapelets, sans feu que de son amour, sans lumiere que ses yeux.

Beaux yeux, encores tous moittes de larmes que pousse par ces canaux le feu de son cœur, ou qu'espreint à viue force la rigueur de ceste froide saison.

O delicats, enfoncez dans la plume & la fourrure, qui redoutez l'attainte d'vn moindre vent coulis, qui perdez la Messe de minuict, de peur du serein, ou du rheume: venez icy, & vous serez entierement confondus, & ie ne croy point que vous ayez assez de front pour rougir de vostre laschete.

N'alleguez aucune excuse, ny de ieunesse, ny de vieillesse, ny d'indisposition: tout pretexte est de cire aux rays de cét exemplaire Soleil.

Ie vous declare resoluëment, que vous ne pouuez dignement celebrer ceste feste, si vous ne faictes quelque mortfication, ou ne souffrez quelque peine pour l'amour du benit Iesus. Ce n'est pas assez d'amolir le fer par le feu, il le faut apres cela batre pour l'appliquer à vn bon vsage, vous venez icy pour amollir vos cœurs aux rays de sa parole ignee: *ignitum eloquium eius vehementer*: mais ce n'est pas assez de verser quelque larmette, il faut battre ce corps, gourmander ce corps, mal-traitter ce corps.

Ps. 118.

Ios. 8. Et comme Iosué emprisonna les cinq Roys rebelles de la terre de Chanaam, & les fit fouler aux pieds: ainsi faut-il mortifier nos cinq sens naturels, si nous voulons que le petit Iesus regne en nos cœurs. *Alligare reges istos in compedi-* Ps.149. *bus & manicis ferreis, & facere in eos iudicium conscriptum.* Il faut mortifier ces membres terrestres, afin que mortifiez de corps nous puissions estre mortifiez d'esprit.

C'est maintenant que nostre Espoux, ames pieuses, *est candidus & rubicundus* : mais non pas *electus*, ouy bien *electus ex milibus* car, *non fuit ei locus in diuersorio.* Il est blanc, car naturellement sa peau estoit plus blanche que la neige, mais elle estoit deuenuë entremeslee de rougeur, & en quelques lieux ensanglantee par la rigueur du froid. Tu as beau faire, hyuer impiteux, si ne peux-tu abbatre la beauté de celuy qui estoit, *Speciosus forma præ filiis hominum* : car ce blanc, & ce vermillon decoroient la gentillesse de son enfance, comme par vn meslange de lys blanchissans, & de roses vermeilles. *Quale rubent multa lilia mixta rosa*, ou bien comme l'yuoire teint en du pourpre, *Quale fulget Tyrio quod fœmina tinxerit ostro.*

O qui me donnera, cher amour de mon cœur, que par vne saincte metamorphose, ie me transforme en ce pauure bœuf, ouy en ce pauure asne, afin que si ie ne peux mieux, du moins i'empesche que ce sang ne se glace, qui rougit ainsi vos membres tendrelets.

Mais ne fais-ie pas maintenant cét office, *ne* 1.Cor.9. *sui ie pas le bœuf trauaillant en vostre aire à bouche destiee?* Quel d'entre-vous, mes freres, ne sent le petit Iesus s'eschauffer en son cœur, au son de ceste diuine parole que Dieu vous profere par mon organe ? *O filioli quos parturit per euange-*

lium donec formetur in vobis Christus.

Et il sera formé, si vous prenez tout presentement vne bonne & ferme resolution de l'imiter en l'entiere destruction du monde, en l'affection de vos cœurs, qui est mon dernier poinct. Sus estouffons son orgueil par l'imitation de l'abiection de nostre maistre, son auarice par l'imitation de son indigence, sa sensualité par l'imitation de ses souffrances : faisons quelque acte insigne d'humiliation auiourd'huy, quelque aumosne notable, quelque particuliere mortification.

Quel est ce lasche soldat qui ne suiue, ayant cét Alexandre en teste?

Qui ne deuiendra Alexandre, ayant ce Philippe, ou plustost Philantrope à imiter?

Cesar plora de regret, sçachant qu'Alexandre plus ieune que luy, auoit faict beaucoup plus de conquestes. Quelle vergongne nous est-ce, ô degenerez Chrestiens! que le petit *Iesus* aye plus souffert pour nous en la premiere nuict de sa naissance, que nous pour luy en l'aage, qui de 20. de 30. de 40. de 50. ans?

Voila nostre Cesar qui passe au hazard le Rubicon *candidus & rubicundus* ? qui ne voudra se ietter apres luy à la nage.

Nous ne sommes pas vrayes oüailles, si nous ne nous iettons à corps perdu apres ce sacré belier, conducteur fidelle de nostre trouppeau, & nostre bon Pasteur.

Le page de Ionathas ne voulut point suruiure à son maistre.

Ny l'escuyer de Saül viure apres son maistre mort.

Vrie tenoit à vergongne de prendre ses aises, son Capitaine Ioab estant au camp.

Et nous voudrons chercher nos aises tous grands, tous forts, tous robustes, & trop gras tandis que nostre petit *Iesus* enfançon, tendre, flouet & delicat, souffre vne si aspre gelee. O ie vous aduertis, *que si vous ne compatissez, vous ne coregnerez point*. Doncques qui l'aymera, si le suiue, si l'ensuiue en son abiection, en son indigence, en sa mortification. Si nous sommes oyseaux, *volucres cœli*, suiuons nostre Phœnix; si poissons, *& pisces maris, qui perambulant semitas maris*; suiuons nostre Dauphin; si animaux terrestres, suiuons *nostre Lyon de la tribu de Iuda*. Son imitation est le seul chemin pour vaincre le monde, & paruenir au Ciel.

Recueillez de ceste Homelie, mes freres tres-aimez, 1. que le grand mystere de ce iour se doit admirer en sa bassesse, 2. & mirer dans les figures anciennes, 3. que nous deuons apprendre que N. S. en ceste sienne naissance a terrassé le monde, 4. ruinant son orgueil par son abiection, 5. son auarice par son indigence, 6. sa volupté par sa mortification, 7. que nous le devõs imiter en ces trois vertus, si nous voulons tirer profit de ceste feste, & y vaincre le monde pour apres chanter en nos cœurs ce motet de triomphe & d'ellegresse. *Emitte Agnum Domine dominatorem terræ de petra deserti ad montem filiæ Sion.* Allez en la paix que les Anges donnent auiourd'huy à ceux qui sont de bonne volonté.

XXVI. DECEMBRE.
De la lapidation de S. Estienne.

HOMELIE.

Stephanus plenus gratia & fortitudine.
Act. 6.

Iud. 7. LEs cruches de Gedeon cassees, firent voir la clarté de leurs lampes, & le corps du glorieux protomartyr S. Estienne froissé de pierres a faict paroistre la splendeur & l'esclat de ses grandes vertus.

Lesquelles ayans en ceste sienne feste à paranympher, nous verrons, 1. la beauté de son nom, 2. comment il fut enuié par les Iuifs, 3. faussement accusé, 4. lapidé, 5. priant pour soy, & 9. pour ses ennemis, 7. comment il vit les Cieux ouuerts, & 8. son sang ietta les premieres semences de la conuersion du grand S. Paul. Vous qui prestastes hyer vne si fauorable audience au discours de la naissance mortelle du maistre eternel, continuez-la maintenant à la naissance eternelle du seruiteur mortel.

I. Encores est-ce vne chose non mesprisable, mes bien-aimez, que d'auoir vn beau nom *Gaudeant bene nati, & nominati*, c'est ordinairement *bonum omen* que *bonum nomen*.

Voyez comme sainct Paul dict, que pour recompense de ses douleurs nostre Seigneur a eu de son Pere, *nomen super omne nomen, &c.*

Ainſi les Capitaines Romains acqueroient les noms des Prouinces qu'ils auoient conquiſes à la Republique, comme Scipion celuy d'Africain, & les Ceſars ces grandes liſtes, dont nous remarquons les veſtiges aux Liures de droict.

Ainſi liſons-nous, que par faueur Dieu changea les noms à Abraham, à Sara, à ſainct Pierre, à ſainct Paul : & Nathan reprochoit à Dauid, *que Dieu luy auoit donné vn grand nom ſur tous les plus inſignes de la terre.* 3.Reg.7.

Dieu meſme s'y plaiſt, *Quid quæris nomen meum quod eſt mirabiles. Vocabitur nomen eius admirabilis, Deus fortis, princeps futuri ſæculi.* Il dit à Moyſe, *Ego ſum qui ſum.* De là ce grand nom ineffable Tetagrammate ſi celebre en l'Eſcriture. Exod.2.

Les anciens ont touſiours eſté curieux de donner à leurs enfans des noms de bonne augure, & ſur tous les Chreſtiens ont fort affectionné de porter ceux des grands Saincts, qui ont ou ſeellé de leur ſaing, ou ſigné par leur exemplaire vie noſtre ſaincte foy, comme ceux des Apoſtres, des Martyrs, des Confeſſeurs, des Vierges.

Les errans qui ſe ſont ſeparez de l'Egliſe, pour marque de leur diuiſion elliſent pluſtoſt des noms Arabes, Iuifs & Payens, que ceux du Chriſtianiſme ; en cela comme en toute autre choſes deſplorables.

Or i'ay aduancé tout cecy, mes freres, à propos du beau nom que porte noſtre S. Martyr, qui eſt Eſtiēne, c'eſt à dire Courōne, nom qui luy auguroit la premiere courōne du martyre entre V.Aug. ho. 2. de S.Steph.

les Chrestiens, *Couronne plus precieuse que l'or, marquee & grauee des fleurs de saincteté, de gloire, d'honneur, & de valeur. Couronne* vrayement de pierres ayant esté lapidé, *mais pierres precieuses.*

Ps. 20. Pierres venerables & cheres, & que ie m'asseure, aussi bien que les chaines de S. Pierre, S. Chrysostome eust preferees à tous les diademes imperiaux de la terre.

Couronne ainsi appellee κατ' ἐξοχὴν par excellence de primauté: Couronne vrayement d'Ariadne, qui brille maintenant dans les cieux en l'eternité.

Aug. ho. 12. de B. Steph.

Aussi la couronne de sa rondeur interminee a elle esté chez les Egyptiens symbole de l'eternité, comme aussi à pareil air le serpent mordant le bout de sa queuë, & faisant vn cercle sant fin.

Or ce n'est pas sans raison si ce sainct a esté enuié: car les couronnes sont ordinairement enuiees, & les enuieux, comme les cantharides n'en veulent qu'aux plus belles fleurs.

Les chassieux Iuifs ne pouuans supporter la lueur du Soleil en la science de ce ieune Diacre, taschent de l'offusquer par vn nuage de fausse accusation: meilleur il est, ils se font pires, & plus il dit & opere de merueilles, plus croist contre luy leur mal-talent.

L'orgueil & l'enuie ont cela de propre, de faire du bien leur mal, & de faire venin des viandes plus saines, & le plus dangereux sublimé est celuy qui est quintessentié de la vertu, & la plus furieuse enuie, celle qui a pour butte vn excellent merite.

Festiues. 75

Caligula haïssoit les beaux estant laid, parce qu'il leur portoit enuie.

Et comme le singe & le chameau mirent à regret leur deformité, ainsi semble-il que les vitieux voyent impatiemment leurs defauts dans les perfections d'autruy.

Le Tygre enrage à la musique, & voila que les Scribes entrent en fureur aux accents des predications de sainct Estienne. Nostre epistre tirée du liure des Actes nous en represente vne animée d'vn zele si attrempé de science & de charité, que l'on lit son amour en ses reprehensions, & ses increpations ameres, sont tendrement assaisonnées du miel de sa cordialité. *O incircuncisi cordibus, &c.* Diriez-vous pas qu'il est courroucé contr'eux? mais c'est l'excez d'vne saincte flamme: *Clamat sed amat, sæuit & diligit,* dit S. Augustin, parlant de ce martyr. Le voulez-vous voir reprenant: il leur dict, *Semper Spiritui sancto resistitis, &c.* Le voulez-vous voir aimant: assommé de pierres, il crie, *Domine, ne statuas illis hoc peccatum.* *Aug. ho. 2. 8. & 9 in fest. B. Steph.*

Cruels Iuifs, vous faites du mal à celuy qui vous procure du bien, & ostez la vie temporelle à celuy qui vous desire l'eternelle : barbares Abantes, vous lancez des cailloux contre le Soleil qui esclaire vos tenebres.

Choüettes infaustes, vous ne pouuez supporter les rayons des veritez qu'il vous darde.

Ils voyent la face de ce glorieux iouuenceau, lumineuse comme celle d'vn Ange, & rayonnante comme d'vn autre Moyse : & au lieu de cherir ceste beauté, ils la voilent d'vne gresle *V. Aug. hom. 15. huius festi.*

de pierres moins dures que leurs cœurs.

III. Et taschent de l'obscurcir par des accusations aussi fausses que malicieuses. Voicy le bon Naboth, la chaste Susanne, le doux Ioseph, qui n'a autre coulpe que le trop grand lustre de son innocence.

Le grand nom de Themistocles le fit bannir, comme aussi Aristides celuy de Iuste. Mon frere, quand vous vous verrez persecuté du monde, sans que la conscience vous remorde, ne dites pas, qu'ay-ie faict? car si vous cognoissez son humeur, vous trouuerez qu'il vous veut mal, parce seulement qu'il ne trouue point de mal en vous. *Nolite mirari si odit vos mundus.*

Mais remarquez comment se couppent ces faux tesmoins pour verifier que *omnis iniquitas oppillat os suum, & mentitus iniquitas sibi.*

Aug. ho. 6. de S. Steph.

Chose admirable! ils disent la verité en mentant, & mentent en disans la verité. Prophetisans comme iadis Caïphe en la Passion de nostre Seigneur sans y penser. *Cét homme*, disoient-ils, *ne cesse d'inuectiuer contre le temple & la loy*, en cela ils mentoient, & dict que *Iesus de Nazareth*

Ioan. 18. *destruira ce lieu & changera de traditions Mosaïques*, en cela ils disoient vray: mais comme les diables exorcisez, à regret.

Aprenez de là, mes amis, à ne croire pas tousiours l'errant: quand il corne l'escriture en sa bouche, & selon son sens, n'est non plus escriture, qu'elle estoit en la bouche du diable, qui l'entendoit malicieusement en tentant au desert nostre Seigneur.

Elle n'est pas sans raison appellee *consean*

tranchant des deux parts, pour la varieté de ses vi- *Heb. 4.*
sages.

Et, *eau*, car comme l'eau elle prend le goust *Isa. 58.*
du canal où elle passe.

En la main de l'Eglise, c'est vne *verge de di-* *Ps. 44.*
rection, *vn glaiue dans l'Ephod*, pour terrasser les
errans, hors de ceste main c'est vn serpent, hors
de cét Ephod c'est vne ame Philistine. *1.Reg. 21*

Au Catholique qui l'entend au sens de l'E-
glise sa mere, c'est vne viande salutaire : à l'errant qui y fait vne intelligence à sa poste, c'est
vn leurre & vn appast de perdition. *Toute heresie,*
dit S. Augustin, *vient de l'escriture bonne, mais mal*
leuë, & plus mal entenduë. Somme ie vous aduise,
que les plus claires veritez en apparence en la
bouche de l'errant sont des impostures en l'ar-
riere-boutique de son intelligence priuee.

Cependant, c'est de l'escriture mal-prise &
maniee que tous les heretiques qui ont iamais
esté, ont voulu forger leurs friuoles accusations
contre l'immaculee espouse de Dieu l'Eglise,
mais en vain ; car ces traicts se sont en fin ap-
poictez contr'eux à leur perdition.

Sur la simple accusation de ces faux tesmoins, IV.
voila nostre martyr condamné sur le champ,
sans estre ouy, sans discussions, sans examen, sans
autre forme: tel est l'accord des meschans, vna-
nimes au mal, & desireux de *circonuenir le iuste,*
comme contrariant à leurs voyes.

---- *omnes velut agmine facto*
Quà data porta ruunt. ----

Tous comme des loups affamez se iettent
sur cét agneau, les pierres volent, & puis tom-

bent sur, luy dru & menu.

Ac veluti magno in populo cum forte coborta est
Seditio, sæuitque animis ignobile vulgus.
Iamque faces & saxa volant, furor arma ministrat.

Au milieu de ces cailloux voila nostre martyr dont la constance se releue par l'oppression, & se renforce de ce qui la force. Pareil à la peinture de ce iuste & constant chez le Lyrique, que ny les tumultes, ny les seditions, ny les bourrelleries, ny les morts, non pas mesme le croulement de l'vniuers n'esbransleroient pas en la determination de son courage. De maniere qu'il pouuoit dire auec le grand Apostre, *Certus sum quia neque mors, quia angustia, neque fames, neque tribulatio separabunt me à charitate Christi.*

Ps. 109. Le voila qui *ambulat in medio lapidum ignitorum*, auquel *dulces sunt lapides torrentis*, & qui *de torrente* de la persecution *in via bibens*, apres *exaltabit caput*, esleuant dans le Ciel vn chef couronné du nom mesme de cuoronne.

Le voila qui trauersant la mer rouge de son sang, & le iourdain de son martyre elleue sur la riue de la terre promise, *acerum testimonij*.

Gen. 31. Son ame est ceste *belle fille de Sion paree de pierreries*, tant desiree du celeste Espoux: & de qui on peut dire, *omnis lapis pretiosus operimentum eius.*

Isa. 61.

Non, ce n'est pas ceste Vestale auarement traistresse qui fut accablee des boucliers des Gaulois au pied du Capitole pour punition de sa desloyauté; mais plustost c'est la fidelité qui accable ainsi nostre martyr.

Mais d'vn accablement qui luy est aduan-

Festiues. 79

rageux, luy faisant acheter l'eternité pour vne souffrance momentanee. C'est vne bouteille pleine d'eau de senteur qui respand vne souefue odeur estant cassee; c'est vn encens bruslé, vne espice broyee.

V. Mes freres tres-chers, oyez le retentissement de ces coups, au lieu de se plaindre il prie, & *recommande son ame à Iesus*: ainsi faut-il faire quand vous estes malades, loüer Dieu, & vous recommander à luy, penser à la mort, vous en appriuoiser plustost que de vous plaindre inutilemẽt & ne penser qu'à la terre.

Admirez nostre martyr qui louë Dieu *in tympano & in cymbalis benesonantibus*. *Ps.* 150. Instrumens qui ne font leur armonie que frappez.

La gresle fait profiter le safran, & les cailloux font florir nostre Sainct.

Pareil à la myrrhe esgratignee, escrasé c'est lors qu'il exhale sa plus precieuse odeur, qu'il decoule sa liqueur plus suaue.

Voici ce noyer innocent qui donne son fruict à ceux qui le battent.

La collision des cailloux engendre des flammesches qui tombantes en de la matiere disposee: excitent vn embrasement. Les cailloux qui frappent nostre Sainct, & qui font rejallir son sang, luy tirent du cœur des estincelles de charité: voyez comme il flambe d'amour de Dieu, desireux de s'enuoler en son sein bien-aimé, *Domine Iesu, accipe spiritum meum*.

VI. Mais admirez son amour vers ses prochains, voire ses ennemis: diriez-vous pas que les goutes de son sang qui rejalissent sur leurs visages

Rom. 12. iointes à ces douces paroles, *Domine, ne statuas illis hoc peccatum*, sont des charbons ardens qu'il leur lance à la teste. O quelle collision de pierres! ô que de flammes en sortent.

O grand martyr! qui pourra icy dignement loüer la parfaicte imitation que ie vous voy exercer icy de celuy qui est *le Roy glorieux des martyrs?* ô vray seruiteur d'vn tel maistre? ô digne soldat d'vn tel chef! Nostre Seigneur au milieu de ses douleurs auoit prié pour ses ennemis: & voicy sainct Estienne au milieu de ses tourmens qui prie pour les siens: qui vid iamais vne copie mieux retirante à son original?

Ame lasche & cruelle (qualitez inseparables) qui te parois de ceste excuse quand on te proposoit de pardonner à ton ennemy à l'exemple de nostre Seigneur que tu ne pouuois ioindre à ceste diuine humanité, que diras-tu maintenāt voyant faire vne acte heroïque à cét homme diuin, à cét Ange humain, à ce martyr digne de mille couronnes & guirlandes d'honneur?

Aug ho. 1 & 8. in fest. S. Steph. *Lucernam intuere, si non solem: si non Deum, hominem imitare. Si multum putas imitari Dominum tuum, attende Stephanum conuersum tuum. Homo erat sicut & tu, de massa peccati creatus sicut & tu, eo pretio redemptus quo & tu. Euangelia legebat quæ legis, vel audis tui; ibi inuenit scriptum: diligite inimicos vestros: didicit legendo, perfecit implendo.*

Tandis que Tubalcain premier forgeron battoit sur ses enclumes, son frere Iubal premier Musicien formoit ses accords: tandis que les bourreaux escarboüillent nostre martyr, il forme l'harmonie de son oraison pour eux.

Moyse

Moyse prie, & Iosué combat: tandis que sa chair est deprimée, son esprit s'esleue.

Comme Israël, il combat d'vne part & edifie de l'autre: il succombe au tourmens, & il cimente de son sang les fondemens de l'Eglise naissante. *Aug. ho. 4. huius festi.*

Il excuse le peché de ceux qui le lapident, par leur aueuglement (mais *obcoecauerat eos malitia eorum*) & prie Dieu de n'imputer ceste faute à leur ignorance. Mon frere, apprenez ainsi à auoir compassion de celuy qui est vostre ennemy, faute de vous bien cognoistre; ayez-en pitié comme vous auriez d'vn aueugle que vous trouueriez en vostre voye; ne le poussez pas en la fosse en l'aigrissant par la contradiction.

Mon Dieu, le grand sacrilege que font ceux qui prient Dieu de faire mourir leurs ennemis, & il y en a bien quelques-vns qui sont si mal aduisez: ceux-là comme dit sainct Augustin, *font de Dieu vn bourreau*. Quoy? & s'il faisoit mourir ceux qui pechent contre luy, combien y a-il qu'il t'auroit foudroyé? ô miserable! toy qui par tes pechez t'és declaré tant de fois son ennemy. *Aug. ho. 4. in hoc festo.*

Or sus quel cœur ne se flechira à la reconciliation voyant ce bien-heureux martyr, priant si ardamment pour ceux-là mesmes qui l'assassinoient, ô grande action!

Mais, ô merueilleuse recompense! il ouure son cœur à ses ennemis, & voila le Ciel qui s'ouure à ses yeux: il *void les Cieux ouuerts*, dit nostre texte, *& là Iesus seant à la dextre de son pere*. **VII.**

voila l'exemplaire confronté à son original.

Aymez vos ennemis, dict nostre Seigneur en *l'Euangile afin que vous soyez enfans de vostre Pere qui est és Cieux.* Voilà S. Estienne qui fait ce precepte, & aussi tost il luy est monstré combien il est conforme au fils de Dieu.

Priuilege miraculeux, & qui semble biffer ceste ordonnance, *Nemo videbit me & viuet.*

O grace inoüie ! ioüir du Paradis auant le terme de la mort, & quelle est *la vie eternelle, si-* Ioã.17. *non voir Dieu & son fils ?* ce que void nostre Sainct auant que d'exhaler sa belle ame.

Voir ceste belle face de Iesus, que les Anges 1.Pet.1. voyent depuis tant d'années, & *bruslent de desir de la voir sans cesse.* O faueur incomprehensible?

Quel courage doit auoir vn soldat qui combat à l'aspect de son Prince : & quel honneur de mourir pour son seruice deuant ses yeux ! quel plus glorieux tombeau sçauroit souhaitter la plus extréme valeur ?

O terque quaterque beati,
Queîs ante ora Dei, & celi sub mœnibus altis,
Contigit oppetere.

Qu'on ne me parle plus de la vision d'Abraham, qui voyant trois, n'en adora qu'vn, ce n'estoient que des Anges, & vne figure de Dieu trin'vn.

Plus de la verge veillante d'Ezechiel.

Plus des visions d'Isaye, & de Moyse.

Plus de l'eschelle de Iacob ; ce n'estoient que des ombres & des enigmes ; mais nostre Sainct void des veritez & des mysteres, *que le cœur ne* 1.Cor.2. *peut penser.*

En ceste vision extatique, voila qu'il obtient VIII. par ses feruentes prieres la conuersion de S. Paul, encores adolescent, present à ce spectale & gardien de ses habits. Beau rejetton de la racine, de ce martyr! c'est l'assertion de S. Augustin, que *si Stephanus martyr non orasset, Ecclesia Paulum non haberet*. O Saincts que vos prieres sont puissantes, puis qu'elles nous procurent la sanctification.

Aug. ho. 4. de B. Steph.

O mon Dieu, combien il est vray, qu'auec *des pierres vous pouuez susciter de la semence à Abraham*, puis que de ces cailloux vous auez faict vn tel enfant à vostre Eglise, que ce grand Apostre son coryphee, benits soient vos iugemens, ô Seigneur.

Mat. 3.

Qu'on ne parle plus des pierres de Deucalion & de Pyrrha, ny des dents de Cadmus ce sont vanitez fabuleuses: mais ceste conuersion de S. Paul est vne verité Chrestienne.

On dit que le sang de bouc tiede amolit le diamant: & seroit-ce point celuy de ce doux agneau beellant si tendrement pour le salut de ses ennemis, qui auroit amolly le cœur diamantin de S. Paul, ce cœur felon qui *ne respiroit que fureur & carnage contre les disciples de Christ?*

Act. 9.

Tant y a, que des cendres de ce Phœnix des martyrs, nous auons veu renaistre le Phœnix des Docteurs: cestux-cy appellé protomartyr & Couronne par excellence? & cestuy-cy Apostre par antonomasie.

Colligez, mes freres, de ce paranymphe, 1. à aymer les beaux noms des Catholiques, 2. à mespriser les enuies, 3. & les fausses accusations, 4. à endurer les persecutions pour le nom de nostre Seigneur, 5. à prier pour le salut de vostre ame, 6. pour celuy de vos ennemis, item 7. à esleuer vos yeux & pensees au Ciel, 8. à tirer de tant de beaux exemples des Saincts la leçon de vous conuertir à Dieu ; lequel ie prie qu'il luy plaise de vous benier.

XXVII. DECEMBRE.

Des graces de Dieu en sainct Iean l'Euangeliste.

HOMELIE.

Petrus vidit discipulum, quem diligebat Iesus. Ioan. 21.

Entre toutes les fleurs le Soleil regarde plus amoureusement le soucy. Et parmy les plantes du parterre Apostolique le *Soleil de Iustice* auoit vne particuliere affection pour S. Iean, qui pour ce s'appelle *le Disciple que Iesus aymoit*.

Nous allons voir, 1. comme de la grace de Dieu inseparable de son amour deriuent tous biens aux hommes, & particulierement sont prouenuës en S. Iean toutes les qualitez qui le rendent recommandable, 2. ce que monstre le nom de *Iean* qui signifie *grace de Dieu*, & ceste grace l'a fait, 3. Disciple, 4. Euangeliste, 5. Prophete, 6. Secretaire, 7. fils adoptif de la saincte Vierge, 8. *Amy de Iesus* qui est le comble de toutes graces.

Car, mes freres tres-aimez, de son amour prouient sa grace, & ceste grace est le principe de son amour vers nous, de nostre amour vers luy. *Omne bonum de sursum est descēdens à Patre luminum.* Pource le prions-nous auec l'Eglise que son amour nous face participans de sa grace, & que ceste grace nous face iouyssans de son amour.

O grace! grace! principe de tout bien, source de tout bon-heur, sans laquelle le Paradis seroit refusable, & auec laquelle l'enfer seroit tolerable. Vous estes le beau Soleil dont les rays engendrent les parfums des vertus, qui concourez auec les generations de toutes les bonnes œuures.

C'est vous dont les influences fauorables calment les tempestes de nos cœurs, serenent les orages de cos ensciences.

C'est vous dont la douce chaleur meurit nos moissons, c'est à dire qui amenez à la maturité de parfaire les fleurs de nostre vouloir : & qui conduisez nos bons desirs à de bons effects.

C'est vous qui engendrez en nos cœurs & l'argent de la pureté, & l'or de la charité, qui sont les deux vertus auec lesquelles on s'introduit aux nopces de l'agneau denotees en la Parabole des filles sages & prudentes par la lampe ardante & la virginité.

C'est vous dont les rays ramassez dans le creux d'vn miroir, causent embrasement en des matieres disposees: ainsi la splendeur de la grace receuë dans la concauité d'vne ame humble y engendre aussi tost le feu du S. amour, pour peu que l'on y preste de condescendance.

Le Soleil à ce que remarquent ceux qui philosohent sur les aspects des astres, tempere par sa concurrence la malignité des planettes sinistres, redouble la prosperité des bons, & incline au bien les indifferens: & la grace de Dieu combien a-elle affermy d'irresolus, affermy de constans, & abonny de peruers?

Par tout où tarde le Soleil les obscuritez s'enfuyent, & où flambe la lumiere de la grace, s'esuanoüissent les œuures des tenebres, qui sont les pechez: *Exurgat Deus* en nos cœurs, *& fugiant qui oderunt eum à facie eius*.

Rom. 13.
Ps. 67.

C'est toy beau Soleil, qui emplis la Lune de clarté, & c'est toy belle grace de mon Dieu, qui meine les ames au plein de la perfection. L'Ange voulant saluer la Vierge ne la peut qualifier autrement que pleine de grace, comme estant ce tiltre la cime de toute grandeur.

Et c'est ceste pleine Lune qui emplit les moüelles, qui enfle les marees: & la grace remplit-elle pas les cœurs des benedictions?

C'est elle qui a l'ascendant sur le flux & reflux de l'Ocean: & le bien ou mal de nostre ame despend-il pas de l'accez ou reces de la grace?

Que serions-nous, mon Dieu, sans vostre grace, sinon des simulachres de mort, des *arbres d'Automne*, des tisons d'enfer, des figuiers sans fruict, dignes des flammes?

Iud. 1.
Ps. 142.

Des terres sans eau, & comme la douce pluye

fertilité la terre en humectant son sein, ainsi fait la grace en nos cœurs.

Elle est le Nil de nostre Egypte, plus elle est enflee plus nous abondons. Somme elle est la cause materielle, formelle, efficiente & finale de tous les bons effects. Sans elle la terre de nos consciences est condamnee à ne produire que ronces: auec elle ce ne sont que roses qui sortent de nostre sein.

Elle est le vent qui nettoye & balaye l'aire de nostre interieur, & qui fait cingler à bon port nostre petite barque.

Tout, tout le bien qui est en la terre & au ciel tire son origine de ceste grace, & y doit retourner.

II. Pource est-ce bien à propos que nostre Euangeliste tant aimé de Dieu, & tant comblé de sa grace porte le beau nom de *Iean*, qui signifie *grace de Dieu*: afin qu'il portast graué sur le front ce dicton d'vn autre grand Apostre, *Gratia Dei sum id quod sum.*

Confessant tenir tout de ceste grace, & rendant tout à ceste grace, comme les ruisseaux qui tirans leur source de la mer, luy vont rendre à la fin le tribut de leurs eaux.

Ainsi sainct Paul disoit *pouuoir toutes choses auec icelle*, & *sans icelle, il se disoit incapable* Phil. 4. *seulement de rien penser*, pource attribuë-il *toute* 2. Cor. 3. *sa suffisance à la grace de Dieu*: mirez ceste retrogradation, *omnia vestra sint, vos autem Christi, Christus autem Dei.*

Chaque chose appete son centre, & desire se reioindre à son principe ; tout bien prouenant de la grace de Dieu, perit diuerty de ceste grace. Comme la branche retranchee de son tronc, & le ruisseau coupé de sa source.

Mat. 15 Toute plante que Dieu n'aura plāte sera arrachee, & toute greffe seichera qui ne sera enté sur le tronc de sa grace. Ces mauuais seront confondus qui ont dit, *Manus nostra excelsa, & non Deus fecit hæc omnia.*

Voyez comme Nabucadnezar fut humilié, pour auoir voulu s'attribuer des grandeurs & des pouuoirs qui luy prouenoient de la grace de Dieu.

Pource les Saincts ont tousiours prudemment rapporté à la race de Dieu, le bien qui estoit en eux. Dauid en tant de lieux de ses *Ps. 102.* Pseaumes *Benedic anima mea Domino, & noli obliuisci omnes retributiones eius*, &c.

La S. Vierge en son Cantique *fecit mihi magna qui potens est, & sanctum nomen eius.*

Can. 1. Et l'espouse aux Cantiques ne parle que des faueurs de son Espoux. Elle se souuient de ses mammelles pleines du laict de grace, & meilleures que le vin de la vanité. S'il l'appelle belle, elle repart que c'est de sa beauté qu'elle tire la sienne : *Ecce tu pulcher es, dilecte mi, & decorus.*

Ainsi nostre S. Iean porte le nom de Grace de Dieu, pour denoter que tout son estre dependoit de ceste grace. Et ceste grace encores la tire-il du pur amour de son maistre, se nommant sans se nommer, le *Disciple que Iesus aymoit* ô qu'il luy pouuoit bien dire:

Tu mihi quodcumque hoc regni est, tu sceptra Ioneq;
Concilias, tu das epulis accumbere diuum.

Luy faisant hommage de plein fief de toutes les faueurs dont il l'auoit comblé.

Ceux que les Roys cheriffent font ordinairement honorez de leurs maiftres de plufieurs tiltres : or en voicy quelques-vnes de ceux dont il a peu au Roy de gloire orner fon difciple bien-aimé, auquel il auoit donné le nom de fa grace mefme.

Premierement il le fait *Difciple*, *Difcipulus ille*, dit noftre texte. Heureux le Difciple qui a vn tel Maiftre, auprès duquel les Pytagores, les Platons, les Ariftotes, les Archites, les Appolloines, recherchez des quatre coings du monde, font des ignorans & des aueugles. Heureux celuy qui eft efleué en l'efcole de *Iefus Chrift*, dont la premiere inftruction *eft d'eftre doux, & humble de cœur*.

III.

Maiftre fuiuy, voire pourfuiuy par des milliers de perfonnes, rauis de fes leçons, iufques dans les deferts.

Maiftre à qui fes propres ennemis donnent ce tefmoignage, *que iamais homme n'a parlé de la forte*.

A qui les Docteurs, les Nicodemes fe font endoctriner, & qui à douze ans fait leçon publique à toutes les barbes blanches de la Synagogue.

De la bouche duquel, comme d'vn oracle, pendoit l'oreille de l'attentiue Magdaleine, *tota illius pendebat ab ore*, & d'où elle tiroit mille documens de falut.

O qui nous donnera, mes tres-doux freres! de pouuoir estre disciples d'vn tel precepteur? Vous le serez, si vous escoutez auec vn cœur deuot, & vn esprit attentif la saincte parole de Dieu, qui vous parle par la bouche des Predicateurs.

Que si vous leuez les yeux vers ceste Croix arboree au milieu de ceste Eglise, le voyez-vous là ce Cathedrant, qui sans sonner mot, vous dit mille merueilles, & vous presche l'vnique science que S. Paul vouloit sçauoir, qui est *Iesus crucifié.*

Puissent les feres plus sauuages bondir de leurs antres, pour vous suiure aux parfums de vos discours, ô celeste Panthere! Puissent les oyseaux quitter leurs nids, pour vous suyure à grosses trouppes, ô beau Phœnix! Puissent les poissons abandonner leurs cauernes, pour aller apres vous, ô celeste balaine en l'odeur de vostre ambre! Puissent les errans, attirez par la verité de la predication Euangelique, qui ne s'annonce qu'en la saincte Sion, la vraye Eglise, quitter leurs mauuaises assemblees, pour se renger dans le giron de ceste vnique mere, espouse de nostre Seigneur en son sang.

O errans! mais il faut deuenir *Disciples*, ainsi appellez *à discendo*, non pas faire les Pedagogues comme vous faites, & faire superbement la leçon aux Augustins, aux Hierosmes, aux Bernards, aux Chrysostomes: comme l'orgueil aussi follement que presomptueusement vous faict faire. *Celuy qui pense sçauoir quelque chose*, dit saint Paul, *ne sçait pas encores comment il faut sçauoir.* Voila qui est bon, S. Iean qui en son temps, par

1. Cor. 8.

excellence a esté appellé le Theologien se nomme *Disciple*: & vous qui ne sçauez autre chose és Escritures, que les deprauer, *à vostre perdition*, à 1. Pet. 3. peine Grammairiens, vous faites les suffisans, & voulez ranger les Peres sous vostre pedagogie. Plorons, mes freres, la temerité de ces desuoyez, *de tant plus aueugles qu'ils pensent moins* Ioan. 9 *l'estre*. Mais nous Catholiques, contentons nous de l'humble tiltre de disciples, croyans nos Pasteurs & Docteurs qui nous enseignent de la part de Dieu, *qui ont le sainct Esprit, & la science de la voix*, & croyons, comme les Iurisconsultes és loix, les Medecins és maladies, aussi les Theologiens és choses de la foy.

Mais voyez comme nostre disciple est deuenu VI. sçauant, par sa docilité, & sous l'escolage d'vn tel maistre. L'histoire Ecclesiastique nous instruit des merueilles de ses Sermons, mais ce que nous auons des ouurages de sa main le nous monstre clairement, pour le premir des Euangelistes. Vous diriez que sa plume a esté tiree de l'aisle de ceste colombe: en laquelle il pleut au S. Esprit d'apparoir, & qu'elle aye esté trempee, au lieu d'ancre, dans le sang de *Iesus*. *Plume de colombe*, tant elle est douce.

Mais aussi *plume d'Aigle*, tant elle est isnelle & sublime. l'Aigle, est de tous les oyseaux, celuy qui vole plus haut: pource nostre sainct Euangeliste est-il comparé à l'aigle: & des quatre animaux que vit Ezechiel, figurans les quatre Euangelistes l'aigle luy est attribué, pour auoir parlé plus hautement des mysteres diuins, qu'aucun autre de ses compagnons.

L'Aigle regarde fixement le Soleil, ce que ne peuuent les autres animaux ; ainſi les autres Euangeliſtes ont bien parlé de l'humanité de noſtre Seigneur, comme ſainct Matthieu, qui commence ſon liure par ſa generation ſelon la chair ; mais ſainct Iean porte droict ſon vol dans le Verbe increé, pour venir au Verbe incarné, *In principio erat Verbum.*

L'Aigle) ſelon les Poëtes, ſe nichoit dans le ſein de leur Iupin : diriez vous pas que S. Iean penetre dans le ſein du Pere ? *Et Verbum erat apud Deum, & Deus erat Verbum, &c.* Comme il conte par l'Euangile qu'il a repoſé ſur le ſein du Fils, *Supra pectus Domini in cœna recubuit.*

La plume de l'Aigle ronge les autres, & outre que ſainct Iean comprend en ſon Euangile tout ce que les autres ont dit, il adiouſte encores maintes particularitez que les autres n'ont pas rapportees.

Que ſi ſainct Gregoire parlant des bien-heureux, *dit qu'ils voyent tout en celuy qui voit tout,* que n'aura appris noſtre Sainct, *qui par priuilege d'amour ſpecial,* comme parle ſainct Hieroſme, a repoſé ſur la ſacree poictrine de noſtre Seigneur, où eſtoient enclos tous les threſors de la ſcience du Pere ; ceux-là voyent la terre dans le Ciel, ceſtuy-cy a veu le Ciel de la diuinité dans la terre de l'humanité.

Et le Soleil dans ce miroir ou baſſin.

Il a puiſé la verité à ſa ſource, il a beu non à ceſte feinte fontaine de Permeſſe : mais le laict & le miel coulant de la terre de promiſſion *des mammelles de l'eſpoux meilleures que le vin.*

Or comme Euangeliste il a escrit des choses passees, *Qui vidit, testimonium perhibuit, & scimus quia verum est testimonium eius.* Et ce sans controuerser plus sublimement que les autres : mais outre les autres il a esté precipué du don de Prophetie, & comme Prophete il a escrit les choses future au second aduenement du fils de Dieu, & est vnique en la loy de grace dont les predictiōs sont receuës pour canoniques, biē que non vnique Prophete, car le don de Prophetie a tousiours esté perpetué de temps en temps en l'Eglisa de Dieu, *Vbi alij Prophetæ, alij Doctores, &c.*

V.

1.Cor.12

Que si sainct Iean Baptiste a esté appellé plus que Prophete pour auoir indiqué le Messie venu en humilité : Pourquoy nostre sainct Iean l'Euangeliste n'aura-il pas pareil tiltre, qui a presché & escrit, & le Messie venu & crucifié, & le Messie qui doit venir en maiesté iuger les viuans & les morts à la consommation des siecles, descriuant par le menu les horribles particularitez qui precederont ceste espouuentable venuë?

Diriez-vous pas que c'est vn Ianus à double front, regardant le passé & le futur?

Cedent icy les visions de tous les anciens Prophetes, & l'eschelle de Iacob, & le buisson ardant de Moyse, & la verge d'Ezechiel, les merueilleuses apparitions d'Isaye, les lamentables de Ieremie : car l'Apocalypse les passe de tant loin, qu'elles ne peuuent entrer en aucune ligne de conference.

C'est le liure miraculeux plus difficile à digerer, que celuy que mange Ezechiel, plus

Ezech.3

abistres que toutes les fueilles Sybillines, & qui *contient*, dit sainct Hierosme digne iuge de ces secrets, *autant de mysteres que de lettres.*

VI. Liure plus obscur, que les acroamatiques d'Aristote, & qui ne peut estre penetré, qu'à l'aide du mesme sainct Esprit qui l'a dicté.

A ce sien secretaire; autre tiltre qu'il nous faut expliquer. O qu'il a bien sçeu *son secretaire!* puis qu'il a sçeu exprimer ces choses futures, en sorte que chacun en peut tirer vne salutaire crainte des iugemens de Dieu, & les subtils sont contraincts d'y brider leur curiosité par le frein de l'estonnement. *Il a reuelé les grandeurs de Dieu,* *Tob. 12.* *mais caché le secret du Roy.*

Aussi a-il esté l'Hephestion du celeste Alexandre, ayant son cachet imprimé sur son cœur en ses pensées, *sur son bras* en ses escrits, & sur sa bouche en ses paroles.

Et nostre Seigneur qui cognoissoit ceste perfection en son fauory, de garder en depost inuiolable vne parole secrette, perfection aussi rare, que de cacher vn charbon dans son sein insensiblement, le voulut rendre participant, priuatiuement aux autres disciples, de la cognoissance de celuy qui le deuoit trahir, luy monstrant Iudas par le signe *du morceau trempé* *Mat. 26.* *qu'il luy bailla.*

O vray Abraham, que Dieu aime si cherement & priuément qu'il ne luy peut *celer son secret.*

Gen. 18. Il fait mauuais participer aux secrets des Roys, disoit à Philippus Philippides, à cause des grands inconueniens qui en arriuent: mais, ô mon Dieu! il fait bon sçauoir les vostres, quand il vous plaist de les communiquer. *Declaratio sermonum tuorum illuminat, & intellectum dat paruulis. Confiteor tibi pater quia abscondisti hæc sapientibus, & reuelasti ea paruulis. Reuela oculos meos & considerabo mirabilia de lege tua. Illumina oculos meos ne obdormiam in morte.*

VII. O fidele depositaire des secrets du fils de Dieu! mais plus heureux depositaire de la mere de ce fils, de laquelle il deuint fils par adoption testamentaire, & comme frere de nostre Seigneur: voicy comment.

Le bon *Iesus* pendant en Croix, plus pauure que iamais, luy qui n'eust onc rien de propre sur la terre, non pas mesme vne tasniere, ny vn nid, ny encores vn fumier, comme Iob, desuestu de sa robbe ià iouée parmy les soldats, despoüillé de sa peau par sa flagellatiõ, dessaisy de son propre corps, constitué entre les mains des bourreaux? il n'auoit plus que deux choses à soy; son ame qu'il resigne à son Pere celeste, & sa chere mere qu'il consigne à son disciple bien-aymé, *Fili ecce mater tua, mulier ecce filius tuus.* O grand Sainct! heritier du fils de Dieu, & coheritier de Dieu le Pere! ô toison de Gedeon; ains toison d'or qui t'est consignee: l'Arche sera en ta maison, ô nouueau Obededon! ains tu seras l'Arche où reposera la verge florissante d'Aaron, la virginité maternelle de Marie: nouueau Cesar qui partage l'Empire auec Dieu.

Le Pere auoit l'ame, ains tu l'auois: car l'ame est plus où elle ayme qu'ailleurs, & tu estois *le disciple aymé*: en outre possesseur de la personne que *Iesus* cherissoit plus tendrement, qui estoit sa bonne mere, ainsi possesseur de l'ame de son ame, ô heritier *in solidum*! Heritier du corps, car tu le destachas de la Croix, heritier de son ame par son amour depositaire de sa saincte mere, ains son fils adoptif representant son naturel par le Codicile signé par le dernier souspir de Iesus. Mes freres, tout cecy medité auec ferueur, il n'y a cœur qui ne fende.

Combien cherement garde vne sage espouse l'anneau que son espoux luy a laissé, ou en partant, ou en mourant. La Vierge est l'anneau auec lequel nostre Seigneur a espousé nostre nature humaine, la ioignant à la diuine d'vn mariage eternel. O S. Iean! combien cét anneau vous doit il estre precieux? y a-il iouaille plus exquise que ceste ouaille mere du S. *Agneau qui a effacé par son sang les pechez du monde*!

Elle est la coupe de Ioseph, iettee dans vostre sac, ô nouueau & bien-aimé *Beniamin enfant de douleurs*!

Elle est, & le thresor de Iesus, voire, & la mine d'où a esté tiré *l'or pur, sed obrisum*: de son sacré corps? en elle il se donne soy mesme à toy, car il est plus à elle qu'à soy, *est subditus illi*.

Isa. 13.
Dan. 13.

Aussi nostre dragon vigilant ne quitta il iamais de veuë ce *iardin clos* de pommes d'or, iamais n'abandonna ceste miniere, ny laissa ceste viue source de grace.

Accepit illam in suam, c'est à dire, *matrem*, dict vne leçon; vne autre *in sua*, c'est à dire, *bona*, sa plus douce mere, son plus grand bien.

Seneca racompte qu'vn Philosophe mourant pauure, & ayant vn amy fort riche, lega à cét

cét amy par testament sa mere, qu'il luy ordonna de nourrir le reste de ses iours, legat que cét amy recueillit fidelement, & constitua ceste bonne femme gouuernante de toute sa maison : ce qu'il aduance à l'aduenture auec vanité, pour monstrer la confiance de la vraye amitié, est arriué en S. Iean auec verité, par vn heritage incomparable, par vne tres-heureuse adoption.

Et tant ceste grace que toutes les autres, parce qu'il estoit amy particulier de nostre Seigneur, tiltre le feste de toutes les grandeurs imaginables. Amy du cœur, car comme on dit que l'Aigle ayme specialement entre ses petits, celuy qui a esté couué & esclos plus pres de son cœur : Combien tendrement nostre Seigneur, *ce grand Aigle du Liban*, deuoit-il affectionner ce ieune Aiglon, à qui il auoit permis de reposer sur sa sacree poictrine où il luy auoit esclos mille secrets?   VIII.

O grand amy de *Iesus!* pourquoy ne dirons-nous de vostre ame son espouse, *qu'elle est ceste belle qui s'esleue du desert, comblee de delices, appuyee sur son bien aimé, & dormante d'vn sommeil si doux & gracieux, que le S. Amant prie les filles de Syon de ne l'esueiller point que quand elle voudra?*   Cant. 8.

Vous estes comme vn petit *demy Dieu & enfant du tres-haut*, appuyé sur ceste eschelle mystique de l'humanité de *Iesus*, qui ioint le Ciel à la terre, & voit les choses diuines aux humaines par la chaisne d'or de son incarnation.

Benjamin le tres-aimé du Seigneur qui reposez entre ses bras.   Deut. 33

Vous estes le Parmenion de nostre Alexandre, & en apparence vn autre Alexandre, amy bien-aymant & bien-aymé.

Que si S. Iean Baptiste, declaré le plus grand de tous les hommes par la bouche de Iesus Christ, s'est dit *indigne de deslier la couroye des souliers de nostre Seigneur*: Quel sera sainct Iean l'Euangeliste qui a reposé sur son sein? Helas quel priuilege, quelle grace des graces! Quand sera-ce, ô mon Espoux, que ie me reposeray en ce beau sein, si plein d'amour pour moy? *Qui me donnera des aisles de colombe pour y voler, & m'y reposer en l'eternité?*

Ie me retire enuis de ce sein bien-heureux, mais c'est pour vous y laisser reposer en paix, mes tres-chers freres, si premier ie vous aduise de recueillir de ce discours, 1. que tout vient de la diuine grace, 2. que par icelle nostre S. Euangeliste a esté nommé Iean, qui signifie *grace de Dieu*, laquelle l'a faict, 3. Disciple, 4. Euangeliste, 5. Prophete, 6. Secretaire, 7. enfant adoptif de la saincte Vierge, & 8. Amy de Iesus.

XXVIII. DECEMBRE.
Le massacre des SS. Innocens.
HOMELIE.

Angelus Domini apparuit in somnis Ioseph. Math. 2.

MAis voyez, mes freres, comme l'Eglise sçait dextrement entremesler le iour & la nuict: la douceur, & la douleur: le miel, & le fiel: le plaisir, & l'amertume: la ioye, & la tristesse: le succre, & le sel: & releuer la delicatesse du vin, par l'acrimonie des ameres amandes. Tant est vray ce dire d'vn ancien, que *le mesayse & la volupté si dissemblables en nature, se lient neantmoins par vne suite & concatenation naturellement reciproquante.* N'est-ce point ce *Calice de la main de Dieu, de vin pur meslé d'aigreur?* l'aduance cela pour la grande varieté des festes que nous celebrons en ces iours cy, à la ioye de la naissance du Seuueur, la compassion du martyre de sainct Estienne succede: ceste douleur est adoucie par les graces de S. Iean, *le disciple bien aymé & fauory*, & ces faueurs auiourd'huy tournees en fureurs, par l'enragee boucherie que le cruel Herodes fait commettre en la personne de tant de petits enfans. Qui vid iamais telle vicissitude? ô Eglise, Eglise, que tu es bien *ceste Princesse atouree de varietez brillantes en ton vestement bouclé d'agraphes d'or.*

Nous considererons en ce massacre, 1. l'extrême haine du diable instigateur de ceste barbarie. 1. la lasche crainte d'Herodes, 3. sa furieuse cruauté, 4. la compassion de ceste tragedie. 5. l'admonitiõ de l'Ange à Ioseph, ô la suitte de N. S. qui est à mon aduis, le sommaire de tout l'Euangile.

I.

L'enuie & la haine sont au diable vn enfer d'ans l'enfer, qui le tourmente autant que le mesme enfer. Depuis la creation du monde : & de l'homme, il a esté espoinçonné d'vne telle rage de voir la nature humaine creée pour remplir les sieges que son orgueil a rendus vacans dans les Cieux, qu'il n'a laissé aucun de ses stratagemes en arriere, pour nous supplanter de ceste beatitude : & nous attirer à sa misere, les effects n'en sont que trop visibles & sensibles, *Inuidia diaboli peccatum introiuit in mundum, & per peccatum mors.*

Sa haine a tousiours esté imployable depuis qu'il est tombé en l'abysme de perdition, & en sens reprouué, contre Dieu & son image l'homme, pareil à la harpie, si ennemie de l'homme, que mesmes elle ne peut voir son effigie, sans la deschirer: aussi est-il appellé en l'Escriture, *Homicide dés le commencement*, comme il appert au meurtre qu'il suscita Caïn de faire de son frere Abel, pensant en ce premier iuste estouffer la semence de tous les autres.

Ioan. 8.
Gen. 4.

Exod. 1.

Depuis, du temps de Moyse, voila qu'il inspire à Pharao, de faire mourir tous les masles des Israëlites, pour couper en eux la racine du Messie promis à Abraham : mais Dieu inspira mieux les sages-femmes de l'Egypte, & fit miraculeusement sauuer, & hautement esleuer par la fille du Roy, le petit Moyse exposé à la mercy des ondes plus pitoyables que le tyran.

Il renouuella ce mesme dessein du temps d'Assuerus, & dressa son embuscade dans le cœur enuieux d'Aman, se seruant de son organe pour persuader au Roy l'extermination de toute la gent Hebraïque. *Esth. 2.*

Il redressa ses machines ou machinations à pareil effect du temps d'Athalia. *4 Reg. 11*

Il disoit à pareil but du temps d'Anthiochus en la persecution des Machabees. *1. Marc. 3.*

Tant ardamment il desiroit, *extinguere scintillam*, comme parloit la Thecuite à Dauid, & preuenir la naissance de celuy qui auec sa Croix le deuoit escorner, & poursuiure à outrance, iusques dans ses infernalles geolles. *3. Reg. 4.*

Ce vieux serpent vouloit estouffer nostre Hercul auant son berceau, sçachant qu'estant né, *ante faciem eius non sustineret*, parce que *Exurgente Deo dissipantur inimici eius*.

Il ne se soucie point que ses tourmens croissent à mesure qu'il pert plus d'ames, tellement enragé & alteré de leur ruine, que comme vn dragon, il ne se soucie d'estre escrafé sous l'Elephant, pourueu qu'il le picque & le tuë.

Pareil à ceste furieuse Medee, qui affolee de ialousie, desseignoit de tuer sa riuale Iola, & puis se victimer soy-mesme, pour preuenir la main vengeresse d'Hercules, & disoit pour sa resolution, que *Felix iacet quicumque quos odit premit*.

Et le voicy maintenant, qui pour estonner le

G 3

coup fait de son extermination, bracque sa plus forte machine contre le fils de Dieu nouueau né, par l'entremise d'Herodes, lequel animé de la frenetique ialousie de la royauté, laquelle ne peut souffrir de riual, non plus que la couche maritale, cherche par tous moyens de se deffaire de celuy que les Mages auoient dict estre né Roy des Iuifs.

Ainsi ce malheureux demon employe volontiers les puissances infidelles de la terre, pour contraster celle du Ciel, foible lutte toutesfois & inesgale : *car les portes de l'enfer ne peuuent preualoir contre les portes de Syon, que Dieu ayme & garde, & a posé des sentinelles, & commandé à ses Anges d'y faire la ronde.* Pource disoit David, *Quare fremuerunt gentes*, & ce qui suit. Et S. Paul nous aduertit que, *non est tantum nobis colluctatio aduersus carnem & sanguinem, sed & aduersus principes & potestates tenebrarum harum.*

Ps. 2.

Et de faict, ne voyez-vous pas que l'Empire du Turc infidele, se va tous les iours dilatant par voyes diaboliques, au detriment de la Chrestienté, contre laquelle, & dehors, par l'infidelité, & dedans par l'heresie, Sathan employe toutes ses ruses & efforts, cousant la peau du renard à celle du lyon, cruel & tavelé comme vn tygre? Mes freres, Dieu nous deliure, *A sagitta volante in die, à negotio perambulante in tenebris, ab incursu & dæmonio meridiano.*

Ps. 90.

II. Voila Herodes animé de ceste enuie & haine du diable contre le Sauueur du monde, par lequel il croyoit deuoir estre supplanté de sa couronne, bien que son Royaume ne fust de ce monde:

pource l'Eglise chante bien à propos.

Nostis Herodes impie: Cristum venire quid times?
Non erit mortalia: Qui regna dat cœlestia.

Neantmoins, *Omnia tuta timet, & trepidet timore vbi non est timor.* Vous diriez que c'est vn infortuné Sysiphe, craignant sans cesse la cheute d'vn roc, qui menace de l'accabler: & non sans raison, car N. Seigneur est ceste petite pierre de Daniel, qui fracasse les superbes Colosses.

Vous diriez que c'est vn miserable Damocles, qui parmy ses festins, & incestueuses lubricitez, sent vn glaiue vengeur suspendu à vn filet sur sa criminelle teste.

La terreur Panique luy fait tremblotter les membres glacez de vieillesse, mais embrasez du feu de lubricité: pareil à vn Ætna, il porte la neige & le feu dans son sein.

Sa conscience sceleree, ses deportemens scandaleux: l'vsurpation du sceptre, tout cela luy donnera des entorses & trenchees bien violentes & vertes.

Hi sunt qui trepidant, & ad omnia fulgura pallent,
Occultum quatiente animo tortore flagellum.

Ses tyrannies luy font redouter iusques à son ombre: tout tyran est ombrageux, & tousiours en ceruelle, parce que, *Necesse est multos timeat, quem multi timent*, d'autant que, *Manus illius contra omnes, manus omnium contra illum*: ioinct que, *Scelus aliqua tutum nusquam securum tulit.*

Le voila presque agité des furies.
---- *Eumenidum videt agmina Pantheus.*
Et geminum solem & geminos se ostendere reges.

Le voila qui en sa plus heureuse frenesie,

Exclamat amens nuntio: Successor instat, pellimur, Satelles, ferrum rape: Perfunde cunas sanguine.

A cruel mandement trop prompte execution. Saül veut-il faire massacrer les Prestres, il ne trouue que prou de satellites. Herodes de mesme. Tant il est vray que, *Sicut rugitus leonis, ita & Regis ira. Reges timendi in proprios greges.* Iusques où va leur voix & leur exemple? *Rex velit iniusta nemo non eadem volet.*

Mais quelle poltronnerie, mais quelle cruauté celle-là, de se ruer sur des enfans, celle-cy sur tant d'enfans! horreur ensemble, & erreur: car que te sert de faire des montagnettes de tant de petits corps, des ruisseaux de tant de sang innocent, ô Herodes? puisque

Vnus inter tot funera, Impunè Christus tollitur.

Tu fais beaucoup de mal, mais tu ne fais pas le grand mal que tu voulois faire.

Toy qui employe tous tes meschans artifices, pour perdre l'innocente pudicité d'vne fille, & qui en fin la trouues vn roc de constance & d'honneur, tu as bien faict du mal en tes poursuites, & peut estre mille pechez: mais non le grand mal que tu voulois traistreusement commettre.

Mais se faut-il estonner si le paoureux Herodes conçoit vne telle inhumanité? N'est ce pas l'ordinaire des coüards d'estre cruels, & des cruels d'estre coüards? Neron, Phalaris, & cent autres tyrans, ont ils pas esté insignement feroces, & nompareillement pusillanimes?

Lit-on pas d'Alexandre Tyran de Pheres, qu'il ploroit en voyant representer la tragedie des regrets d'Hecuba, & rioit en voyant bourreler des hommes deuant foy? infigne cruauté! infigne lafcheté!

III. Mais voyons de plus prés la frenaifie d'Herodes: fe fouuenant que l'an eftoit à peine reuolu, que les Mages luy mirent ce martel en tefte, il ordonne à fes bourreaux de tuer tous les enfans qui feront de deux ans, & au deffous, pour enuelopper en cefte vniuerfalité celuy qui en particulier luy eftoit tant odieux: mirez cefte inuention & extenfion diabolique.

O duelliftes, non plus duelliftes, mais centuelliftes, puis que vous vous battez par efcoüades & petites armées, pourquoy enueloppez-vous tant d'ames en la damnation, pour la querelle de deux aueugles? Quoy, penfez-vous aller moins en enfer pour eftre en trouppes? eftes vous point des Herodes, en tuans cent pour vn?

Et ne vous femble-il point mes freres, que Herodes face icy vn traict pareil à la trahifon 2.Re.11. de Dauid, qui pour fe defpefcher du Capitaine Vrie, fit expofer toute fa compagnie au carnage?

Mais pourquoy tant de fang innocent, ô Herodes; que ne fais-tu pluftoft vne curieufe enquefte, qu'vne furieufe deffaite? Son aueuglee fureur luy creue les yeux, & luy fait dire auec cét autre Tyran ancien, *Pereant amici, modo pereant inimici.* Ainfi iadis Theodofe pour la mutinerie de deux ou trois, fit mettre à feu & à fang toute la ville de Theffalonique, d'où nafquirent contre luy les inuectiues & foudres de

S. Ambroise, iusques à ce qu'il eust imité Dauid en sa penitence comme en son peché.

En cela triomphe la fureur de n'auoir point de raison, mais se precipitant à val de route à la pente de son mal-talent, lors elle fracasse, bouleuerse, submerge, renuerse, inonde, entraine comme vn torrent impetueux, bouffi d'vne subite fonte de neiges, tout ce qui obstacle son cours rauissant.

C'est vne foudre (*Flumen est vbi cum potestate habitat iracundia*) dont les effects sont de tant plus effroyables qu'ils sont extrauagans.

C'est vn feu qui deuore tout ce qu'il rencontre.

C'est vn vent dont la roideur fait vn tel fracas, qu'il tronçonne les plus gros troncs, & arrache les plus vieilles racines.

Vne gresle qui casse, brise, brusle les bourgeons & les fleurs, qui froisse & pourrit les fruicts, qui rauage iusques aux herbes.

La ialousie de la Royauté, & la fureur de regner, est vne passion si desesperee, que souuent pour elle,

Filius ante diem patrios inquirit in annos.

2. Re. 15. Comme il appert en Absalon és Histoires sainctes; car les prophanes fourmillent d'exemples pareils, comme aussi pour cela les peres ne pardonnent pas à leurs propres enfans, *Infida est societas regni.*

L'histoire note comme vn exemple tres-rare, qu'Antiochus voulut ceder Stratonice à son fils Demetrius, & l'associer à sa Couronne: choses qui sont contraires à ce dicton.

Nec regna socium ferre, nec tada queunt.

L'amour naturel en luy surpasse l'ardeur de regner, chose extraordinaire.

Ainsi ne fit pas Alexandre à Darius, refusant la moitié de son Empire, voulant ou tout, ou rien.

N'avoit pas aussi ce sentiment cét ancien Empereur, qui vieux, & ialoux que l'on courtisast son fils, son proche successeur, plus que luy, se plaignant de ce *qu'on tournoit le dos à l'Occident, pour regarder l'Orient.*

L'imperieuse fureur d'Herodes surpasse tout cela, faisant sacrifice à sa frenaisie, de tant de sang innocent, sur vn simple ombrage.

C'est en la pitoyable compassion de ceste sanglante tuërie, que les Peres laschent icy les voiles à leurs discours; extension interdite à nostre briefueté: & à vray dire, c'est icy vn large champ, pour donner carriere à l'eloquence: car la seule imagination de ce massacre est de faire herisser le poil, & fremir d'horreur.

VII.
V. Aug.
Ser. 10.
de sanct.

Quid facerent hostes capta crudelius vrbe?
que ce que faict ce tyran contre ses propres & plus innocens subiects? Leur souffrâce est grande, mais leur innocence fait le comble de la pitié; voir arracher des tendrons d'entre les bras des meres pour les escraser deuant leurs yeux; les voir poignarder entre leurs mammelles, voir des meres hurlantes & desolees irremediablement: n'estoit-ce pas pour fondre en pleurs, & se fendre en sanglots?

Quis cladem illius lacis, quis funera fando
Explicet, aut possit lachrymis æquare dolores?

Num. 6   Voila les sacrifices des agneaux d'vn an si agreables à Dieu, qui luy sont offerts.

Voila les premices si plaisantes à sa diuine Maiesté, qui luy sont presentees.

Voila vrayement les fleurs des Martyrs, *Saluete flores martyrum, Quos lucis ipso in limine Christi insecutor perculit, Seu turbo nascentes rosas. Vos prima Christi victima, Grex immolatorum tener.*

C'est maintenant que l'Eglise peut dire, *Veni Aquilo, perfla hortum meum, & fluent aromata illius.*

Cant. 3.

N'auez-vous iamais veu vne rigoureuse gelee brusler (car *penetrabile frigus adurit*) en vn matin les tendres bourgeons des arbres, des moissons, & des vignes, rostir les fleurs en bouton, & pocher ces beaux yeux esmaillez que la nature peint és plantes & auant-couriers des fruicts? Ainsi sont moissonnez par la faux impiteuse d'vne mort violente, & precipitez par la fureur du cruel Herodes, ces enfans tendrelets, qui trouuent leur fin en leur naissance, & leur tombe dans leur berceau.

Allez, ames pures baptisees en vostre propre sang; allez petits Anges, volez petits auant-couriers au seiour de l'eternité : heureux ignorans de la cause d'auoir souffert vn si glorieux effect. *Crucem ante ipsam simplices Palma & coronis ludite.*

Beaux boutons plus frais & gracieux que de duree, si le glaiue de l'impie satellite a tranché le fil de vos iours, au principe de leur trame, c'est le cours des fleurs plus excellentes : car ne voyons-nous pas qu'vne iournee est l'aage des roses, & que les lys meurent en naissant?

Mais, ô belles fleurs des Martyrs! vous estes maintenant entre-tissuës de la Couronne de gloire & immarcessible du Roy des Martyrs, la flestrisseure n'a plus de prise sur vostre eternelle vigueur.

Cependant sur les tombes de vos os icy bas, ô pures ames! ô innocens Angeliques! croissent tousiours mille fleurettes : les cedres y puissent croistre abondamment, qui de leur fraische verdeur, & de leur bois impourrissable, forment des caisses pour recevoir vos Reliques, exemptes des dents du temps, qui ronge tout; puis qu'il est escrit, *Non dabis sanctum tuum videre corruptionem.*

D'icy, mes freres tres-chers, remarquez combien l'impie Herodes a esté esloigné de la pieté du bon & grand Constantin ; il aymoit mieux pourrir de lepre, que de pratiquer le barbare remede d'vn bain de sang puerile, que les meschans medecins luy conseilloient : humanité qui fut recompensee du don de la foy, & ceste maladie incurable guerie au lauement de son sacré baptesme ; au lieu que le vilain Herodes qui auoit fait ruisseler tant de sang enfantin, mourut mal-heureussement, pourrissant dans la vermine & l'ordure.

Remarquez encores, auant que sortir de ce poinct, comme l'emblesme de l'amour & de la mort, changeans de trousse, se trouue icy veritable, car l'amour massacre les enfans, & la mort assassine de flammes impudiquement incestueuses & adulterees le cœur du vieux Herodes, qu'elle deuoit coucher sous la lame.

V. A l'aduantage, & par preuention de ceste boucherie, voila que l'Ange aduertit en songe le bon S. Ioseph de conduire l'enfant & la mere en Egypte; d'où nous apprendrons comme *Dieu a mis des sentinelles sur Hierusalem, & que celuy qui garde israël & son sauueur ne dort, ny ne dormira iamais.* Ainsi il appert que nostre Seigneur *est recommandé aux Anges par son Pere, afin qu'ils le gardent en toutes les voyes, voire iusques à le porter en leurs mains.*

Isa. 62.
Ps. 120.
Ps. 90.

Secondement, nous remarquerons que tousiours les songes ne sont pas mensonges, non que ie vueille soustenir icy les resueries d'Arthemidore, ou de ses supposts, ny former des augures ou interpretations sur les songes: car toutes ces obseruances sont bagatelles & cause de maintes superstitions.

Mais parce que nous voyons en l'Escriture, que souuent Dieu, pendant le sommeil, donne des aduertissemens qui ne sont pas à negliger, pourueu que *Probentur spiritus si sint à Deo.*

Cant. 2.
3 8.

Ainsi l'Espouse en son *sacré sommeil, où son cœur veilloit,* bien que son corps reposast, reçoit des grandes visites és cōsolatiōs de son Espoux, qui *contre les filles de Hierusalem de ne l'esueiller point que quand il luy plaira.* Et les Theologiens mystiques sçauent assez qu'en ce sommeil spirituel est vn poinct de haute & sublime contemplation.

Gen. 2.

Ainsi voyons-nous que Dieu enuoya vn sommeil à Adam, pendant lequel il luy forma vne compagne.

Ainsi a-il revelé maints secrets à son seruiteur Abraham en dormant.

Iacob en songe vid son eschelle mysterieuse.

Helie dormant sous le geneure, eut vn bon aduertissement.

Salomon reposant, fut remply de la diuine Sapience.

Sainct Iean l'Euangeliste dormant sur la sacree poictrine du Sauueur, quels secrets n'a-il veu?

Dieu mesme en l'ancienne loy parloit aux Prophetes, tantost dormans, tantost veillans, Hieremie, *Propheta qui habet somnium, narret somnium suum, & qui habet sermonem meum, narret sermonem meum verè.* Hier. 23.

Aussi voyons-nous que sainct Ioseph sçachant fort bien discerner ceste apparition & admonition de l'Ange, bien que faicte pendant le sommeil, d'auec vne fausse illusion, execute promptement le mandement du Ciel, retirant l'enfant & la mere de ceste sanglante meslee.

VI. Va maintenant, mon ame, ou suiuant les pas de ton Sauueur, qui t'enseigne à quitter le pays de tes delices, pour aller en l'Egypte de la penitence; ou bien va luy au deuant, quittant l'Egypte de tes pechez, où il te vient chercher pour te conduire, apres la persecution des tentations, infaillible en ce delaissement, à la bien-heureuse Hierusalem, cité de paix, & demeure de la tranquilité spirituelle.

Va, va, il te tire, il t'attire, *cours apres en*

l'odeur de son laict enfantin. Va, va, & apprends de sa fuitte à fuyr les occasions du peché qui te menacent d'vne eternelle ruine.

Va, duelliste, & apprends que c'est vn abus du monde de croire qu'il y aye de la lascheté à refuser vn iniuste cartel, & à fuyr vn combat singulier, qui n'est propre qu'aux Antropophages.

Va, pasteur, & apprends de ceste fuitte, selon S. Augustin, que quand la persecution regarde tes oüailles, *tu dois mourir pour elles, & te faire la proye des loups pour leur salut, afin de mourir pour la iustice, & te monstrer vray, & non mercenaire Pasteur.*

Mais aussi quand la persecution sera personnelle, apprends à ceder à la force, fuy la temerité, l'autre extréme de la magnanimité, & ne fay point du sage par dessus les Apostres, qui ont fait ce que nostre Seigneur leur auoit enseigné icy d'exemple, & apres de parole, *Quand vous serez persecutez en vne cité, fuyez en vne autre.*

Tout courage qui n'a le iugement pour guide, est vne outrecuidance : la prudence est le flambeau des vertus ; c'est elle qui comme le Soleil sçait temperer & conseruer le petit monde, par de licites biaisemens, elle sçait *simplifier colombinement, elle sçait assagir serpentinement.*

C'est manier mal les armes, que de prester tousiours le flanc à l'ennemy ; il faut estre bien en garde, & parer ses coups, ou par des arispostes, ou par destours, ou auec la main. A Dieu ne plaise que le desespoir forcené qui va prendre le coup mal à propos, soit appellé vaillance.

Le

Festiues.

Le bon Pilote sçait coucher, & tourner son gouuernail & son vaisseau, selon le mouuement des flots : il sçait euiter leur choc, & s'abbrier pendant la tempeste.

Les bons Medecins ne pouuans asseicher vn catharre, le destournent, & souuent il se dissipe en se destournant.

Tel fuit auiourd'huy, & fait vne horrible & iudicieuse retraitte, qui combattra le lendemain valeureusement & vaincra, *Nunc fugiens olim pugnabo*, disoit l'Orateur Grec.

Sainct Athanase persecuté personnellement s'enfuit, & profita grandement en l'Eglise en sa fuitte.

S. Chrysostome iamais ne fuit, parce que la persecution regardoit son trouppeau, auquel les loups Heretiques se vouloient introduire.

Voulons-nous faire les vaillans plus que le fils de Dieu ? il estoit bien venu pour mourir, mais : *Nondum venerat hora eius*. Pasteur, tu dois bien auoir ceste resolution dans le cœur, de *mettre ton ame pour ton bercail*, mais quand la persecution n'est que contre toy, sçache *que ton heure n'est encore venuë*. [Ioan. 10]

S. Thomas de Cantorbie, tant que la persecution regarda sa personne, il s'enfuit : mais quand elle commença à se dresser contre l'Eglise, il alla souffrir le martyre dans son parc.

La vraye valeur sçait, & ne fuyr la mort, & ne fuyr à la mort, parce que comme dit excellemment vn ancien, *Tam turpe est mortem fugere, quam eadem confugere*, elle sçait, & viure comme il faut, & mourir quand il faut.

Intrepidus quamcunque datis mihi numina mortem Accipiam & vitam.

Noſtre but doit eſtre de ne craindre ny deſirer la mort que ſelon le bon plaiſir de Dieu, *Summum ne metuas diem, nec optes. Exarmaueris impotentis iram*, & de dire auec S. Paul. *Siue viuamus, ſiue moriamur, Domini ſumus*, reſolus de viure à ſon honneur, & de mourir pour ſa gloire.

Colligez de ce diſcours mes freres, 1. la haine du diable contre Dieu & les hommes, 2. la crainte d'Herodes, 3. ſa fureur, 4. la compaſſion du carnage des Innocens, 5. l'admonition de Ioſeph par l'Ange, & 6. la fuitte du Sauueur.

I. IANVIER.

De la Circonciſion de N. S.

HOMELIE.

Poſtquam conſummati ſunt dies octo.
Luc. 2.

LA purgation des lepreux ſe faiſoit en l'ancienne loy, par l'aſperſion du ſang & de l'huyle. Noſtre Seigneur eſtant nay au monde pour le nettoyer de la lepre d'infidelité : voicy qu'il commence à faire l'effuſion premiere de ſon ſang en ſa Circonciſion, & à eſpandre l'huyle de ſon nom, qui eſt *Ieſus*, augure du ſalut des hommes. *Oleum effuſum nomen eius*, vne autre lecture porte, *Sanguis exinanitus nomen eius*, par vn rencontre admirable pour ceſte ſolennité de ce sang espanché, & de ce nom imposé. L'Euangile ne parle d'autre chose, aussi ne ferons nous.

Et nous y attachans nous parlerons, 1. de la circoncision Iudaïque, 2. de l'imposition des noms en general, 3. de celle de N.S. en particulier, & 4. de son nom, 5. de nostre spirituelle circoncision, & 6. mutation mystique de nom.

C'est vne maxime fondamentale que nous apprend S. Paul, *Sine sanguinis effusione non fit remissio peccatorum.* Axiome & principe de toute Religion, ie dy tant fausse que vraye : d'autant que le démon tout sçauant en cela, singe de Dieu, l'auoit mesme apprise à ceux qui le seruoient pendant l'idolatrie de la Gentilité : de là tant & tant de sortes de sacrifices que les histoires nous apprennent auoir esté pratiquez pendant le Paganisme.

I.

Hebr. 9.

Il conste par la science du passé, & la suitte des temps, que iamais Religion ne fut sans sacrifice, iamais sacrifice sans autel, iamais autel sans Prestre, iamais Prestre sans hostie : de quel front donc est-ce que les errans de nostre aage s'appellent de la Religion pretendante, puis qu'en leur secte ils n'ont ni hostie, ni Prestre, ni autel, ny sacrifice, fremissans seulement comme elephans à la veuë du sang, au seul mot de sacrifier?

Toutesfois, ie suis d'aduis qu'on les laisse se flatter de ce nom de ceux de la Religion, dont ils se parent par antiphrase, comme les Parques sont ainsi appellées, parce qu'elles ne pardonnent point, ainsi les appellerons-nous ceux de la Religion, c'est à dire ceux qui n'en ont aucune, ains qui ont renuersé tout ce qui est d'essentiel en la Religion, comme est le Sacrifice, lequel presuppose du sang. En cela plus aueugles que les Ethniques, qui parmy leurs tenebres ont recogneu ceste verité, laquelle ils ont sophistiquee : ainsi est vray le dire de Tertullien, que, *Ethnici non credendo credunt, sed hæretici credendo non credunt.*

<small>l. de patientia.</small>

Les Payens sacrifioyent à toutes occasions: Virgile parlant des Grecs, & de l'immolation d'Iphigenie:

<small>Æne. 2.</small>

Sanguine placastis ventos, & virgine cæsa
Sanguine quærendi reditus.

Les confederations se faisoyent en victimant vne truye.

<small>Curt. l. 9</small>

Ibant & cæsa iungebant fœdera porca.

Et quelque historien remarque qu'ils faisoient des accords en se tirans du sang des poulces : somme le sang a tousiours esté employé és choses concernantes la Religion.

Si nous parcourõs le Pentateuque Mosaïque, nous trouuerons que l'ancienne loy a esté vne continuelle boucherie. Mais tous ces sacrifices legaux ont pris fin au sacrifice sanglant que N. Seigneur a offert en la Croix; lequel bien qu'incruent est continué en son Eglise, par le reel momorial de la saincte Messe, & durera, *iugiter,*

<small>Dan. 8.</small>

selon la Prophetie de Daniel, iusques à la consommation des siecles, *sans que les portes de l'enfer, qui sont les heresies, puissent preualoir.*

Or est à remarquer, que quand Dieu voulut

<small>Gene. 18</small>

faire alliance auec Abraham, il l'institua par le sang de la Circoncision, qu'il luy donna pour marque, & à sa posterité *qu'il fit croistre en mainte gent*, laquelle il esleut pour son peuple.

Et ce signe sanglant estoit pour le discerner des autres nations, comme en la meslee des combats, les soldats se distinguent par la liuree des escharpes.

Pour tesmoignage dequoy nous ne lisons point qu'elle ait esté pratiquee dans le desert, parce que le peuple y estoit sequestré du meslange des estrangers & idoles.

Ainsi voyons-nous que se scellent les vaisselles ou vases du seau de leur maistre.

Et se graue la monnoye des armes du Prince souuerain, qui domine és contrees où elle a cours & mise.

Ainsi se marquent les oüailles & les cheuaux des signes de leurs maistres.

Ainsi anciennement ses characterisoient, & modernement se notent les mal-faicteurs, d'où vient que Plaute appelle vn serf noté pour fugitif, *hominem litteratum*, par mocquerie.

Ainsi en la vieille loy se perçoit l'oreille du serf perpetuel. *Exo. 21.*

Ainsi les esleus en la derniere crise du monde seront marquez de la lettre Tau, signe de la saincte Croix.

Ainsi Raab conserua sa maison du sac de Hiericho par le signal du ruban rouge. La Circoncision estoit le cordon rouge des enfans de Dieu pendant le Iudaïsme. *Iosué 2.*

Et en mesme temps qu'elle se conferoit aux enfans, le nom leur estoit imposé, pour monstrer que l'on estoit indigne d'estre enroolé au

II.

Cathalogue des fideles, & d'auoir place entre les seruiteurs de Dieu, sans auoir passé par cét essay, & que l'on estoit incapable de porter de bons fruicts, que l'on ne fust taillé & enté de la sorte, *Ex syluestri oleastro excisus, in bonam insertus oliuam.*

Rom. 11.

Pline racompte d'vn certain arbre, duquel si vous grauez la semence, l'arbrisseau qui en prouiendra aura ceste graueure en ses fueilles & en ses fruicts : ie ne sçay si le grand Poëte y faisoit point allusion quand il chantoit :

Dic quibus in terris inscripti nomina regum
Nascuntur flores.----

Il est bien assez familier par la commune experience, que les entailleures qui se font sur les escorces des arbres, & de certains fruicts croissent à veuë d'œil :

Hæc sunt in viridi nuper quæ cortice fagi
Carmina descripsi,----

disoit ce pasteur : ainsi disons qu'il semble en la vieille loy, que le nom fust graué quand & la circoncision.

A la creation du monde, Dieu fit venir deuant Adam tous les animaux, qui comme parrain leur imposa les noms ; & à la naissance de l'homme vn petit monde, le nom luy est donné qu'il a à porter le courant de ses iours.

Certes il estoit baillé en l'ancienne loy par vn memorial bien rude ; mais quoy, on n'a pas vn beau nom pour rien. Alexandre blessé au siege de Sicyone, & voyant couler le sang de sa playe, ô renom dit-il que tu te vends cher.

Les Romains n'acqueroyent des surnoms remarquables, que par des actes signalez. Vn Lacedemonien se resiouyssoit d'estre deuenu boiteux par vn coup receu à la guerre, disant que chacun de ses pas tortus estoit vn memorial de sa droicte valeur. Ainsi se glorifioient les Iuifs en leur circoncision, marque honorable de leur obeyssance.

III. Aussi fust-ce ceste grande vertu d'obeyssance, qui ayant fait naistre nostre Seigneur sous la loy, l'a fait sousmettre à la loy, *Factus sub lege, natus ex muliere.*

Obeyssance mere de ceste grande humilité, qui luy a fait pour nous prendre le remede dont il n'auoit pas le mal : car qu'auoit besoin d'estre circoncis celuy qui n'estoit point pecheur ? O humilité incomparable de mon Dieu ! *Humiliauit se factus obediens,* & qui confond ma superbe, ne voulant estre reputé pecheur, bien que ie sois *conceu en peché, & enfanté en iniquité.* Phil. 3.

Ps. 50.

On fait icy vne question curieusement deuote, & deuotement curieuse, sçauoir qui a circoncis nostre Seigneur: car à vray dire, sans la licence des Peintres & des Poëtes, *quodlibet audendi,* & leur ignorance, les Peintres seroyent inexcusables, qui peignent ordinairement nostre Seigneur circoncis par Simeon, changeans la purification de la tres-pure mere & la presentation du fils, en la circoncision, bien que celle-cy precedast les autres de trente ou quarante iours.

Les Peres contemplatifs tiennent communément, que ce fut la saincte Vierge mesme qui circoncisit son cher enfant, en la presence de S. Ioseph, & luy imposa le nom de Iesus, que l'Ange auoit reuelé à l'vn & à l'autre.

Gen. 21.
Ainsi Abraham circoncisit de ses propres mains son fils Isaac & Sephora ses enfans, par le commandement de Moyse, qu'elle appella *Espoux de sang*.

Exod. 4.
O, mes tres-doux freres! qui pourroit icy lascher la bride à la contemplation, que la carriere est belle? Voir ceste tendre mere suspenduë entre l'obeyssance à l'eternel pere, & l'amour maternel vers son fils. Helas! que fera-elle? son cœur diuisé se brise: ô douce obeyssance, ô cruelle action! douce action, cruelle obeyssance!

Atque Deos atque astra vocat crudelia mater.

Qu'elle ensanglante ses mains de celuy qui est l'os de ses os, la chair de sa chair, l'ame de son ame, le sang de son sang, plustost elle entamera ses entrailles. Auroit-elle le cœur d'vne Medee, l'infidelité d'vn Thieste, & la brutalité d'vn Brutus, qui contempla à paupieres seiches la mort de ses enfans, que son seuere iugement victimoit à la liberté de sa patrie.

D'autre part elle oyt, elle sçait l'ordonnance du Ciel, ô Ciel! ô loy! à quoy la reduisez-vous? la faites-vous de si bonne heure d'vne Noemy, vne Mara? ià le glaiue de douleur luy perce-il le cœur? luy reseruiez-vous huict iours apres en ceste action, les trenchees du cœur, que vous auiez espargnees à son corps, en l'enfantement de son poupon.

O plus courageuse mere, que celle des Machables! plus genereuse que la mere de sainct Symphorian: elles ne font que voir souffrir leurs enfans, vous mesmes faites endurer le vostre que vous aymez de tant plus que vous estes pere de cét enfant, entant qu'homme; & mere entant qu'homme & Dieu; mere & Vierge incomparable *en amour & dilection.*

Neantmoins resoluë d'obeyr à l'execution, puisque son fils estoit prest d'obeïr en la souffrance; plus souffrante de cœur que luy de corps, à guise d'vn Chirurgien pitoyablement impiteux, qui taille son propre enfant; la voicy que par vne violence incroyable faicte à soy-mesme, elle circoncit son propre fils.

Voicy nostre Vierge, qui comme vne Vestale Romaine, pour preuue de sa virginité, couppa jadis vne pierre auec vn rasoir: qui auec vn cousteau de pierre, trenche vne autre pierre viue, qui est nostre Seigneur, *Petra erat Christus, lapis angularis.*

Ce fils souffroit de corps en soy, & de cœur en sa mere: la mere de cœur en soy, & de corps en son fils, corps de son corps, & cœur de son cœur. Ne vous semble-il pas qu'elle souffroit plus, puisque sa souffrance estoit au cœur, douleur plus grande que celle du corps? mais aussi si vous considerez que la compassion est aussi forte que la passion, vous donnerez la palme au fils: car il auoit la passion en son corps moindre que la compassion de son cœur: ô fils! ô Mere! ô mes amis! ie me perds en cét abysme.

Voicy vn autre qui s'ouure, *& dont les eaux entrent iusques en mon ame,* Iesus plore & saigne tout ensemble, plore de douleur, & saigne d'amour, ains plore d'amour, & saigne de douleur: ô beau sang! ô cheres larmes! ô cher sang! ô belles larmes! & quelles sont ces larmes, sinon du sang clair? quel ce sang, sinon des larmes vermeilles? il plore de sang, il saigne de larmes.

Imaginez-vous comment devoit plorer ceste mere, voyant plorer & saigner son fils, ses larmes sont de pur sang, tout son sang n'est que larmes; que dis-ie, tout son corps est baigné en pleurs.

Quoy la vigne plore bien naturellement le retranchement de son bois, & ceste mere seroit-elle plus insensible que la souche? ne plorera-elle pas la taille de son pampre! & nous qui sommes les branches de ce tronc, ne compatirons-nous point? *Ego vitis, vos palmites*: compatirons-nous point aux douleurs de *nostre petit frere, succant les mammelles de nostre mere*?

<small>Cant. 8.</small>

Representez-vous, chers escoutans, le Soleil imprimant son visage dans vne nuee aqueuse, lors deux Soleils paroissent dans les Cieux, & c'est vn signe de pluye, comme aussi quād il engendre dans vn nuage oblique ces belles couleurs qui bigarrent l'Iris : mais en fin le vray Soleil fondant ces vapeurs, les resout en eau, qui mouille la campagne, & baigne les passagers. Voyez les beaux yeux larmoyans de *Iesus*, astres jumeaux de bon-heur regardans sa chere mere, leur faisant ce dur office, yeux reciproquez de ceux de la S. Vierge, qui estoient des hyades, ains des torrens de pleurs : ô beaux Soleils cachez sous les nuages de la douleur, vous pleuuez par reciprocation du sang qui purifie! ô mes bonnes ames, allons sous cette pluye: soyons *trauersez de ceste hysope pour estre blanchis comme la neige*, ô Cieux arrosez-nous de ceste pluye du iuste: ouure-toy ô terre de mon cœur, & *germe en toy le petit Iesus*.

Pf. 30.
Isa. 30.

O Dieu! & quel œil de glace ne se fondra? & quel cœur de diamant ne se fendra par vne si douce contemplation?

IV.

Que si ce sang vous fait horreur ie le vay adoucir auec l'huyle de ce beau nom de Iesus vnique sous la cappe du Ciel, auquel nous ayons à estre sauuez.

C'est ce beau nom qui luy a esté donné pour recompense d'auoir versé son sang, *Propter quod Deus dedit illi nomen super omne nomen.*

Nom par tout adoré, *In nomine Iesu omne genu flectatur, cœlestium, terrestrium & infernorum*, sinon dans les Synagogues pretendantes, où ce nom adorable est mesprisé, pires en cela que l'enfer.

O beau nom de Iesus, qui veut dire Sauueur? mon Iesus soyez moy Iesus, car vostre nom vous y oblige, *Saluum me fac propter nomem tuum. Deus in nomine tuo saluum me fac., & propitius esto peccatis meis propter nomem tuum.*

Se faut-il estonner, *Si vult omnes saluos fieri?* puisque son nom nous enseigne, que son mestier est, *Peccatores saluos facere, vt saluetur mundus per ipsum.*

O le salutaire de ma face! ô mon vray Seigneur, pour la gloire de vostre nom, sauuez-moy, afin qu'en l'eternité ie chante auec les Anges, & les esprits bien heureux ce motet de triomphe, *viue*

Iesus, viue Iesus: beny soit ce beau nom au Ciel, & en la terre. *Amen.*

S. François le trouuoit si doux, que le proferant, ou l'oyant proferer, il lechoit ses leures, cõme ayant mangé vn rayon de miel.

Le B. frere Gilles, vn de ses premiers compagnons, tomboit en extase à la prolation de ce nom, plus doux que la douceur.

S. Ignace disciple de la Vierge, & contemporain des Apostres, le portoit graué en son cœur.

O mon *Iesus* ! grauez vostre nom en tous mes sens, & faictes, que comme vous ne desirez que mon salut, ie ne respire que vostre saint amour : viuez eternellement en mon cœur, ô mon *Iesus* ! afin que mon cœur viue eternellement en vous.

V.
Et que feray-ie, ô mon espoux sanglant ! pour meriter ce bien, que vostre sainct amour demeure tousiours au plus profond de mon ame. Escoutez, mes tres-aymez, il le faut imiter en ceste feste, par la circoncision de nos cœurs, & en changeant le nom de pecheurs, en celuy de penitens.

Voirement la Circoncision du corps est prescrite par la loy de grace, loy differente de la Mosaïque, en ce que celle-là changea les eaux en sang : mais celle-cy change le sang de la circoncision à la douce eau du Baptesme, où comme poissons, nous prenons nostre naissance, au lieu que les poissons de l'Egypte mouroient dedans le sang.

Exo. 10.

Mais quand à la circoncision des cœurs, elle

est de tant plus recommandee en la loy de grace, que c'est vne loy d'amour, & toute cordiale: oyez le reproche de sainct Estienne aux Iuifs, O *Act. 6.* *incirconcisi cordibus.*

Et de fait quelques Rabbins ont remarqué ceste circoncision des cœurs auoir esté presignifiee en l'ancienne loy, en ce que la partie où elle s'appliquoit auoit quelque forme de cœur.

Que si Sichem pour l'amour de Dina se soub- *Iud. 9.* mit à la circoncision, & Samson aueuglé de l'af- *Iud. 15.* fection d'vne infame traistresse, se laissa tailler les cheueux où consistoit toute sa force: que ne deuons-nous faire pour vostre amour, cher espoux de nos ames?

Quoy ! les Prestres idolatres de Cybelle se decoupoient anciennement auec des rasoirs aux sacrifices de cét idole: & nous ne ferons pas spirituellement pour la verité, ce que ces miserables faisoient corporellement pour la vanité?

Sus, ie vay prendre le rasoir en main, & me deffaire tout, puis que *depuis la plante des pieds, iusques au sommet de la teste ie ne suis qu'vlcere.*

Ie veux circoncire ces cheueux, qui comme à vn Absalon pourroient causer ma ruine.

Ie veux circoncire les regards de mes yeux, & pactionner auec eux comme Iob, *qu'ils ne me cau- Iob. 38. seront aucune mauuaise pensee*: ie les retrancheray s'ils me scandalisent, ie veux qu'ils se destournent en- *Ps. 118.* tierement des obiects de vanité ou volupté.

Mes oreilles seront desormais bouchees aux chāts enchāteurs des Syrenes pipeuses du mōde.

Que ma langue s'attache à mon palais, si iamais elle se porte à des paroles de precipitatiō ou de murmure: ie luy veux donner vne porte de circonstance & des sentinelles de circonspection.

Sortez de mon cœur circoncis, pensees vaines, pensees mal-honnestes, autresfois mes malheureux entretiens, vous estes maintenant mes supplices, & les vipereaux qui me rongez le sein, quand ie pense que i'ay pensé en vous.

Mes pieds ie vous veux circonciere, afin que *vous ne decliniez plus hors les voyes de Dieu:* quantes fois m'auez-vous esgaré du droict sentier de ses commandemens, mais maintenant, *Dirigam gressus meos in semitis suis, vt non moueantur vestigia mea.*

O mes mains consacrees au maniement du vray corps du fils de Dieu, oseriez-vous bien vous polluer d'autres attouchemens? ô ie vous trancherois tout à faict, si vous auiez pensé à telles abominations scandalisantes. *Si manus scandalizat, abscinde,* oyez-vous bien l'arrest de vostre condamnation.

O ma bouche organe de la consecration de ce corps adorable, oserois-tu bien t'espandre non *en paroles de malices,* mais seulement en sornettes qui sont des blasphemes en la langue des Prestres, dit S. Bernard? Sus, il faut aspirer à la perfection, *Et non offendere verbo,* dict saint Iacques.

Sus, sus, les rasoirs, les foüets, les disciplines, les haires, les ieusnes, les mortifications, les couches dures, les veilles, les cordes, les cilices, les chaisnes à ceste chair rebelle, complice de tous mes maux à ceste rebellion des membres, qui osoit bien assaillir vn sainct Paul, mais comme luy chastions ce traistre corps, mettons-le en seruitude, aux ceps, aux poteaux, à la cadene, à l'esclauage. Fremis-tu point, ô maudite chair! à l'horreur de ces apprests, à ces fers rouges preparez pour te donner le caustique, & te guerir par les incisions.

Comment! pour allonger vn peu ceste vie miserable, nous souffrons toutes les gesnes des Medecines, & des Chirurgiens, & nous ne ferons rien pour l'eternité, l'eternité, l'eternité: ô eternité!

Mais addoucissons ces rigueurs par vne plus gracieuse catastrophe: tout le monde se resiouït à l'entree de ce nouuel an, ce ne sont que presens en terre, considerons en ce lieu quelles estrenes nous reciproquerons le sang, & le nom de Iesus.

VI. Quelles plus precieuses estrenes nous pouuoit donner nostre Seigneur que son sacré sang & son nom? & certes ie sçay que nous ne luy en sçaurions offrir de plus aggreables, que l'vniuerselle circoncision de nostre cœur, & de nostre chair, que ie vous ay descrite, si nous y adioustons le changement de nom, & par consequent de vie.

O que le nom de pecheur est infame, ennemy de Dieu, tison d'enfer, enfant du diable, fils de perdition, jouët de Sathan, regret des Anges, obiect des eternelles flammes! O que le nom de penitent est beau! contentement du Pere, *delices* du fils, ioye du S. Esprit, liesse des Anges, charactere d'election, pierre viue de la celeste Hierusalem, Sulamite reuenuë, vase d'elite, aigle raieunie, enfant de Dieu.

Et qui est-ce d'entre nous, mes freres, qui ne desire par la circoncision de ses mœurs, & vne entiere renonciation au peché changer ces infaustes epithetes d'anatheme en ces autres de benediction, plus glorieux mille fois que tous ces tiltres vains dont les Empereurs anciens paroyent le front de leurs patentes?

Ioel. 2. Sus donc, *conuertissons-nous à nostre Dieu debonnaire de tout nostre cœur, il sçait,* dit excellemment le grand S. Augustin, *changer sa sentence, si nous sçauons changer de vie, & biffer de son sang la mortelle sedule de nos fautes.*

Il voit sans changement nos qualitez changeantes à guise d'vn miroir qui varie en la representation des obiects, sans varier en soy, sa prescience n'impose aucune necessité à la liberté de nostre vouloir : il nous voit tels que nous serons, parce que nous voudrons estre tels: mais nous ne serons pas tels, parce qu'il l'a preueu: ouy bien, pource que nous l'aurons voulu, *celuy qui nous a creez sans nous, ne nous sauuera pas sans nous,* aussi ne nous sauuerons-nous pas sans luy.

Ces deux pieces doiuent encourir : sa grace & nostre arbitre : celle-là donne le sentiment de la conuersion, cestuy cy le consentement, & de Isa. 62. cét heureux accouplage se faict cét heureux changement de nom & de vie, *Hæc mutatio dex-*
teræ

terræ excelsi: de là prouient, *Nomen nouum quod os Domini nominauit.*

Il est ce *grand potier* qui sçait refondre les vaisseaux d'ire, & les faire vaisseaux d'honneur. *Ioan. 18.*

Et comme Agathocles, changer les vases de terre en argent, & rendre le vil precieux, *Humiliat & sublevat, deducit ad inferos & reducit.*

C'est luy qui change tellement le cœur ● le nom de ce ieune adolescent dont parle S. Ambroise, *qu'il n'estoit plus luy*. *2. in Luc.*

C'est luy qui en changeant le nom à sainct Paul, le rendit aussi de loup brebis.

Que si nous le voulons imiter en son propre nom, comme il a esté vn *Iesus* pour nous, soyons-le aussi, non des *Sauueurs*, mais des *sauuez, operans nostre salut en crainte, & par bonnes œuures, asseurans nostre vocation*, cooperans auec luy en l'œuure de nostre saluation, par l'application de son sang, par la bonne vie, & la frequentation des Sacremens.

Colligez de ceste Homelie, 1. quelle estoit la circoncision ancienne iointe, 2. à l'imposition des noms, 3. quelle fut celle de N. S. & 4. la beauté de son nom, 5. quelle doit estre la nostre, & 6. la mutation de nostre nom. Dieu, mes cheres oüailles, vous donne le bon an.

I

VI. IANVIER.

De l'adoration des Mages, en l'Epiphanie.

HOMELIE.

Ecce Magi ab Oriente venerunt.
Matth. 2.

LE Nort guide sur la mer les Nautonniers au port, & l'apparition de ceste Estoille qui a donné à ce iour le nom de l'Epiphanie, guide les Mages au port de leur salut, qui est nostre Seigneur, seule Tramontane & Pole de nostre saluatiō, *In quo nos oportet saluos fieri*, vraye voye, verité *& vie*, vray havre de grace, vray port & vnique *porte* de saueté. Nous ne pouuons esperer que vne heureuse nauigation à ce discours, puis que nous auons en veuë les astres iumeaux de Castor & Pollux, la diuinité & humanité de N. S. ou bien vous voulez *Iesus* entre les bras de Marie.

Pour cingler iustement & reglément, nous voguerons de cap en cap, la 1. tirade sera d'admirer l'excellence de ceste festiuité, la 2. de considerer la venuë des Mages, 3. leur adoration, 4. leurs presens, 5. leur retour. Yssons.

La premiere chose que faict celuy qui desmare du port, mes freres tres-aymez, est d'admier la vastitude de la mer où il cingle, & de contempler comme *Fugiunt terræ, portusque recedunt*: & puis en fin, *Maria vndique, & vndique pontum*. En la premiere consideration que nous pouuons former sur ceste prodigieuse apparition d'estoille, est d'admirer côme *Omnia seruiunt Deo, & laudant astra matutina Dominum qui fecit cœlum in intellectu, & terram, mare & omnia quæ in eis sunt*. Admiration compagne inseparable de tous les mysteres de nostre saincte foy, & vn des principes de la Philosophie Chrestienne.

A cela nous inuite ceste parole de nostre texte, *Ecce*, diction emphatique, mot d'admirant, & qui a de coustume d'estre permis à l'expression des choses graues & d'importance, comme il appert en tout plein de lieux des sacrees pages. *Ecce virgo concipiet & pariet filium. Ecce Deus saluator meus. Ecce rex tuus veni tibi mãsuetus & mitis. Ecce quos habuimus aliquando in derisum. Ecce nos reliquimus omnia. Date eleemosynam & ecce omnia munda sunt vobis. Ecce venit saliens in montibus. Ecce dies Domini venit de longinquo. Ecce sponsus venis. Ecce homo*. Ainsi en ce lieu, voulant l'Euãgile descrire ceste merueilleuse venuë des Mages sous l'escorte d'vne estoille qui marchoit à la teste de leur auant-garde, comme iadis la colomne du feu deuant Israël, il exprime ceste merueille auec vn *Ecce Magi venerunt*. *Isa. 70.*

Zach. 9.

Le grand Poëte voulant depeindre la lamentable apparition d'Hector à Ænee au sac de Troye, commence par vn *Ecce*. *Ænei. 2.*

In somnis ecce ante oculos mœstissimus Hector, &c. & de mesme du tiraillement de Cassandre.

Ecce trahebatur paſsis Priameia virgo
Crinibus à templo Caſſandra.

Et voicy vn *Ecce* qui ſignifie beaucoup de choſes. *Ecce*, voicy noſtre celeſte Iacob qui change ſes mains, & eſtend ſa droicte ſur les Gentils figurez par Manaſſé, *In Idumæam extendit calceamentum ſuum, ei alienigenæ amici facti ſunt.* [Gen. 48]

Le voicy voirement eſpouſant Lia, la Gentilité; & non Rachel, la Synagogue.

Voicy le mariage de Moyſe auec vne Ethiopienne, *Coram illo procident Æthiopes.* [Iud. 15]

De Samſon auec vne eſtrangere Philiſtine.

D'Aſſuerus auec Eſther, figure du Gentiliſme, rebutant Vaſthi le Iudaïſme. [Eſth. 1]

Ecce Verbum abbreuiatum quod fecit Dominus ſuper terram. Ecce Verbum caro factum & habitans in nobis.

Voicy Dieu humaniſé, & l'homme diuiniſé: voicy celuy qui *Propter nos deſcendit de Cœlis, & homo factus eſt.*

Voicy la richeſſe deuenuë pauure, *Et propter nos egenus factus eſt, vt eius inopia nos diuites eſſemus.*

Voicy trois Roys amis de Iob, grandement eſtonnez de le voir, de ſi puiſſant deuenu ſi miſerable, & arraché de la pourpre pourriſſant ſur vn fumier: car ainſi les Mages trouuent le Roy de gloire couché ſur du fient en vne pauure eſtable.

O belle perle cachée des ordures! qui me donnera que ie vous trouue, & que ie me vende moy-meſme pour vous acquerir? O precieuſe marguerite Euangelique! ô threſor enfoüy en vn champ!

manne cacheel

Mais ceste parole *Ecce* suiuie de celle de *Magi*, nous presente encores vn autre subiect d'admiration, qui est de voir que des Roys, tels que la commune opinion tient auoir esté ces Mages, se conuertissent à *Iesus Christ*, & ce pour plusieurs raisons: mais ie n'en deduiray icy qu'vne.

Laquelle est leur grandeur: or on admire coustumierement ce qui est grand, & celle de la Royauté est à vn tel feste, estant vn estat de souueraineté absoluë, qu'entre les hommes on ne peut imaginer rien de plus esleué. C'est tant d'estre Roy, que cela comprend tout. Le Roy Porus prisonnier d'Alexandre, & enquis comment il desiroit estre traicté, *Royallement*, fit-il, comprenant en ce mot toute magnificence.

Pource Alexandre, pour ne deroger à sa grandeur, ne vouloit courir, la lice qu'auec des Roys.

Il ne resuoit qu'à choses grandes, iusques à vouloir employer toute vne grande montagne à faire sõ effigie, qui tiedroit vne ville en sa main.

Il ne pensoit qu'à la conqueste des autres mondes qu'vn Philosophe luy auoit persuadé estre en la nature, apres auoir faict son essay sur cestuy-cy.

Il se faschoit des conquestes de son pere, comme luy facilitant trop son prelude.

C'est tant d'estre Roy, que tout cede à ce nom, chacun ploye sous ceste grandeur. Denys le Tyran, quand il se plantoit sur le grauier, portoit par terre les plus roides luitteurs, luy cedans: plus roide de Royauté, que de reins.

Hortenſius ceda à Pompee la palme de l'eloquence, parce qu'il commandoit à trente legions.

Chacun flate les Roys, & les releue-t'on ſi haut par deſſus l'humanité, qu'on les faict, *Vno Ioue minores.* Quoy? mais eſgaux. Ceſar ſe diſoit-il pas *partager l'Empire auec Iuppin,* luy laiſſant le Ciel, & ſe reſeruant la terre?

———quid enim eſt quod credere de ſe
Non poßit, cum laudatur dijs æqua poteſtas?

Iuuenal. ſat. 4.

Caiollez comme ils ſont par les corbeaux qui les enuironnent, c'eſt merueille comment ils peuuent auoir le cœur entier? ayant les aureilles battuës de fauſſes loüanges, la verité n'y aborde que comme les finances à leurs coffres, extrémement diminuees & alterees. Si vn de nous eſtoit abbreuué de tel laict, nous ſerions cent fois pires: mais la prouidence diuine veille ſur eux, *Protegit eos nomen Dei Iacob,* &c. Et ils ſõt ſans doute aſſiſtez, ou de pluſieurs, ou de plus grands Anges que les perſonnes communes.

Ayans donc de ceſte grandeur tant de ſujet de s'enorgueillir, n'eſt-ce pas vn prodige de les voir auiourd'huy s'abbaiſſer à l'adoration d'vn pauure petit enfant en apparence? mais grand Roys des Roys en effect, & par qui les Roys regnent: Croyez-moy, mes amis, c'eſt vn plus grand miracle que l'on ne penſe, de voir vn Monarque humble & deuot: c'eſt vn celeſte monſtre. Et maintenant iugez ſi c'eſt vne iuſte cauſe d'admiration, 1. de voir trois Roys, 2. humbles & deuots.

II. Il eſt temps de venir à leur venuë. Si toſt qu'ils

eurent veu ce nouuel Astre, aussi tost auec cette splendeur, ils se mettent en voye de chercher celuy qui est *lumiere de la lumiere*, & pour voir *la lumiere en la lumiere, Lumen requirunt lumine.*

Soit selon quelques Docteurs qu'ils fussent instruicts en la science des Hebrieux, qui leur enseignoit, *qu'au leuer de l'Estoille de Iacob vne verge se deuoit esleuer en Israël*. Soit selon la plus vulgaire croyance qu'ils fussent sçauans en la cognoissance de l'Astrologie. Soit que pieusement nous voulions penser qu'ils fussent entierement inspirez ou aduisez par des Anges, de suiure le cours de ce flambeau; ce qui est assez probable, puis que la foy est vne lumiere infuse & donnee de Dieu. Tant y a, que sans aucun retardement, ce que l'on peut iuger de l'extresme diligence de leur voyage, ils viennent se rendre aux pieds du fils de Dieu. *Num. 24.*

Bel enseignement, mes freres, pour nous apprendre à ne differer iamais vne bonne œuure, mais le faire aussi tost qu'il est inspiré:

Sed propera, nec te venturas differ in horas.

—— *Nec causas subnecte morandi.*

Et ne pas dire *cras*, comme Pharaon à Moyse, luy offrant de chasser les tenebres d'Egypte s'il se vouloit conuertir. *Exod. 8.*

Les mouuemens du sainct Esprit, dit S. Ambroise, *hayssent les retardations*: quãd il sonne l'heure par le marteau d'vne puissante attraction, il faut comme en l'horloge que les ressorts de nostre interieur se relaschent auec impetuosité.

Il faut courir en la route des commandemens, quand Dieu dilate nostre cœur, & voler après les parfums de *Ps. 118.* *Cant. 4.*

I 4

ses attractiōs, quand il luy plaist de nous attirer à luy, que nos cœurs ne sont-ils de naphthe au feu du diuin amour.

Voyez comme galoppe le Soleil, creature insensible pour obeyr à Dieu.

Les Cieux les plus grands, sont les plus prestes.

Les meilleures nefs, sont les plus legeres.

Arte citæ veloque rates remoque reguntur.

O que les Anges sont prompts à executer les mandemens de Dieu, *seruiteurs tout de feu*.

Pf. 103.

Et le feu n'est-il pas precipué sur les autres elemens de la plus noble prerogatiue, pour son actiuité?

L'eau courante est tousiours plus claire, nette & meilleure que la stagnante.

— cœlorum amor odit incertes,
Qui non vult fieri desidiosus amet.

Si nous allons lentement, & à pas de tortuë au seruice de Dieu, c'est que nous auons peu de charité, & auons la conscience tortuë.

Si iadis, pour des fresles couronnes, les coureurs aux ieux Olympiques couroyent auec tant de contention & d'animosité, quelle feruuer nous doit, non porter seulement, mais transporter à l'acquest de celle de l'eternité, *sic currite vt comprehendatis*.

Mais las! que de mal-aduisees Atalantes, d'ames inconsiderees, s'amusent au lieu de tendre à ce but, à ramasser les fausses pommes que l'Hippomene, ce monde malign, leur entre-iette pour alentir leur course, & les perdre miserablement.

Que de vaches qui recalcitrent au mugissement de leurs veaux, plustost que de tirer la charche, & de suiure *Iesus portant sa Croix, apres auoir renoncé à tout.* 2. Reg. 6

Ainsi ne firent pas nos Mages, qui animez d'vn beau feu, comme d'autres Abrahams *quitterent leurs pays*, leurs Royaumes, rompans la paille auec toutes les considerations d'estat, & les titillations de la chair pour aller chercher Iesus en des lieux loingtains, incogneus, au seul flamber d'vne estoille pour l'adorer.

Qui est nostre 3. pointe. O que ie voy de predictions & de figures accomplies en ceste adoration! *Omnes gentes quascumque fecisti venient, & adorabunt coram te Domine, glorificabunt nomen tuū. Et adorabunt de ipso semper. Erunt reges nutritij tui,* &c. Et nous, mes freres, accourons aussi adorer nostre maistre, *Venite adoremus, & procidamus ante Deum, ploremus coram Domino qui fecit nos,* &c. III.

Ps. 5.

Ps. 94.

Voicy le songe de Ioseph accomply, voyez comme les Roys, qui sont les astres du monde; voyez comme les espics s'inclinent à la splendeur de sa diuinité, à la gerbe de son humanité. Gen. 37.

Voicy que Iacob adore son fils Ioseph, regent en Egypte, en baisant le bout de sa gaule: & voicy que ces bons Roys aduancez en aage adorent le petit enfant Iesus, Monarque du Ciel & de la terre, auquel son Pere a donné *toute puissance en l'vniuers. Dedit illi gentes hæreditatem suam, & ipse hæreditabit in omnibᵘˢ gentibus*: de maniere que l'on peut dire icy: *Pro patribus tuis nati sunt tibi filij, constitues eos principes super omnem terram.*

Voicy Bersabée qui se prosterne aux pieds de Salomon.

Les Satrapes qui adorent Daniel.

Les Tobies qui adorent l'Ange Raphaël.

Rebecca qui descend de son chameau, pour s'aller prosterner aux pieds de son Isaac.

Voy B. Ber. ser. 1. & 2. Einpip. O grands Roys, hé! qui pourra dignement icy loüer vostre foy, puis que S. Bernard vous paranymphant n'y peut joindre que par l'admiration? Il la confere amplement à celle du bon larron, & du Centenier, qui en la Croix recogneurent Iesus pour fils de Dieu, mais il la prefere.

Si nous la comparons auec celle du Paralytique, du Centurion, de l'aueugle né, du Prince de la Synagogue, de la Magdaleine, de S. Pierre, de S. Thomas, & de tous les Apostres, nous la trouuerons exceller de bien loing par dessus.

Ne voila pas qu'ils en font leçon à toute Hierusalem, demandans *où estoit né le Roy des Iuifs? Non inuenta est tanta fides in Israël.*

Tous ceux que nous auons produit ont creu à ce qu'ils ont veu, *Quod viderunt testati sunt*, ils ont veu mille miracles partir de la main de Iesus, ont recogneu sa conuersation diuine, sa vie innocente. Mais, ô saincts Roys! que voyez-vous icy de diuin & de Royal? ô sages Mages, qui vous a fait ainsi sagement fols, afin que vous deuinsiez fidellement sages? pour verifier ce mot de l'Apostre, qui veut estre sage, se face fol pour deuenir sage. Ainsi a-il pleu à Dieu par la folie de la predicatiō sauuer les croyans.

C'est quelque eschâtillon de la meditation que

S. Bernard à ce propos estend bien plus au large, qu'on le consulte si on veut.

IV. Or leur adoration ne fut point semblable à la deuotion de plusieurs qui font de longues oraisons, & de courtes aumosnes, à qui on ne voit rouler que chapelets par les doigts, & iamais le liard pour le pauure; s'ils ieusnent, ils tirent de leur ventre, pour fourrer en leur bourse, *faisans vn Dieu, non de leur pance, mais de leur thresor.* Mes freres, ces gens-là ayment *Dieu de langue & de parole, non d'œuure & de verité*: or il ne faut tant aymer des léures que des mains ? il vaut mieux faire que dire: nous parlons bien auec l'aumosne, mais nous n'aumosnons pas auec nos oraisons: mais dites-moy quelle est ceste deuotion qui est seruante de l'auarice? 1.Ioã. 3.

Toute foy qui n'est accompagnee des œuures est morte, dit sainct Iacques: celle de nos Mages n'est pas ainsi, mais tres-viue en leur charité: voila qu'ils *la font paroistre par* leurs presens. Le vray amour est plus actif que contemplatif, & n'est en repos que quand il trauaille par la chose aymee: il est si prodigue que, *Si dederit homo omnem substantiam pro dilectione, quasi nihil despiciet eam.*

Les presens sont vn de ses plus grands indices, Dieu mesmes se plaist à receuoir ces tesmoignages de nostre affection bien qu'il *ne soit indigent de rien, ains riche enuers ceux qui l'inuoquent.* Rom. 10.

Munera crede mihi placet hominesque deósque,
Placatur donis Iuppiter ipse suis.

Il reçoit comme nostre ce qui est sien, pour nous enrichir de merite, il se rend caution pour le pauure, voire noſtre debteur pour vn verre d'eau froide donné pour ſon amour. Eſt-il pas eſcrit qu'il regarda Abel & ſes preſens? cela le concilie à nous, & nous reconcilie à luy.

Geneſ. 4

Ainſi les Gabaonites ſe reconcilierent à Ioſué par preſens.

Ainſi Iacob ſe reconcilia auec ſon frere Eſaü.

Ainſi la Royne du Midy acquit les bonnes graces de Salomon, luy preſentant des aromates.

Pſ. 115. O mes freres, que *donnerons-nous à vn ſi bon Dieu, pour tant de biens qu'il nous fait?*

Donnons-luy au moins l'eau du regret de l'auoir offenſé, comme iadis le pauure Simette à Artaxerxes, hiſtoire aſſez commune.

Ou bien *noſtre cœur*, qu'il deſire ſi paſſionnément, à l'inſtar de ceſte orange d'exceſſiue grandeur, que ce bon villageois preſenta à Alexandre, & qu'il iugea digne d'vne principauté: n'eſt-ce pas vn bon marché du Royaume du Ciel, que nous pouuons acheter pour la pomme de noſtre cœur?

Il eſtoit prohibé parmy les Perſes d'aborder le Roy ſans quelque preſent. Loy peut-eſtre empruntee de celle de Dieu, qui deffen-

Exo. 22. doit *de paroiſtre deuãt luy en ſon tabernacle les mains vuides.* O mes amis! ſi ne faut-il pas laiſſer paſſer ce iour ſans quelque deuote oblation à noſtre Seigneur.

Si nous ne pouuons, ou ne voulons autre choſe, du moins offrons-luy ceſte proteſtation ſainˆcte, de vouloir imiter ces ſaincts Roys en leur retour, qui est le 5. poinct qui nous reste à deduire. Les voila *qui par vn autre chemin s'en retournent en leurs pays*. Faisons de mesme mystiquement, nous sommes venus iusques à ce teps, à ce iour, à cét aage, par Hierusalem, par le môde, par Herodes, par l'orgueil, par la chair: tousiours accumulant peché sur peché. Mais maintenant que nous auons par l'estoille de la grace, & l'adresse des inspirations trouué nostre Seigneur en la Communion dans l'estable, & la table du sainct Autel, sur le foin des especes que nous *auons espanché nos cœurs à sa face* par vne saincte confession, que nous luy auons faict present de nous mesmes: O! ne retournons pas au train du peché que nous auons renoncé à iamais: rebroussons par la route dure, mais seure de la penitence en nostre patrie, qui est le Ciel, laissons le monde, tyran de nos cœurs, troublé de la naissance de *Iesus* en nous, laissans la Synagogue, & *Psal. 25.* l'*Eglise des malins*, c'est à dire, la compagnie des peruers; euitons toutes les occasions de mal.

Ceux qui anciennement entroient au temple par vne porte, sortoient par vne autre, pour ne tourner indecemment le dos au propiciatoire. Quoy aurions-nous bien le courage si lache *Exo. 32.* que de vouloir faire vn volte-face à tant de sainctes resolutions, que faites au confessoire nous auons ratifiees au bureau du S. Autel? quel reproche de la legereté nous seroit-ce vn iour deuant Dieu & ses Anges?

Aurions-nous bien commencé à bastir, pour laisser vn si bel edifice imparfait? mis la main au soc pour re-

garder en arriere, quitté l'embrasement du siecle pour y retourner les yeux?

Non, non, mes freres, retournons dans la caverne de nostre interieur, comme le geant Cacus dans son antre à reculons.

Nous sommes sortis de nous comme le prodigue, par le peché, reuenons à nous par le repentir.

Quand le monde, Sathan, & le sang nous viendront amadoüer auec leurs illusions, disons leur comme cét adolescent onuerty, chez S. Ambroise, à ceste mauuaise qui le r'appelloit au peché, *Ego non sum ego.* Non ie ne vis plus en moy, mais Iesus vit en moy, ma chair est crucifiee auec ses conuoitises. Nous ne pouuons viure à la grace, si par la vigueur de l'esprit nous ne mortifions les boüillons de la chair. On nous croira encore des Esaüs, & nous nous trouuerons des Iacobs.

Rom. 8.

Pensez, mes freres, que nous auons en teste l'ennemy de la deuotion, le mortel aduersaire de la pieté, ce maudit & prophane Carneual, reliqua du Paganisme, engeance des enfers, idolatrie vitieuse, qui represente les anciennes Bacchanales, fureur aueuglee, precipice de malheur, gouffre de damnation, abysme d'abomination, *Praeoccupemus faciem eius in confessione.* Nostre Seigneur est nay en nous à ce iour de Noël, que ce cruel Herodes de Caresme-prenant qui ne demande qu'à l'estouffer en son berceau ne le contraigne pas de fuyr en Egypte.

Ps. 94.

La B. Catherine de Sienne, voyant le monde qui en ces publiques dissolutions alloit à grosses troupes en enfer, demandoit à Nostre Seigneur qu'il la mist, sans perdre sa grace, pour sous-sueil à la porte de l'enfer, & que de là elle crieroit si haut qu'elle seroit entenduë par tout, & feroit peur à tout le monde, & par ce moyen destourneroit tous ces perdus & desbauchez Carnaualistes de ceste damnation.

O quel zele! combien semblable à celuy de S. Paul, *qui desiroit estre anatheme pour ses freres, & qui brusloit pour les scandalisez.* Mon Dieu, qui ne brusleta d'vn iuste courroux, de voir que les Catholiques par ce déreglement sont cause que vostre nom est blasphemé, & vostre Eglise diffamée par les Heretiques, les Turs, & autres infidelles; comme si ceste Eglise sacree qui a institué le sainct Caresme pour la penitence, auoit aussi à pareil air donné licence à tous ces desbords de Caresme-prenant qu'elle deteste, qu'elle abomine, qu'elle maudit.

Mes tres-doux enfans, que ie ne vous voye ou plustost entende pas ainsi déreglez en ceste ville. Vous sçauez que non seulement vous estes mes oüailles tres-aymees, mais encores mes subiects, la temporelle seigneurie estant annexee à ceste crosse qu'indigne ie tiens: ne me contraignez pas au defaut des remedes spirituels, qui sont mes exhortations paternelles & pastorales, d'y employer les temporels à l'ayde de nostre iustice, pour reprimer les insolences: vous sçauez que l'espee de S. Paul seconde les clefs de sainct Pierre, principalement en ceste Cité, où l'Euesque (comme parlent mes anciens predecesseurs Euesques, pendant qu'ils estoient souuerains) *habet vtriusque gladij ius* selon le langage de leurs vieux Synodes. J'espere mieux de vostre bonté, douceur & conuersion, & que par vos pieux deportemens, vous coopererez auec moy à l'abolition & entier aneantissement de ces Bacchanales Paganesques, ostans le scandale de *la maison de Dieu.*

Colligez de ceste Homelie, 1. à admirer le mystere de ce iour, 2. la prompte venuë des Mages, 3. leur adoration 4. leurs presens, & 5. leur retour. Il n'y a point de danger que vous vous retiriez en si saincte & Royale compagnie.

Eloge de S. Anthoine.

HOMELIE.

Si vis perfectus esse, vade, vende omnia quæ habes, &c. Matth. 19.

Il ne vous desplaira pas, mes freres, que ie laisse l'Euangile de ce iour, pour m'attacher à ces paroles, puisque preschees elles seruirent de principe à l'entier renoncement du monde, que fit à leur instigation & inspiration le grand S. Anthoine; la feste duquel nous celebrons auiourd'huy: & à vray dire, comme ie voulois passer l'œil sur sa vie, pour vous entretenir de ses vertus, ce soudain changement en ce traict de la diuine parole, a tellement arresté mon esprit.

Que comme en vn tableau remply de belles figures

figures, il y a toûjours quelque singularité qui agrée à nostre veuë, & quasi la possede entierement: ainsi entre vn monde de parties, qui rendent ce grand Sainct recommandable; ceste action m'a paru de tel relief, qu'autour d'icelle i'ay cõsideré, 1. la puissante inspiration de Dieu, 2. la prompte obeyssance de nostre Seigneur, 3. en son delaissement de tout. 4. en son amour de pauureté, & 5. de solitude: c'est ce que nous auons à deduire, moyennant la grace de Dieu.

I.

Laquelle, mes bien-aimez, se dispense diuersement selon la varieté des degrez, que les Theologiens en assignent en leurs escoles. Certes la grace suffisante n'est desniee à aucun, parce que, *Deus vult omnes saluos fieri*. Mais l'efficace n'est pas concedée à tous.

Combien y a-il de gens qui ont ouy prescher mille fois ce passage icy, qui nous sert de theme, *Si tu veux estre parfait, va, & vends tout ce que tu as,* &c. & qui n'en ont iamais esté esmeus: non plus que des pierres? tant s'en faut qu'ils l'ayant mis à execution; voila neantmoins la grace suffisante, qui est *ce Soleil que Dieu fait luire esgalement sur les mauuais, que sur les bons.* Et ces mesmes mots entendus à l'improuiste par S. Anthoine, entrant en vne Eglise par bon rencontre, comme vn docte Predicateur, les expliquoit au peuple, touchent si viuement son cœur par ses oreilles; que le voila qui soudain non en affection seulement, mais en effect & à la lettre, les met en execution, donnant tous ses biens qu'il auoit amples aux pauures, pour suyure nud & pauure, la nudité & pauureté de

Mat. 5.

Iesus, & voila la grace efficace, & qui porte par vne soupplesse admirable son coup quand & l'esclair.

Ce n'est pas pourtant, mes freres, que ceste grace face violence: mais certes elle presse bien fort l'inclination de nostre volonté. Dieu qui sçait *le secret des cœurs*, sçait aussi manier les agents aux dispositions passiues, & prendre son temps si à poinct, qu'il influë vne grace puissante lors que nostre cœur est plus preparé à en faire son profit.

Ainsi les Medecins obseruent les crises, les temps, les aages, les saisons, les temperamens, les mouuemens, pour faire bien reüssir leurs remedes.

Dieu ne toucha pas sainct Paul, lors qu'il estoit present au massacre de sainct Estienne: parce que son cœur estoit encores dur, & comme vn fruict non meur, ny propre à cueillir.

Mais allant en Damas pour ensanglanter ses mains dans le sang des Chrestiens, peut-estre eut-il quelques mouuemens de pieté & compassion naturelle du carnage qu'il alloit faire; & à l'aduenture sur ceste tendresse, voila l'esclair qui brille, l'esclat du tonnerre de la voix de nostre Seigneur, *Vox tonitrui in rota*, qui frappe ses aureilles, & féd son cœur, il entend, *Saule, Saule, cur me persequeris?* il respond en parfaict Chrestien. *Domine, quid me vis facere?* Voyez comme le feu de la pieté prend soudain au naphthe de la pitié.

Et comme nostre Seigneur ne perd aucun moment d'occasion, pour rendre ce vase dire, vaisseau d'election : ô S. Espoux ! c'est ainsi que vous estes *tousiours à la porte de nos cœurs, & y frappez pour y entrer, & banqueter auec nous & nous repaistre de la rosee de vostre chef, & de la manne qui degoutte de vostre cheuelure.*

Si tost que vous touchez le verroüil du cabinet de nostre interieur, voila que nostre ventre & nos entrailles tressaillent à cét atouchement,& que quittans, côme l'Espouse,*le lict mollet de nos terrestres delices, nous vous suiuons par monts & par vaux.*

Vous estes l'aymant de nos cœurs, & le Nort de cét aymant, c'est à dire, le pole de nostre amour. L'attraction de l'aymant est incognoissable, comme aussi son inclination vers le Nort: ainsi, ô Seigneur, *inuestigabiles viæ tuæ?* & inscrutables les routes par lesquelles vous vous insinuez en nos cœurs.

L'Hercule Gaulois a seruy d'embleme à l'antiquité, pour faire paroistre comme l'homme eloquent (& vous remarquerez en passant que ce n'est pas d'auiourd'huy que nostre nation est signalee pour l'eloquence) attache les aureilles de ses auditeurs à sa langue par les chaisnons inuisibles, mais intelligibles de ses beaux discours, de ses exquises paroles. Mais quelle eloquence terrestre est conferable à ces diuines inspirations, auec lesquelles Dieu persuade si viuement nos esprits, quand il luy plaist *de parler au cœur de Hierusalem,* au plus intime de nostre ame.

De quelle trempe fut composé cét heureux traict d'amour, duquel il vous pleut, ô nostre Espoux, entamer le cœur du bon Sainct Anthoine, quand d'vne seule poincte de vostre parole vous l'inuitastes de quitter tout pour vous suyure? en quelle disposition le pristes-vous? De quelle ardeur l'esmeustes-vous pour luy faire faire vn si glorieux effect, *que donnant toute la* *substance de ses biens pour vostre dilectiō, il pensa n'auoir rien fait*, ne prenant cela que pour vn principe d'acheminement à vostre seruice.

Cant. 7.

Ce fut en son adolescence, laissé riche par ses parens deffuncts; en cela bien different de ce ieune adolescent Euangelique, que ces mesmes paroles proferees de vostre bouche contristerent, ne se pouuant resoudre à quitter ses possessions, pour aller vers vous; d'où vous enseignastes à vos disciples, combien difficilement les riches entrent au Ciel.

Mat. 19

Mais permettez que ie vous demande, ô mon Dieu! pourquoy ces paroles prouenantes de vous, ne peurent rien operer sur cét adolescent, & les mesmes eurent vn si grand ascendant sur le cœur de sainct Anthoine, proferees par vn Predicateur? A cela, il me semble que vous me faictes deux responses; la premiere, que cela prouient de la disposition de l'vn, & de l'indisposition de l'autre; la seconde, de ce que vous auez promis, *que celuy qui croira en vous, fera en vostre nom choses plus grandes que vous n'auez operé*; & de fait, n'auez-vous pas donné à l'ombre de S. Pierre, ce que vous auez denié à la vostre propre?

II. Apres ceste puissante inspiration, admirons, mes freres, la prompte execution de nostre S. Ainsi l'Espouse ne desire *que la moindre attraction pour courir apres*, elle ne veut qu'ouir *le moindre son de voix* pour voler à son bien-aimé.

L'Hermite Theonas entra à l'improuiste en vne Eglise, il entend chanter ce verset. *Dixi custodiã vias meas, vt non delinquã in lingua mea.* Il en est touché; il sort soudain, s'enfonce dans le desert, resolu de n'en sortir qu'il n'eust entieremẽt apris *à estre homme parfait, en ne pechant de sa lãgue.* Action germaine de celle de S. Anthoine.

La belle chose, mes freres, que la promptitude au seruice de Dieu : les Anges commandez executent incontinent, ils entendent sans discours, ils font en vn instant leurs operations, aussi tost fait que dit.

Le meilleur soldat est celuy qui obeyt plus vistement au Capitaine, sans tergiuerser ; la ratiocination est vn indice notable de poltronnerie, la procrastination est la ruyne de toutes les inspirations, la ferueur est leur mere.

La B. mere Thereze eut vne inspiration de souffrir le martyre à l'aage de sept ans : la voila qui soudain se met en chemin auec vn sien petit frere pour l'aller chercher parmy les Mores, & y mourir pour le nom de *Iesus*.

Ainsi les plus beaux esprits sõt les plus actifs, les plus nobles cieux les plus prompts en leur sourse, & qui roulent auec plus de rapidité.

Les corps ronds roulent aisément sur les plains, la rondeur est de la perfection, & la planeure de felicité, d'où nous apprenons que ceux qui aspirent à la perfection cheminent auec beaucoup d'aysance sur le plain des commandemens diuins : au contraire les corps raboteux coulent auec difficulté: ainsi *Adheret ei sedes iniquitatis, qui fingis laborem in precepto.*

Les cheuaux genereux se dressent d'eux-mesmes à l'air & à la main de l'Escuyer, sans cauecons, sans poteaux, sans esperons, vn seul filet en la bouhe, les regente & conduit où l'on veut; ils partent de la main au moindre mouuement du Caualier. Ainsi les bonnes ames sont *docibiles Dei*, & maniables aux inspirations, promptes à correspondre aux traicts du S. Esprit.

Ceste maxime des Stoïques, que *Nemo repente fit pessimus aut optimus*, est vraye selon la nature, dont le progrez ordinaire se fait peu à peu, & *pedetentim*, tant du bien au mal, que du mal au bien; bien que la descente soit plus aisee que la montee: mais elle n'a point de lieu aux effects surnaturels de la grace, laquelle tire ceste energie de la toute-puissance de Dieu, de passer de l'vne extremité à l'autre, & en vn instant selon la forme d'operer de la diuinité. De maniere que nous voyons arriuer assez souuent, que des grands pecheurs deuiennent en vn tour de main grands penitens par vn changement plus subit & vniuersel, que celuy de Polemon chez les Historiens, & les Poëtes, qu'vn seul discours de Philosophie metamorphosa en vn iour, de tres-desbauché adolescent en tres-vertueux personnage. C'est ceste diuine grace qui a operé en nostre S. vn si subit changement, que

III. De riche possesseur de grands biens, le voila qu'il delaisse & abandonne toute proprieté. Ainsi S. Paul conuerty *n'acquiesça plus à la chair & au sang*.

Gal. 1.

Ainsi S. Matthieu quitta soudainement ses finances & ses finesses vsurieres pour suiure nostre Seigneur.

Ainsi sainct Pierre, sainct André quitterent leurs filets, leurs Nacelles, leurs maisons, leurs peres.

Ainsi disent les Apostres, *Ecce nos reliquimus omnia, & secuti sumus te.*

Ainsi Abraham *quitta sa patrie & sa parenté, pour aller au lieu que le Seigneur luy designoit.*

Et qui ne laissera volontiers tout, sinon en effect, pour des respects humains, du moins en affection, pour des considerations, diuines, puis que N. S. nous asseure, *qu'aucun ne peut estre son Disciple, qui ne renonce à tout*, qui ne desire estre suiuant de cét Agneau : mais aussi voila la condition apposee.

Mes enfans nous sommes perdus, si nous ne perdons tout, vous peux-ie dire auec Themistocle.

Nostre Nef est pour perir, si nous ne la deschargeons de tant de richesses superfluës, *que demergunt homines in interitum*, & le font *descendre in profundum quasi lapis.*

Vlysse quitta la precieuse robbe de Calypso dans les ondes, pour se sauueur plus aisément à la nage : *comme pour bien nager, ainsi pour bien viure celuy-là est le mieux disposé qui est le moins chargé,* dit vn sage ancien.

Il faut laisser la cappe comme Ioseph, pour sauueur nostre integrité, laquelle court vne notable risque entre les richesses. *Qui volunt diuites fieri incidunt in laqueos diaboli.*

K 4

———nam quæ reverentia legum.
Quis metus aut pudor est nimiù properantis avari?

La Licorne sçachant que c'est pour l'vtilité de sa corne qu'elle est ainsi pourchassée, la rompt, & l'expose à la voye des chasseurs, & dit on pareille industrie du Castor, se retranchant de ce pourquoy on luy donne la chasse, sauuant sa vie par ceste perte. Ne vaut-il pas bien mieux perdre nos richesses, que d'attendre que les richesses nous perdent?

Les Cerfs sont aisément attrapez des chasseurs, quand ils sont chargez de venaison, ou de grandeur de leur bois, pource se deschargent-ils en certain temps de leur rameure, & s'engraissent le moins qu'ils peuuët, pour estre plus libres & legers à se deffendre des assauts par les talons. Les riches sont ordinairement serfs de leurs biens, *Viridi diuitiarum*, & souuent esclaues de l'auarice, *quæ est idolorum seruitus*: pource les sages iugeans que ce fardeau les exposoit à la proye des tentations, & les empeschoit de cheminer dispostement en la voye de la perfection, s'en dessaisissent, pour se sauueur plus facilement.

Ainsi Crates ietta ses richesses en la mer, pour vacquer plus librement à la Philosophie.

Et Stilpon faisoit si peu d'estat des siennes, que sa maison ayant esté rauagee au sac de sa patrie, il disoit n'en auoir rien perdu.

Chacun sçait le dire de Bias, *qu'il portoit tous ses biens auec soy*, ne faisant aucun compte des temporels, mais seulement des spirituels. Combien plus iustement le doit vsurper à ce Payen vne ame deuoté, laquelle en possession des graces de son Dieu, son vnique thresor doit dire qu'elle *a auec soy tout bien*, & chanter auec Dauid, *Quid mihi est in cœlo, & à te quid volui super terram, Deus cordis mei, pars mea Deus in æternum?*

Croyez-moy, mes freres, ce mot de S. Augustin est plus que veritable, *que celuy qui laisse les richesses de la terre pour acquerir le Ciel, ne pert pas ses biens, mais les change en mieux*: & cestuy-cy de S. Hierosme tout d'or. *Affatim diues est, qui cum Christo est pauper.*

Heureux nostre Sainct qui à la premiere atteinte du sainct Amour a renoncé à tout ce qu'il auoit en terre, pour ne viser qu'au Ciel: ô belle flamme! c'est toy qui operes ces merueilles voyez comme le feu fait boüillir l'eau: la fait enfler, & espancher de son vase.

Et comme l'on iette tout par les fenestres: quand le feu est en vne maison; le cœur de nostre Sainct est boüillant, & ardant: vous estonnez-vous donc, *Si dispergit, & dat pauperibus?*

Mais admirez à quelle pauureté il se reduit? vous diriez que c'est celle de Iacob à vn fumier: esleué delicatement & dans l'abondance des villes, il quitte toutes commoditez, n'a que les antres pour maison; que le Ciel pour toict, que la terre pour plancher, que le roc pour lict, que les pierres pour cheuet; que les herbes pour viande, que l'eau pour breuuage, encores meslees de ses pleurs: il a fait tout son possible, pour acquerir ce thresor caché, ceste perle Euāgelique, ceste manne couuerte, la saincte pauvreté. *O paupertas quàm ignotum bonum es!*

Les hommes font tout leur possible pour la fuir, mais ce sage Sainct allant *per contrarium mundo iter*, fait tous ses efforts pour l'acquerir. Ceux-là prennent, cestuy-cy donne à toutes mains, ils amoncellent & ramassent tout ce qu'ils peuvent : de là ces mots de l'avarice, *rape, congere, aufer, posside* : mais nostre Sainct tasche de se desgarnir de tout, voire comme vn autre Diogene, il boit dans le creux de sa main, pour se passer d'vne tasse de terre. Ceux-là veulent auoir tout, cestuy-cy ne veut auoir rien, non pas mesmes vn Liure, les deux fueillets du Ciel & de la terre luy sont vne ample bibliotheque : marry que la necessité du corps le contraigne à le paistre, & que le peché de nos premiers parens cause de nostre vergongne, le contraigne à rechercher dequoy le couurir. Les hommes du siecle font toutes sortes d'industrie pour accroistre leurs moyens. Nostre Sainct employe tous ses stratagemes pour se retrancher toutes commoditez, mesurant sa richesse comme Socrate à la multitude des choses dont il se passoit aisément. Ainsi,

Non possidentem multa vocaueris
Ritè beatum:rectius occupat
Nomen beati, qui deorum
Muneribus sapienter vti,
Duramque callet pauperiem pati.

Phil. 3. Il estimoit toutes choses *comme de la bouë, afin de gaigner Iesus*. La terre ne peut que desplaire à celuy qui aspire plus haut, *ei sordet terra qua cœlum respicit*. Celuy que la contemplation esleue dans les nuës, à peine void-il la terre, ou s'il la void, c'est pour desdaigner sa bassesse, & se mocquer de la folie des hommes, qui s'empressent pour si peu de chose,

——— *Illuc postquam se lumine vero*
Erexit, vidit quanta sub nocte iaceret
Nostra dies, risitque huius ludibria mundi.

Voirement aussi est-ce peu de chose de l'homme, dit vn ancien, s'il ne se releue par dessus la terre: & il se monstre bien degeneré, s'il adore de l'esprit ce qu'il foule des pieds. Nostre Seigneur a recogneu son inanité, pource l'a il delaissee, iugeant au reste, combien il est difficile d'estre homme de bien, & homme de biens.

Et non content de l'abandonnement de ses facultez, il quitte encor le seiour des villes, offrant à Dieu de ses biens, & ce seiour, comme la vaillante Iudith les despoüilles d'Holofernes, en *anatheme d'oubliance.*

V.

Os. 2.

Voila que Dieu le conduit à la solitude, pour parler à son cœur, & des paroles de paix. Il y fut conduit par le mesme esprit qui y poussa N. Seigneur, sçauoir le Sainct, & il y fut maintefois tenté par celuy qui y fut escorné par N. S. & maintefois terrassé par ce grand seruiteur.

Mat. 4.

Certes mes freres, quand nous lisons ses tentations, cela fait horreur, & n'y a si asseuré qui ne s'effraye & espouuante: pource, ie sursoy d'en entretenir cét Auditoire, pour luy descouurir plustost des douceurs de sa solitude exempte de sollicitude, & de ses cuisans soucis, qui rongent le cœur, & le corps de ceux qui sont en la presse des citez.

O saincte, ô douce, ô gracieuse solitude! mere de la contemplation, repaire de la consolation, seiour des spirituelles delices ; du moins qu'il nous soit permis de souspirer apres toy s'il ne nous est loisible d'aspirer à toy; moins de respirer en toy.

C'est là que le Roy Prophete poussoit ses plus vifs eslancemens ; aussi se compare-il au hybou, & au passereau solitaire.

Le Phœnix est vn oyseau, & seul, & solitaire; image d'vne belle ame amoureuse de la retraitte, pour estre vnique à son vnique.

Les plus grands hommes en saincteté, ont aymé la solitude, & nostre Seigneur les y a triés, & les en a tirez, pour faire des grands effects, comme iadis Rome ses Dictateurs du milieu du labourage.

N'a il pas appellé Abraham en la solitude, pour le faire croistre *in gentem magnam*?

Moyse du desert d'Horeb n'a il pas esté faict conducteur du peuple ? sur celuy de Sina n'a-il pas conferé auec Dieu?

Helie n'a il pas esté enleué d'vne solitude par vn chariot flambant, image de la solitaire contemplation?

Doncques disons auec Isaye, que *la solitude se resiouysse, & face allegresse, qu'elle florisse comme les lys, qu'elle pousse des fleurs: puis que la gloire du Liban luy est donnée, & la beauté de ces mōtagnes florissantes & diaprees, le Carmel & Saron.* Et quelle est ceste gloire, sinon le glorieux sainct Anthoine; l'honneur des deserts, pere de la solitude ; splendeur des antres ; maistre des hermitages : precepteur des Hermites; patron insigne de la vie heremitique? qui fuyant le tumulte des villes, est venu chercher son bien-aymé dans la tranquilité d'vn solitaire silence? *Là il l'a tenu, & ne l'a point laissé. Là il a succé ses mammelles meilleures que le vin. Là il luy a donné mille, & mille baisers deuotieux, sans estre apperceu de personne.*

O mon Espoux! permettez à ma temerité de demander à vostre bonté, pourquoy vous auez changé ceste vocation solitaire que vous m'auiez inspiree dés mes plus tendres ans, & si tendres, qu'à peine i'entendois le bien où ie tendois, à vne vacation si dissemblable? Mais pourquoy, ô grand Laban! m'auez-vous substitué Lia pour Rachel? pourquoy donné la sollicitude pour la solitude.

O mon Sauueur! benite soit vostre prouidence que i'adore auec humilité, *Quia tu cognouisti sessionem meam & resurrectionem meam. Intellexisti cogitationes meas de longè*, &c. O ie ne syndique pas vostre disposition, *Ita pater quia sic placitum est ante te*: mais souffrez que ma crainte vous die auec sainct Bernard que iustement, *Timeo esse de numero damnatorum, qui sum de numero Prælatorum*: mes indignitez m'en donnent vne grande apparence, mais vostre bonté me baille vne plus douce esperance, *Domine adiuua infirmitatem meam.*

Ps. 138.

Et vous, mes oüailles tendres, aydez de vos prieres vostre indigne Pasteur, & demandez à ce bon Dieu qu'il me rende fidelle administrateur de sa vigne, sinon pour l'amour de moy, au moins pour l'amour de vous, & qu'il me face capable de vous rendre quelque bon & vtile seruice pour vostre salut & le mien, qui sont tellement annexez, que ie ne peux faire le mien sans procurer le vostre, *Oremus igitur pro inuicem vt saluemur.*

Particulierement requerez de la misericordieuse pieté de *Iesus*, que comme il a voulu que ie fusse successeur en la charge de trois grands Saincts solitaires, de l'ordre des Chartreux, qui ont tenu ceste Crosse, & esté Euesques en ce Diocese: sçauoir S. Artauld premier Euesque, tiré de ce sainct Ordre, pour tenir les resnes de cét Euesché, S. Anthelme, celuy dont le corps miraculeux reposé en ceste Eglise Cathedrale, & le B. Pontius de mesme ordre, appellé à la mesme charge; & tous trois de la solitude, tirez enuis à ceste sollicitude de paistre les oüailles de nostre Segneur: requerez, dis-je, de Dieu qu'il me rende sectateur de leurs vestiges, & vigilant à vous garder & bien conduire, *afin que ie puisse rendre raison de vos ames à Dieu*, autrement qu'à ma confusion & condemnation.

Priez aussi le bon S. Anthoine, lequel a quelquefois quitté son desert Egyptiaque, pour aller en Alexandrie s'opposer aux Heretiques, & soustenir l'Eglise de Dieu: qu'il m'impetre ceste grace de N. S. & retenez de ce sien Eloge, 1. sa vocation admirable, 2. sa prompte obeyssance, 3. en delaissant tout, 4. & aymant la pauureté, comme aussi, 5. la solitude.

XX. IANVIER.

Des flesches de S. Sebastien.

HOMELIE.

Posuit me quasi scopum ad sagittam.
Thren. 3.

LE sainct Martyr Sebastien, duquel nous solennisons auiourd'huy la feste, tres-chere ville de Belley, a vne grande conformité à N. Seigneur en ce poinct, que *Iesus a esté mis in signum cui contradiceretur*, & ce bien-heureux champion *a esté mis quasi scopus ad sagittam*. Parole de Ieremie en ses Lamentations, que ie prends pour Theme de ceste exhortation. *Luc. 2.* *Thrē. 3.*

En laquelle ie traitteray, 1. des mauuaises flesches du monde, 2. des bonnes de Dieu, 3. de celles du diuin amour, 4. de telles de la mort de nostre glorieux Athlete.

Autant de tentations que le diable, le monde & la chair lancent continuellement contre nous, ne iugez-vous pas bien, mes tres-aymez freres, que ce sont autant de flesches enuenimees que ces trois ennemis capitaux decochent, pour donner la mort spirituelle à nos ames? Pource deuons-nous dire souuent auec le Prophete, *A sagitta volante in die, à negotio perambulante in tenebris, ab incursu & dæmonio meridiano, scapulis obumbret nos Dominus*.

Or sans m'arrester à tant de sortes de sagettes que ces mauuais archers font voltiger par tout, ie parleray de trois en ce premier poinct: les premieres seront celles du fol amour: les secondes celles de la mesdisance: les troisiesmes celles du blaspheme: pleust à Dieu que nostre discours peust reboucher leur pointe!

Quant à celles-là, elles ne sont que trop cogneuës, voire mesme par l'idolatre antiquité, qui reueroit ie'ne sçay quel enfançon volage, aueugle, armé d'vne trousse de flesches amoureuses, & tenant encores en main des brandons enflammez: de sorte qu'on peut apprendre de ceste peinture, que l'amour deshonneste est, & vn feu, & vne pointure, & nous pourrions luy accómoder de ce mot du Psalmiste, *Sagittas suas ardentibus effecit.*

Et de faict, comme és sieges des villes on taschoit anciennement de les embraser, en lançant dans leur enceinte des feux Gregeois attachez à des flesches: aussi le mauuais amour porte le feu quand & son coup, & embrase les cœurs en les trauersant.

On dit que les Tartares du temps d'Alexandre frottoient la pointe de leurs flesches de certaine herbe veneneuse, qui portoit dans le corps vne poison embrasante & irremediable; mais seulement quand la playe faisoit sang. Beny soit Dieu, mes freres, qui a voulu par sa misericorde, que le sentir & consentir fussent deux: car les sentimens de la chair ne peuuent infecter nos ames (tesmoing S. Paul qui en estoit affligé sans perdre sa grace:) mais les consentemens

mens seuls leur peuuent donner la mort, hé! que seroit-ce, mes amis, si les illusions de nos reins estoient des pechez? helas! serions nous tous perdus, mais ayons courage, *Dieu est auec nous és tribulations des sentimens*, qui sçaura bien nous en deliurer, voire nous glorifier, si nous combatons vn bon combat. Pf. 37. Pf. 90.

Sur tout en ceste guerre, aduisons bien aux regards donnez ou receus, car en ceste escrime *le larron des cœurs entre par les fenestres des yeux, & nostre veuë vole nostre ame.* Faisons comme le bon Iob *pact auec nos yeux, qu'ils ne nous causent aucune mauuaise pensee* : ce qui nous sera aisé, si selon l'aduis de S. Ambroise nous *regardons les personnes en general, sãs arrester nostre veuë sur aucun visage en particulier*: cela est inciuil & perilleux de fixer son regard sur la face d'autruy, notamment de diuers sexe. Thr. 3. Iob. 31. l. de Virg.

On fait vne gentille question en Philosophie, si la veuë se forme, ou par l'emission des rayons visuels, ou par la reception des especes; l'Academie est en cela differente du Peripate, & Aristote contraire à son maistre Platon; ie n'oserois pas interposer mon iugement entre deux si grands hommes: mais embrassant l'vne & l'autre opinion, ie diray qu'en fait de mauuais amour, par l'emission des rays lascifs, se fait dans les cœurs des mal-aduisez vne reception d'idees, qui par apres sont bien difficiles à effacer. Oyez cestuy-cy.

Vt vidi, vt perij, vt me malus abstulit error.

Le mesme Poëte compare Dido à vne biche atteinte d'vne fleche, estant blessee des regards d'Æneas; voila l'emission des rays, & puis voila la reception des especes.

Multa viri virtus animo multúsque recursat
Gentis honos, hærent infixi pectore vultus,
Verbaque.——

Ce que l'on aduance douteusement du Basilic, tuant le corps par sa veuë, se doit dire sans controuerse des regards impudiques, qu'ils tuent & empoisonnent les cœurs.

Ne nous fions point en nostre fermeté, & ne presupposons pas qu'vn mespris puisse reboucher ces pointes : nous ne sommes pas si saincts que Dauid, si sages que Salomon, ny si forts que Samson, qui ont esté penettrez de pareilles attaines.

Vn Lacedemonien estant blessé d'vne flesche à trauers sa rondelle, enquis qui l'auoit frappé ; celuy en qui ie me fios, dit il, monstrant son bouclier : souuent ceux qui presument trop de leur chasteté, sont les plustost pris : il n'y a point de meilleur bouleuard contre ces coups, que la fuitte & la crainte, *Si vis castè viuere, viue cautè.*

Hercule, si nous croyons la fable, dompteur de monstres, fut terrassé par les yeux d'Omphale, & reduit par ceste fille à ceste honteuse extremité de filer vne quenoüille pour luy obeyr.

Quoy ? les rays solaires si doux & mols percent bien les plus profondes entrailles de la terre ? & les traicts enchantez des regards lascifs ne se glisseroient pas dans les plus acerees poictrines?

Que si à ces regards messagers mal-heureux d'vne prochaine ruine, les lettres malicieusement tissuës, & les presens artificieux se ioignét, qui ne void que ce sont des fleches empoisonnees d'vn venin irremediable, & que ce sont hameçons qui tirent à vne totale perdition? *Imitantur hamos munera.*

O fleches mal-heureuses! & qui laissent comme l'abeille l'esguillon dans la pointure, apres auoir donné le miel:

Vbi grata mella fundunt,
Pungunt ista corda morsu.

Fleches dangereuses, qui laissent le fer en la playe, fer qui ne se peut retirer qu'auec le dictame de la saincte penitence.

Il y à d'autres fleches qui voltigent encores fort espais parmy le monde; qui sont celles de la mesdisance, & du murmure, colorees de quelques apparences de verité, mais tousiours trempees de malice. *Molliti sunt sermones super Deum, sed ipsi sunt iacula.* De ces mesdisances Ieremie dit: *Sagitta* *erans lingua eorum,* & le Roy Châtre, *Sagittant in obscuro rectos corde. Dentes eorum arma & sagittæ, & lingua eorum gladius acutus. Sagittant in occultis imaculatum.* *Iere. 9.*

A quoy se peuuent adiouster les traicts de mocquerie, de tant plus pernicieux qu'ils sont plus subtils, qu'ils ont plus d'air de getillesse, comme ces fleches sont les plus penetrantes qui sont les plus affilees & aiguës.

Quant aux blasphemes, ce sont fleches

lancees contre le Ciel, qui retombant à la propre perdition de ceux qui les tirent, cela s'appelle, *Pœnere in cœlum os suum.*

Iulien Empereur Apostat blessé d'vne flesche du Ciel en combattant contre les Parthes, mourut en blasphemant contre nostre Seigneur, qu'il appelloit par mespris Galieen. Ceux qui en iouant commettent tant d'horribles blasphemes, deuroient bien apprehender cét exemple.

II. Mais laissons ces fleches malencontreuses pour vous parler de celles de Dieu, que ie range en deux bandes: celles de predication, & celles de punition. De celles-là il est escrit, *Sagittæ tuæ acutæ, populi sub te cadent in corda inimicorum regis*: & encores, *Sagitte potentis acutæ cum carbonibus desolatoriis: car ex ore eius ignea lex, ignitu eloquium eius vehemens*, & derechef, *Sagittæ tuæ transeunt, vox tonitrui tui in rota.* Ce sont les fleches lesquelles *dant metuentibus Deum significationem vt fugiant à facie arcus*, lorsque *arcum suum tetendit, & parauit in eo vasa mortis.*

Qui sont ces secondes flesches de punition & affliction que Dieu mande quelquefois à ses enfans pour les chastier & ramener au bon chemin, *Emitte sagittas tuas & conturbabis eos: imple facies eorum ignominia, & quærent nomen tuum.*

Flesches dures au sens, mais vtiles à l'esprit, & qui nous ramenent *de tenebris* de nos vices, Habac.3 *ad admirabile lumen Dei*; pource disoit Habacuc, *In luce sagittarum tuarum ibunt, in splendore fulgurantis hastæ tuæ* & Dauid, *Cùm occideret eos reuertebantur, & diluculo veniebant ad Deum.*

Festiues. 165

J'entends par ces fleches de correction les fleaux de la peste, guerre, ou famine, que Dieu enuoye quelquesfois aux hommes pour les faire venir à resipiscence, desquelles il est dit, *Sa-* *Deut.23* *gittas meas complebo in eis*, & encores, *Inebriabo sagittas meas sanguine*.

Or pour la deliurāce du premier de ces fleaux, l'experience de plusieurs siecles a faict recognoistre aux Chrestiens, combien pouuoient enuers Dieu les intercessions du glorieux Martyr S. Sebastien : c'est pourquoy tres sagement, pour auoir esté liberez par ses prieres de la pestilence, il y a enuiron trente ans, vous auez par voeu particulier, tres-chers citoyens de Belley, promis de garder solennellement la feste de ce iour, dequoy ie vous louë, vous exhortant à la continuation, & à la celebrer auec le plus de pieté & deuotion que vous pourrez. *Vouete, & reddite Domino Deo vestro, omnes qui in circuitu eius affertis munera.* Car tout le voisinage circonuoisin : qui est de la Seigneurie temporelle de ceste crosse, est aussi associé à ce voeu. Disons donc d'vne voix commune, *In te sunt Deus vota* *Pf. 115.* *mea, quæ reddam laudationes tibi? Vota mea Domino* *Pf.114.* *reddam in conspectu omnis populi eius, in atriis domus Domini, in medio tui Hierusalem. Vota mea Domino reddam coram omni populo eius, preciosa in conspectu Domini mors Sanctorum. Quia eripuit animam meam de morte, oculos meos à lachrymis, pedes meos à lapsu.*

Et recognoissons principalemēt en ces annees mil six cēs quinze, & mil six cens seize la singuliere protection de nostre Sainct, en ce que la double peste, & spirituelle, & corporelle, qui assiege ceste rebelle cité de Genefue, noftre miferable voifine, s'eft eftouffee dans fon fein; fans auoir dilaté fa contagion, non plus que fes er- *Iere. 51.* reurs, hors l'enceinte de fes murailles, *Diſſipati ſunt nec cõpuncti, ſub ſannauerunt Deum ſubſannatione, fremuerunt contra eum dentibus ſuis*, de forte que ce bon Dieu peut bien dire, *Curauimus Babylonem, & non eſt ſanata*, &c.

Iſa. 28. O Dieu! s'ils euffent bien mefnagé cefte fleche de chaftiment pour leur conuerfion & falut; mais las! *Percuſſerunt fœdus cum morte, & cum inferno fecerunt pactum.*

Quant à nous Catholiques, lors que de pareils traicts nous arriueront, *beniſſons Dieu en tout temps*, en orage & en calme, en aduerfité & *Pſ. 33.* profperité, fçachans que le mefme Soleil qui caufe l'abondance, caufe auffi les peftilences, felon les difpofitions qu'il rencontre en l'air, net, ou corrompu.

Les fleches de la main paternelle de Dieu, font les lancettes des Chirurgiens, qui guerif fent en bleffant, & qui creuent les apoftumes des pechez, pour redonner la fanté à nos ames. Pareils à la lancette de Pelias, ou la corne de la Licorne: elles portent le remede dans la playe.

Ioh. 24. Heureux fi de l'obftination de nos voifins, *rebelles à la lumiere, qui ne veulent point conuertir leurs entendemens à la verité, ny les captiuer ſous l'obeyſſance de la foy*, nous apprenons à conuertir nos volontez à la vertu, eftans attaincts de femblables fagettes.

III. Conuerfion vertueufe: qui difpofera nos

cœurs à la douce reception des flesches de l'amour diuin, desquelles nous auons à vous parler en ceste troisiesme partie. O nostre Espoux! quand sera-ce, comme à sainct Augustin, que *Sagittabis cor nostrum charitate tua*, ou que par vne œillade amoureuse nous blesserons le vostre, & vous ferons redire, *Vulnerasti cor meum, soror mea sponsa, in vno occulorum tuorum?*

l. 9. Con-feſſ.

Quand sera-ce comme à la B. Mere Terese, que vous naurerez nos cœurs d'vn traict d'or?

Et que vous les embraserez de ces feux de charité, *que toutes les eaux des angoisses ne puissent esteindre?* Ce sera quand il plaira à vostre bonté: car quant à nous, *Paratum cor nostrum Deus, paratum cor nostrum.*

Cant. 5.

Si nous sommes indignes d'estre de ces sainctes flesches, marquez ainsi honorablement que sainct François, & saincte Catherine de Sienne, qui portoient en *leurs corps la mortification de Iesus* és sacrees stigmates; du moins, ô mon Dieu! faictes que nous grauions bien auant en nos cœurs l'amour du crucifié, & que nous puissions dire auec sainct Ignace Disciple de *la B. Vierge*, *Amor meus Crucifixus.*

2. Cor. 7.

O saincte Mere! impetrez-nous cét amour de vostre fils.

Sancta mater istud agas,
Crucifixi fige plagas,
Cordi meo validè.

> *Fac me plagis vulnerari,*
> *Cruce hac inebriari*
> *Ob amorem filij.*

Faictes que le Crucifix, & le crucifié soit ceste flesche de douceur pour moy qui vous fut *glaiue de douleur* :

> *Fac vt ardeat cor meum*
> *In amando Christum Deum,*
> *Vt illi complaceam. Amen. Amen.*

IV. De ces flesches d'amour, venons à celles de la mort de nostre Sainct, si encores elles sont de mort, puis qu'il les a receuës pour l'amour de Iesus, & pour l'acquest d'vne vie qui n'est point tributaire à la mort. O que les flesches du cœur qui luy estoient tant gracieuses, luy ont rendu aggreables celles du corps, qui luy ont seruy comme d'aisles *de Colombe pour mander son ame bien-heureuse au lieu de repos.*

Comme sainct Ignace conuioit les bestes à le deuorer & le rendre *le froment de Christ* : Ainsi nostre Martyr appelloit les flesches pour *deliurer son ame du corps de ceste mort*, pour le destacher des liens de ceste vie, & luy sacrifier en l'eternité vn sacrifice de loüange.

Rom. 7.
Ps. 111.

Mort conforme à sa vie, car estant Capitaine de la premiere bande des Legionnaires, sous le cruel Diocletian, il fut ainsi passé par les armes. C'est ainsi, ô Gentils-hommes ! que ce genereux guerrier ayant vaincu souuent en terre par les armes du Ciel, *rauit en fin le Ciel* par les armes de la terre.

Ceux que l'on passe par les armes eslisent leur parrain, qui les frappans droict au cœur leur oste par la mort les autres coups insensibles; le cœur de nostre S. fut blessé par son parrain Iesus, qui le voyoit baptizer en son sang d'vn tel traict d'amour au cœur, que les coups du corps luy estoyent comme des picqueures legeres. *Sagittæ paruulorum factæ sunt plagæ eorum.*

Ains son histoire dit qu'au premier des bourreaux qui tira contre luy la flèche rebroussa, & luy creua l'œil duquel il recouura la veuë, le frottant auec le sang du Martyr par vn miracle insigne, & approchant de celuy de Longin.

Plus il estoit traversé, plus son courage augmentoit, pouuant dire auec Dauid, *Sagittæ tuæ* Ps.6. *infixæ sunt mihi, & confirmasti super me manum tuam,* & auec S. Paul, *Gloriabor in infirmitatibus meis,* &c.

Et nous luy pouuons dire, comme autrefois 3. Reg. Ionathas à Dauid, *Sagittæ intra te sunt, pax tibi est* 20. *& nihil est mali.*

A le voir tout remply de sagettes, vous eussiez dit d'vn herisson chargé de ses espics, de sorte que nous luy pourrions appliquer ce mot du Psalmiste, *Petra refugium herinacijs:* Son seul refuge en ses douleurs, estoit de penser à la playe du sacré costé de nostre Seigneur ouuert, non d'vn flesche, mais d'vne lance, aux trous de ses pieds & mains, faicts auec de gros clouds, & à son chef tout traversé de poignantes espines. Ainsi, *Attendebat ad Petrã vnde excisus erat. Petra autem erat Christus.* Et tandis qu'il se conformoit à cét exemple, *Hærebat lethalis arundo.*

Colligez de ce discours, mes tres aymez freres, 1. quelles sont les mauuaises fleches du monde, 2. les bonnes de Dieu, 3. celles du diuin amour, 4. celles de la mort de noſtre Sainct Martyr, par l'interceſſion duquel plaiſe à N. S. mon cher troupeau, vous perſeruer de toute contagieuſe maladie.

XXV. IANVIER.

Zodiaque Spirituel en la Conuerſion de S. Paul.

Homelie.

Circumfulſit eum lu_x de cœlo. Act. 9.

CEſt eſclattant rayon ſymbole de la grace preuenante & efficace, qui renuerſant auiourd'huy le corps du vaiſſeau d'ire releue ſon ame par vne ſaincte foy, & le rend vaiſſeau d'election, me conuie à vous diſcourir auiourd'huy du Zodiaque myſtique que ce Soleil ſurnaturel forme dans les eſprits, leſquels il daigne illuſtrer de ſes fauorables ſplendeurs, vous faiſant voir qu'il y faict naiſtre les meſmes vertus qui nous ſont ſignifiees par les manſions de l'eſcharpe celeſte. Autour de ceſte particuliere conception ſe deuidra ceſte Homelie, ſuiuant l'ordre des douze ſignes. Venons.

I. Les Aſtronomes, mes freres tres-chers, commencent à compter l'an Solaire par le mois de Mars, auquel il entre au signe du Mouton: Mars symbole de guerre & de courroux, le Mouton de paix & de mansuetude. Surquoy vous remarquerez que le Soleil de la divine grace commençant à poindre en l'ame de nostre grand Apostre, a changé son courage de Lyon Martial en la douceur d'vn Agneau tendre.

Le Soleil est dict entrer au signe du Belier, parce qu'il point de ses rays, comme cét animal frappe de la corne. Ainsi s'en alloit ce sanguinaire persecuteur en Damas pour esgorger tous les Chrestiens; mais le voila changé de belier frappant, en mouton disposé aux sacrifices, *Domine, dit il, quid me vis facere?*

On dict que les agneaux conçeus au bruict des tonnerres, sont plus tendres que les autres. S. Paul est vn agneau conçeu & engendré en l'Eglise, au son bruyant & foudroyant de ces menassätes paroles, *Saule, Saule quid me persequeris?* Aussi le voyons-nous plus tendre qu'aucun autre de ses co Apostres, *Quel est l'infirme, dit il, avec lequel ie ne le sois, & le scandalizé auquel ie ne compatisse?* 2.Cor.11

Mais considerez comme son cœur felon & de sang, *Saulus adhuc spirans minarum & cædis, &c.* est changé au laict d'vne agneline douceur: quand il fut decapité à Rome, son col rendit-il pas du laict au lieu de sang? & les trois bonds de sa teste firent-il pas soudre trois fontaines douces & miraculeuses, qui se voyent encores, & se savourent au grand soulagement de plusieurs malades.

Le belier marche le premier du trouppeau, & le mouton au rang des signes, & la douceur a ce priuilege, que toutes les autres vertus luy cedent honorablement, c'est la premiere des vertus que nostre Seigneur recommande d'auantage, *Estote mites & humiles corde*; & enuoyant ses Apostres, il leur dit, *qu'il les mande comme des agneaux au milieu des loups.*

Mat. 10
Luc. 10.

Que si le belier est non le chef, car c'est le berger, mais la guide du trouppeau, ou comme chante le grand Poëte, *Spes gregis*: ainsi pouuons-nous dire que sainct Paul a esté, non Prince des Apostres, car ç'a esté sainct Pierre, mais le flambeau ardant & luysant de l'Eglise, son Docteur & son Apostre par excellence de capacité, non de dignité: bref l'espoir & la consolation de tous les Chrestiens, qui maintesfois luy ont dit,

Sacra suósque tibi commendit Troia penates.

Le Soleil est dit entrer au premier signe appellé *Aries*, parce qu'il commence à eschauffer doucement la terre: & le premier effect de la grace est d'embraser le cœur du feu de la charité laquelle est douce & benigne.

II. De ce signe, il se porte en celuy du Taureau, symbole de la vertu de force; & qui ie vous prie a esté plus aduantagé en ceste vertu, que Sainct Paul qui a protesté tant de fois, *que ny la mort, ny les persecutions, ny la faim ne le pourroient separer de l'amour de Iesus, que mourir pour luy, seroit son gain.* C'est luy qui se resioüissoit, comme le Daulphin és tempestes, au milieu des persecutions & infirmitez, *Gloriabor in infirmitatibus meis*: c'est luy qui a couru tant de perils, auec vn inuincible courage, *Periculis in mari, periculis in itinere*, &c.

Combien de fois ce Taureau (comme celuy qui rauit Europe) a-il pour l'Eglise trauersé la mer de mille persecutions?

S'animant au combat par le rouge de son sang, & par celuy de Iesus sō patron & son maistre, pour estre *son compagnon en ses souffrances, declarant qu'on ne pouuoit coregner auec luy au Ciel, si on n'y vouloit compatir.*

Le Taureau qui forme le signe celeste a la teste baissee, & ne leue pas les cornes, marque de l'humble force de nostre Apostre declarant *pouuoir tout auec le Dieu qui le fortifioit*, se disoit d'ailleurs *insuffisant de penser rien de soy mesme*.

Le Taureau frappe sans recognoistre, & nostre Apostre, *Fortitudinem suam ad Deum custodiens*, n'acquiesçant plus à la chair ny au sang, *loquitur de testimoniis Dei in conspectu regum, & non confunditur*. Oyez comme il parle à vn grand de la terre, *Percutiet te Deus, paries dealbate*.

Gal. 11.
Ps. 118.

Le troisiesme signe est celuy de *Geminy* symbole de la Charité *qui le pressoit*: Charité bessonne, & qui consiste en deux poles ou parties, l'amour de Dieu, & celuy du prochain, dequoy la double face de Ianus est notable hieroglyphe.

Double composition figuree par les doubles portes du temple de Salomon.

III.

Et par l'enuoy que nostre Seigneur fit de ses disciples qu'il accoupla *binos, & binos*.

Ainsi entrerent les animaux, *bina, & bina*, en

l'Arche de Noé, pour figurer la saluation des charitables deloges de la diuine iustice; car *les misericordieux auront misericorde.*

Lesquelles sont denotez par les parts iumeaux des brebis du Cantique, *Omnes gemellis fœtibus & sterillis non est inter eas.*

Voulez vous voir combien est grand l'amour de nostre Apostre enuers Dieu, escoutez-le, *Si dedero corpus meum ita vt ardeam, charitatem autem non habuero nihil sum*, & encores, *Qui non amat Dominum Iesus Christum Anathema. Maranatha.*

Si quel son amour enuers le Prochain, oyez-le, *Ego autem ipse cupio anathema esse pro fratribus meis. Flebam cum flentibus.*

Son cœur estoit pour l'autruy, pareil à ces fruicts iumeaux, dont la meurtrisseure de l'vn passe en l'autre; iusques à dire que *si mangeant de la viande il pensoit scandaliser son frere, iamais n'en mangeroit.* Oyez vn sien souhait, *Cupio vos omnes esse in visceribus Iesu Christi. Æmulator vos Dei æmulatione.*

1.Cor.8.

IV. Passons au quatriesme signe qui est appellé Cancer, symbole de son repentir: car comme cét animal va retrogradant, ainsi la vertueuse repentance nous fait rebrousser du mal au bien: Ioinct que pour aduancer en Dieu; il faut se reculer du monde, & quitter ce terme *à quo*, pour joindre celuy *ad quem*, & entendre à Dieu, *à quo omnia, in quo omnia, per quem omnia.*

O le bon chemin, & frayé, dict Seneque, par les sages; qui comme les Cieux, vont vne route toute à contrepied du monde.

Ainsi retrograda le prodigue; *in se reuersus*.

Ainsi *la Sulamite* du Cantique contentant l'espoux par sa retrogradation. — Cant. 6.

Derelinquat impius viam suam, & vir iniquus cogitationes suas, & reuertatur ad Dominum, quia patiens & misericors est, & multus ad ignoscendum.

Ils disent que le Cancer a les yeux à la queuë: tel est le repentir, qui faict recognoistre la griefueté du peché quand il est commis. Et nostre Apostre ne recouurra la veuë qu'à la fin de sa conuersion, *quand les escailles & cataractes luy tomberent des yeux.* — Act. 9.

Or retrogradant de mal en bien comme vn Cancer, qu'il imita promptement les Mages, *qui s'en retournerent par vne autre voye!* Il estoit venu en Damas par le chemin de la cruauté, & s'en reua par celuy de la clemence, de persecuteur, deuenu prosecuteur, & suiuant de Iesus. — Mat. 2.

V. Venons au cinquiesme signe du Lyon, qui denote son magnanime courage, en laquelle vertu il a esté si sureminent, que non seulement en icelle il a surmonté les autres, mais encores soy-mesme. De sorte que nous pouuons l'appeller Lyon & Agneau, Agneau doux, & Lyon genereux.

Lyon de Samson, puisque du fort est *sortie la douceur*, & que les rayons de miel, meilleurs que du nectar ont coulé de sa bouche. — Iud. 14.

On dit que le Lyon en amour est fort doux & mansuet : pource l'ancien Cupidon a-il son char attelé de deux Lyonceaux.

Dictus ab hoc lenire Tyres rabidósque Leones.

Que voulez-vous de plus doux que ce tiltre de nostre S. Paul, *Ego vinctus in Domino?*

Quand il estoit en l'aueuglement de son cœur & qu'il persecutoit l'Eglise, on pouuoit bien dire de luy, *Salua me de ore Leonis,* & qu'il estoit *Leo rapiens & rugiens, & Leo paratus ad prædā,* & que son gosier estoit vn sepulchre ouuert. Côme vn Lyon par tout où il plantoit la dent, il en emportoit la piéce, & y laissoit la pourriture de la mort: tesmoings les habits de S. Estienne dont il fut depositaire, & tant d'autres Chrestiens, dont il procura le martyre.

Ps. 113.

Mais estant conuerty il a ressemblé au Lyon d'Andronicus, protecteur des persecutez.

Le Lyon genereux pardonne aux vaincus, & terrasse les contrariaus : tel a esté nostre Apostre enuers le fornicateur Corinthien, excommuniant sa rebellion, puis pardonnant à sa resipiscence.

VI. Que dirons-nous de la chasteté, voire & virginité symbolisee par le 6. signe de *Virgo*: ouy virginité, car tel se qualifie-il en l'vne de ses Epistres, où persuadant la virginité *il souhaitte que tous fussent comme luy.*

O que ce Soleil de la grace darde volontiers ses rays sur les corps chastes & vierges, comme sur des glaces cristalines & polies.

Ce sont les Heliotropes que ce bel astre regarde plus specialement pour ceste *prerogatiue,*

dit

dit S. Hierofme, S. Iean *a-il esté plus aymé par nostre Seigneur.*

O que ie suis ialoux de vous, disoit nostre Apostre aux Vierges! *& que ie desirois espouser vostre chaste virginité à Christ*, Roy des chastes & des vierges. *Dieu m'est tesmoing*, fait-il, *comme ie voudrois que vous fussiez vnis en pureté à Christ.* 1.Cor.11

Voyez-le en la seconde aux Corinthiens exalter si fort la diuinité & chasteté, qu'il semble ne tolerer le mariage (bien que d'ailleurs Sacrement tressainct,) que comme par indulgence : & puis les Nouateurs allegueront sainct Paul contre le celibat; luy qui en a esté le Coryphee & le trompette.

Il conseille à ceux qui ont des femmes, d'estre comme 1.Cor.7. *n'en ayans point, parce que la figure de ce monde passe. Il dit qu'ils sont diuisez, mais que la vierge ne songe qu'à Dieu.* Somme, que ne dit il, pour persuader ceste Angelique & surhumaine vertu? pour laquelle conseruer en soy contre les *esguillons de Sathan, comment chastioit il son corps pour le reduire en seruitude?* Ainsi faut-il faire, ames pudiques, pour conseruer ce precieux joyau, & inestimable thresor de la chasteté.

Que dirons-nous de sa iustice figuree par la VII. Balance, qui fait le septiesme signe de nostre mystique Zodiaque, bien qu'il se dise *non iustifié, quoy qu'il ne se sente coulpable de rien?*

Quel Prelat mesla iamais tant de douceur auec tant de iustice, tant de seuerité auec tant de misericorde? Ie sçay qu'il *a estimé indigne de la personne cōsacree à l'Autel ne s'immiscuer és affai-* 2.Tim.2 *res seculieres. Conseillant d'eslire les contemptibles en-* 1.Cor.6.

-tre les Chrestiens pour exercer ce mestier de iudicature & chiquanerie: mais aussi i'entends par la iustice ceste vertu vniuerselle qui le rendoit iuste & droict, & qui attiroit sur luy les yeux de Dieu, *cuius oculi super iustos*.

O que ce grand Prestre Euesque & Sacrificateur a esté oinct du sang du zele & de l'huyle de misericorde, pour sçauoir punir les ames reuesches, & les liurer à Sathan, & compatir aux infirmes.

1.Cor.5

Le Soleil est dit entrer au Balancier, quand il esgale les nuicts aux iours: à la iustice de nostre Apostre tous estoient esgaux. *Nulle distinction du Iuif & du Grec, nulle acceptation de personne; il auoit vn soin vniuersel, esgal & general de toutes les Eglises.*

Bien differente de celle de ce siecle, qui est de vray pareille à la balance, parce qu'elle panche du costé plus chargé, qui plus baille l'emporte.

O qu'il estoit exact à se iuger soy-mesme, pour n'estre point iugé! *Iustus sui ponderator est*, dit le Sage. Escoutez nostre Apostre: *Gloria nostra testimonium conscientię nostrę, nihil mihi conscius sum. Testimonium mihi perhibet conscientia mea*. Ainsi le Sage du Poëte.

Iudex ipse sui totum se explorat ad vnguem,
Nec prius in dulcem declinat lumina somnum,
Omnia quàm longi reputauerit acta diei.

D'où vous apprendrez, en passant: combien l'examen iournalier est necessaire, non qu'ytile pour se maintenir en deuoir.

La synderese est ceste Nemesis embridee, & balanciere.

——— *Examen quæ improbrum in ipsa Castigat trutina.* ———

Iob trembloit en toutes ses voyes, *Sciens quia Deus non parceret delinquenti.* VIII.

Ie coule au 8. signe qui est le Scorpion, qui me represente la penitence de nostre Apostre: penitence qui nous fait trouuer dans la douleur d'auoir offensé le remede de nos fautes, comme ceux qui sont piquez du Scorpion, tirent leur guerison de son huyle.

Ainsi la poudre de la Vipere, sert d'antidote à son venin, & celle de la Cantharide encores.

Le peché comme le vieux bois, engendre vn ver interieur qui le ronge. C'est le ver du repentir, qui aneantit nostre faute, si nous le sçauons bien mesnager par vne salutaire penitence, & dire auec Dauid, *Peccaui & in amaritudinibus moratur oculus meus. Peccatum meum contra me est semper.*

Ainsi faisoit nostre Apostre: car bien que ses pechez luy fussent pardonnez, si est-ce pour s'humilier & confondre qu'il les rememore tousiours, se nommant *le premier des pecheurs, indigne de l'Apostolat pour auoir persecuté l'Eglise de Dieu.* 1.Cor.15

Certes que le peché soit pareil au Scorpion, il n'est que trop clair : cét animal a vne peau specieuse & doree, mais dessous il cache du venin: ainsi le vice pareil à ceste paillarde de l'Apocalypse, couue vn mortel poison dans la coupe, & sous la peau d'vne apparence dorée de profit, de plaisir ou d'honneur.

Quand le Soleil est en ce signe, il point dangereusement comme le Scorpion par la queuë; car ses rayons sont mal-sains en ceste saison Automnale d'Octobre. Seroit-ce point la figure de ce *stimulus carnis*, qui souffletoit sainct Paul, & duquel se plaignant à nostre Seigneur, il luy fut respondu, que ces mouuemens seroient dissipez par le Soleil de la grace?

En ce signe ie remarque encore le grand pouuoir que nostre Apostre eut d'oster le venin au Scorpion ou serpent qui le mordit à Malthe, mais encores à tous ceux qui se rencontrent en ceste isle bien-heurée de ceste sienne benediction.

IX. Ie passe au 9. signe, qui s'appelle Archer, auquel ie voy representée sa diuine eloquence, & admirable predication; laquelle bien qu'il rauale par humilité en diuers lieux de ses lettres, neantmoins ce que nous auons de ses escrits, nous fait admirer son humilité en vn stil si releué que le sien.

C'est le sentiment du grand sainct Augustin, qui logeoit entre ses souhaits, d'oüir S. Paul preschant.

Sainct Chrysostome n'est iamais plus eloquent, que quand il louë l'eloquence de nostre Apostre.

Sagittæ eius acutæ potentes in corda inimicorum regis. Ses predications n'estoient que conuersions. *Vt sagittæ in manu potentis, ita filij excussorum*, ce que sainct Augustin entend des Apostres, &

principalement de sainct Paul; ses paroles n'estoient que zele, *Os meum patet ad vos, ô Corinthij! Sagittas suas ardentibus infecit*, il ne lançoit que charbons ardans. Bien que ses discours, & ses predications ne fussent pleines de sublimité de langage, & de paroles affetees, mais remplies d'esprit & de vertu, rendant par la bouche de l'Euangile vne vertu diuine en salut à tout croyant.   1.Cor. 2.

Que de Pythons errans, ou pecheurs, a confondu cét Apollo, auec les rays & les traicts de ses paroles; combien terrassé de Geans & confondu de Tyrans?

Les fléches sont le simbole, tantost de paix & de concorde tesmoin le faict de Scylurus; tantost de guerre, tesmoin les fleches tirees par le Prophete contre Syrie & Samarie. Telles ont esté celles de nostre Archer, ores pacifiant l'Eglise au dedans, ores guerroyant au dehors contre les ennemis de la Croix. *Arcus fortium confractus est, infirmi accincti sunt robore.*

Que dirons nous de sa science figuree par le 10. signe du Capricorne, laquelle a bien secondé son eloquence? car à vray dire, c'est vn pauure mestier que de parleur, s'il n'est secouru d'vn solide sçauoir. *Il a eu la sciēce qui n'enfle point il a eu la science de la Croix, il a eu le don des langues, il a penetré de grands mysteres en son rauissement, & entendu des choses qu'il n'ose redire.*   X.

Alcmeon dit que les chéures d'Armenie haleinent par l'oreille, & enfantent par la bouche; ie ne sçay pas ce qui en est, mais cela sçais-ie que S. Paul ayant appris beaucoup de secrets par l'aureille, *Fides ex auditu*, en a beaucoup reuclé par sa bouche & par icelle engendré beaucoup d'enfans spirituels, *Filioli*, dit-il, *quos parturio donec formetur in vobis Christus.*

La cheure ayme les bourgeons, & nostre Apostre affectionnoit les ames tendres, comme le ieune Timothee, & Onesime *enfant de ses liens.*

Elle se plaist és lieux montueux, & nostre Apostre est mort en la ville à 7. montagnes, qui est Rome *montes excelsi cervis.*

Phili. 1. Elle ayme les amandiers amers, & nostre Apostre s'est pleu és tribulations, *Ter virgis cæsus sum, semel lapidatus sum.*

La cheure estoit en l'ancienne Loy immolee pour les pechez; & nostre Apostre desiroit *impendi & superimpendi, & implere quæ de sunt passioni Christi pro corpore quod est Ecclesia.*

Voila quant à la cheure; mais quant à la corne, celle de la science de nostre S. a esté bien plus precieuse que celle de Licorne, qui ne preserue que les corps de venin, & la sienne des ames du poison de peché par ses salutaires enseignemens.

Plus copieuse que ceste feinte d'Amalthee, ou d'abondance: car S. Paul a esté vn fonds inespuisable de sçauoir.

Il a eu des cornes de Rhinocerot, qui frappe en voyant, car sa corne est sous ses yeux: ainsi a-il sceu temperer son zele auec science & prudence. Pource, *Exaltabuntur cornua iusti, & cornu eius exaltabitur in gloria.*

IX. Cornes exaltees par la patience, figuree par le Verseau 11. signe de nostre Zodiaque de la grace: car comme l'eau se conserue par les agitations; ainſi la patience ſe formes és perſecutiós.

Ioinct que par l'eau en l'Eſcriture les tribulations ſont allegoriquement entenduës: *Intrauerunt aquæ vſque ad animam meam. Quaſi tumentes ſuper me fluctus. Forſitan pertranſiſſet anima mea aquam intolerabilem.* Et vous ſçauez, mes freres, que, *Tribulatio patientiam operatur.*

C'eſt ceſte eau merueilleuſe, qui change les femelles en maſles, rendant courageux & virils les cœurs mols & effeminez.

L'eau eſt claire, diaphane, purifiante, douce; & la tribulation, purge, adoucit, clarifie les ames plus rudes, *Vexatio dat intellectum.*

Elle eſt, ſelon Thales, le principe de tout; & ſelon Tertulien, la patience eſt la ſource de toute vertu. *l. de Patientia.*

Elle ſouſtiét, pourueu que l'on s'ayde des bras: ainſi, *durum leue fit patientia*, & plus Chreſtiennemét, *in patientia veſtra poſſidebitis animas veſtras.*

Il eſt certain feu Gregoys que l'eau ne peut eſteindre; tel a eſté l'amour de noſtre Apoſtre touſiours ardāt emmy les angoiſſes. *Aquæ multæ nõ potuerũt extinguere charitatẽ, nec flumina obruere.*

Il a eſté comme le poiſſon de mer, doux és eaux ſalees, gracieux és amertumes, *in omni patientia & doctrina.*

Les eaux ameres de Mara furent adoucies par l'iniection d'vn certain bois; & noſtre Sainct temperoit tous ſes trauaux, par la conſideration de ceux de Ieſus. *Reſpicite in auctorem fidei & conſummatorem Ieſum, qui propoſito ſibi gaudio ſuſtinuit crucem. Recogitate eum qui talem paſſus eſt pro peccatoribus aduerſus ſemetipſum contradictionem.*

XII. Finissons ceste escharpe spirituelle par le 12. signe, qui est celuy des poissons, lequel me represente la perfection de son bon exemple. Les Pythagoriciens auoient en veneration le poisson; & est-il rien de plus digne de respect qu'vne vie exemplaire? Ainsi disoit nostre Apostre, *Estote imitatores mei, sicut & ego Christi. Dedit nos conformes fieri imagini filij sui.* Que voulez-vous de plus oculairement exemplaire que ses Stigmates? *Ego stigmata Domini nostri Iesu Christi in corpore meo porto.*

Il a esté *Piscis maris perambulant semitas maris?* Car quel Sainct pour le seruice de Iesus, a faict plus de peregrinations, & par mer, & par terre?

Le poisson en frayant, espanche sa semence tres-fertile; & quels lieux n'a esclairé du flambeau de sa predication cét Apostre exemplaire, y engendrant mille & mille enfans à l'Eglise de Dieu?

Comme vn Daulphin, combien a-il attiré d'enfans apres soy dans le corps de ceste Balcine qui est l'Eglise, dont l'element est la grande eau des persecutions?

Combien cét excellent pescheur d'hommes a-il ramené de poissons esgarez dans le reth Euangelique, figure de l'Eglise?

Tob. 11. Le fiel de ce poisson rosty, ie veux dire de ce pecheur conuerty, à combien de Tobies, de mescreans a-il redonné la veuë de la foy? pource est-il appellé l'Apostre des Gentils.

Combien ce Remora a-il aresté de Nauires qui se precipitoient dans le gouffre de leur perdition; ie dis d'ames qui se lançoient dans l'abyfme de damnation.

On dit du poisson Thymalus, *ou qu'il sent la fleur du thim, ou que la fleur sent le poisson*, tant ceste plante & cét animal ont de ressemblance en l'odeur: & qui pourra dire la grande conformité qui estoit entre nostre S. Apostre & Iesus, *appellé la fleur des champs*, tel qu'est celle du thim? certes nous n'en pouuons dire autre chose, sinon qu'il a esté vne parfaicte copie de cét original de perfection, & vn exemplaire accomply de celuy, lequel *Exemplum dedit nobis vt sicut ipse fecit, ita & nos faciamus*, qui est Iesus nostre Sauueur, lequel soit beny à iamais. *Amen.*

Colligez, mes chers amis, de ce discours, que le Soleil de la grace illuminant vn ame, y engendre les vertus marquees par les signes du Zodiaque Apostolique. Ce que vous auez veu en la conuersion de sainct Paul, auquel elle a communiqué, 1. la douceur du Mouton, 2. la force du Taureau, 3. la charité des Iumeaux, 4. le repentir du cancer, 5. le courage du Lyon, 6. la virginité de la Vierge, 7. la iustice de la Balance, 8. la penitence du Scorpion, 9. l'eloquence du Sagitaire, 10. la science du capricorne, 11. la patience du Verseau, & 12. l'exemplarité des Poissons.

II. FEVRIER.
De la Purification de la S. Vierge.

HOMELIE.

Postquam impleti sunt dies purgationis, Maria. Luc. 2.

CE n'est pas sans raison que la sacree Vierge est dite *vn Lys entre les espines*, puis qu'elle a esté vn Lys blanchissant, *auquel toute la gloire du terrestre Salomon n'est point conferable*, emmy les poignantes noirceurs, & les noires picqueures des broussailles du peché, qui sont sursemees dans ce siecle peruers & malin.

Auiourd'huy, merueille d'humilité! ce beau Lys se soubmet à la purgation ordonnee aux espines ; nous admirerons les 6. fueilles de ce Lys incomparable, la 1. son recuillement interieur, la 2. sa pureté, la 3. son obeyssance, la 4. son humilité, la 5. sa pauureté, la 6. sa reuerence. Vertus que ceste Royne des Anges a singulierement exercee en ceste Feste.

I. Qui pourroit dire, mes freres tres-aymez en Iesus Christ, & en sa saincte Mere, la douceur de l'interieure recollection que sentit ceste beniste Vierge, pendant les 40. iours qui s'escoulerẽt depuis la naissance de son cher enfant iusques à ce iour qu'elle le porta au Temple, pour le presenter à son Pere Eternel ? O que ceste loy luy estoit douce! qui d'vne volontaire contrainte l'obligeoit de se tenir recluse auec vn si precieux thresor! ô qu'elle eust bien voulu estre toute sa vie confinee au coing & au fonds de ceste pauure estable, ayant trouué la perle Euangelique dans le fumier qui y estoit.

Elle vacquoit & veyoit, bandee fixement à contempler son fils, il repaissoit son ame tandis qu'elle allaittoit sa tendre bouche, *Vbere de cœlo pleno.* *Ps. 45.*

C'est lors qu'il luy auoit indiqué le lieu, secret où il passoit & reposoit pendant le midy, & que couché sur sa couche, son nard espandoit vne odeur qui recréoit les Anges & les hommes, voire passoit iusques aux animaux, qui à ce parfum recogneurent leur Seigneur. *Cant. 1.*

Lors ce sien souhait se trouuoit accomply, par lequel elle desiroit si tres-tant de rencontrer son petit frere succant encores les mammelles, mais le trouuer à l'escart pour le baiser sans estre appereeuë, & luy bailler de son laict. *Cant. 8.*

C'est lors que le tenant entre ses bras, & collé à son chaste sein, elle pouuoit dire, *Fasciculus myrrhæ dilectus meus mihi, inter vbera mea commorabitur,* & encores, *tenui eum, nec dimittam.*

O le doux repos! ô le doux sommeil pour elle que l'écoulement de ces 40. iours! d'où vient donc que la loy est allé esueiller ceste mere Amante auant qu'elle voulust? mais quoy elle se leue apres s'estre assise & reposee sur son bien-aymé. *Cant. 8.* *Ps. 126.*

Qne lors en ceste heureuse possession de son bien elle pouuoit dire, *Dilectus meus mihi & ego illi qui pascitur inter lilia. Ego dilecto meo, & ad me connersio illius.*

Voyez comme ceste ialouse geline tient son poussin sous ses aisles auec vn amoureux empressement.

Comme ceste ourse leche, releche, laue, polit & embrasse son fan bien aymé.

O la grande force qu'a l'amour naturel! comme il presse & pousse le cœur des meres vers leurs petits, mirez-le aux feres & aux oyseaux, & admirez le naturel ioinct au surnaturel de Marie, mere & Vierge vnique & incomparable en dilection, comme en dignité.

O qu'elle estoit ioyeuse & contente de se voir en ceste pauure-riche estable posseder en patience & en paix, celuy que les Patriarches auoient tant souhaité, qu'elle auoit tant desiré, & qui estoit l'abysme *des richesses, de la Sapience &*

Rom. 10. *science de Dieu.*

Benissons, mes amis, ceste belle nacque, qui cache & recelle en son sein ceste precieuse perle de l'humanité sacree & succree de nostre doux *Iesus.*

Sap. 7. Voyez comme *ce miroir sans tache* & ardant du cœur de ceste pure Vierge, ramasse les rays amoureux qui sortent des beaux yeux de son enfançon, d'où s'excitent des feux qui l'embrasent d'vn amour extréme.

Ceste estable est transformee en ciel, puis que *Iesus* y habite comme vn Soleil, la Vierge comme la Lune, sainct Ioseph, & les anges qui y brillent, *comme les estoilles au firmament.*

L'Esclandraste est vne pierre terne & sombre par dehors, mais toute esclatante par le dedans; telle est ceste estable; telle est Marie en son recueillement, elle se tient cachee comme vne femme soüillee, elle qui passe les Anges en pureté; mais elle esclaire au dedans par la presence de son cher fils.

Pareille aux espiceries, & aux boëtes de parfum, elle recelle au dedans toute la senteur & sa force.

Apprenons de là, mes freres, quand nostre Seigneur sera nay en nos cœurs par la saincte communion, à nous tenir soigneusement recueillis en nostre interieur, pour y mesnager vtilement auec luy les affaires de nostre salut.

II. La 2. fueille de ce beau lys, est la pureté qui a esté en la tres-saincte Vierge incomparable: car elle a esté *vn or esprouué en la fournaise.*

Elle a esté vn crystal tres-net, vn fin diamant sans paille ny tare.

Vne Vestale sacree, entiere, incorrompuë & incorruptible, & qui n'auoit que faire auec ceste loy de la Purification, qui ne regardoit que les femmes soüillees de l'accointance des hommes.

Et neantmois, abnegation de soy-mesme admirable! elle l'a voulu subir, pour pratiquer cét aduis, *Celuy qui est saint se sanctifie encores, celuy qui est laué se laue encores, & le purgé se purifie encores.* D'où nous deuons apprendre le grand soin que nous deuons auoir de nous nettoyer continuellement par l'examen de nous-mesmes, & la frequentation des Sacremens, afin *d'auoir la vie de la grace, ou l'ayans, l'auoir plus abondante:* car bien que la conscience ne nous remorde

Iean.10.
2.Cor.4.

de rien, nous ne sommes pourtant pas iustifiez.

La saincte Vierge a voulu estre *vn argent exa-*
Pf. 11. *miné par le feu, & purifié par sept fois,* elle qui n'a-
uoit que faire de tant de purgation, estant plei-
ne & comblee de grace: & que deuons-nous faire nous autres pecheurs miserables, sacs de
pourriture, & ramas d'ordures?

Pf. 10. Nous ressemblons à ces vieux vaisseaux,
qui font eau de toutes parts, *pleni rimarū*, comme parle vn ancien ; pource deuons-nous sans
cesse battre à la pompe de nostre souuenir, *&*
recogitare omnes annos nostros, pour nettoyer la
sentine de nostre conscience, *& nous asperger*
d'ysope, pour estre lauez, & rendus blancs comme la
neige.

Voyez comme sont claires & pures les eaux
alambiquees; telle a esté la saincte Vierge passant par l'alambic de la loy de la purification;
tels serons-nous, mes freres, si nous passons
souuent par l'estamine de la Confession, qui est
la loy spirituelle de la purification chrestienne.

Ce que nous ferons, si nous considerons
combien. *Pura placent superis,* pource ie poursuis,
2. Reg. 8. *pura cum mente venite, Et manibus puris sumite fontis*
aquam.

En figure dequoy en la loy ancienne, toutes
les chairs des victimes deuoient estre soigneusement lauees au grand lauoir de fonte, auant
qu'estre bruslees en odeur de suauité, pour nous
enseigner que le sacrifice de nos cœurs ne peut
estre agreable à Dieu, si premierement ils ne
sont purifiez de souïllure.

Helas quelle sotte vergongne nous empesche de nous recognoistre pecheurs, par le Sacrement de reconciliation? puisque vrayement nous le sommes, & que la saincte Vierge, bien que tres-exempte de tout peché: s'est bien voulu sousmettre à la loy des pecheresses?

Mais qui n'admirera de la voir obeyr à vn commandement: auquel elle n'estoit aucunement obligee, ô que la parfaicte obeyssance (nostre troisiesme fueille) ne regarde pas à tant de circonspections, mais prompte & preste, elle court au premier mandement, *Viam mandatorum tuorum cucurri dilatasti cor meum.* Ps. 118.

Elle est appellee aueugle par les Peres, parce que preferant le iugement d'autruy au sien, elle se laisse conduire à la simplicité, comme feroit vn pauure aueugle.

Aueugle aussi, parce que sans regarder *son propre interest, mais celuy de Iesus*, & sans auoir esgard aux risees & iugemens trauersez du monde peruers & malin, elle faict obeyr vne ame souple: & la rend *docibilem Dei*.

Voyez comme la Vierge la pratique, n'ayant aucun soucy de sa propre reputation, n'y d'estre reputee souïllee deuant les hommes, bien qu'elle eust dit à l'Ange, *Ego virum non cognosco.*

Que faictes vous, saincte Mere? on pensera que vous aurez conceu par voye ordinaire, & humaine, & non par celle du sainct Esprit vostre fils Homme-Dieu: si vous ne vous souciez pas de ce que le monde pensera de vous, songez au tort que vous luy faictes, subissant ceste loy, vous offensez vostre virginité, & sa diuinité humanisee.

Si te nulla mouet tantarum gloria rerum,
Nec super ipsa tua moliris laude laborem,
Ascanium surgentem & spes heredis Iuli
Respice.

Rien de cela ne l'empesche, sçachant que Dieu a bien d'autres moyens pour manifester ses grandeurs quand il luy plaist, que ceux que peuuent penser nos foibles imaginations.

Aussi voyez-vous comme foulant aux pieds sa propre renommee, pour l'immoler à l'obeyssance de la loy diuine, Dieu la luy a renduë au centuple, *Centuplum accepit, & beatam illam dicent omes generationes. Quia fecit illi magna qui potens est.*

Ainsi l'ombre de la reputation suit, voire poursuit ceux qui plus le fuyent.

Ainsi que l'herbe pousse dépitement, plus elle est rasee, & le saffran croist plus il est foulé.

La myrrhe incisee, l'encens brisé & bruslé, exhalent leur odeur, & ceste obeyssance à la loy des impures, releue hautement l'honneur de l'Angelique pieté de nostre Royne.

L'espouse courante toute esperduë, aux cantiques, faict ce semble choses indignes d'vne fille bien nee : mais tres-digne de la vehemence de sa passion, qui luy fait en fin meriter le rencontre de son Espoux.

La Magdaleine continuant ses pieux offices, nonobstant les murmures du Pharisien, merite le pardon de ses fautes. Obeyssons, mes freres à nos Peres spirituels, & laissons gausser, mesdire & grommeler ce faux monde, que louche ne void nos bonnes actions que de trauers, & Dieu en fin, *erit merces nostra magna nimis.*

Ceste obeyssance nous conuie à parler de nostre 4. fueille, qui est l'humilité, de laquelle elle prend naissance : que si nostre Seigneur *par humilité s'est rendu obeyssant iusques à la mort de la Croix*: Pourquoy sa saincte Mere qui s'est tousiours conformee à l'exemple de son Fils, ne se fust-elle pas par la mesme obeyssance humiliee iusques à la loy de la purgation?   IIII.

Phil. 3.

En ayant mesme deuant ses yeux vne exemple de si fresche datte en la Circoncision de son fils, qu'il auoit souffert *in similitudinem carnis peccati, formam serui accipiens.* Prodigieuse humilité de celuy qui ne pouuant estre pecheur se reuestit de la semblance ; ainsi nostre immaculee Vierge estant *entierement exempte de tache*, a neantmoins suby la loy des immondes, & soüillees.

O saincte humilité, comme tu caches le feu sous la cendre, & l'argent sous la terre!

Et és pendants d'oreille de l'Espoux, tu couures l'or d'vn esmail d'argent, recelant le precieux interieur sous vn vil exterieur.   *Cant. 1.*

Tu es ce *lict obscur de l'Espoux, & sa cachette tenebreuse.*

Tu es ce lambris de Cyprez, qui receles des cheurons de Cedre ; voilant la richesse d'vne apparence de pauureté.

Tresbien disoit cét Ancien Pere, qu'il n'estoit permis qu'à l'humilité de tromper, mais d'vn bon dol.

Tu es ce zero, ce rien qui donnes la valeur

N

aux nombres de nos bonnes actions, & qui les fais bondir iusques dans l'infiny de l'eternité.

Ceste balance qui en nous deprimant d'vne part, nous releue de l'autre : car comme dit S. Augustin, *celuy qui est petit en ses yeux, il est grand deuant ceux de Dieu.*

Iud. 15. Tu es ce cheueu imbecile, où, comme en Samson, se cache toute nostre force spirituelle. Nous ne sommes grands & puissans en la vie deuote, qu'autant que nous sommes humbles.

O la belle contexture de fueilles ! mirez ceste cinquiesme, mes tres-doux freres, qui est l'excellente pauureté sœur germaine de l'humilité : car ce mot de *pauureté d'esprit* en l'Euan- *Mat. 5.* gile comprend & l'vn & l'autre ! ô comme la saincte Vierge a aymé ceste bié heureuse vertu! combié estoit-elle esloignee de ceux qui en ont honte, & qui la reputent à vice, & à reproche!

Combien esloignee du vain orgueil de ceux qui pauures en effect veulent paroistre riches en apparence, couurans leurs incommoditez auec beaucoup de peines, & de sollicitudes; au lieu que la pauureté aduoüee est secouruë, aydee ; & si on la porte patiemment, loüee & honoree.

Que dirons-nous de ceux qui n'estans rien en qualité, portent des habits somptueux pour paroistre plus qu'ils ne sont?

Qu'auoit ja faict la saincte Vierge de ces riches presens des Mages; sinon qu'aussi tost elle les distribua aux pauures, s'en dessaisissant comme Crates de ses richesses, pour l'amour de la pauureté qu'elle voyoit tant cherie de son fils:

lequel *propter nos egenus factus est, pauper & in laboribus à iuuente sua.*

Mais au moins que n'en acheptoit-elle vn agneau pour offrir comme faisoyent les femmes riches au iour de leur purification? Rien de cela; elle veut estre pauure & tenuë pour telle, & comme telle offrir deux pigeonneaux, oblation des pauures pour le pauure *Iesus*.

O mon ame, n'ayons plus de vergongne de la pauureté, ayant deuant les yeux vn tel exemple; cherissons la comme la belle Elizabeth fille du Roy d'Hongrie, qui n'aymoit rien tant que les pauures, & que de s'habiller en pauure.

Comme S. Alexis qui prefera la gloire de mandier son pain pour l'amour de *Iesus*, à toutes les richesses de sa maison paternelle.

Comme S. François qui l'appelloit sa maistresse, & qu'il a ordonnee pour fondement principal de son ordre.

Comme sainct Anthoine qui faisoit plus de cas d'vne robbe de natte de S. Paul Hermite, que de tous les habits des mondains. *O paupertas quàm ignotum bonum es!*

Serrons nostre lys par la 6. fueille, qui est vne deuote & precieuse reuerence, auec laquelle la saincte Vierge manioit le sacré corps de son cher enfant. Representons-nous auec combien d'honneur Bersabee aborda le throsne de son fils Salomon.

Auec combien d'admiration la Royne de Sabba aborda la Cour rauissante de ce Prince.

Auec quel estonnement la belle Esther contemploit la maiestueuse grandeur d'Assuerus.

Et plusquam Salomon hic; & la Vierge plus que ny Esther, ny ceste Royne du Midy, ny Bersabee, & infiniement plus respectueuse enuers son fils.

O que nous luy pouuons bien dire auec autant de raison qu'à la saincte Croix, laquelle bien que sanctifiee par le sang du Sauueur, n'est toutesfois qu'vn tronc inanimé; *Beata cuius brachijs secli pependit pretium, statera facta es corporis.* Car pensez auec combien d'amour la saincte Vierge, *arbre planté pres les eaux des diuines graces,* a embrassé & soustenu de ses bras ce fruict de vie, les delices du Ciel, & de la terre.

Psal. 1.

Representez-vous auec quelle circonspection marche celuy qui porte en ses mains vne precieuse liqueur dans vn beau vase de porcelaine, & de peur de briser le vaisseau, & de crainte d'espancher l'excellent baulme qui y est enclos. Ainsi procedoit la saincte Vierge vers le Temple, portant en ses bras dans le vaisseau tendre de l'enfantine humanité du petit Iesus, son incomparable diuinité; ou si vous voulez le prix inestimable de nostre Redemption, qui est son precieux sang. *Car nous sommes rachetez d'vn grand prix, non par le sang des boucs ou des moutons; mais par celuy de l'Agneau immaculé Iesus Christ.*

1. Can. 6
1. Pet. 1.

O qu'elle n'auoit garde de laisser tomber à terre celuy qui est le soustien de l'vniuers. Ainsi deuons nous faire, ô Prestres, traittans les diuins mysteres de ce mesme precieux corps & sang, gardans soigneusement & scrupuleusement que la moindre particule ne tombe en lieu indecent : ô auec quel respect deuez-vous manier cét ineffable mystere, que les Anges qui vous entournent, adorent par millions.

O vous personnes laicques apprenez de la saincte Vierge, auec combien de modestie & d'humilité vous deuez aborder la saincte Table, auec quelle reuerence & retenuë vous vous deuez comporter le iour de la saincte Communion.

Que si vous aiouftez à ces six fueilles les trois languettes dorees qui decorent le fonds de ce lys blanc, symbole de la foy, esperance & charité: ou si vous voulez, ames pieuses & religieuses, de la pauureté, obeyssance, & chasteté qui ornoient l'ame de la saincte Vierge : il ne vous restera que d'adorer ceste belle fleur, & y remarquer, 1. la recollection interieure, 2. la pureté, 3. l'obeyssance, 4. l'humilité, 5. la pauureté, 6. la deuotieuse reuerence de la saincte Vierge, & là dessus vous retirer en paix.

XXIIII. FEVRIER.
De l'ellection de S. Mathias.

HOMELIE.

Cecidit sors super Mathiam. Act. 1.

EN Matthias fut autresfois pour son zele 1. *Mach* esleu conducteur du peuple de Dieu, & S. 2. Mathias est auiourd'huy pour sa charité esleué à l'Apostolat. Sur son election, i'allois pensant, 1. combien le choix des hommes est difficile

2. qu'en ce cas le recours à l'oraison est tres-vtile, 3. qu'on se peut seruir pieusement des sorts sacrez, 4. i'ay consideré combien dignement la place de l'indigne Iudas a esté remplie de ce S. Apostre, duquel l'Eglise en ce iour nous faict feste. Voila ce que ie desire vous traicter.

L'homme est de tous les animaux le plus caché, & le moins cognoissable *au cœur humain, dit vn ancien; ce ne sont que cachettes, que recoings*: on auroit plustost sondé toutes les cauernes soubterraines, que desueloppé ses replis & tortuës sinuositez.

Si vous le pensez prendre par l'exterieur, ce n'est que tromperie, *fronti nulla fides*. Le renard disoit à l'once en la fable, que sa peau estoit plus tauelee par le dedans, que celle de cét animal moucheté ne l'estoit par dehors.

Cela nous doit apprendre, mes freres bien-aymez, à aller, en la conuersation des hommes, la bride de Nemesis en la main, *& ne croire pas à tous* : pratiquant le conseil Euangelique, *de la prudence serpentine temperee de simplicité colombine*.

Le Roy des Sages dit, *Abyssum & cor hominis quis inuestigabit?* où il compare gentiment le cœur à l'abysme inscrutable.

Quoy, & à peine l'homme se cognoist-il soy-mesme ? c'estoit la priere de S. Augustin ordinaire, *Domine nouerim te, nouerim me*, enfilant la cognoissance de Dieu auec la nostre propre.

Et le plus grand oracle des Gentils, constituoit le capital de la sagesse en la cognoissance de soy.

Dauid mesme appelle ceste cognoissance ad-

Festiues. 199

mirable, *Mirabilis facta est scientia tui ex me.*

L'exterieur a bien à la verité quelque indice coniectural de l'interieur: mais souuent ceste balance est mensongere, & fausse la diuination qui s'en tire. La physionomie est vne obseruance trop friuole pour auoir du poids en vn esprit bien fait: L'homme à la verité ne void que la face, & Dieu seul void & iuge le cœur, scrutateur des reins, & des plus creuses pensees.

C'est luy seul, qui *regardant du haut des Cieux sur les enfans des hommes*, voit clairement & euidemment qu'ils sont corrompus & abominables, & que nul iusques à vn seul recherche Dieu en sincerité de cœur. *Psal. 13.*

Rari quippè boni numero vix sunt totidem quot
Thebarum portæ vel diuitis ostia Nili.

Ce sont des rares oyseaux que les bons, semblables cygnes noirs.

Vir bonus & prudens qualem vix reperit vnum,
Millibus è multis hominum consultus Apollo.

Celuy qui reduisoit en l'enclos du chaton d'vne petite bague, les noms des bons Empereurs, eust bien peu y soubscrire ceux des parfaictement gens de bien, qui sont vrayement Roys de leurs passions, *pueri ludentes, rex, eris, aiunt, si rectè facies.*

Les Aigles Roys de l'air sont rares, les plus vils oyseaux sont les plus communs : il y auoit bien prou de Disciples quand l'eslection de S. Mathias fut faicte: mais il ne se trouua que luy capable de se guinder à l'Apostolat: *Iusti assumens pennas, vt aquilæ volabant, & non deficient.*

Les Celtes exposoient leurs enfans nouueaux-nais sur les eaux du Rhin, & ne tenoient que les surnageants pour legitimes : ceux-là seuls sont dignes de monter aux charges Ecclesiastiques, desquels *la conuersation est és Cieux*, n'ayant rien de terrestre en leurs affections.

S'humilians (comme le baume aromatique qui va au fonds des autres liqueurs) par la recognoissance de leur indignité, & imbecilité: mais aussi comme l'autre huile s'esleuans en contemplation, & deuotion.

Las! mais que ceux-là sont clair-semez: pource, *quoniam defecit sanctus, diminutæ sunt veritates à filijs hominum.*

La beauté & la sagesse, dit vn Ancien, sont de difficile meslange : disons que la science se rencontre peu auec la conscience, celle-là est esclattante, celle-cy sombre & occulte : nous ne voyons que prou de sçauans, peu de preud'hommes.

Tout ce qui brille n'est pas or, & les metaux ont leurs marcassites qui leur ressemblent, & ne sont pas de fin alloy : que de hopelourdes ont la monstre de pierreries, qui ne sont que pierreries que de Prelats plats, que de Docteurs qui ne sont pas doctes ; nous ne sommes que vanité, & inanité.

Cependant le monde n'admire que la mine: mais Dieu void le mauuais jeu. Prenons l'exemple en nostre feste. Chacun iettoit les yeux sur *Barsabas surnommé le iuste* ; & neantmoins Dieu par le sort eslit Mathias, dont la renommee petite deuant les hommes estoit grande deuant ses yeux : ô que Dieu dit bien par le Prophete, *que ses routes sont autant distantes des nostres, que le*

Ciel est esloigné de la terre. Et Iob luy disoit, *Nonne sicut videt homo, & tu vides?*

C'est ce mauuais monde, mes freres, qui iadis prefera vn Barrabas à nostre Sauueur: ô Dieu mesprisons ses loüanges & applaudissemens: car nous sommes de tant moindres deuant Dieu que nous sommes grands deuant les yeux des hommes. *En cela nostre Seigneur nous recognoist pour siens, quand il cognoist que le monde nous hait, & quand il mesdit de nous, c'est lors que Dieu de sa propre bouche nous proclame bien-heureux.*

De tout ce que i'ay aduancé nous pouuons colliger, mes tres-doux freres, combien est donc difficile le triage des hommes au faict des charges Ecclesiastiques, notamment des Episcopales & Apostoliques.

II.

O que d'ambages! ô que de nœuds Gordiens & inexplicables, & qui ne se peuuent trancher que par le glaiue de la priere, le secours de l'oraison, & le recours aux celestes oracles.

Ainsi deuons-nous faire en toutes les affaires d'importance, imitans nostre Seigneur, qui estoit d'ordinaire *pernoctans in orationem*, en poursuiuant *son œuure* de la Redemption du monde, & du salut des ames.

Prelats, ie vous aduise que vous aduancerez plus en la conduite de vos trouppeaux par la priere & l'ayde du Ciel, que par toutes vos humaines industries: voyez comme Moyse esleue *Exo. 17.* les bras & prie pour faire vaincre Israël.

Il se faut conduire au monde comme en mer par le cours du Ciel & le branfle des Astres. *Sicut fuerit voluntas in cælo, sic fiat.*

Consultons la diphtere de l'oraison, nous y trouuerons escrites toutes nos aduantures.

Voyez en l'histoire comme les anciens estoyent Religieux, ains superstitieux à consulter les oracles mensongers de leurs faux Dieux en toutes leurs entreprises; de là tant d'auspices & d'augures. Chrestiens, *iamais nation n'eut ses Dieux si proches de soy que nostre Dieu est prest & prompt à nous ayder*; pource, mon frere, *Reuela Domine viam tuam, & ipse faciet.*

Pf. 118.

Si nous luy ouurons la bouche en la priere, *nous attirerons son esprit*, c'est à dire, sa saincte inspiration: si nous luy disons auec Dauid, *Doce nos facere voluntatem tuam*, aussi tost, *Spiritus suus bonus deducet nos in terram rectam.*

Deut. 4.

Quand la Lune entre en conionction auec le Soleil, elle en reuient plus forte, & darde de plus puissantes influences: ô que nous sortons vigoureux d'vne feruente oraison.

Lors à la verité elle eclypse vers la terre, mais elle est toute illustree du costé du Ciel; celuy qui en ses affaires se retire à l'oraison, semble ne rien faire aux yeux des terrestres mondains, mais illuminé d'enhaut, il marche par apres bien plus iudicieusement en sa conduite.

Mes freres, auant toute œuure principalement signalee *allons au voyant*, consultons le trepied Delphique de l'oraison portee de nous à Dieu par nostre bon Ange; office que Raphaël declara à Tobie auoir faict pour luy. Escoutons *si intonuit lauum*, & si Dieu seconde nos desseins enflant les voiles de nos iustes desirs du zephir de sa grace; si cela est, esperons bon port.

1. Reg. 9

Le feu des Vestales se tiroit auec beaucoup de seremonies des rays du Soleil à l'ayde de *Iupiter Elicius*: singerie payenne, mais qui nous apprend à attendre du Ciel les mouuemens de nos meilleures actions; *car tout bien vient d'enhaut du Pere des lumieres.*

Voyez comme les sacrifices d'Abel, de Moyse, d'Helie, de Gedeon s'embrasent du feu des cieux : ô *que nostre meditation est bonne, quand ce feu s'y embrase.*

Quand la verge d'Aaron florit, ce fut l'indice de sa vocation au Sacerdoce. Quand *la verge de nostre direction & conduite* florit en *bonne odeur en Dieu*, c'est vne vraye marque d'vne saincte vocation à l'estat Sacerdotal, & vn signe que l'on y est appellé comme *Aaron de la part de Dieu.* Nu. 17.

Comme nous voyons auiourd'huy estre arriué en S. Mathias, car la reuelation (comme il n'arriue pas tousiours) n'ayant pas succedé à la priere, l'assemblee Apostolique iugea à propos de proceder au choix de deux proposez ensemblement par la voye des sorts. III.

Or ce mot de sort se prend pour vn billet pris par hazard entre plusieurs mis ensemble à dessein, pour estre tirez à l'aduenture.

Remede tenebreux & aueugle, mais neantmoins conforme & proportionné à la cecité de nostre entendement. Iadis parmy les Romains les sorts Virgiliens estoyent en grand vsage.

Emmy les Hebrieux les Dauidiques, continuez encores entre les Chrestiens qui y adioustoyent de plus les Euangeliques, c'estoit lors qu'en quelques cas douteux on vouloit consulter les oracles de la diuine parole à l'ouuerture fortuite des sacrez cahiers, où souuent on rencontroit de merueilleuses resolutions, quand on pratiquoit ceste recherche auec la reuerence & preparation requise. Combien de Saincts se sont faicts Religieux par ces consultations?

Vsage vtile, & que nous voyons quelquefois necessaire pour de grandes considerations. Les partages des successions entre plusieurs coheritiers se font par le moyen des sorts portans chacun leur lot & portion, pour euiter plusieurs debats & inconueniens. Lors Dieu distribuë à chacun le sien *prout vult*; car il n'y a que luy seul qui voye clair en ces tenebres: c'est là où regente & preside sa prouidence: & cela coupe broche à beaucoup de differens & ialousies.

Anciennement les punitions des legions rebelles se faisoient par deriuations tirees au sort, chastiant vn entre dix sur qui le sort tomboit, afin que *pœna ad paucos, metus ad omnes perueniret*.

Les deux boucs & les deux passereaux és sacrifices de la vieille loy estoyent bien ainsi par sort, l'vn relasché, l'autre sacrifié. Ce sort estant proprement se remettre du choix à la diuine prouidence.

Sap.8. Laquelle sçait *atteindre depuis l'vn iusques à l'autre bout, & disposer tout auec suauité*. Elisant dans le ventre des meres les vns, & rebutant les autres comme en Esaü & Iacob.

Elle sçait seule les causes pourquoy elle choisit les Abels & reproue les Caïns. Pourquoy elle abandonne les Iudas & secourt les

Pierres. Penetrer là dedans c'est vouloir comprendre la hautesse de la science de Dieu, dont les voyes sont inscrutables & inuestigables. Rom. 11.

La voila qui faict auiourd'huy tomber la couppe de l'Apostolat, & consequemment de la couronne du martyre y annexee dans le sac de Benjamin, de S. Mathias qui se reputoit le plus petit de tous ses freres Chrestiens.

Prouidence adorable & admirable, *qui sçait eslire ce qui ne s'estime rien pour le rendre grand deuant sa face, & faire de ses seruiteurs ses amis & ses domestiques. Suredifiez sur le fondement des Apostres & Prophetes & sur la pierre angulaire Iesus Christ nostre Sauueur.* Ephes.

Voila ce grand legislateur lequel *per ius accrescendi* oste la grandeur de l'vn ja surnommé *le iuste* pour en accroistre l'autre, sans interesser neantmoins l'humble saincteté de Barsabas, qui plus pieusement que Saül ne disoit de Dauid, se resiouyt que Mathias se trouuast *plus iuste que luy*.

Ainsi va le flux de ce grand Ocean qui comme en se berçant dans son vaste lict, enfle en vne riue ce qu'il retire de l'autre.

Anciennement à Delphes on parfumoit l'autel d'Hercule de l'encens tiré de celuy d'Apollo: & voila que nostre S. Mathias est inuesty par le sort, d'vne charge qui sembloit regarder les espaules de Barsabas que chacun qualifioit iuste.

Que si nous considerons la place en laquelle est installé nostre Apostre encores toute rouge du sang de ce damné, lequel *suspectus crepuit* IV.

medius, & diffusa sunt omnia viscera eius. O Dieu quelle horreur deuoit-il auoir regardant l'espouuentable fin de son predecesseur.

Cambyses faisoit asseoir ses iuges sur les peaux de leurs antedecesseurs escorchez pour leurs concussions, afin que la terreur de semblable peine les tirast de pareille faute. Iudas deuoit seruir d'vn merueilleux exemple à sainct Mathias, & apprendre à tous par sa funeste fin à ne se desesperer iamais d'vne misericorde infinie.

Or comme en la nature *la corruption de l'vn est la generation de l'autre*, ainsi és charges successiues la mort de l'vn est la vocation de l'autre. Dieu ordonnant ainsi toutes choses par vne harmonieuse entresuite & disposition.

Ainsi sera-il des hommes pour remplir les siege vuides des *Anges tresbuchez pour leur preuarication*.

Ainsi Dieu grand pere de famille, entretient l'Eglise *sa maison de saincteté, & son sacré tabernacle* par les continuelles reparations des pierres viues, desquelles il bastit la Hierusalem, tant celeste que terrestre, vnie par la *communion des Saincts*.

Ioan.15. Et continuera tousiours ce trauail, *car il opere iusques à maintenant*, iusques à ce que soit parfourny le nombre de ceux qui doiuent par leur salutation estre freres des *Anges*.

Il entretient ainsi son Eglise appellee *iardin clos*, & dont *les emissions* sont appellees *Paradis*, ce sien verger planté *d'arbre posez iouxte les eaux de ses graces, dont les fleurs sont fructifiantes, & les fruicts florissans* par la substitution des ieunes entes aux vieux troncs vsez & pourris.

Ainsi se perpetuent les familles par la succession des enfans; l'Escriture appelle cela *edification de maison*; car voulant exprimer que Dieu donna lignee aux sages femmes d'Egypte pour auoir contre le commandement de Pharao espargné les masles des Hebrieux, elle dit *qu'il leur edifia des maisons*. L'Eglise famille de Dieu est ainsi conseruee en pieds, & par le Sacrement de mariage, pepiniere des enfans corporels, & par celuy de l'ordre, seminaire des spirituels.

Exo. 1.

Or par ce dernier Sacrement est à remarquer que le celibat y annexé excluant toute generation naturelle, *Sinon n'estant plus bastie sur le sang*, voire ceux-là estans reprouuez qui *veulent posseder le sanctuaire par heritage*, il y a vne certaine procreation spirituelle qui se faict par le sainct Esprit en l'imposition des mains: de sorte ques les rangs Ecclesiastiques sont comme des essains d'abeilles assemblez pour composer le miel de la saincte deuotion, lesquelles Auettes à ce que l'on tient n'engendrent point leurs petits mouscherons par la voye ordinaire des autres animaux, mais auec le seul esprit des fleurs & du miel qu'elles qu'intessencient. Ce qui est vne belle image de la forme auec laquelle les Euesques engendrent des enfans spirituels destinez au seruice des Autels, enuoyans des ouuriers en la vigne du grand Pere de famille qui leur dit: *vocate operarios in vineam meam*: car les seuls Euesques successeurs des Apostres ont les meres-sources de la maison Euangelique, ce que n'ont pas les Prestres simples qui n'ont le charactere Episcopal, estans bien enuoyez, mais n'ayans pas la faculté d'enuoyer.

En quoy certes les Prelats doiuent estre grandement aduisez, suiuant le conseil du grand Apostre au ieune Euesque Timothee, *manus cito nemini imposueris*; de peur d'estre dissipateurs *plustost que fideles & iustes dispensateurs des diuins mysteres.*

<small>Luc. 12.
1.Cor.4.
Tit. 1.
1.Pet.4.</small>

Mais las! quand il est question de faire vn Euesque, ô qu'il y faut bien penser, & examiner pondereusement tant & tant de qualitez que sainct Paul requiert en ceste dignité comme necessaires. *Grande opus est*, quand il s'agit *de prendre vn Pontife du milieu des hommes pour le constituer sur eux.*

<small>1.Tim.3
Tit. 1.</small>

Voyez auiourd'huy pour vne telle action comme tout le college Apostolique ayant le S. Esprit, & composé des Saincts confirmez en grace, est bien empesché: ce ne sont que prieres, de là aux sorts, en fin par là ils descouurent celuy *que Dieu appelle comme Aaron, Moyse, & Samuel*, qui est nostre glorieux sainct Mathias, lequel vueille interceder pour nous, *Amen*.

Colligez de ce discours, mes freres, 1. la grande difficulté qu'il y a au triage des hommes, notamment pour les charges Ecclesiastiques, 2. qu'il est bon & en ces perplexitez & en toutes autres d'auoir recours à l'oraison, 3. comme legitimement on peut vser en choses pies
de ces

de ces billets de hazard que nostre texte nomme forts, 4. la grande providence de Dieu à subroger vn saint Personnage en la place du traistre & Apostat Iudas, duquel, selon la Prophetie, *Episcopatum alter.* Ps. 108

XIX. MARS.
Des qualitez de S. Ioseph.

HOMELIE.

Cum esset desponsata Mater Iesu Maria, Ioseph. Matth. 1.

Qvelque Peintre ancien ne pouuant arriuer à bien dépeindre à son gré les deux gouffres de Scylla & de Carybde, s'amusa à representer si artificieusement les poissons & les riuages, que chacun quittoit le principal du tableau pour considerer cét accessoire. Nous n'auons point de pinceau assez fort pour colorer au vif les merites essentiels du grand sainct Ioseph: pource nous arresterons-nous à la consideration des sureminentes qualitez desquelles Dieu a honoré sa personne, car *elegit eum ex omni* Eccl. 45. *carne,* dit l'Epistre de ce iour, pour estre, 1. mary de la saincte Vierge, comme declare l'Euangile, 2. Pere nourrissier de *Iesus*, 3. son parrain, 4. son gardien, 5. son conducteur, & 6. vierge, associé à vne mere Vierge: ce sont les six poincts que ie vous vay deduire auec l'assistance du Ciel.

Qu'entre la sacree Vierge & S. Ioseph il y aye eu vn vray & legitime mariage, S. Hieros- I.

me le resout entierement en ses Commentaires sur S. Matthieu; & tous les Docteurs d'vn commun consentement le tiennent pour constant, suiuant ceste regle que ce n'est pas tant l'vnion des corps, que celle des cœurs qui fait le mariage, son lien principal consistant au contentement des volontez.

Que si la femme sage est la couronne du mary, dittes-moy, mes freres tres doux, quelle gloire rejallit en nostre Sainct d'auoir esté Espoux d'vne Vierge sans pair, qui a esté faicte Mere de Dieu, & benitte entre toutes les femmes, laquelle,

Nec primam simile visa est, nec habere sequentem, Gaudia matris habens cum virginitatis honore.

C'est vn tiltre incommunicable à tout homme que Pere de Dieu, c'en est vn communicable à vne seule Viegre que Mere de Dieu; & nostre Sainct qui a esté non Pere (car, *vnus est Deus & pater Domini nostri Iesu Christi, pater misericordiarum, & Deus totius consolationis*) mais beau Pere estant vray & legitime Espoux de ceste sienne Mere, *Cùm esset desponsata mater Iesu Maria Ioseph*, dit nostre texte.

Celuy qui entre en la boutique d'vn Parfumeur en sort tout odoriferant; & quels parfums de vertu ne doit auoir contracté nostre Sainct en la celeste & virginale conuersation de celle dont les joües sont dittes *areolæ aromatum consitæ à pigmentariis*: & est appellee *virgula fumi ex aromatibus myrrhæ & thuris omnisque, pulueris pigmētarij*

On dit que le Chesne planté en la fosse d'vn Oliuier, deuient sterile, le Chesne s'appelle *ro-*

bur à robore pour sa force, comme *vir à vigore*, ou *à viribus*, enseignement que la vigueur de nostre Sainct est devenuë sterile par vne chaste, continence estant colloqué en mariage auec celle qui est appellée *vne specieuse oliue des champs, vne oliue fructifiante en la maison de Dieu*, & selon le symbole de cét arbre *Mere de misericorde*.

On dit que la vigne enlassee à l'oliuir prend de la nature de l'oliue, portant vn fruict onctueux : nostre S. comme vn pampre florissant en *fruicts d'honneur & d'honnesteté* attaché à ceste oliue sacree la saincte Vierge, a contracté par participation la Virginité, produisant, *vinum germinans virgines*, mais bien-huilleux, *A fructu vini & olei multiplicati sunt* : aussi *vnxit eum Deus oleo lætitiæ præ participibus suis* : car quelle plus grande ioye luy pouuoit arriuer que d'estre aduerty par vn Ange, que celle que le ciel luy auoit donnee pour espouse, deuoit par l'operation du Sainct Esprit enfanter le Messie tant predit, tant desiré, tant attendu ? Il pouuoit bien dire auec Iacob, *Tunc lætus moriar cum videro faciem filij mei*. Eccl. 24

On tient que la vigne ioincte au cedre bois odorant & incorruptible, produit vn vin qui chasse le venim, & qui n'enyure point ; ainsi le S. mariage de la Vierge & du bon S. Ioseph a esté vne vnion cordiale non subiecte à aucune contagion de la chair, exempt de toute corruption, & sans alienation passionnee, plein de pureté & integrité virginale.

C'a esté vn vin de palme que leur amitié ; on dict que ce vin rend l'autre odieux, & fait ceux qui en boiuent abstemes : ainsi le mariage qui est vn remede pour couurir l'incontinence des autres, a esté le moyen de cacher la sacree continence de nostre Sainct & de son espouse.

Car entre autres raisons qu'allegue S. Hierosme pourquoy nostre Seigneur a voulu naistre d'vne mere mariée, il produit celle cy du martyr S. Ignace, *vt partus eius cælaretur diabolo, dum eum putat non de virgine, sed de vxore generatum.*

Grande prerogatiue de S. Ioseph, qu'il peust dire de la S. Vierge, comme Adam de sa femme, pendant qu'ils estoient tous deux vierges dans le Paradis terrestre, *Hæc est os ex ossibus meis, & caro de carne mea,* & N. Seigneur en l'Euangile parlant du mariage, dit-il pas, *Erunt duo in carne vna?* Si mieux vous n'aymez dire qu'en ce vray, & neantmoins tres-singulier mariage de la sainte Vierge & de S. Ioseph, ils n'estoient pas tant deux cœurs en vne chair, qu'vn cœur en deux chairs, puis qu'il n'estoit aucunement au meslange des corps, mais en l'vniformité de leurs volontez: & n'est-il pas dit des premiers Chrestiens *credentium erat cor vnum & anima vna?*

Ioan. 1. Ou bien dites si vous voulez, qu'ils estoient accouplez en vn mesme ioug sous le doux seruice de *ce Verbe faict chair* pour l'amour de nous, ioug suaue, agreable *seruice, preferable à vne Royauté.*

O que vous estiez heureux beaux astres iumeaux, de seruir ainsi vostre Soleil! ô que vous estiez vnis en luy, puis que par luy, pour luy, & de luy procedoient toutes les inuentions & actions! se faut-il estonner, mes amis, s'ils ont esté tant chastes & Vierges, puisqu'à eux a esté commise la nourriture de celuy qui *est le lys des vallees qui se paist & se plaist emmy les lys*, miroir de toute chasteté & virginité?

Combien deuons-nous estimer ce *seruiteur bon & fidelle* que le Roy des Roys, & Seigneur des Seigneurs, *qui solus habet immortalitatem*, a choisi pour le *constituer, non sur peu, mais sur beaucoup*, le faisant pere legal & pere en la commune opinion des Iuifs, mais vrayement pere nourrissier *de son fils vnique & bien-aymé, auquel il prend son bon plaisir*? Si Dieu l'a tant prisé, quel estat en deuons-nous faire?

II. Mat. 25. Mat. 17.

Aduisez combien le monde faict de conte de ceux qui sont en faueur prés des Roys de la terre, qui ont leur oreille, & qui tiennent les principales charges de l'Estat: & pourquoy si nous auons enuie de nous aduancer au Ciel, ne ferons-nous pas recherche des bonnes graces de celuy qui a eu icy bas le gouuernement de nostre Sauueur?

Voyez comme on trie entre mille celuy qui doit estre nourricier du fils d'vn grand Roy, en quel rang il est à la Cour, de son education dépendant l'espoir & l'attente de tout vn Royaume: iugez de là quel grade nostre Sainct a dans le Ciel.

Considerez quel grand credit Mardochee auoit vers Esther, pour auoir esté son tuteur & nourricier, & cette humble Royne sur Assueres, & tirez de là combien peuuent les prieres de nostre bon Ioseph vers son espouse, & de ceste mere vers son fils, nourrisson tendre de son chaste espoux.

Esth. 1.

Dieu s'appelle par vn Prophete *nourricier d'Ephraim*: ce tiltre peut estre approprié à nostre Sainct, puis que selon le mot *Ephraim*, qui signifie *croissant* ou *fructifiant*: il a esleué ce doux enfant Iesus, lequel *crescens proficiebat ætate & sapientia*: & qui estendant ses pampres de l'vne à l'autre mer a espandu son beny fruict par toute la terre, sçauoir, la manne de son sacré corps, nous rassasiant de la graisse de ce froment, *& à fructu frumenti multiplicans nos*.

Ps. 79.
Ps. 147.
Psal. 4.

Diriez-vous pas que c'est vn Andronicus, nourrissant vn Lyon, puis qu'il a esleué *le Lyon de la tribu de Iuda*.

Et comme iadis Chiron son Achille l'a nourry de moëlle de Lyon?

O mes amis, si nous voulons participer à ceste prerogatiue honorable, donnons *ioyeusement*, l'aumosne pour l'amour de Dieu, car les aumosniers, comme S. Iean l'aumosnier, S. Louys, S. Elizabeth d'Hongrie, sont vrays nourrissiers de nostre Seigneur repaissans les pauures qui sont ses membres.

Que si Esther se rendit si recognoissante vers son nourrissier qu'elle luy procura des honneurs Royaux, que ne communiquera N. S. au sien, veu qu'il a promis de rendre le centuple pour vn verre d'eau froide donnée en son nom à vn pauure!

Psal. 15.

O que *Iesus est bon*, mes freres, qui comme Dieu n'ayāt aucun besoin de nos biens, se rend neātmoins nostre obligé à la moindre petite liberalité que nous faisons à vn pauure, *quod vni ex minimis fecistis, mihi fecistis*. Helas, combien le se-

Festiues. 215

ra-il donc à nostre Sainct, qui a tant & tant de fois par ses sueurs & le trauail de ses mains gaigné & subministré les alimens à la tendre ieunesse de ce benit enfant, *qui a esté pauure & emmy les labeurs dés sa naissance.*

Aussi Dieu non content de luy donner comme Saül au bergerot Dauid sa fille Michol, voyez-vous pas qu'il l'appelle à la part *de son Royaume eternel, Posside regnum, intra in gaudium Domini tui,* le faisant mesme icy bas nourrissier de celuy lequel voire *vita æterna est.* 1 Reg. 18

La fille de Pharao nourrice du petit Moyse, l'esleuoit auec intétion de le pousser à la Royauté, mais, *estant deuenu grand, il ayma mieux estre affligé auec le peuple de Dieu, que d'estre esleué à ce haut grade en l'Egypte.* Si nostre Ioseph eust voulu des recompenses en la terre, il eust esté tout ce qu'il eust voulu: car son nourrisson estoit celuy, *cuius est terra & plenitudo eius, cuius gentes sunt in hæreditatem & possessio termini terræ*, il l'eust constitué, *super gêtes & super regna, principem omnis possessionis suæ*: mais mesprisant ces puissances momentanees du siecle, il a mieux aimé *comparoir icy bas pour corregner là haut* eternellement. Exod. 1.
Heb. 11.

Rom. 8.

Nostre Seigneur n'ayant qu'vn Pere au Ciel, qu'vne Mere en terre, pareil à le fleur, qui a pour pere la chaleur du Soleil, & pour mere l'humidité radicale, a voulu que son nourrissier ayant fidelement seruy son humanité & sa mere icy bas, iouïst là haut de la veuë de sa diuinité, qui est vne en essence auec celle de son Pere, estant par ce moyen *merces sua magna nimis.*

Mais dites-moy, ce prouerbe, peut-il pas bien

quadre en nostre Saint, *Perdrix fouet oua que non peperit*, puis qu'il a nourry plus soigneusement son nourrrisson, que iamais pere ne fit son fils naturel ; ô que les traicts de la Charité trespassent de bien loing toute affection de la chair & du sang!

III. Ce tendre nourrisson a esté de plus son cher filleul, car *Iesus* n'eut autre parrain à sa circoncision que le bon Ioseph, lequel comme Procureur de l'Eternel Pere, luy imposa le nom selon la commission apportee par l'Ange, inseree en nostre texte, *& vocabis nomen eius Iesum*.

Que si Eliezer tenoit vn grand honneur d'estre delegué par Abraham pour chercher vne espouse à Isaac, quelle gloire est-ce à nostre S. d'auoir imposé le nom au Sauueur du monde par commandement exprés de Dieu son Pere?

Gen. 15.

Ainsi Zacharie auoit imposé le nom à sainct Iean suiuant l'aduis qu'il en auoit receu de l'Ange, *& postulans pugilarem scripsit, Ioannes est nomen eius*, & comme c'estoit la coustume de donner le nom en la Circoncision & maintenant au Baptesme, aussi souloit-on demander aux parens s'ils desiroient que leur enfant portast vn nom qu'ils eussent en particuliere affection.

Luc. 1.

Ainsi voyez-vous en l'ancienne alliance, que tous les Patriarches imposoient des noms à leur enfans nouueaux-nez, *selon les desirs de leurs cœurs, & suiuant leur inuentions*: & c'est par l'entremise de sainct Ioseph que Dieu le Pere impose à son fils le sacré nom de *Iesus*, qui veut dire Sauueur, *Ipse enim saluum faciet populum suum*, dit l'Ange en nostre texte.

Adam estant creé, Dieu fit passer deuant luy tous les animaux, & il leur imposa des noms conformes à leur naturel: comme aussi à toutes les autres creatures, & cela par l'esprit de science & de cognoissance que Dieu luy participa: Mais voicy bien vne plus grande merueille, en ce que la Creature nomme son Createur, *& dat ei nomen quod os Domini nominauit.*

Dieu de soy est ineffable, & innominable, *Quid quæris nomen meum, quod est mirabile?* Moyse luy demandant son nom, il ne luy respondit autre chose, sinon *ie suis celuy qui suis*: & diriez-vous pas que voicy l'ocean en vne coquille, & le nom incomprehensible du tres-haut, dans la bouche de nostre Sainct, *quis conclusit ostia mare?* Exod. 3.

Iob. 13.

Car qu'est-ce le nom de *Iesus*, sinon le grand *Iehoua* des Hebrieux, d'imprononciable rendu proferable? Autresfois le seul grand Prestre le disoit dans le *Sancta Sanctorum*, mais en silence, pour la grande reuerence que les Iuifs portoient à ceste diuine denomination: & nostre S. l'ayant vne fois proferé, voila qu'il retentit par tout au Ciel, & en la terre. *Nostra sylua te dulcis Iesus, te nemus omne canit. Deus in nomine tuo saluum me fac, quia non est aliud nomen sub sole in quo nos oporteat saluos fieri.*

La commune tradition des deuots, tient que la Vierge de ses propres mains circoncisit son cher enfant, tandis que S. Ioseph le tenoit, & luy imposoit le nom qui leur auoit esté à tous deux reuelé par l'Ange: ô dure, mais necessaire cruauté de ces deux sainctes ames, qui par l'obedience faisoient *ceder leur volonté à celle de Dieu!*

quel calice d'amertume, ce leur estoit pour le sentiment, que de faire ceste fonction : mais puis qu'il la falloit faire, ils n'eussent pas souffert qu'autre qu'eux eust mis la main sur ce doux Agneau des delices du Ciel, & de la terre.

Representez-vous en Agamemnon, voyant immoler sa fille Iphigenie, & en Brutus regardant supplicier ses enfans, les sentimés douloureux de ceste Mere, faisant cét office cruellemēt doux : & de ce nourrissier plus passiōné pour ce nourrisson que tous les peres qui furent iamais, ô que ceste honorable qualité de parrain luy estoit cher-venduë. On n'est grand devāt Dieu, qu'à proportion de ce que l'on endure pour luy. *Nimis honorati*, vn autre leçō dit; *nimis afflicti sūt amici tui, Deus: nimis confortatus est principatꝰ eorū.*

Abraham n'est fait Pere des croyans, que pour auoir voulu preferer la diuiue iussion, à la conseruation de son vnique Isaac.

VI. Aussi l'esprouuee fidelité de nostre Sainct, luy acquit-elle ceste autre qualité de gardien de nostre Seigneur; merueille qu'on puisse dire de

Ps. 90. luy, *habitauit in adiutorio eius altissimus.*

Religieux ne vous estonnez plus si quelquefois par diuine disposition, Dieu permet que vous eslisiez celuy qui semble en apparence le moins digne du Conuent pour superiorer : car *non sicut videt homo, & Deus videt.* Sainct Matthias estoit moins estimé que Barsabas surnommé le Iuste, & neantmoins le sort diuin le fit Apostre.

Saül fut tiré du labourage.

Dauid des pasturages, pour regenter Israël.

Et auparauant Moyse de pareille fonction.

Dieu se plaist à esleuer les humbles, & à humilier les yeux des superbes; & puis souuenez-vous qu'il y a tant plus de perfection, que l'on obeyt à vn superieur moins parfaict.

S. Ioseph estoit-il pas le moindre en sa maison, entre l'enfant & sa mere; neantmoins voyez comment il est constitué gardien de nostre Seigneur. *Accipe puerum & matrem eius, & vade in Ægyptum.*

Le voila comme l'ancien Patriarche de mesme nom, honoré de l'anneau d'or, estant depositaire de la saincte humanité de N. S. le voila custode des greniers indeficiens, de celuy qui est le *pain vif*, lequel *datus non consumitur.*

Le voila esleué comme Mardochee, & Daniel *dilectus Deo & hominibus.* Ioan. 6.

Iamais chien fidelle ne garda plus exactement son maistre.

Iamais le dragon des Hesperides ne fut si vigilant sur les pommes d'or.

Iamais *la verge* d'Ezechiel ne fut si veillante sur le pot boüillāt de la feruente charité de *Iesus*, qui s'espancha au Temple, à l'aage de douze ans.

Iamais Argus ne fut si plein d'yeux.

Iamais, *Excubitatores tabernaculi fœderis*, ne firēt si bōne garde, ny les sentinelles de Hierusalem. Num. 6. Isa. 62.

Iamais Adam mis au Paradis terrestre, *vt operaretur & custodiret illum*, ne trauailla si bien, & ne fit si fidelle garde, que nostre Sainct se peina pour cōseruer le Paradis terrestre, qui luy estoit commis, sçauoir la Vierge: *ceste terre benite, & le beny fruict de vie, sorty de son ventre Iesus.* Gene. 2.

Aussi de gardien, le voila paruenu à estre conducteur de nostre Seigneur, croissant en dignité comme en merite: & se faut-il estonner *si Iesus erat subditus illi*, & luy obeyssoit humblement pendant son enfance ; puis que Dieu mesme dedans les Cieux, *voluntatem timentium se facit?*

Ios. 10. Voila pas qu'il obeyt à la voix de l'homme, faisant parer le Soleil à la parole de Iosué?

Exod. 32 Moyse l'empesche-il pas de chastier Israël? Donne-il pas la pluye au gré d'Elie? O obeyssance du Souuerain, qui confond la rebellion orgueilleuse des subiects! ô humilité du Createur, qui accuse l'orgueil de la creature, obligee à obeyr

Coloss. 2. à ses superieurs, voire discoles.

O doux Iesus, vrayement *formam serui accepisti*; voyez comment il suit Ioseph comme son maistre, il le mene en Egypte, il y va, il reuient, il le suit: comme vn autre Moyse, il ne conduit pas le peuple, mais bien celuy qui estoit denoté par la colomne de feu en sa diuinité, desnuee en son humanité, *Ascendit Dominus super nubem leuem, & commouebuntur omnia simulachra Ægypti.*

Mais ce n'est en ceste enfance, que l'eschantillon de son obeyssance, que sera-ce quand il se rendra obeyssant *iusques à la mort de la Croix?*

Quel courage deuoit auoir nostre conducteur, de voir qu'il conduisoit Cesar, & sa fortune? quelle barque sçauroit perir, regardee des astres de Iesus, & de Marie? Ce Pilote auoit raison de craindre, ne sçachant pas qu'il menoit Cesar.

―― *sola tibi est hæc causa timoris*
Vectorem non nosse tuum, perrumpe procellas
Tutela secure mei. ――

Mais nostre Ioseph cognoissoit son Cesar, voire mesme le bœuf & l'asne *ont cogneu leur possesseur*: c'estoit l'attirail de son equipage allant en Egypte, quelle pauureté de mon Sauueur! *Isa. 1.*

On dit que le Lyon en amour est fort traictable, & maniable: voyez combien *le lionceau de la tribu de Iuda*, amoureux passionné de nostre nature, se laisse mener où veut son conducteur, *tanquam iumentum factus apud illum.*

Voila donc nostre Ioseph Pasteur de celuy qui est *le bon Pasteur, & l'Euesque de nos ames, Prince des Pasteurs Iesus*. *Ioan. 10.*

Et qui perpetua mundum ratione gubernat,
Terrarum cœlique sator, qui tempus ab æuo *1. Pet. 2.*
Ire iubet, stabilisque manens dat cuncta moueri.

Il se laisse gouuerner soy-mesme, *Vtique dicemus illi hanc similitudinem, medice cura teipsum*. Diriez-vous pas que l'extréme amour a faict rentrer *l'ancien des iours en enfantillage*, comme vn *Dan. 7.* autre Caton.

Aussi considerez combien de fois nostre sainct a tenu les langes au petit enfant *Iesus*, pour l'apprendre à pietonner, & trotiner.

O Dieu quelle humilité! voir le Ciel conduit par la terre, voire & au dessous de la terre; voir vne horloge conduite le Soleil.

Mais que donnerons-nous à ce cher compagnon, qui nous a faict des biens innombrables, disoit le ieune Tobie à son pere, il m'a conduit & ramené sain & sauf, il m'a fait euiter l'engloutissement d'vn grand poisson, il m'a faict *Tob. 12.* trouuer vne espouse selon mon cœur, il m'a deliuré de la tyrannie d'vn démon, il m'a consolé en mes afflictions, conseillé en mes doutes: mais que luy donnerons-nous ? l'en dis de mesme de Ioseph; que ce ieune homme recognoissant disoit de l'Ange Raphaël qu'il ne cognoissoit pas, mais *quid retribuet illi Dominus pro omnibus quæ retribuit illi*, il l'a mené & ramené d'Egypte, l'a deliuré de la main d'Herodes, luy a laissé entiere la Virginité de sa sainte espouse, la seruy, suiuy, honoré, nourry, porté: & quoy non, & que luy peut donner nostre Seigneur sinon soy-mesme, *Dedit omne bonum ostendens ei seipsum.*

Pſ. 35.

IV. O Ange *du Seigneur des armees*, Ange gardien, conducteur & tutelaire de *Iesus*, que vous reste-il pour arrondir la couronne de vos insignes qualitez; sinon de vous declarer vn Ange incarné, par le tiltre de Vierge, que tous le deuots vous attribuent d'vne commune voix : & ne sauez-vous pas, mes freres, que la Virginité est vn estat Angelique ; qui fait les hommes Anges, *viuant en la chair*, dit S. Hierosme, *outre les loix de la chair?*

Mat. 19. Eunuche sacré, *pour le Royaume du Ciel*, gardien de la virginale pudeur de celle qui autant plus qu'Esther, comme son Homme-Dieu est plus grand qu'Assuere.

Et comment n'eust-il esté, & chaste, & Vierge, estant lié par vn sacré lien, à celle dont l'integrité, & la pureté passe celle des Anges mesmes? Puis qu'il est vray que la blancheur des neiges aux montagnes, communique sa couleur à la plume des perdrix, & au poil des lieures qui y sont.

On dict que ceux qui dorment sur l'herbe, dicte *Agnus castus*, deuiennent chastes, & que le

Saphir participe cette proprieté à ceux qui le portent, & comment S. Ioseph n'eust il eu ce don, reposant sur son sein *l'Agneau chaste & immaculé* nostre Seigneur, duquel *eloquia casta*, & marié auec celle dont le *ventre est comme vn tas de bled, enuironné de Lys*, de chasteté virginale, & distingué de Saphirs? Cant. 7.

Mais admirez ceste merueille; il est escrit des Vierges, qu'en la saincte Syon *sequuntur Agnum quodcumque ierit*. Surquoy l'Eglise chante.

Quocumque pergit virgines
Sequuntur, atque laudibus
Post te canentes cursitant,
Hymnósque dulces personant.

Et ie voy icy au contraire que l'Agneau suit les Vierges: sçauoir Marie & Ioseph; *Et erat subditus, & descendit cum eis, & venit Nazareth.* Apprenez de là, cōbien Iesus est grand amateur de la Virginité, & chasteté: Pource *sectamini sanctitatem, & castitaté*, dit S. Hierosme, *sine qua nemo videbit Deum*: car il est escrit, *Foris canes & impudici, quia fornicatores & adulteri regnum Dei non possidebunt.* Luc. 2.

Recueillez donc six qualitez du bon S. Ioseph, la 1. qu'il a esté Espoux de la sainte Vierge, la 2. Pere nourrissier de Iesus, la 3. son Parrain, la 4. son gardien, la 5. son conducteur, la 6. qu'il a esté Vierge. Mes tres-chers amis, si vous voulez trouuer Iesus, vous le rencontrerez entre Marie & Ioseph, & pour & par eux, vous auez sa misericorde. Amen.

XXV. MARS.

De l'Annonciation.

Homelie.

Missus est Angelus Gabriel. Luc. 1.

Phosphore, redde diem, quid gaudia nostra moraris? Venturo Christo, Phosphore, redde diem. Ainsi dis-ie à ce beau iour, qui ne luit iamais assez tost pour nos desirs, tres-cheres ames, lequel soit beny au temps, & en l'eternité: puis qu'en iceluy l'eternité s'est soubs-mise au temps & le Verbe Eternel sortant du sein du Pere celeste, s'est fait chair temporelle, dans le sein de sa Mere terrestre. C'est le grand mystere qu'vn Ange Virginal va traictant auec vne Vierge Angelique. Escoutons-les: & remarquons, 1. quel est cét Ambassadeur, 2. la cause de son ambassade, 3. la forme de sa legation. Puis la responce de la tres-saincte Vierge, remarquons en 4. lieu sa chasteté, 5. son humilité, 6. son obeyssance: Oyons & voyons. *Venite, & audite, & narrabo vobis opera Domini.*

I. Quant au premier poinct, mes freres tres-aymez, nostre texte nous declare clairement, que le celeste Paranymphe de ces diuines nopces du Verbe diuin auec nostre nature humaine, estoit vn Ange, & de plus appellé Gabriel, ce qui estoit bien conuenable: afin que la reparation du
genre

genre humain eust quelque correlation & proportion à contrepied, auec la cheute de nos premiers parens, & que le nouuel Adam *celeste* appliquast *au vieil Adam terrestre* des remedes conuenables à son mal, le guerissant par vn Antidote opposé.

I. Cor. 13

Or vous sçauez que par vn mauuais Ange fut seduite nostre premiere mere, qui la porta au malheur de sa preuarication, & à manger ce funeste boucon, qui nous couste tant, & dont nous payons tous les iours les apports, par tant de miseres calamiteuses qui nous en reuiennent. Il estoit donc conforme au bel ordre de la diuine prouidence, qu'vn bon Ange vinst non tromper, mais saluer de la part de Dieu nostre seconde Mere, *Mere des viuans non des mourans* comme l'autre, & luy annoncer la reparation de nostre salut, par le moyen de l'incarnation du Verbe.

Gen. 3.

Bel Ange, aussi obeissant, que l'autre estoit rebelle; aussi humble, que l'autre orgueilleux; aussi benin, que l'autre maling; autant porté au bien, que l'autre au mal. Les Peintres dont les pinceaux cõme les plumes des Poëtes, font tout ce qui leur plaist, le nous representent beau, ieune, aislé, gracieux: non que les Anges, mes petits freres soient corporels & ainsi formez; mais l'Eglise permet ces representations, en tirant des instructions mysterieuses. De leur Beauté, elle nous apprend que c'est comme vn rejalissement de celle de Dieu, qu'ils ont tousiours en veuë. De leur ieunesse, elle tire l'immortalité de leur duree. De leurs aisles, la promptitude qu'ils ont au seruice de Dieu, & le saint zele de sa gloire qui les embrase. *Qui mittit Angelos suos spiritus & ministros suos ignem vrētem.* De leur grace & splendeur, elle nous apprend l'excellence de leur gloire. O quand sera-ce que la diuine grace, nous redonnant sa premiere & plus innocente beauté, nous rendra vigoureux, alegres & disposts *pour courir en la voye des commādemens diuins* : c'est lors que nous serons *comme les Anges du Ciel.*

Gen. 24. Iadis le grand Patriarche Abraham manda son Majordome Eliezer chercher vne espouse à son vnique Isaac : & voicy que le Dieu d'Abraham mande celuy qui porte le nom de sa force (car Gabriel veut dire *force de Dieu*) pour choisir vne Vierge pure, dans les entrailles de laquelle se fissent les Espousailles de la diuinité de son Verbe, auec l'humanité de nostre chair.

Gen. 8. Admirez la douceur de ceste Colombe celeste, qui apres le deluge de tant de larmes espanchees, en tant de siecles, pour le desir du Messie vient à l'Arche de la sacree virginité de Marie, apporte le rameau d'Oliue en signe de pacification, & de la reconsiliation que Dieu vouloit faire auec les hommes par l'incarnation de son fils. Colombe auant-courriere de cét autre du S. Esprit : dont les aisles diuines deuoient ombrager ceste Mere-Vierge, *Spiritus sanctus superueniet in te, & virtus altissimi obumbrabit tibi.*

Vn Ange à vne Vierge, ô mes tendres ames! que ces deux choses s'accordent bien! ô qu'elles s'accouplent amoureusement! Les saincts Anges sont grands amateurs de la pureté, *Casta placent superis*, ils courent auec empressement en l'odeur des parfums, qu'exhalent les corps celestes, ce Cant. 1. sont leurs plus precieuses & delicates suffumigations : ils s'escartent des personnes impures & souillees, comme les abeilles des charongnes.

Si vous voulez retenir les bons Anges pres de vous, *vt custodiant vos in omnibus viis vestris*, aymez curieusement la sainéteté : que rien d'impur n'entre, ny en vos aureilles, ny en voftre cœur ; soyez extrémement ialoux de voftre integrité, *Æmulamini charismata meliora* : ie masseure que vous ressentirez d'eux vne notable, & presque sensible assistance.

Vous estonnez-vous, si l'Ange respecte tant la sainéte Vierge, puisque son incomparable virginité estoit vne vertu plus qu'Angelique? Ouy, car la chasteté des Anges, dit S. Bernard, *est plus heureuse que forte, plus naturelle que meritante*.

Sainét Iean l'Euangeliste, bien-aymé du Sauueur, dit sainét Hierofme, *pour la singuliere prerogative de la virginité*, voulant s'humilier deuant vn Ange qui le visitoit : ce bien-heureux esprit ne le voulut iamais permettre, pour le grand respeét qu'il portoit à sa virginité. O Vierges, comment ne vous honorera-t'on, puis que les Anges mesmes vous honorent?

II. La cause de l'embassade de ce celeste courrir (nostre 2. course) n'estoit autre que l'Annonciation de l'Incarnation du Verbe, mystere adorable & incomprehensible aux Anges mesmes : car voyez-vous pas que cestuy-cy au *quomodo* de la Vierge, demeure court n'alleguant que l'infinie puissance de Dieu?

P 2

Il y auoit tant de siecles, que l'amour là haut dans les Cieux luittoit auec Dieu: mais auiour-
Gen. 32. d'huy l'amour preuaut, & le porte quand & soy du Ciel en terre; c'est la figure de la luitte de Iacob auec l'Ange qui m'apprend ce combat, car auiourd'huy la diuinité est frappée au nerf de la cuisse de son humanité.

Ioan. 3. *Ainsi Dieu a aymé le monde*, mes tres-aymez, *qu'il a donné son fils vnique pour luy*. O amour excessif! qui prodigues la vie d'vn fils, & d'vn tel fils, pour sauuer celle de l'esclaue.

Tit. 3. C'est auiourd'huy que le plomb de l'humanité, se couchant sur le crystal transparant & inuisible de la diuinité, rend Dieu visible en l'homme, en quoy *apparuit benignitas & humanitas Saluatoris nostri*.

Genes. 2. Autrefois Dieu fit l'homme à son image, auiourd'huy Dieu est faict à l'image de l'homme.

En ce iour, comme en l'eschelle de Iacob, Dieu s'appuye sur l'eschalier de nostre nature.

Gen. 30. Auiourd'huy le grand Elie se racourcit, & Dieu se faict enfant dans les entrailles d'vne Vierge, pour nous ressusciter à sa grace: *estans morts à iustice*.

O que cét ancien disoit bien, que l'homme estoit vn animal prodigieux, auquel se faisoit l'accouplement du Ciel & de la terre, à cause de son ame, & de son corps. Disons plus Chrestiennement que c'est *Iesus* Homme-Dieu, lequel ioignant auiourd'huy la diuinité à l'huma-
Ps. 17. nité par vne vnion indissoluble, *incline les Cieux*

& les faict courber en terre.

C'est en ce mystere que se verifie ce torrent d'Ezechiel petit au riuage, mais tres-profond au milieu. Vn petit enfant dans des flancs maternels, cela est bien bas: mais qu'il soit vn Dieu infiny, cela est tres-creux & inscrutable, pource l'Eglise chante: *Ezech.*

Virgo Dei genitrix, quem totus non capit orbis,
In tua se clausit viscera factus homo.

Aussi voyez comme cét Ange faict ceste annonciade auec admiration, à l'instar de ces Cherubins, qui iadis regardoient le propitiatoire auec estonnement.

Mais que dit-il ? quelle est la forme de son ambassade ? Vous le sçauez, mes tres-doux amis, comme vos doigts & vos ongles: c'est l'*Aue* que vous proferez tous les iours, & à tous propos. Salut, qui vous faisant enfans de la Royne des Cieux, vous distingue d'auec ceux qui pour des nouuelles pretentions se sont separez de l'Eglise. Espluchons les mots de ce glorieux paranymphe. III.

Aue, dit-il, ô que de mysteres en ce mot! voyez comme renuersé il porte le nom de *Eua*, pour nous enseigner que ce mystere qu'il annonçoit, seroit l'abolition du peché d'Eue: aussi l'Eglise chante, *Mutans nomen Euæ. Sumens illud Aue.*

Aue, voyez comme son salut est plein d'vn souhait de bon-heur; ce mot est composé de la particule priuatiue *A*, & du mot de *Væ*, qui signifie mal-heur, la desirant sans malheur: ains reparatrice du malheur, où la faute d'Eue nous a plongez, & qui a fait naistre le *væ prægnantibus*, & qui a mis *vbique væ*. La sainte Vierge au contraire est celle qui oste tout le *væ* du monde: & ie vous asseure, que celuy sera exempt de malheur qui saluëra souuent ceste Royne par l'*Aue Maria*.

Semper erit sine væ, qui bene dicet Aue.

Aue, & qui doute que la sainte Vierge aye esté exempte de tout *væ* de peché, tant originel que actuel, soit mortel, soit veniel?

Sine væ: car elle n'a point esté subiecte aux tranchees en son enfantement, son cher *Iesus* trauersant ses pures & illesees entrailles, sans interesser sa virginité, comme le rayon du Soleil perce le verre sans le briser.

Sap. 1. Il adiouste *gratia plena*, ce qui suit fort bien le *sine væ*: car comme la *Sagesse* dict Salomon, *n'habite point en vne ame maligne*; ainsi la grace ne fait aucun seiour auec le peché, la lumiere n'ayant aucune participation auec les tenebres.

Pleine de grace, pource est-elle appellee Lune remplie de la splendeur du Soleil, *Mulier amicta Sole, pulchra vt Luna*.

Que dis-ie? mais vne estoille grosse du Soleil, *Fœmina circundans virum*: car nostre Seigneur, disent les Theologiens, dés l'instant de son incarnation a esté homme parfaict.

Escoutez la belle suitte, *Dominus tecum*: car où seroit Dieu, sinon en la plenitude de grace, sinon en vne ame qui luy est parfaictement vnie par amour?

O que ceste Mere amante pouuoit bien dire iustement: *Dilectus meus mihi, & ego illi, qui pascitur inter lilia*, entre le lys de ses virginales entrailles: car son *benit ventre estoit, aceruus tritici vallatus liliis.*

Que si on a pieusement dit autrefois de sa iuste Gertrude, que si nostre Seigneur n'estoit au Ciel, ou en l'Eucharistie, il le faudroit chercher en son cœur: mais que ne pouuons, mais que ne deuons-nous dire de nostre Royne, laquelle par vne tres-parfaicte charité, a sçeu tousiours *retenir son Espoux & son fils sans le perdre, & que rien n'a peu separer de luy, non pas mesme la mort amere, qui a de coustume de separer ceux qui s'entre-ayment le plus.* Rom.8. 1. Reg. 15.

Non, iamais le rayon ne fut plus vny au Soleil, le ruisseau à sa source, la branche au tronc, le fer rouge au feu, le vin à l'eau, que la sacree Mere estoit vnie à son fils: il estoit, & le cœur de son cœur, & l'ame de son ame, & la vie de son ame, & de son cœur. De sorte que i'oserois dire allegoriquement, & par maniere de dire, que cõme le *Verbe* soustenoit la chair, ceste chair du fils faisoit subsister ceste mere.

Acheuons ceste *Paraphrase*, *Benedicta tu in mulieribus.* Et comment ne seroit benie celle *qui auoit le Seigneur auec soy?* Le Soleil ne va iamais sans splendeur, moins la grace sans benediction.

O benediction qui a changé les espines en roses, & leué la malediction donnee à nos premiers parens. La terre fut maudite en Adam, & voicy qu'il est chanté de ceste-cy. *Benedixisti Domine terram tuam, auertisti captiuitatem Iacob,* terre de promission, car il estoit escrit, *Ecce Virgo concipiet & pariet.*

Les flancs d'Eue furent maudits & destinez aux tranchees en la production des enfans; & voila nostre Vierge qui est affranchie de ces douleurs : ô femmes enceintes, ce vous est vn bel enseignement, quand ce vient à ce poinct mortel, & à ce pas perilleux de vos couches, de vous recommander à ceste saincte Mere auec deuotion, afin qu'elle vous mitige ces agonies.

IV. C'est assez consideré le Paranymphe, contemplons, maintenant les celestes brillans qui reluisent és responses de ceste Espouse sacree: ce sont autant de perles qu'elle profere de mots, *Pretiosiora super aurum & topazion.*

Premierement, se voyant saluer pour mere, & pour Mere de Dieu, elle qui auoit fait vn ferme propos (voire mesme vn vœu, comme tient la plus grande part des Docteurs, desquels i'embrasse la creance)de garder à Dieu sa virginité inuiolable, voire à trauers toutes les loix du mariage : la voila qui se trouble, *ruminant en soy quel estoit le salut*; car elle estoit bien si ialouse de la chasteté de son cœur, & de son corps, qu'elle eust presque osé la preferer à l'incomparable qualité de Mere de Dieu, si ceste maternité l'eust lesee.

C'est ce qui la presse de proferer ces paroles, qui, en apparence curieuses sembleroient à quelque ame trauersee, contrarier à la simplicité. *Quomodo fiet istud, quoniam virum non cognosco?* d'où sainct Hierosme tire son vœu, interpretant *ce non cognosco, non cognoscam.*

O Dieu, le merueilleux *quomodo!* ô la grande question! que pensez-vous, ô Vierge sainte? les Anges n'en sçauent rien, ils seront trop heureux *de desirer de voir le beau visage du fils de Dieu qui sortira de vos flancs, en ceste venuë consistera nostre beatitude & la leur.* 1.Pet.11

Il n'y a que Dieu seul qui sçache le *quomodo* de ce grand mystere de l'incarnation: qu'il est bien plus vtile de croire, que de sçauoir. Les vieillards de l'Apocalypse couchent leurs couronnes aux pieds de cét Agneau, & se prosternent les faces contrebas: toute la science humaine perd icy son Latin, toute suffisance se confond, *Le seul Agneau est digne de deflier le Liure seellé*, ce sont lettres closes pour nous: il vaut mieux adorer qu'odorer ce secret incomprehensible à tout esprit, soit Angelique, soit humain. Apoc. 19.

Que dit nostre Ange en ceste enqueste! Madame (fait-il) i'ay charge de Dieu, de vous dire, que vous auez trouué grace deuant ses yeux, & que vous enfanterez Iesus, qui sera fils du treshaut: mais de sçauoir comment cela se fera, ie ne le sçay, ny ne le peux expliquer autrement, sinon que ie croy cét admirable mystere, se deuoir operer par la vertu du sainct Esprit, & la toute-puissance de Dieu: tel est le sommaire de nostre texte. Luc.I.

Surquoy ie vous veux aduertir, mes treschers freres, que quand quelqu'vn des pretendans, auec lesquels la loy de la necessité, ou la necessité de la loy de cét estat, nous oblige de conuerser, vous presseront de leur rendre raison du myſtere Euchariſtique; & vous accableront de leur curieux *quomodo*, vous ayez à leur repartir auec l'Ange, que *non erit impoſsibile apud Deum omne verbum*, & que ces paroles venerables (*Cecy eſt mon corps*) ſont trop palpables pour pouuoir eſtre contrariees par les fauſſes ſophiſtications d'vne *vaine Philoſophie*.

Coloſſ. 1.

Ie reuiens à la chaſteté de noſtre Vierge. Chaſteté la premiere voüee qui aye eſté au monde, & la plus entiere qui ſe puiſſe imaginer, voire qui tres-paſſe les Anges en pureté: c'eſt ce qui inuita, dict quelque Docteur, ſa diuine Majeſté de ſe venir repoſer *en ce throſne d'yuoire, en ce tabernacle ſanctifié, en ceſte maiſon de ſainteté, en ce lict de Salomon, en ce parterre d'arromates.*

Exo. 19.

En ce buiſſon ardant de charité, *& ſans ſe conſommer* par la corruption.

En ce iardin clos, en ceſte fontaine ſeellee.

C'eſt ce qui conuia le Dieu du Ciel à s'eſpandre en roſee *ſur ceſte toiſon de Gedeon*, pour verifier la Prophetie, *Rorate cœli deſuper*, &c.

Cant. 5.
Iud. 6.

C'eſt ce qui attira la perle Euangelique de l'humanité du Sauueur, que ceſte nacque bien diſpoſee: car S. Bernard tient, que ſi elle n'a merité l'incarnation, du moins elle en a merité l'acceleration par ſa grande pureté.

La Licorne eſt vn animal farouche, & inapprivoiſable, ſinon par les mains d'vne pucelle: Dieu en la vieille Loy eſtoit ſauuage, rude, & domeſticable: *il touchoit les monts, ils eſtoient fumans & embraſez*: il ſe monſtroit vrayement, *Filium vnicornium*. Mais dans le ſein de ceſte Vierge, ô qu'il eſt priué! ô qu'il eſt doux! c'eſt

Pſ. 103.
143.

vn *Agneau qui se tait, mesme quand on le tond, & qui* Is. 53.
ne respond rien estant saoulé d'opprobres.

Apprenez, ô femmes, de la grande chasteté de nostre Princesse, à conseruer religieusement vostre honneur : sans lequel vous ne meritez pas que le Soleil vous esclaire, ny que la terre vous soustienne, quand ce seroit pour gagner tous les thresors du monde ; car le bon renom, dit le prouerbe, vaut mieux que ceinture d'or: puis que vous voyez, que pour estre mere de Dieu, la saincte Vierge osa faire difficulté de lezer la sienne.

Et apprenons tous, mes freres, si nous voulons que *Christ se forme en nos cœurs à suiure la sain-* 1. Tim. 6 *cteté* ; c'est à dire la chasteté, selon l'interpretation de S. Hierosme: gardons-nous bien de 1. Cor. 6. *rendre les membres de Christ, ceux-là d'vn paillarde.*

La deuxiesme perle que ie voy recueillant de V. la bouche de nostre Vierge, est la saincte humilité: ie la collige de ce mots, *Ecce ancilla Domini.* O fondamentale vertu de toute perfection, de tirer les personnes des abysmes: pour les esleuer dans les Cieux.

Tu es ce nard precieux de l'Espoux; qui *espand* Cant. 2. *son odeur en la couche de son bien-aymé.*

Tu es le *lys des valees, le thresor enfouy, la manne cachee.*

Tu es ceste vergette *de fumee*, qui a attiré ce Cant. 5. *Dieu tout de feu*, & tout embrasé de l'amour de nostre nature, du Ciel en terre, le tirant du sein de son Pere, pour le constituer dans le sein de sa mere, & la rendre vrayement *vn Dieu caché.*

Tu es ceste *tenebre* dans laquelle *il faict sa ca-* Psal. 17

chetée, *Sed nox illuminatio tua in deliciis tuis. Propterea tenebræ non obscurabuntur à te, & nox sicut dies illuminabitur, & tenebræ eius ita vt lumen eius.*

Ruth. 2.

C'est toy qui illumine les tenebres de ceste petite seruante, & qui la rends mere de son Dieu, l'esleuant comme l'humble Ruth des pieds de Boos entre ses bras.

C'est toy, *qui comme elle estoit petite* deuant ses yeux, l'as renduë grande & *agreable* deuant ceux du Tres-haut.

C'est ce qui luy a faict dire en son Cantique. *Quia respexit humilitatem ancillæ suæ, ecce enim ex hoc beatam me dicent omnes generationes.*

O que nous serons heureux, mes freres, si nous sommes humbles : car il est escrit, *humiles spiritu saluabit*, & encores *humilibus dat gratiam*, & derechef, *beati pauperes spiritu*.

Pourtant ie vous exhorte, si vous voulez conceuoir nostre Seigneur en vostre cœur par la saincte Communion, que vous vous prepariez par l'humiliation de vos ames, & que vous disiez, auec vn sentiment plus affectueux qu'il vous sera possible, ces mots du Centurion, *Seigneur ie ne suis pas digne*, &c.

Il n'y a autre moyen de monter à Dieu, qu'en s'abbaissant, car il hait les hautains, & cherit les humiliez, *Dispersit superbos mente cordis sui, Deposuit potentes de sede, & exaltauit humiles.*

En suitte de l'humanité de nostre Royne, ie remarque vne grande & prompte obeyssance, vertus bessonnes & iumelles, & qui habitent ensemble fort volontiers : car comme le desobeyr ne prouient d'autre source que d'orgueil, aussi l'obeyr est vne vraye marque d'humilité.

Abraham qui s'appelle *poudre & cendre*: admirez comme il est obeyssant iusques à vouloir immoler son fils.

S. Paul s'appelle *le moindre des Apostres & indigne de l'Apostolat*: oyez son obeyssance, *Domine quid me vis facere?*

Le vray obeyssant est le parfaict rond sur le parfaict plein tousiours en mouuement, & en branfle: il trouue tout facile, les chemins rabotteux luy sont de douces planeures: ainsi couroit Dauid *en la lice des commandemens, quand Dieu eut arondy son cœur*. Au rebours, ceux-là ne sont pas ronds, qui trouuent de la difficulté en leur execution, *Adhæret ei sedes iniquitatis qui fingit laborem in præcepto.* *Psal. 18*

Le vray obeyssant ne trouue rien de mal-aisé, il ne dit iamais ie ne puis; aussi bien *qu'au croyant tout luy est possible.* *Marc. 9*

Nulle austerité peut retarder vne ame genereuse de se ietter en vne religion, si tost que Dieu *la tire, elle court en l'odeur* de ses inspirations. *Cant. 1.*

Elle ne veut, comme l'espouse *qu'ouyr la voix de son bien-aymé, frappant aux aureilles de son cœur*, pour sauter du lict de ses ayses, & le suiure par monts & vaux, courant toutes sortes de risques, fallust-il trauerser le feu & l'eau. *Cant. 7.*

Vt iumentum factus sum apud te & semper tecum: voyez à quoy le Roy Prophete compare son entiere obeyssance. *Ps. 25.*

Telle a esté celle de nostre Vierge: car à la proposition de l'Ange apres auoir creu, & s'estre humiliee, elle se dispose à obeyr & preste son consentement, à cause de tout nostre bien. O les heureux mots, *Fiat mihi secundum verbum tuum!*

Mes tres-chers freres, quand nous lisons en l'Escriture, ou quand nous entendons prescher ces belles promesses du fils de Dieu, *Qui manducat meam carnem, & bibit meum sanguinem, in me manet, & ego in eo*, & derechef *Accipite & comedite, hoc est corpus meum*: Disons de cœur & d'ame apres la saincte Vierge. *O Domine, fiat mihi secundum verbum tuum.* Ainsi Iesus sera conçeu en nos cœurs, comme il fut conçeu en son corps.

Allez vous en recueillant, benistes ames, 1. les belles qualitez de l'Ange, 2. la grandeur de son ambassade, 3. la forme de sa legation, 4. de la part de la saincte Vierge, son grand amour vers la chasteté, 5. son humilité, 6. son obeyssance.

XXV. AVRIL.
De l'Euangeliste S. Marc.

HOMELIE.

Designauit Dominus alios septuaginta duos. LUC. 10.

LEs petits Lyonceaux s'attroupent pour aller à la chasse. *Catuli Leonum rugientes vt quærāt à* Ps. 103. *Deo escam sibi,* & voila que N. S. en nostre texte enuoye en troupe ses 72. Disciples comme les Lyons à la proye & conqueste des ames. *Catuli leonis Iuda est prædam ascenderunt.* Entre lesquels Gen. 49 estoit des premiers nostre S. Marc figuré par le Lyon, en ceste vision d'Ezechiel, de quatre Ezech. 1 animaux, communément rapportee aux quatre Euangelistes.

Or suiuant l'Euangile que nous auons en main, nous verrons, 1. la prouidence de Dieu vers son Eglise sur ces paroles, *Designauit Dominus alios* 72. 2. pourquoy les Disciples furent enuoyez deux à deux sur ces mots, *misit illos binos & binos,* 3. pourquoy deuāt soy, *ante faciam suam,* 4. nous parlerons du courage de lyon dont nostre Sainct fut doüé. Oyez.

Attingit Dominus à fine vsque ad finem, fortiter & disponit omnia suauiter. Il sçait tout ordonner en Sap. 8. nombre, poids & mesure, *Ordinatione sua perseue-* Ps. 118. *rat dies, quoniam omnia seruiunt illi.*

I.

Que si il a vn soing si entier de tout l'Vniuers en general, & de toutes ses parcelles en particulier ; combien plus grand croyez-vous qu'il l'a pour son Eglise saincte, autour de laquelle *il a mis des rondes & sentinelles, qui ne cessent ny iour, ny nuict de veiller & crier* pour la conseruation de son enceinte.

Is. 64.

C'est sa maison, pource comme vn bon Pere de famille, il la pouruoit de toutes ses necessitez, principalement de conducteurs capables, & de toutes les façons : car sainct Paul nous apprend que, *Ipse dedit quosdam quidem Apostolos, quosdam autem Prophetas, alios verò Euangelistas, alios autem Pastores & Doctores, ad consummationem Sanctorum in opus ministerij, in ædificationem corporis Christi.*

Ephe. 4

Et aux Corinthiens proposant la mesme doctrine, il l'explique par la similitude des membres, qui quoy que diuers ne composent neantmoins qu'vn corps.

2. Cor. 12

Merueilleuse conduitte de Dieu, qui bien que cause premiere de tout ce qui est, se plaist neantmoins à la subordination des causes seconds, par lesquelles il opere admirablement.

Gouuernant les trois mondes, Archetype, Celeste & Elementaire, par les influences de l'vn en l'autre, auec vne concatenation du tout mysterieuse, voire dans le premier influant és Hierarchies des Anges, par la suitte des ordres : au second de l'vn à l'autre Sphere : & au troisiesme regissant les vns par les autres secrets cabalistiques & prodigieux : *Car qui cognoist le sens du*

Rom. 11.

du Seigneur & qui est son Conseiller.

Il va ainsi polissant son Eglise appellee *cité de Dieu, de laquelle il ayme les portes:* c'est à dire, la conseruation, *sur tous les Tabernacles de Iacob:* en luy suscitant des Gouuerneurs idoines. *Ps. 86.*

Il couue; & couure ce sien Tabernacle de l'ombre de son assistance: comme iadis de la nuee de celuy de Moyse, duquel il est escrit, *nubes incubabat tabernaculo.* *Num. 3.*

C'est ceste *couchette de Salomon, entouree de tant de braues, des plus forts & vaillans d'Israël, tous dressez à la guerre.* *Cant. 7.*

Il est le chef, & conducteur de ceste belle appellee *terrible comme vne armee bien reiglee,* à cause des beaux ordres qui sont en la Hierarchie de l'Eglise, contre laquelle ne *peuuent preualoir les portes d'enfer.* *Cant. 3.*

Or comme c'est le propre d'vn General d'armee, de designer les places, & marquer ce que chacun doit faire: Aussi voyez comme en nostre texte, nostre Seigneur dresse ses bataillons, *designauit Dominus alios.*

Il est ce grand mesnager, lequel *mittit operarios in vineam;* auec bonne intention de les salarier de leurs peines: car *dignus est operarius mercede sua, & nemo militat stipendiis suis.*

Il preside en son Eglise, & la gouuerne comme vn Pilote son Nauire: aussi est-elle appellee *Nef du marchand,* & est dit à ses negotiateurs, *negotiamini dum venio.* *Prou. 31.*

Sa conduitte est architectonique, & sa surintendance vniuerselle, comme celle des Euesques en leurs parcs: aussi est-il appellé *Prince des* *1. Pet. 1.*

Q

Pasteurs, & Euesques de nos ames, couronnant ses coopérateurs & conducteurs : en vne si saincte œuure, que celuy du salut des ames.

Il exerce donc cét office, iusques à ce qu'il aye conduit la supernelle Hierusalem, *quæ construitur in cœlis viuis ex lapidibus*, au comble de sa closture, qui consiste à remplir les sieges vuides, par le nombre complet des esleus.

Quoy plus ? il la regit comme l'ame le corps ; car l'Eglise estant son corps mystique, il en est le chef, & l'esprit vital, se manifestant par les organes visibles de ses seruiteurs, qu'il enuoye en son nom annoncer son Euangile, & prescher sa doctrine auec telle commission, *que qui les oit l'entend, & qui les contemne le mesprise*, auec promesse de l'assistance *de son Paraclet, qui parlera par leurs bouches deuant les Roys & Iuges de la terre*.

Luc. 10.
Mac. 13.

Or comme iadis il gouuerna la Synagogue par Moyse, auec l'entremise des douze Princes de chaque Tribu, & en outre des septante vieillards appellez *Sanhedrin* : Ainsi veut-il regir son Eglise par Sainct Pierre, & les douze Apostres, y adioustant d'abondant septante deux Disciples, desquels fait mention nostre texte.

Exo. 22.

En figure dequoy aucuns rapportent encores les douze fontaines de Helim, iouxte lesquelles estoient septante palmes.

Et adioustant que septante deux Disciples furent designez pour prescher l'Euangile en septante deux langues : lesquelles Dieu suscita en la confusion de Babel. Mais laissons ces *doctes fables*, & vaines curiositez.

Voyons plustost pourquoy nostre Seigneur ayant esleu ces septante deux champions, il les envoya par le monde, accouplez deux à deux: *quasi sub eodem iugo*: Aussi estoient-ils tels, & *bœufs labourans en l'aire du Seigneur*, (qui est l'Eglise) *à bouche desliee*, & portans ce *joug suave* de la Croix de Iesus, *comme vn fardeau leger*; rien n'estant pesant à leur charité.

2. Pet. 1.
II.
1. Cor. 9.
1. Tim. 5.

Tres-bien denotee par cét accouplage: car comme dit Sainct Gregoire, *bina sunt charitatis præcepta*.

Ce sont les deux poles de la loy Chrestienne, que l'amour de Dieu, & celuy du prochain en cét amour, nostre Seigneur les manda rouler par le monde, pour embraser les cœurs de ce feu sacré.

Diriez-vous pas à voir *ces brebiettes aller à la gueule des loups*, comme dit nostre texte, que ce sont ces oüailles du Cantique, *qui montent du lavoir, chacune auec deux agneaux, & nulle restant sterile*. *Cant. 4.*

Or ceste escorte l'vn de l'autre n'est pas sans mysteres. Aucuns disent que c'estoit pour leur mutuelle consolation & conseruation; ce qui est bien probable, eu esgard à nostre infirmité, & imbecilité: l'homme estant en estat d'innocence, & au Paradis terrestre, & en la grace de Dieu; voyez neantmoins que Dieu dict, *non est bonum hominem esse solum, faciamus ei adiutorium simile sibi*. *Genes. 2*

La vigne rampante ne souhaitte point tant les ormeaux, que nostre foiblesse vn appuy; veu mesmes que l'homme est vn animal sociable, & de troupe.

Et c'est pourquoy nous voyons que les Religieux bien reiglez, ne vont iamais seuls par le monde, tant pour imiter en cela les Disciples, que pour se conseruer en pureté, & integrité l'vn l'autre: car il n'y a dragon de pareille garde sur les pommes d'or, comme les yeux d'vn tesmoing maintiennent la chasteté: *Ceux qui ayment le mal cherchent les cachettes, & fuyent la lumiere,* dit l'Escriture.

C'estoit aussi pour s'entr'aider mutuellement: *Car le frere qui est soulagé de son frere, selon le Sage, est comme vne forte cité: Pource est-il meilleur d'estre deux qu'vn, car ils ont le profit de leur societé: malheur à celuy qui est seul, car s'il tombe, il n'a qui le releue, & si vn attaque, deux se defendent bien.*

Prou. 18

Loth qui fut si vertueux en vne vicieuse ville: voyez comme il se perdit en la solitude, qui neantmoins de soy semble tant fauorable à l'acquest de la vertu.

Autres disent que les Disciples furent ainsi enuoyez deux à deux, pour les vnir par vn amour de fraternité, *amore fraternitatis inuicem præuenientes.*

Nous sommes tous freres en Adam, nostre premier pere, & pour venir de loing, ce parentage n'est pas moins vray ny essentiel.

Nous n'auons qu'vn pere qui est Dieu, & qu'vne mere qui est l'Eglise.

Au demeurant nous sommes conuiez par

plusieurs tiltres d'aymer nos prochains : mais principalement pour le respect de nos Anges gardiens, que nous mespriserions en la personne des moins qualifiez, *Videte ne condemnatis vnum de pusillis istis : dico enim vobis, quia Angeli eorum semper vident faciem Patris mei.*

De plus l'Apostre nous y conuie, par la consideration que nous sommes membres d'vn mesme corps; Apologue auec lequel iadis Menenius Agrippa reconcilia les cœurs diuisez du peuple Romain. 1.Co.10.

O combien ceste promesse du Sauueur nous y doit presser ; puis qu'il promet de se rencontrer au milieu de deux ou trois assemblez en son nom, & qui seront de bonne intelligence, & de leur entheriner toutes leurs requestes. Mat.18.

Voila donc les Disciples qui associez s'en vont hardiment *deuant* nostre Seigneur, luy preparans le cœur par leurs remonstrances. Ils s'en vont comme des Benjamins à la proye du matin, pour la diuiser le soir. *Benjamin lupus rapax, mane capiet prædam, & vespere diuidet escas.* III.

——— *Inde lupi ceu*
Raptores atra in nebula, quos improba ventris
Exegit cæcos rabies, catulique relicti
Faucibus expectant siccis, per tela per hostes
Vadunt haud dubium in mortem. Ænei.2.

Il leur fut dict comme à S. Pierre, *occide* le peché par le glaiue de la parole de Dieu: car *sermo Dei penetrabilior gladio : & manduca* le pecheur par charité, & zele ne son ame. Act.11.

Ils s'en vont donc comme auant-courriers

annonçans le Royaume du Ciel, & disans, *Appropinquauit in vos regnum Dei.*

Ils s'en vont comme ambassadeurs, *pro Christo enim legatione funguntur.*

Ils s'en vont comme trompettes, sommer la rebelle Hiericho des pechez, de se rendre à la diuine misericorde, pour euiter les traicts de sa Iustice. *Dant metuentibus significationem, vt fugiant à facie arcus*: puis auec leurs trompettes d'argent, *eloquium Dei argentum*, ils abbatent les obstacles qui enuironnent les cœurs des contrarians, *& resistans au Sainct Esprit.*

Ios.6.

Act.6.

Comme trompettes esclattantes, ils haussoient leurs voix, disans les pechez aux hommes, sans les flatter ny excuser des excuses en leurs fautes.

Isa. 57.
Ps. 140.

Ils s'en vont comme precurseurs, & comme des Baptistes. *Præeunt ante faciem Domini parare vias eius, ad dandam scientiam salutis plebi eius, in remissionem peccatorum eorum.* Car nostre texte dict expressément, que *misit illos ante faciem suam in omnem locum vbi erat ipse venturus.* Ils applanissoient les chemins au Dieu viuant, & incarné, *parentes viam Domino, & rectas facientes semitas eius.*

Ils s'en vont comme fourriers, pour luy preparer les logis, & pour marquer les esleus du signe Tau.

Ils s'en vont deuant, comme pionniers d'armes, faisans des tranchees, & gagnans pied à pied les forts des volontez, pour faciliter la prise des cœurs à leur Maistre qui les suiuoit.

Ils precedent son triomphe comme ses pages; ils vont pleins d'ardeur, & de zele à l'augmentation de sa grandeur. *Mittit Ministros suos ignem urentem. Ignis à facie eorum exarsit, carbones succensi sunt ab eis.* Les eaux des trauerses, & difficultez ne peuuent esteindre leur embrasee charité.

Ante faciam suam: ô quel courage deuoient auoir ces genereux champions, combattant deuant la face de leur Prince.

> ——*O terque quaterque beati,*
> *Quêis ante ora virûm Solymæ sub mœnibus*
>   *altis*
> *Contigit oppetere.*——

Qui donna tant de courage à sainct Estienne en son martyre, sinon la chere presence de Iesus? *Vidit cœlos apertos, & Iesum stantem à dextris virtutis Dei.*

O que les fronts de nos Disciples *estoient des* *Ezech. 3* *Diamans infrangibles*, & brillans en mille lustres à la veuë de leur *Soleil d'Orient, fronts plus durs que ceux des peuples.*

Ils parloient des tesmoignages de Dieu deuant les *Ps. 118.* Roys, & ils n'estoient point confondus. *Prouidebant Dominum in conspectu suo semper, quoniam à dextris erat eis ne commouerentur. In Deo suo transgrediebantur muros. Si consistebant aduersus eos castra, non timebat cor eorum, in præliis in eo sperabant.* Si Dieu estoit pour eux, qui les pouuoit contrarier?

Quoy? apres l'Ascension mesmes de N. S.

nostre sainct Marc combattoit il pas deuant sa face, quand le iour qui preceda son glorieux martyre, *Iesus* luy apparoissant luy dit, *Pax tibi Marce Euangelista mi*, luy declarant *de quelle mort il le deuoit clarifier*, auquel sans s'esmouuoir, ny estonner, il respondit, *Pax tibi Domine Iesu Christe*, en luy recommandant son ame: aussi, *In pace in idipsum dormiuit, & requieuit.*

Ps. 4.

IV. Qui a iamais veu vn courageux Lyon se lancer dans les fers des chasseurs, cherchant de la gloire en sa mort; il a veu nostre Sainct, se porter la teste baissee à mourir pour *Iesus*, se bastissant vn honorable tombeau, dans vn noble martyre: *Iustus quasi leo confidens absque terrore erit.* Il pouuoit dire auec cét autre:

Prou. 29

Intrepidus quamcumque datis mihi numina mortem,
Accipiam.

Il va sans peur prescher ouuertement en Alexandrie, où il estoit enuié & persecuté: mais ferme comme vn Lyon, iamais l'effroy ne s'empara de son cœur: *Leo fortissimus bestiarum ad nullius pauebit occursum.* La populace se iette furieusement sur luy, ces Bacchantes desmembrent cét Orphee dont la voix enchantante sagement eust flechy les rochers, mais ce iuste & constant demeure inesbranlable.

Prou. 30

Non ciuium ardor praua iubentium
Mente quatit solida.

Ezech. 1 Si Ezechiel en Esprit Prophetique le vid en forme de Lyon aislé & emplumé, il n'est pas de merueille, eu esgard à son zele & à sa plume Euangelique, qui a si bien sçeu, portée du vent du S. Esprit, descrire les faicts du Lyon *de la tribu de Iuda*, qui est nostre Seigneur.

Le rugissement du Lyon s'entend de loing: ainsi, *in omnem terram exiuit sonus eius, & in fines orbis terræ verba eius.*

Le Lyon est tousiours en chaleur: & nostre Euangeliste iusques à la mort n'a point rallenty la feruuer *de sa premiere charité*. *Apoc. 1.*

Le Lyon est si vigilant, que mesmes il dort les yeux ouuerts: ainsi veilla nostre S. Marc sur le trouppeau d'Alexandrie commis à son soing Pastoral.

Somme il a esté le Lyon de Samson qui a eu le miel en la bouche, car ses escrits *sont plus doux que le miel*, au goust des bonnes ames: *& verba eius dulciora super mel & fauum.* *Iud. 15.*

Retirez-vous en paix, mes freres, repensans, 1. à la prouidence singuliere de Dieu vers son Eglise, 2. pourquoy les Disciples ont esté enuoyez deux à deux, 3. deuant nostre Seigneur, 4. au courage leonin de nostre sainct Euangeliste.

I. MAY.
De la cognoissance de Dieu, pour la feste de sainct Philippe & sainct Iacques.
HOMELIE.

Philippe qui videt me, videt & Patrem. Ioan. 14.

Tant de courtines & de rideaux au Tabernacle voilans les figures de Dieu, tesmoignent assez combien son essence nous doit estre impenetrable.

S. Philippe pour auoir voulu pousser trop auant en ceste recherche en est repris en nostre texte Euangelique, lequel estant formel de la cognoissance de Dieu, nous semble ordoner de vous en discourir : ce que nous ferons auec cét ordre, monstrans, 1. que Dieu est inuisible, 2. infiny. 3. incognoissable, 4. sinō par la foy, 5. & par la consideration de ses œuures. Voyons dōc.

I. Ceste inuisibilité, laquelle nous est necessairement causee par nostre corporalité, & la spiritualité de Dieu. Dieu est esprit, & nostre veuë est corporelle : se faut-il donc estonner, s'il nous est imperceptible ? Puis que les esprits ne sont pas de l'aprehension des corps, nos sens ne peuuent conceuoir que des obiects materiels, & qui leur soient semblables : pource n'est-ce pas de merueille si la diuinité excede leur portee.

Quanta sunt quæ concedimus, qualia sint ignoramus, disoit Seneca en ses questions naturelles, parlant de l'ame. L'ame, dy-ie, si voisine, si vnie, si intrinseque, si attachee, si meslee, si transfuse, si diffuse en nostre corps, qu'elle est tout en tout, & toute en chaque partie, sans qui le corps ne seroit qu'vn tronc, poids puant & inutile de la terre, sa forme informante, son entelechie, son principe mouuant & vital: & pour tout cela est-il rien que nostre corps ignore dauantage, que nostre veuë cognoisse moins?

Venez-ça, le feu elementaire qui est en sa sphere sous l'orbe de la Lune, sphere de beaucoup plus estenduë que celle de l'air, est-il pas vn corps, & corps neantmoins imperceptible à nostre veuë?

Que dy-ie le feu, mais cét air mesme ambient que nous respirons, que nous ressentons si paipablement, ores chaud, ores froid, les impressions duquel nous frappent si puissamment ne nous est-il pas inuisible? Le vent mesme qui est vn air espaissi fut-il pas la iurisdiction de nos yeux? Comment donc Dieu qui est vn estre pur, vn esprit simplicissime, vn feu tres-subtil, tesmoin le buisson ardant, vn air tres-leger, tesmoin le *Sibilus auræ tenuis vbi Domin*, vne essence 3. Re. 19. tres-abstraitte & tres-esloignee de toute matiere, l'ame de ce grand tout, ne trapasseroit-il la foible veuë de nostre corporelle constitution?

Mais, dites-moy, y a-il rien au monde de plus visible que le Soleil, qui est, s'il faut ainsi dire, la mesme visibilité, & qui nous rend par sa clarté toutes choses visibles, *rebusque iam color redit vultu mitentis syderis*, chante l'Eglise de son retour, & neantmoins la grande infirmité & debilité de nos prunelles nous empesche de le voir directement. Entre tous les animaux le seul Aigle, à ce que l'on dit, a ce priuilege de le regarder fixement: vn Philosophe s'opiniastrant à le contempler y perdit & la veuë & l'escrime. Dieu est la lumiere du Soleil, comme le Soleil est la lumiere du monde; ains il est toute lumiere, *ipse est lux vera*: mais splendeur spirituelle & increée: comment donc nos yeux pourroient-ils apperceuoir ceste lumiere *inaccessible qu'il habite*, puis qu'ils ne peuuent apperceuoir qu'indirectement la materielle du Soleil? il n'y a que les Aigles *renouuellees & raieunies* qui le puissent enuisager: i'entends les ames qui ont ietté le corps pour s'enuoler bien-heureuses dans le ciel, & qui *mutans fortitudinem assumpserunt pennas vt aquila*.

Ioan. I.

1.Tim.9

Ps.102.

Que si quelques esprits temeraires dés ceste vie, ont voulu se guinder à des speculations trop abstraittes de ceste diuine essence, il n'est pas de merueille, si comme ce Philosophe ils ont esté esblouys: *car celuy qui trop curieusement fouille dans la maiesté de Dieu, se trouue en fin opprimé de la grandeur de sa gloire.*

Prou.25

Les vanitez fabuleuses des chastimens de Phaëton, Icare, Promethee & Semelé, monstrent couuertement le verité des punitions de la presomption.

C'est vn arrest irreuocable prononcé par la bouche de Dieu, que *nul peut le voir & viure*: car

Exod.33

noſtre vie mortelle eſt incapable de ſouſtenir vne ſi excellente viſion: pource voyez-vous que les Iſraëlites diſoient à Moyſe, *Non loquatur no-* Exo. 20. *bis Domine, ne forte moriamur.*

Gedeon penſant auoir veu Dieu, croyoit eſtre Iud. 13. mort, mais ce n'eſtoit qu'vn Ange glorieux.

S. Iean viſité par vn de ces eſprits celeſtes, *miniſtres enflammez du tres-haut,* fut tellement ſaiſi Apoc. 1. *qu'il tomba à ſes pieds comme mort* : d'où nous pouuons colliger que Dieu nous eſt pleinement inuiſible en ceſte vie.

Et encores ceſte autre conſideration ſpirituelle que l'on ne peut iouyr de Dieu en ce monde, ſinon à meſure que l'on ſe mortifie : & celuy qui eſt le plus aduancé en mortification eſt le plus diſposé à l'illumination : ainſi l'entendoit S. Paul quand il diſoit de ſoy, *viuo autem iam non ego, &c.* & des parfaictement mortifiez, *Mortui eſtis, & vita veſtra conſepulta eſt cum Chriſto in Deo.*

Ceux qui ont mythologiſé la fable de Pſyché iointe à vn amant inuiſible, & l'ont entenduë de l'ame vnie par amour au celeſte & inuiſible eſpoux, ils ont ſuiuy le ſon du mot Pſyché qui en Grec ſignifie ame, & ont atteint le vray ſens, & rencontré vn champ ſpacieux & ſpecieux pour vne belle allegorie.

Si eſt-ce que de ſon deſaſtre on peut tirer vn beau document pour les perſonnes contemplatiues, de n'eſtre point deſireuſes ny curieuſes de viſions & reuelations; car pour punition de leur outrecuidance ceſte route eſt ſuiecte à beaucoup d'illuſions, deceptions, & precipices, Satan se transformãt souuent en Ange de lumiere pour les tromper. Mais plustost elles doiuent attendre leur salut auec patience, silence & humilité, attendre la venuë du Seigneur virilement, conforter leur cœur par l'espoir de la iouyssance future, en l'amertume de la priuation presente.

1.Co.11.
Thr.3.
Ps.11.
Tit.1.

Exod.34 Voylez-vous donc hardiment, ô nostre Moyse : car nos yeux mortels son indignes, & incapables de voir vos diuines splendeurs & vos imaginables beautez.

De tout ce premier poinct, vous colligerez, mes freres, combien esforcé fut la demande du bon S. Philippe, disant à nostre Seigneur, *Domine ostende nobis patrem, & sufficit nobis*. Ostension opposee à l'inuisibilité de Dieu.

II. Comme aussi à son infinité, car comment pourroit nostre œil apperceuoir vne chose infinie, luy qui en mer n'a que cinq ou six lieuës d'estenduë, à qui l'horison desrobe la moitié du ciel, ciel qui n'est *que ce siege de Dieu, & la mer & la terre son marche-pied*.

Isa. 66.
Act. 7.

Mettez moy l'Ocean dans vne coquille de noix, & puis i'aduiseray si l'infinité de Dieu peut estre comprise, non de l'œil, mais de l'entendement humain que l'on faict d'vne profondeur abyssale.

Cœli cœlorum te capere non possunt, quantò minus domus hæc, disoit Salomon de son temple ? Et comment le penserions-nous enserrer *dans les temples de nos cœurs*. S. Iean nous dictant *que Dieu est infiniement plus grand que nos cœurs*?

1.Ioan.3

Dieu est vn poinct, disoit le trois fois grand Hermes, qui est par tout, & dont la circonference est nulle *part:* crayon de son immense infinité.

Le grand Prestre dont la venerable personne representoit le Dieu vivant en l'ancienne loy, portoit tout l'vnivers peint en broderie sur sa robbe, pour enseigner que Dieu estoit en tout & par tout: & par delà ce grand tout encores.

Sainct Ambroise en son œuvre des six iours compare son infinité au vaste sein de l'Ocean, receptacle de toutes les eaux, gouffre qui les avale sans se remplir, logis de tant d'hostes, arrosoir du Ciel & de la terre: c'est de là, dit le Sage, *que procedent les fontaines, les ruisseaux, les rivieres, les fleuues, & là où retournent toutes leurs eaux.* Ecclef. 1 Tel est Dieu, dit ce docte Pere, *nous vivons, mourons, & sommes en luy,* il soustient *la machine de l'Vnivers avec trois doigts, il a fait le Ciel & la terre, & tout ce qui y est.*

Pource, ô mon ame, ne t'estonnes plus si tu n'as point de repos és creatures, nostre vray centre c'est Dieu. Helas! où sommes-nous? Qui nous a ainsi transportez en ceste region de peché, *region de l'ombre de la mort,* tant escartee de sa grace? *Où pouvons-nous aller loing de son esprit, où fuyr pour eviter sa face?* il est par tout: Hé? n'auõs-nous point de honte de l'offencer devant ses yeux? Mat. 4. Pf. 138.

Revenez donc? *O Sulamite revenez,* il vous Cant. 6. rappelle par mille semonces: *vous venez de luy, vous serez tousiours troublee & inquiete iusques à ce que vous vous reposiez en luy.*

Il est l'alpha & l'omega, le principe & la fin Pf. 71. de toutes choses. O Dieu *de mon cœur, ô ma part eternelle, à te principium tibi desino.*

III. Mais qui estes-vous, ô mon Dieu, afin que ie vous admire, si ie ne vous puis cognoistre : & que du moins ie tire de l'admiratiõ, si ie ne peux de la cognoissance, la cause de mon amour ? He ! quelle estrange Philosophie est-ce cy d'aymer sans cognoistre ? ô merueille surnaturelle de la Religion Chrestienne ! voyez cõbien elle releue l'homme par dessus soy-mesme, & tres-passant sa propre portee, elle le fait croire *contre apparence, fides est non apparentium*, voire auec les yeux de la foy les choses inuisibles, *fides est inuisibilium*, esperer contre esperance : ainsi lit-on qu'Abraham *credidit in spem contra spem*, & aymer sans cognoissance que est côtre la regle commune d'amour, qui n'est quasi qu'vn effect dont la cognoissance est la cause.

C'est la verité qu'és sciences humaines l'intelligence precede la creance, mais en la *science des Saincts*, qui est celle de la foy, *la creance precede l'intelligence, credite & intelligetis*: tout de mesme l'amour humain presuppose la cognoissance de l'object aymé : mais au diuin l'aymer precede le cognoistre, *O beati, ô beati qui non viderunt & crediderunt*, adioustons, *& sperauerunt & dilexerunt*. O Seigneur, combien il est vray, que vos voyes sont esloignees de celles des hômes, autant que le Ciel de la terre. Benit soyez-vous qui redoublez nostre merite pour aymer vn object incognau. *Diligam te Domine, fortitudo mea, & refugium meum, protector meus & liberator meus*. Ie me contenteray icy bas que la foy vous rende aux yeux de mon *entendement captiue* d'inuisible visible, d'aymer l'infinité de vostre essence de toute la petite

Sap. 10.
Heb. 11.

2. Co. 10.

tire infinité de mon cœur, & de vous cognoistre par l'admiration de vostre infinité & inuisibilité.

Aussi bien plus ie pense à vostre estre incomprehensible, plus ie me voy semblable à celuy qui esparpille l'argent vif en le pressant, le perdant en le voulant serrer.

Tombant au fort de Simonides, plus i'y songe, plus i'y trouue à songer : *si vos iugemens sont* Ps.35. *des abysmes, quel est vostre estre, sinon l'abysme d'vn million d'abysmes ? Magnitudinis tuæ non est finis.*

Si l'Euripe engloutit son scrutateur Aristote; si le Vesuue Empedocle; si les flammes continuelles d'Etna font perdre le Latin aux Naturalistes : si les feux de la montagne Chimere ont fait forger aux Philosophes mille imaginations chimeriques : que seroit-ce de vouloir profonder la cognoissance de l'estre diuin ?

Si la posture admirable des Cherubins du propitiatoire nous enseigne que là haut, mesmes en la beatitude, ces sublimes esprits depuis tant de milliers d'annees sont transportez d'vn perpetuel extase en la contemplation de cét estre incóprehensible; que ferons-nous chouëttes nocturnes dans les tenebres de ceste vie, voyans ces aigles qui clignent les yeux ? Benite soit la grande Majesté de mon Dieu, qui me le rend incognoissable.

Mais sur-benite soit sa bonté qui le rend si IV. tres-cognoissable aux yeux de ma foy, que ie ne voy rien icy bas de plus visible que son inuisibilité. A quoy pensiez vous, ô S. Apostre,

R

Ioan. 14. Philippe de demander à Iesus qu'il *vous fist voir son pere?* quoy, ne le voyez vous pas assés en luy? n'est-
Ioan. 1. il pas *la gloire de l'vnique du pere?* Vous a-il pas dit tant de fois que luy & son pere n'estoit qu'vn? voulés vous diuiser l'indiuisibilité mesme? Ce qui est vnissime (terme de Sainct Bernard) peut-il estre monstré diuersement & doublement? faut il que vostre demande luy tire ceste response pour vostre confusion, & nostre grande instruction? *Philippe qui me void, void aussi mon pere. Si vous me cognoissez vous le cognoissez: il y a tant de temps que ie suis auec vous, ne me cognoissez vous pas encores, au moins aux œuures que ie fay?* Comme s'il eust dit; Quoy, ne recognoissez-vous pas ma diuinité en mon humanité? quel autre qu'vn Dieu peut faire ce que ie fay? ma diuinité est inuisible, mais voyez-la en mon humanité visible, espurez vostre foy, & vous verrez clairement celle-là en celle-cy, comme le feu en vn fer rouge.

Le verre simple ne rend point de figure, sinon qu'il soit enduit de plomb; car lors par la reflexion se forme l'image. Ie suis l'image *de la*
Hebr. 1. *substance de mon pere,* quant à la diuinité: & pour la rendre communicable aux hommes, voila qu'en mon incarnation ie l'ay attachee au verre & au plomb de mon humanité: voyez donc, ô Philippe, Dieu le Pere, & Dieu le fils dans le fils de l'homme.

Ainsi fut guery Sainct Thomas de son incredulité, quand il s'escria, *Dominus meus,* voila l'humanité: *& Deus meus,* voila la diuinité; il adore son maistre & son Dieu Iesus, Dieu & homme tout ensemble.

O pauures errans de ce siecle, pauures aueugles. Hé! ne voyez-vous pas ce mesme Dieu au mystere de l'Eucharistie, dont les paroles sont plus claires que mille Soleils? Seigneur faites leur voir *la lumiere en vostre lumiere*, & rongez par vostre grace le taye de leur aueuglement.

S. Louys appellé pour voir le petit *Iesus* paroissant en la saincte Hostie refusa d'y aller, disant qu'il le croyit: ô ame *heureuse*, *que ta foy est grande*: c'est ainsi, mes enfans, *qu'il faut croire sans voir*.

Le B. Elzear Comte d'Arian en Prouence, se disoit aussi content de sa foy, que si tous les mysteres luy eussent esté visiblement reuelez, & protestoit que tous les Anges du Ciel ne luy feroient pas varier vn Iota de sa creance: ce sont ames fortes, & puissamment anchrees & fondees en la foy. O l'heureuse cognoissance!

V. Que si par appendice nous luy donnons pour adioincte la consideration des œuures de Dieu, il m'est aduis que nous ne ferons rien contre les preceptes des Saincts, qui ont tous esté grands admirateurs de ces ourages des doigts de Dieu: *Opera digitorum & manuum Dei sunt cœli*, disoit Dauid: & encores, *Quam magnificata sunt opera tua Domine*, &c. & derechef, *Delectasti me Domine in factura tua*, &c.

Le Soleil que nous ne pouuons contempler directement, se laisse voir à nos yeux à l'ayde d'vn crespe, ou par la reflexion d'vn bassin: ainsi l'essence de Dieu qui nous est incognoissable *ad intra*, se rend perceptible *ad extra* par la prospectiue de sa propre facture.

Et pour persister en ceste comparaison, comme la lumiere du Soleil sur la terre est moins pure que celle qu'il espand en l'air, & celle-cy encores est imparfaicte comparee à celle qui est dans le Soleil mesme: Ainsi aduoüay-je que la cognoissance de Dieu par les œuures materielles est moins excellente que celle que nous en auons, *captiuant nostre entendement sous l'obeyssance de la foy*: & celle encores de la foy n'est que *figure & enigme* à comparaison de celle qu'en ont les bien-heureux *qui vident eum sicuti est*. Cependant, mes freres, consolons-nous en la premiere, confirmons-nous en la seconde, en attendant le bon-heur de la derniere.

2.Co.10.

1.Cor.13

Remirons les *cieux chantres de sa gloire, & le firmament qui entonne la facture de ses mains*: c'est le beau volume que S. Anthoine fueillettoit tous les iours dans les deserts, sans en pouuoir trouuer le bout.

Ps. 18.

Les empiriques ont bien trouué le moyen par le feu, element disgregatif de tirer la quint-essence de toutes les choses materielles; & pourquoy le feu du diuin amour, qui est la charité, ne nous fera-il trouuer Dieu en tout, puis qu'il est non la quinte, mais l'entiere essence de toutes choses, qui ne tirent leur estre que par la participation du sien.

Et qu'il ne vous semble point indigne de Dieu de le rechercher en la nature, helas en son humanité il a souffert de bien plus grandes indignitez pour nostre bien & instruction. *Ad dandam scientiam salutis plebi suæ, in remißionem peccatorum suorum.*

Toutes les creatures portent graué le nom de leur facteur, & crient d'vne commune voix, *Ipse fecit nos, & non ipse nos.* Pf. 94.

Nostre foiblesse mesme nous porte à ceste voye; car rien n'entrant en nostre entendement que par l'estamine des sens, & Dieu ne pouuant tomber sous les prises de ceux-cy, il nous est force de forger quelques symboles, à l'ayde desquels nous le puissions faire conceuoir à celuy-là: de là la Theologie symbolique des anciens: de là les hieroglyphes des Egyptiens: de là les fictions des Poëtes, qui, comme dit Tertullian, croyoient la verité en la vanité, au lieu que les heretiques, *corrompans les Escritures à leur propre perdition*, croyent la vanité en la verité. 2. Pet. 3.

Ce sont toutesfois de mauuais peintres que les Poëtes, mais qui ne laissent pourtant de faire quelquesfois de bons tableaux, cachans de belles moralitez sous des inuentions fantastiques: tant y a que si de leurs imaginations on forme de riches mythologies, pourquoy ne pourra-on pas tirer de belles cognoissances de la consideration des œuures de Dieu?

Voyez comme nostre maistresse Theologie, qui est celle de l'eschole, est contrainte de se seruir d'attributs pour nous instruire de la diuinité.

Et les Anges mesmes, qui sont purs esprits, pour se communiquer aux hommes se seruent-ils pas des choses sensibles, voire des corps empruntez, comme fit celuy qui conduisit le ieune

Tob. 6. Tobie en Rages. Somme ceste eschelle des creatures est tres considerable pour venir à la cognoissance du createur, pourueu qu'elle vienne en consequence de foy, car qui la feroit preceder, seroit plustost naturaliste que fidele.

Colligez de ceste Homelie, 1. que Dieu est inuisible, 2. infiny, 3. incognoissable, 4. sinon par la foy, & 5. par ses œuures. Il soit beny à iamais. *Amen.*

III. MAY.

De l'inuention de la Saincte Croix.

HOMELIE.

Mihi absit gloriari, nisi in Cruce. Gal. 6.

SI Archimede pour le rencontre d'vne figure de Mathematique, apres laquelle il auoit longuement & attentiuement estudié, fut si transporté de ioye qu'il ne cessoit de crier ευρικα, ευρικα, i'ay trouué, i'ay trouué. O mes freres, combien plus deuons-nous entonner en la celebrité de ceste feste auec iubilation & allegresse incomparable, *Nous auons trouué, nous auons trouué* : puis qu'en icelle a esté diuinement & heureusement recouuert le sacré bois de la Croix, où nostre Seigneur a operé nostre redemption. C'est l'vnique estendard auquel S. Paul en nostre texte veut que nous arborions nostre gloire.

Ie vous vay discourir, 1. de son inuention, 2.

des figures qui l'ont presignifiée, 3. qu'elle est profitable, 4. delicieuse, 5. desirable. Soyez attentifs pour l'amour de celuy qui y a pendu pour vous.

I. C'est donc maintenant que se verifie la parabole de la descouverte du thresor caché dans vn champ. O que n'auons-nous autant de courage que cét homme prudent dont l'Euangile fait recit, qui vendit tout ce qu'il possedoit pour acheter ce champ, s'impatroniser du thresor, & se rendre de pauure riche par vn tour desoupplesse & accortise : nul à la verité peut se rendre iouyssant du thresor inestimable de la Croix que celuy, selon nostre texte qui *est crucifié au monde, & à qui le monde est crucifié*. Nostre Seigneur voulant donner à entendre qui estoit son vray Disciple, dit que c'est *celuy qui porte sa Croix en le suiuant* : & voulant marquer quel est celuy qui est idoine à porter sa Croix, il dit que c'est celuy *qui renonce à tout, pere, mere, frere, biens, voire à soy mesme*. Or regardez qui est celuy d'entre nous qui vueille se deffaire de toutes ses affections terrestres : car c'est celuy-là seul qui peut en ceste saincte feste se resiouyr d'auoir trouué la saincte Croix : ô que i'ay grand peur en tout ce grand auditoire qu'il ne s'en trouue vn seul qui puisse iouyr & se resiouyr d'vn si grand bien !

Matt. 3.

Marc 8.

Miserables nous, qui croyons comme Chrestiens, & viuons comme Payens ; qui auons l'entendement de fideles, & la volonté d'infideles, amis de la Croix quant à la foy, ennemis quant aux œuures, aduoüans Christ par la bouche, & le renonçans par les mains. Nous ressemblons à ce coq de la fable, qui ayant trouué vne perle de grand prix grattant sur vn fumier, deploroit sa condition, qui le priuoit de iouyr d'vn si bon rencontre. Quand nous rencontrons quelque croix de maladie, de perte de biens, d'infamie, d'iniure, de douleur, nous sommes si sensuels & charnels que nous abhorrons la descouuerte d'vn si grand thresor, & fuyons d'embrasser ces occasions de merite que la misericordieuse bonté de Dieu nous presente. O qu'il est bien vray que *l'homme animal ne conçoit pas les choses de l'esprit.* 1.Cor.2.

Que ne iettons-nous quelquesfois les yeux sur les saincts qui ont fondé & cimenté nostre Religion auec leur sang; nous les verrions preferer les espines de la Croix aux roses des delices qui nous suffoquent.

2. Macchab. 1. Israël fit grande feste quand au retour de la captiuité Babylonienne, le feu sacré fut retrouué dans vn puits conuerty en bouë, mais rallumé miraculeusement par les rays Solaires. Nous auons de tant plus de suiect de nous resiouyr que nostre lumiere precede leur ombre, nos veritez leurs figures, puis qu'en ce iour nous voyons sortir de la terre ce buscher precieux de la Croix, sur lequel Iesus nostre Phœnix se consumant a allumé ce *brandon d'amour, duquel il se disoit vouloir embraser l'Vniuers.* Or comme ce premier feu caché sous la bouë fut allumé par miracle, aussi la Saincte Croix fut & descouuerte & discernee d'auec celles des deux larrons enfouyes en mesme lieu, par l'operation des miracles. Luc 12.

Car l'histoire nous enseigne que la belle Helene, mere du grand Constantin, admonnestee par vn Ange en songe de deterrer ce thresor, enseuely dans le Caluaire par la malice des Iuifs, & ne pouuant discerner des trois Croix qui furent trouuees en mesme lieu, quelle estoit celle de nostre Seigneur, S. Macaire Euesque de Hierusalé la distingua par la santé d'vne incurable maladie que l'attouchement de la vraye Croix de nostre Sauueur donna sur l'heure à vne personne: en presence de l'Imperatrice & des assistans.

Ainsi iadis l'arche accarree à Dagon, se sceut bien faire recognoistre par le renuersement de ceste idole, la lumiere se fait escarter des tenebres, & l'huile de la verité se separer des diuerses liqueurs du mensonge, le faux & le vray; *Christ & Belial*, sont incompatibles. 1. Reg. 5.

Ainsi la vraye Eglise Espouse de Dieu, se distingue des *malignes Eglises*, & Synagogues heretiques par le don des miracles. Psal. 29.

C'est la pierre de touche, c'est la fournaise, qui sçait discerner le franc du faux alloy.

Nostre Seigneur par là se donne à cognoistre & aux Disciples de S. Iean & aux Iuifs, & Nicodeme en l'Euangile de ce iour, le recognoist pour Messie, à ses œuures miraculeuses. Ioan. 3.

Donc, mes freres: quelle allegresse spirituelle nous doit saisir en ceste feste, d'auoir recouuert ceste verge du vray Moyse, operatrice de tant de miracles ? C'est auec elle que les tenebres ont esté dissipees, que les Martyrs ont vaincu les Pharaons, les persecuteurs anciens, qu'ils ont trauersé en la terre promise, à tra- II.

vers vne mer rouge de leur sang : qu'ils ont tiré l'eau des consolations des dures pierres de leurs tourmens.

Quand l'arche qui contenoit ceste verge merueilleuse, fut renduë à Israël par les Philistins, il demena autant de ioye, qu'il auoit témoingné de dueil en sa capture. Maintenant que nostre mystique verge sort des cachots de la terre, où la malice des Iuifs l'auoit enseuelie ; quelles graces ferons-nous retentir vers le Ciel, dont la main liberale nous restituë cét enseigne de nostre salut?

Mes tres-chers freres, nous ne sçaurions rendre aucunes graces plus signalees à la diuine bonté d'vn si remarquable bien-fait, qu'en sortant de l'Egypte de nos pechez, pour l'aller adorer sous ce drappeau, dans les deserts d'vne saincte Penitence.

Num. 3. C'est icy le buisson ardant (pour poursuyure des figures) où Iesus est aperceu flambant d'amour sans le consommer, & d'où il dicte aux hommes la loy de ceste charité incomprehensible, de laquelle il nous a aymez. Ces cloux, & ceste couronne qui y entoure le chef du Roy de gloire, sont-ce pas les espines de ce halier ? & le sang qui l'arrouse n'est-ce pas vn feu, puis que c'est le sang d'vn Dieu, lequel *ignis consumens est?* Mais que dis-ie consommant, ceste diuine & amoureuse liqueur, pareille à l'eau de vie, flambe sans brusler le suiect où elle s'attache, le leschant d'vne façon molle & gracieuse.

Exod. 3. 17. C'est icy la verge d'Aaron florissante & inscripte de son nom, en vertu de laquelle il obtint le sacerdoce. Et la Croix n'est-elle pas toute-florissante, puis que pend en ses branches *la fleur des champs, & le lys des vallees*? porte-elle pas en sa cime ceste superscription, *Iesus Nazareen*, c'est à dire *le Sauueur florissãt Roy des Iuifs*? Et puis que le Poëte pastoral nous face ceste question.

—— *Quibus in terris inscripti nomina regum,*
Nascantur flores. ——

De plus n'est-ce pas sur cét Autel, que nostre grand Prestre, selon *l'ordre de Meschisedech*, a con- *Ps.* 109 sumé le sanglant sacrifice de son propre corps?

C'est icy la verge d'or d'Assuerus, auec la- *Esth.* 45 quelle il faisoit le signal des graces, & donnoit le tesmoignage de sa faueur: & quelle est la Croix: sinon la banniere des misericordes diuines? *Quoniam apud Dominũ misericordia, & copiosa apud eum redemptio.*

Bien dissemblable aux estédars du cruel Taberlan, qui ne respiroient que carnage & que sang.

C'est le cordon rouge que Rahab mit à sa fe- *Ios.* 2. nestre, pour deliurer sa maison du sac de Hierico, tout pecheur qui a recours à la Croix, se met à l'abry des atteintes de la diuine Iustice, *omnes hæc ara tuetur.*

C'est l'arbre de Daniel, sous l'ombre duquel se peuuent abrier tous les animaux de la terre.

La fronde de Dauid, vile en apparence, mais auec laquelle nous pouuons debeller toutes les trouppes de l'enfer. *Ecce crucem Domini, fugite partes aduersa*, chante l'Eglise: & quel de nous ignoro combien le signe de la Croix est formidable aux démons? Voyent les errans, s'ils ne sont point *ex patre diabolo*, à la hayne qu'ils portent à ce signe salutaire.

C'est icy le glaiue de la mort, auec lequel nostre Seigneur a tué la mort mesme : comme iadis Dauid tua Goliath auec son propre coutelas.

III. De ces figures passons aux fruicts que nous tirons de ce bien-heureux arbre, lesquels sont innombrables, & inestimables. C'est ceste palme plantureuse de l'abondance de laquelle nous pouuons tous estre rassasiez. *Ascendam in palmam, & apprehendam fructus eius.*

Eccl. 24. Elle est ceste *oliue fructifiante en la maison de Dieu*, puis qu'elle a porté en ses bras le Roy de paix, denoté par l'oliue.

Gene. 8. Elle est ce rameau d'oliue apporté par la colombe, la sacree humanité de nostre Seigneur sur le mont, non d'Armenie, mais de Caluaire, pour signifier l'escoulement du deluge d'erreur, & l'accroissement de la diuine cholere.

Moyse autresfois par l'iniection d'vn certain bois, adoucit les eaux ameres de Marath : & y a-il sorte d'affliction & d'amertume qui ne soit adoucie, en nos cœurs, si nous fixons nostre consideration sur les extrémes douleurs que nostre Seigneur a endurées en la Croix ? Qui ne void que comme au leuer du Soleil disparoissent les estoilles, aussi que toute affliction est vn rien comparee à la sienne ? Aussi appelle-il à soy

Mat. 11. *ceux qui sont en angoisse & trauail, pour les rauigorer,* leur faisant cognoistre combien leurs peines sont disproportionnees aux siennes, & par la bouche d'vn Prophete il *inuite les passans,* c'est

Thr. 1. à dire les mortels passagers en ceste vie, à s'arrester, pour considerer attentiuement, s'ils peuuent imaginer des douleurs pareilles aux siennes.

C'est la clef de David, que nostre Seigneur a Isa. portee sur ses deux espaules en signe de Principauté: Et quel plus grand profit sçaurions-nous desirer, que d'auoir en la Croix la vraye clef du Ciel, clef, qui nous ouure le corps & le cœur misericordieux de nostre doux Iesus, auquel sont cachez *Coloss. 2.* tous les thresors de la sapience & science eternelle?

Elle est encor ceste *Tour de David des creneaux* Cant. 4. *de laquelle pendent mille boucliers, & toute l'armeure des plus vaillans saincts,* dont l'Eglise face feste. Car d'où pensez-vous que tous les bié-heureux ayent puisé leurs vertus, sinon de cét Arsenal de la Croix? De là les Docteurs ont puisé leur sciéce; pource sainct Paul protestoit ne sçauoir autre chose que Iesus, & iceluy crucifié. De là les Apostres & Martyrs, leur courage & constance, de là les Vierges leur pureté Angelique: de là les Confesseurs leur patience.

Elle est en verité ce que le Palladium, ce que la corne d'Amalthee ou d'abondance n'estoit en l'opinion des Gentils, que par vanité. Tous les biens nous decoulent des Cieux par l'influence de ce canal: c'est la vraye, & non imaginaire Panacee.

On pensa auoir rencontré vn grand benefice de nature, quand la descouuerte du monde neuf nous en eut enuoyé l'herbe de son inuenteur Iean Nicot, appellee Nicotiane, & par le vulgaire L'herbe à la Royne, laquelle est tressouueraine pour la guerison des playes & blesseures du corps, ceste plante a les fueilles fort larges, la fleur rouge comme sang, de cinq fueilles, au dedans il y a vn cœur d'or, d'où sortent trois languettes dorées. Et combien deuons nous plus estimer nostre spirituelle Nicotiane, c'est à dire, selon le son du mot νίκη, l'herbe victorieuse, & encores la plante du Roy des Roys ; puis que l'Eglise chante de la Croix, *Vexilla regis prodeunt?* Et encores, *Regnauit à ligno Deus.* Ses fueilles sont tres amples : car *Extendit ramos vsque ad mare, & vsque ad flumen propagines suas.* Sa fleur qui est Iesus, flagellé & crucifié, y pendant, y est toute rouge de son sang, *dilectus rubicundus,* son cœur entr'ouuert esclatte de l'or d'vne charité pure, & ces trois languettes ce sont les trois clous qui l'attacherent à ce bois sacré : au demeurant il n'y a aucun remede plus souuerain pour les playes de nos âmes, que le suc qui degoutte de ceste diuine & mystique plante.

IV. Helas ! qui sera celuy d'entre nous, qui ne coure à ce remede, pour y nettoyer & consolider les naureures de son ame? *Lauons nous de ceste*

Ps. 50. *hyssope amere, mais suaue, & nous serons rendus blancs comme neige.*

La myrrhe preseruatrice de corruption, a bien quelque acrimonie au goust, mais elle est tres-agreable au flair : Ainsi i'aduoüe bien que la Croix a quelque chose de reuesche au sens, mais elle est tres-douce à l'esprit, *elle est ceste myrrhe esleué, qui exhale vn odeur de suauité.*

Eccl. 24. Aussi les ames fortes, & genereusement amoureuses de leur espoux, tiennent-elles volontiers ce langage de la saincte Amante. *Sub umbra illius quam desideraueram sedi, & fructus eius dulcis gutturi meo.*

O mes tres-chers freres, tenons-nous sous cét ombre distillant, comme la Magdaleine, laquelle ayant autresfois arrosé le corps de nostre Seigneur de parfums, fut arrosee & baignee en son sang lors qu'il pendoit en la Croix.

On dit que les herbettes qui croissent autour de l'arbre qui decoule l'ambre, sont toutes aromatiques à cause de l'arrousement de ceste douce liqueur: mes bien-aymez, si nous sommes indignes par nos griefues fautes de paruenir aux hautes perfections, que Iesus nous enseigne sur le pulpite de cét arbre, du moins allons auec humilité, recueillans les fleurettes odorantes, qui s'espanouyssent autour ce sacré tronc, sçauoir l'abiection, la pauureté, la souffrance, la disette, la douceur, la tendreté, l'affabilité, la compassion, & tant d'autres qui y pullulent à l'enuy.

Nous sommes les pampres de ce tronc, *Ego vitis, vos palmites*, dit nostre Seigneur: chargeons nous donc de ces raisins acceptables deuant Dieu.

Il n'y a thymiame qui luy soit odorant comme est vne ame vrayement *concrucifiee auec Christ*.

Et n'est point sans mystere, qu'au lieu où ce precieux gage estoit enfouy, Dieu permit que les Payens y erigeassent le simulachre de Venus, qu'ils tenoient pour Deesse de la volupté, pour nous enseigner qu'aux Chrestiens la Croix se deuoit changer en delices.

Des 4. poincts aduancez, sçauoir du bon-heur

de ceste recouuerte, de l'excellence de la Croix en ces figures, de ses profits & plaisirs, nous pouuons aisement colliger cecy, combien elle est donc desirable, ce qui nous reste à deduire. Dites moy, quel des Iuifs ne marqua diligemment son **Exo. 12.** sursueil de la lettre de Tau, faite auec le sang de l'Agneau Paschal, pour euiter la fureur du glaiue de l'Ange exterminant, & qui sera le Chrestien qui pour se redimer du chastiment de la diuine Iustice, n'embrassera volontiers la saincte Croix, & materielle par veneration & adoration & spirituelle par la patience?

Quelle ame si aueuglee, refusera de mettre **Cant. 1.** Iesus crucifié, comme vn sceau & cachet sur son cœur & sur son bras, en sa foy, & en ses œuures?

Phocion allant au supplice, consoloit son seruiteur Tudippe, de l'honneur qu'il auoit de mourir auec son maistre. Et qui ne voudra con- **Rom. 8.** mourir auec Iesus, pour conuiure auec luy, & compatir **2. Tim. 2** temporellement, pour coregner eternellement? Sus mes freres, *curramus ad propositum nobis certamen, & exeamus extra castra improperium eius portantes; eamus & moriamur cum illo.*

Mirez tous les plus grands Saincts, comment **Rom. 8.** ils ont esté desireux de la Croix, pour se rendre conformes à l'image du fils de Dieu? Et en particulier les bien heureux Apostres SS. Pierre, Paul, André. Quoy? & tant d'autres Martyrs, qui y couroient à l'enuy. Et en affectiõ combien l'ont ardemment desiree. S. Augustin, ce Docteur tout de feu, S. François, S. Dominique, S. Catherine de Gennes, & en nos iours la B. Mere Terese?

Ce sont *les trous de la pierre*, où le S. Espoux appelle

appelle & reclame les ames esprises de son amour, & desireuse de leur salut.

Apprenez de ce discours, mes bien-aimez, 1. à remercier Dieu de l'invention de ce thresor, 2. d'admirer sa grandeur és figures que nous en avons estalees, 3. à faire bien vostre profit de la Croix, 4. à vous plaire de souffrir pour l'amour de Dieu, 5. voire à desirer, comme S. Augustin, d'endurer icy bas pour avoir pardon là haut, où Dieu nous vueille tous conduire, *Amen*.

D'aspirer au Ciel, en l'Ascension de nostre Seigneur.

HOMELIE.

Iesus assumptus est in Cœlum.
Luc 16.

VN des souhaits de S. Augustin estoit de voir Rome triomphante, O que bien plus pompeuse fut la glorieuse Ascension de Iesus ; Hé! que n'avons-nous l'œil de la contemplation bien aceré, pour pouvoir, comme des Aigles, penetrer ce haut mystere.

De l'excellence duquel nous vous allons discourir en 1. chef, au 2. que pour bien celebrer ceste feste si solennelle en l'Eglise, il nous faut aspirer au Ciel, 3. par le mespris de la terre, 4. par l'humilité, 5. par l'oraison. Attendez, & entendez.

I. Puis que nous sommes incapables, mes tres-chers freres, d'enuisager ceste splendeur de gloire, qui entoure auiourd'huy nostre maistre (qui est *ce vestement de lumiere* dont parle le Prophete) de droict front, au moins qu'il nous soit permis de le remirer & admirer dans les crayons que nous en tracent les figures & propheties, qui l'ont presignifiee.

Pf. 103.

Mat. 17. Ce n'est plus auiourd'huy vne transfiguration momentanee de Thabor, où vn petit eschantillon de ceste gloire diuine, voilee du crespe de l'humanité, pensa transporter le Prince des Apostres. Mais c'est la piece entiere de ceste monstre, qu'vne nuee voile & celle à vos yeux, ô Saincts Apostres: car si vous l'eussiez veu aussi bien rayonnant de splendeur, comme, enleuer deuant vos yeux, vn seul ray eust esté capable par vne saincte extase de vous enleuer l'ame du corps; mais vous n'irez pas au Ciel à si bon conte, il vous faut *trauerser les feux, les glaiues, & les supplices, pour paruenir à ce refrigere*, & augmenter vos merites par vos labeurs, & vos souffrances.

Ce n'est pas auiourd'huy que le typique

Exo. 34. Moyse paroist à ses freres, auec la face lumineuse: mais c'est bien en ce iour qu'appelé sur le mont des Oliuiers, comme jadis le conducteur d'Israël sur Nebo, Dieu l'enleue des yeux des mortels, le posant à sa dextre. *Ascendit ad*

Deut. 34. *cœlos, sedet ad dexteram patris*, nous dict nostre creance.

3. Reg. 1. C'est auiourd'huy que le pacifique Roy Salomon est constitué sur le throsne de son Pere

David, pour corregner avec luy eternellement. *Constituit eum Dominus Dominum domus suæ, & principem omnis possessionis. Constituit eum super gentes, & super regna. Dedit illi gentes hæreditatem tuam, & possessionem suam terminos terræ.* C'est maintenant qu'il porte escrit en sa cuisse, en son humanité diuinisée, *Rex regum & Dominus dominantiũ. Constitutus est à Deo rex super Sion montem sanctum eius, prædicans præceptum eius.* Et de luy est ceste Prophetie, comme il appert par ce qui suit, *Dominus dixit ad me, filius meus es tu, ego hodie* (car en Dieu tout est presēt & l'eternité mesme) *genui te.*

3. Reg. 2

Dan. 4.

N'est-ce pas en ce beau iour que nostre Salomon faict asseoir Bersabee, son humanité en son throsne? car l'vnion est si estroitte, qu'elle va iusques à la communication des idiomes, disent les Theologiens.

C'est maintenant que nostre diuin Daniel tiré de la fosse aux lyons, de la bourrellerie des hommes plus farouches que ces lyons, *Salua à leonibus vnicam meam,* est esleué par dessus tous les Satrapes celestes. *Deus exaltauit illum, & dedit illi nomen super omne nomen, vt in nomine Iesu omne genu flectatur, cœlestium, terrestrium & infernorum.*

C'est en ce iour magnifique que l'innocent Ioseph laschement vendu, faussement accusé, & iniquement condamné, sort des geolles de ce monde *malin,* pour aller regner dans les Cieux. Consolez-vous, ô S. Vierge, voicy que ie vous annōce de bōnes nouuelles, *Filius tuus Ioseph quē mortuum credebas viuit, & regnat in omni terra Ægypti:* le voila que, *cibat nos ex adipe frumenti.*

Gene. 45

C'est en ceste iournee solennelle, que le pauure Macdochee, destiné au gibet par les courtisans du Prince des tenebres, triomphe pompeusement, vestu des ornemens Royaux & diuins, de la mort qu'il a tuee, du diable qu'il a vaincu, de l'enfer qu'il a terrassé, Crions cependant nous autres en accompagnant le char glorieux de son triomphe, *Sic honorabitur quemcumque voluerit rex honorare.*

Esth. 6.

C'est auiourd'huy que nostre grand Aigle, *ferens medullam Cedri,* son humanité sacree & incorruptible, prend son vol dans le sein de la diuinité.

C'est en ce iour que nostre nature humaine est comme apotheosee, & diuinisee en l'humanité de nostre Seigneur, & qu'elle est releuee par dessus la nature Angelique, car comme dit S. Paul, *Cui vnquam Angelorum dixit Deus: filius meus es tu, ego hodie genui te.*

Autresfois en l'incarnation, le Ciel estoit descendu en terre, *Inclina cœlos tuos & descende:* maintenant la terre s'esleue au Ciel. Merueille! prodiges! le feu de la diuinité, quittant la Sphere, auoit rebroussé contre bas, pour se ioindre à la terre de nostre mortalité, contre la nature du feu qui est de tendre en haut, & voicy que la pierre de nostre nature, *Petra autem erat Christus,* contre le naturel de sa pesanteur, se souleue en haut, portee de la vehemence de ce feu diuin, qui peut reioindre son centre. Icy, mon ame, ie te coniure auec ces belles paroles de S. Augustin, d'aymer l'amour de ce cher Espoux, qui pour toy est descendu dans le sein de sa Mere, pour se loger dans le sein de son Pere, conioignant la lumiere de sa diuinité au limon de son humanité, Dieu s'humiliant iusques à estre fils de l'homme, afin que l'homme fust exalté iusques à estre fils de Dieu.

En fin au celebre mystere de ce iour, voyez côme sont esclairees les ombres de ces Prophetes. *Eleuata est Deus magnificentia tua super cœlos.* Et encores, *Attollite portas & principes vestras, & eleuamini portę ęternales, & introibit rex gloriæ. Quis est iste rex gloriæ? Dominus fortis & potens Dominus potens in prælio.* Le voyez vous ce fort Samson, enleuant les portes de Gaza, croulant les portes d'enfer, en vuidant ses cachots, *Portas ęreas & vectes ferreos confringens?* Le voyez vous saccageant les Philistins, les démons auec sa Croix, comme l'autre auec vne maschoire d'asne? *Iud. 14. 1.*

Accomplie se void ceste autre Prophetie, *Ascendit Deus in iubilo, & Dominus in voce tubæ*, & derechef, celle-cy. *Qui ascendit super equos, & quadriga tua saluatio.*

Or ce n'est pas assez, mes doux freres, d'admirer ceste esleuation de nostre maistre, & de nous resiouïr de sa gloire; si nous ne taschons de l'ensuiure, & de nous en rendre participans selon nostre petit pouuoir. Ce que nous taschérons de faire dés ceste vie, par de continuelles aspirations vers le Ciel : & ces belles aspirations sont proprement ces montees de cœur, dont parle le Roy Prophete, en ce beau Pseaume, *Quam dilecta tabernacula*, qui est tout plein de ces sublimes desirs. *II. Ps. 83.*

Ce sont les aisles de colombe que souhaitoit ce mesme Roy des Chantres sacrez, pour voller en Dieu, & se reposer en luy.

Ce sont ses aisles isnelles, dont parle ce diuin harpeur, qui donnent en l'ame vne forte perseuerance de vol, iusques à ce qu'elle ait atteint le but & le bout de sa carriere. *Qui sperant in Domino assument pennas, sicut aquilæ volabunt & non deficient.*

Venez-ça, quel prisonnier ne demande la deliurance? quel malade ne desire la santé? quel pelerin ne voudroit estre arriué? quel ouurier ne souhaitte la fin de son trauail? quel coureur ne se porte auec impetuosité au bout de sa course; le Ciel est nostre liberté, nostre santé, nostre fin, nostre but: d'où vient donc que nous auons peu de desir d'y paruenir, sortans de la prison des maux & des trauaux de ceste mortelle course, & peregrination?

Nostre ame vient du ciel; d'où procede que elle recherche si peu son principe? Pourquoy la flamme par sa volante splendeur tend-elle en haut, & non nostre esprit par des aspirations?

Nostre amant, & nostre aymant est exalté auiourd'huy; d'où vient que nos cœurs de fer ne se laissent enlever à ses diuines attractions? ô c'est que le diamant de l'obstination, où l'œil des voluptez Egyptiennes les arreste.

Il est des oyseaux qui ne volent point, d'autres mediocrement & à remises, d'autres puissamment & hautement. Il y a des esprits tellement immersés dans la terre, qu'à peine s'en peuuent-ils esleuer, *gens animaux, n'apperceuans* 1.Cor.3. *point les choses de Dieu*: d'autres selon le mouuement des inspirations, des predications, des cõfessions, des communions, s'esleuent par fois & à secousses : mais les mauuaises habitudes le tirent toussiours contre bas: d'autres comme des Aigles genereuses, *Vidam spernunt humum fugiente pena. Conuersatio eorum in cœlis est.* Ne viuans plus à eux, mais Iesus viuant en eux.

Les oyseaux que vulgairement on appelle de Paradis n'ont point de pieds, mais ils ont en leur place certains filets, auec lesquels ils s'accrochent aux arbres : & il est à remarquer que ces oyseaux sont quasi toussiours en l'air, se paissans de rosee, & tandis qu'ils volent, ces filets pendent contrebas ; mais quand ils sont accrochez on les voit suspendus d'vne façon toute renuersee. Ces oyseaux, ce sont les ames qui tirent leur origine du Ciel, elles sont icy bas attachees aux corps par les simples filets des necessitez corporelles ; leur pensee qui est leur vol, est continuellement en action, voire mesme en dormant, l'esprit estant vn agent perpetuel, qui iamais ne repose ; elles ne doiuent viure que de la rosee celeste, c'est à dire, de la grace de Dieu, & ne se repaistre que de la consideration des choses diuines : mais quand vne fois elles s'accrochent aux biens de la terre, pareils aux arbres qui ne produisent que des fruicts passagers, lors elles cessent de voler, elles ne mangent plus, *Oblitæ sunt comedere panem suum*, & sont entierement renuersees : espanchees vers la terre, en s'appliquant à des obiects materiels, du tout contraires & disproportionnez à leur substance spirituelle & plus sublime, qui est vne grande indignité & cœcité.

Rompons ces filets auiourd'huy, mes tres-chers freres; renonçons à ces vanitez, voluptez, & auarices, qui nous tiennent miserablement clouëz & collez çà bas; recherchons nostre principe: *Sursum vocant non initia nostra*, dit Senecque.

Mais cela dépend de vous, ô sainct Espoux! *Pf. 77.* Nous sommes des esprits qui descendons assez au peché, mais qui ne pouuons remonter à vostre grace, sans vostre ayde, pource, *Leua oculos meos in montes, vnde veniet auxilium mihi*, &c. *Trahe nos post te, curremus in odorem vnguentorum tuorum*, nous sçauons neminem posse venire ad te nisi quem traxeris.

Mais comme le Soleil n'attire que les vapeurs disposées, & les actes actifs n'agissent que sur vne passineté bien disposée, c'est à nous par vne salutaire introuersion de regarder si nous auons les ames disposes à ceste esleuation, si pures, si nettes, si charitables, si vrayement esprises d'amour de Dieu: car comment voudrions-nous que le Soleil dardast ses rays, & fist reflexion en vn miroir gras & terne.

Pour aspirer dignement au Ciel, & suiure les pas releuez de ce Roy de gloire, est requise vne exquise pureté, *Adducentur regi virgines post eum, proximæ eius afferentur illi*. Il se faut nettoyer, sanctifier & polir long-temps auant que se presenter deuant les yeux de ce celeste Assuere.

III. Or ceste aspiration là haut presuppose necessairement le mespris de ceste terre basse, region de pleurs, de miseres, & de mort: celuy qui desire estre ailleurs, c'est signe qu'il se desplaist & ennuye où il est; le premier pas pour tendre au Ciel est de laisser la terre.

Voyez comme toutes choses, voire materielles se perfectionnent par l'esloignement de cét élement grossier, relegué comme le plus vil ac centre du monde. Les Cieux, plus ils en sont escartez, plus ils sont parfaicts, & la Lune pour en estre la plus voisine, est la plus imparfaicte des planetes: l'air est plus pur que l'eau pour en estre plus esloigné, & le feu que l'air, pour la mesme cause. Ainsi est-il des esprits, les plus accomplis sont les moins proches de la terre, *Dij fortes terræ vehementer elevati sunt.*

Si nous voulons monter aisément, deschargeons-nous icy bas des pretentions mondaines, relevons-nous au Ciel, en les mettant sous nos pieds, nul est allé a la gloire eternelle par le conuoiteux entassement des richesses, plusieurs en les reiettant; *Elevant nos, si sunt infra nos*, dit sainct Augustin: oyez ce que nostre Seigneur dict à l'adolescent, *Vade, vende omnia quæ habes & da pauperibus, & sequere me.*

Ce fut le premier pas des Apostres, *Protinus relictis omnibus secuti sunt eum.*

Les vases vuides de la vefue furent remplis d'huyle par le Prophete, nos cœurs doiuent estre vuides d'affections terrestres, auant que s'emplir de celestes, car ces deux liqueurs sont incompatibles. 4. Reg. 4

L'obstacle de la terre fait eclypser la Lune, & aussi les ames à la grace.

Vray est que comme la Lune sombre vers la terre est lors fort claire vers le Ciel, aussi l'ame qui n'a point d'esgard à la terre, est soudain illuminee d'enhaut.

IV. Il y a encores vne autre route d'aspirer au Ciel, que nous auons marquee, sçauoir l'humilité, & ce par vn destour grandement admirable; car comme nous auons faict voir au precedent sentier, qu'il falloit retirer ses yeux d'embas, pour les rehausser, *Ad Deum qui habitat in cœlis*: maintenant ie dis qu'il faut rabaisser ces paupieres contre terre, pour paruenir au Ciel; s'abysmer dans le rien, pour gaigner le tout; & deuenir tres-petit icy bas, pour estre grand là haut. Voyez comme nostre Seigneur s'est guindé en sa propre gloire par ceste eschelle renuersee. *Quis est qui ascendit*, dit S. Paul, *nisi qui descendit?* & pour monstrer la profondeur de son humiliation il adiouste, *In inferiores partes terræ*; & ailleurs, *Exinaniuit semetipsum formam serui accipiens*, & derechef, *Humiliauit semetipsum vsque ad mortem crucis*, voila le raualement: voicy le releuement. *Propter quod Deus exaltauit illum, &c.*

Ainsi Dieu au rebours des hommes, void les choses grandes petites, & les petites grandes, *Humilia respicit, & alta à longè cognoscit.*

Il tient en main la balance: si nous nous humilions en nostre bassinet, il nous rehausse au sien: si nous nous esleuons par orgueil, il nous raualle. *Deponit potentes de sede, & exaltat humiles.* Saül s'enfle, le voila des-throsné: Dauid se rend vil & abiect, le voila couronné.

Ainsi la fontaine remonte autant qu'elle descend: & l'eau de la pompe monte en haut, poussee contre bas: & la balle bondit de tant plus que elle est fortement frappee au sol.

Festiues. 283

Ainsi se retire l'arc pour mieux enfoncer: ainsi se recule-on pour mieux sauter.

Ainsi au banquet Euangelique fut mis au haut *Luc 14.* bout, celuy qui s'estoit placé au dernier siege.

Ainsi se releue la montagne de la profondeur de la valee, la cime de nostre perfection se mesure à la bassesse de nostre humilité.

C'est le fondement de l'edifice spirituel, dict sainct Augustin, qui se doit autant creuser, que cestuy cy esleuer.

Vne autre route pour aspirer au Ciel, est l'oraison laquelle aboutit à la precedête: car *Oratio humiliantis se nubes penetrabit. Respicit Deus in orationem humilium, & non despexit preces eorum.* V.

Et certes on peut appeller ce me semble l'oraison le grand chemin Royal pour tendre & aspirer au Ciel, c'est la voye que tous les saincts & iustes ont battuë. *Clamauerunt iusti, & Dominus exaudiuit eos.* Dauid en ses Pseaumes est tout fourmillant en ces aspirations, *Quando veniam, & apparebo ante faciem Dei?* & cent autres pareilles.

Et ie vous prie qu'est-ce l'oraison, sinon vne *eleuation d'esprit à Dieu*, selon sainct Gregoire de Nysse? & qu'est-ce aspirer en Dieu, sinon s'esleuer à luy? *Ascendit oratio mea sicut incensum in conspectu tuo Domine, eleuatio manuum mearum sacrificium vespertinum.*

La priere doncques qu'est-ce, sinon vne ascension spirituelle, qui nous guinde à Dieu, comme par la mystique eschelle de Iacob?

Voyez si elle ne souleue pas iusques au Ciel, nous faisant par auance participans de la compagnie des Anges, *In conspectu Angelorum psallam tibi, adorabo ad templum sanctum tuum, & confitebor nomini tuo.*

Considerez comme les fusees percent les airs? & s'esleuent dans les nuës, quand le feu est mis à leur poudre: ainsi la ferueur du diuin amour transporte les ames en l'oraison.

Que dis-ie les ames, mais encores les corps: n'est-il pas tres-frequent en l'histoire des saints de les voir en leurs extases enleuez de corps en l'air? Le Roy Psalmiste, *Cor meum & caro mea exultauerunt.* Oserions-nous point encores dire par allusion, *Exaltauerunt in Deum viuum.*

Pf. 83.
2. Cor. 12

Et le grand Apostre en son rauissement, fut-il pas enleué de corps & d'esprit, bien qu'il ignorast comment il luy estoit arriué?

Celuy qui grimpe par vne corde, pense tirer à soy la corde, & c'est la corde qui le tire à soy. Ainsi souuent les ames contemplatiues pensent attirer Dieu par attraction & respiration, cōme disoit Dauid, *Os meum aperui, & attraxit spiritū,* & c'est Dieu qui les enleue par attraction.

Heureux qui comme l'Heliotrope, ne tenant à la terre que par la racine de la simple vie du corps, a son cœur ouuert vers le *Soleil de Iustice,* par de continuelles aspirations.

S. Bern. serm. de Ascens. Domini.

L'histoire tres-insigne, & de tres-grande edification que rapporte S. Bernardin, au sermon de ce iour, de ce soldat pelerin en la terre sainte, à qui vne forte aspiration enleua l'ame du corps sur les sacrees vestiges que nostre Seigneur laissa imprimees sur vne pierre au mont des Oliues, en sa glorieuse Ascension, merite de clorre ce discouts. Mais en faueur de la briefueté, il me suffit de l'indiquer sans l'estendre : mais ie vous conuie & coniure de la lire.

Et ensemble de colliger de ceste Homelie, 1. l'excellence de la feste que nous celebrons, laquelle pour dignement solenniser, il nous faut 2. aspirer au Ciel, 3. par le mespris de la terre, 4. par l'humilité, & 5. par l'oraison. Nostre Seigneur soit auec vous.

De la venuë du sainct Esprit à la Penthecoste.

HOMELIE.

Cùm complerentur dies Penthecostes.

Act. 2.

TEl qu'apres l'inclemence d'vn fascheux hyuer, on void à la gracieuse primeuere reuenir le beau Soleil, auec ses rays estincellans, tirant du sein de la terre mille fleurs & fruicts qu'elle y receloit. Telle apres la rigueur de l'ennuyeuse absence de nostre Seigneur monté à sa glorieuse Ascension à la dextre de son Pere, void-on auiourd'huy paroistre la lumineuse chaleur du sainct Esprit, descendant sur chacun des Apostres en forme de langues de feu. *Emittitur spiritus & creantur, & renocatur facies terræ.*

S'il plaist à ce mesme Esprit d'animer nostre langue, nous vous deduirons, 1. les figures de ceste grande solennité, 2. ses excellences, 3. ses vtilitez, 4. ses plaisirs. Soyez attentifs, & ie commence.

I.
Exod. 3.

C'est maintenant, mes freres bien-aymez, que les Apostres, côme d'autres Moyses, voyent Dieu dans vn buisson ardant. Moysé paissant les troupeaux de son beau-pere Iethro, vid de loing sur la cime d'Horeb vn hallier flambant, sans se consumer: estonné de ce spectacle. *I'iray* dit-il, *& verray que veut dire ceste grande vision:* il monte, mais de loin vne voix luy frappe l'aureille, & luy crie, *que la terre qu'il pressoit estoit saincte, & partât qu'il deschaussast ses souliers*, pour y marcher auec veneration. Ie pensoy d'abord m'approcher de ce sacré Cenacle, où la Vierge auec les Apostres & Disciples est entouree de tant de langues de feu: mais i'ay vn soin qui me dicte interieurement, que pour penetrer dans le fonds de ce grand mystere, il faut comme Abraham laisser l'asne, qui est le sens, au pied de la montagne, quitter les chaussures des mauuaises affections de la terre, si nous voulons estre participans du sainct amour du Ciel, duquel c'est auiourd'huy la feste solennelle.

Mais voyez, mes amis, comme ce feu flambe dans les espines; ô que d'espineuses apprehensions renfermoient le college Apostolique dans ceste sale, *Vbi erant cõgregati propter metum Iudæorum.* O que d'espineux regrets poignoyent leurs cœurs, pour la perte de leur maistre: & neantmoins au milieu de ces ronces, voila vn grand bruit qui s'entend, tel que celuy qu'entendit Moyse auant que Dieu luy parlast, & soudain des langues de feu diuin, qui vont voltigeant sur leurs testes: c'est le narré de nostre texte, *Factus est repentè de cælo sonus, &c. Et apparuit dispertitæ linguæ tanquam ignis.*

Moyse de ce pourparlé auec Dieu, reuint auec le don d'éloquence: tel fut celuy du S. Esprit en ceste iournee: en laquelle l'Eglise chante, *Spiritus Domini repleuit orbem terrarum, & hoc quod continet omnia scientiã habet vocis,* & encores, *Ignis varianté lumine, linguæ figuram detulit, linguis vt essent profluí, & charitate feruidi, linguis loquuntur omnium, &c.*

Moyse ayant vne autrefois parlé à Dieu sur Sina, parut aux Israëlites auec vne face lumineuse, qu'ils n'en pouuoient supporter la splendeur. Et les Apostres sortans de ce pourpris, ains de ceste saincte fournaise, esclattent des rays d'vne verité si claire, que la Synagogue n'y pouuoit qu'opposer, les predications ne sont que conuersions: Sainct Pierre dés la premiere, tire apres soy trois mille ames: chacun s'estonne de les voir parler toutes langues. *Audiebat vnusquisque linguâ sua loquentes.*

Exod 19

Act. 2.

Sur Sina fut donnée auec esclairs & tonnerres, vne loy de rigueur escrite du doigt de Dieu en tables de pierre. Icy est enregistree, *sur les tables des cœurs*, vne loy de grace, d'amour & de charité par le S. Esprit qui est appellé, *Digittus dextra Dei*.

Ex. 20.

Gedeon ayant arrosé son sacrifice, voila que le feu du Ciel le vient consumer pour signe qu'il deuoit estre conducteur du peuple, & le rendre victorieux de Madian. Et voila que les Apostres tous moittes des pleurs espanchez, en la priuation de leur cher Maistre, à qui ils auoient secrifié leurs cœurs, se sentent embrasez d'vn feu celeste qui les pousse à ceste genereuse entreprise, d'extirper le mensonge, & espandre la doctrine de verité.

Iud. 6.

Voicy qu'vne rosee, non d'eau, mais de douces flammesches tombe sur la saincte Vierge, vraye toison de Gedeon, & sur la terre qui l'enuironne, qui sont les saincts Apostres, appellez *Dij fortes terræ*, côme elle *terre beniste*, *Benedixisti Domine terram tuam*.

Iud. 6.

Helie par vn feu descendu du Ciel, & consommant son sacrifice arrosé d'eau vainquit les faux Prophetes & sacrificateurs de Baal, & les Apostres embrasez de la feruëur de ces langues ignees surmontoient en disputes les Docteurs de la loy, esclairans auec le flambeau de l'Euangile les ombres Mosaïques.

3. Reg. 1.

Dieu tonne par leur bouche, *Intonuit de cœlo Dominus, & altissimus dedit vocem suam*, mais *vocem virtutis, vocem magnificentiæ*. Ils sons suiuis des peuples, *Vox Domini super aquas: Deus maiestatis*

Ps. 18.

Festiues. 289

tis. *Intonuit Dominus super aquas multas.* Et les Docteurs de la Synagogue espouuentez fuyent la lice, effrayez de ces enfans du tonnerre, comme iadis les Philistins deuant Israël, tandis que Dieu tonnoit par acclamation aux Sacrifices de Samuël. 1.Reg.7.

Le feu sacré caché au creux d'vn puits, fut resuscité au temps des Machabees, & du temps des Apostres, courages determinez au martyre, voilà que le S. Esprit est suscité sur la terre, sortant du fond de ce Cenacle. 2.Mach 1.

II. Et ce auec vne douce impetuosité, à guise d'vn beau fleuue, qui à vagues espanduës issant mollement de son lict, va serpentant par la campagne, & l'arrosant de ses eaux grasses & onctueuses: ou à guise de ces ruisseaux, qui desbordez vont par leur decoulement nettoyant les ruës d'vne ville. Ainsi le sainct Esprit va-il auiourd'huy respandant ses faueurs sur les Apostres, se monstrant estre *ce fleuue rapide, qui resiouït la Cité de Dieu.* Ps. 45.

Or ceste rapidité est tousiours accompagnee de quelque bruit : pource nostre texte pour remarquer l'excellence de ceste magnifique descente, dit, *Factus est repentè de cœlo sonus.* C'est ce que Dauid exprime autrement, *A vocibus aquarum multarum vocem dederunt nubes.*

Et certes, il estoit bien raisonnable, puis que nostre Seigneur exhalant son Esprit entre les mains de son Pere en la Croix l'vniuers croula, aussi qu'il y eust du tremblement, quand le Pere espandroit son Esprit sur les hommes.

Le grand Poëte voulant exprimer vn augure

T

signalé chante ainsi.

Intonuit lævum, & cælo delapsa per auras
Stella facem ducens multa cum luce cucurrit.

Vous diriez que voila la peinture du mystere de ce iour, auquel apres vn fop du Ciel, qui ne peut estre autre qu'vn tonnerre, le sainct Esprit descend visiblement en forme de langues ignees ou estoillees sur chacun des Apostres, & sur la saincte Vierge.

O saincte Mere, que ceste seconde visite fut bien differente de la premiere, quand ce mesme Esprit opera en vous le mistere ineffable de l'Incarnation; lors vous fustes *ombragee*, icy illuminee; là sans bruit & à la sourdine, icy auec esclairs & esclats; là dans vos flancs il forma le Verbe incarné, icy dans vostre ame il produict le Verbe spiritualisé; là vous fustes faite Mere charnelle, icy spirituelle; là seule, icy en la compagnie des Apostres, participans à mesme grace.

Luc. 1.

Ostons ce qu'il y a de vain & de vilain en la fable de Semelé: mais n'y a-il point icy quelque lineament de ressemblance? Vn Dieu descendant tout rouge de flammes, pour encendrer leurs cœurs?

Allez Apostres enflammez, mettez le feu par le monde, sortez de ce pourpris, *tanquam leones ignem spirantes*, comme parle S. Chrysostome, crians hautement, *Vicit leo de tribu Iuda, radix Dauid. In omnem terram exeat sonus vester, & in fines orbis terræ verba vestra.* Ne redoutez point le sort des Phaëtons, & des Icares, car vous estes guidez d'vn plus puissant Genie.

O Promethees nouueaux, que ie vous voy

auec ce feu du Ciel animer d'hommes terrestres.

O Aigles porte-foudres, que ie vous voy lancer de feux; combien amasser de proye, *Ad prædam filii Dei. Sicut sagitta in manu potentis, ita filij excussorum.*

Ces claires flammes qui voltigent sur vos testes, ne sont point de ces ardans malins qui portent la nuict les voyageurs en des precipices, si nous ne voulons dire que voirement la ferueur ardente de vostre pieté, vous portera dans les precipices de la mort temporelle: mais ce sera pour vous porter à vne vie eternelle, aduantagés de la glorieuse palme d'vn triomphant martyre.

Ou comme vn feu sainct Elme, qui se monstrant apres l'orage, presage le calme, & monstre le port aux nautonniers agitez.

Seruius Tullius, vn des dix premiers Roys de la Romaine Monarchie, estant encores ieune, & de condition seruile, fut veu vn iour auec la teste lumineuse, d'où les auspices luy augurerent la Royauté contre toute apparence: ce qui toutesfois aduint, ayant esté adopté par Tullus Hostilius, & rendu successeur de son Empire. Le grand Poëte augure des sceptres à son Iulus, pour vn pareil rencontre, faisant ainsi parler Ænee.

— *Mihi vsus Iuli.*
Lambere lumen apex circum sua tempora fulgens.

Et voyant auiourd'huy les chefs des Apostres tous rayonnans de diuine splendeur, ne pouuons-nous pas bien presager cela mesme que le Psalmiste auoit prophetisé d'eux, *Constitues eos principes super omnem terram?*

Quand Dieu voulut former le monde, il commença par la lumiere; quand reformer aussi par la lumiere de son Verbe, qui s'appelle *lux mundi, vita & lux hominum, lux in tenebris lucem*; le voulant maintenant informer, il mande encor la lumiere de son sainct Esprit, par sa splendeur, renouuellant la face de la terre.

Ioan. 1.

Ps. 103.

De ces splendeurs & appareils nous pouuons colliger, mes freres tres-aimez, l'excellence de ceste feste, laquelle outre qu'elle est rangee par l'Eglise entre les quatre principalles de ses solemnitez, comme particulierement affectee à la troisiesme personne de la tres-saincte Trinité, & à ce haut mystere de la descente du S. Esprit: si est-ce que nous pouuons par forme de discours, plustost que par voye de comparaison, que ie ne veux presser, de peur de la rendre odieuse, la releuer bien loin au dessus de toutes les autres celebritez. Esquelles pour la plusspart nous honorons les mysteres operez en l'humanité sacree de nostre Seigneur (sequestrons icy l'vnion hypostatique) laquelle est autant inferieure à sa diuinité, qui est la mesme auec celle du Pere & du S. Esprit, comme la creature du Createur.

En son Incarnation nous honorons l'vnion de la nature diuine auec l'humaine, *nobis datus, nobis natus,* dit l'Eglise apres l'Escriture qui parle ainsi, *Misit Deus Verbum suum natum ex muliere, factū sub lege;* en somme, *& homo factus est, & Verbum caro factum est.* En l'Eucharistie, nous admirons l'vnion de ce diuin corps, auec le nostre. En sa Passion, ses souffrances pour nostre rachapt. En la transfiguration, quelque eschantillon de sa gloire. *Se nascens dedit socium, connascens in edulium, se moriens in pretium, se regnans dat in præmium.*

Mais en ceste feste que nous celebrons, le Pere & le Fils nous donnent le sainct Esprit, qui semble estre le comble de toutes les actions de la Naissance, Vie, Mort, Passion, Resurrection, & Ascension de nostre Seigneur.

S. Paul exaggerant la grandeur du present que nous a fait l'Eternel Pere, nous prodiguant son fils vnique, auquel sont *tous ses thresors*, conclud ainsi : *Comment en luy ne nous auroit-il donné toutes choses ?* Si certes : mais ce fils glorieux a encores adiousté (s'il se peut adiouster en Dieu) par vne mesure pleine, & sur abondante, en vertu de ses merites, l'effusion du S. Esprit procedant esgalement de son Pere & de luy, & en iceluy il a assemblé tous ses biens. Aussi quand le Prophete predit ceste liberalité, bien que le S. Esprit soit appellé *donum Dei altissimi*; neantmoins il dit en pluriel *dons*. *Ascendens in altum captiuam duxit captiuitatem, dedit dona hominum.*

Luc 6.

Or ces dons sont inexplicables à nostre foiblesse : pource bouclerons nous mieux ces excellences par le rideau d'vn *Tacet*, que par aucune autre expression. Les Egyptiens en leurs Hieroglyphes souloient representer Dieu sous le symbole du Crocodile, animal qui n'a point de langue; pour enseigner à admirer plustost les choses diuines auec silence, que de les vouloir exprimer par vn parler trop foible. *Quis loquetur potentias Domini?*

III. Ces excellences, mes amis, m'ont emporté plus loing que ie ne pensois, & me feront dire les vtilitez de ce mystere auec plus de briefueté. Ouurez vos cœurs, ames pieuses, ne voyez vous pas que la manne tombe auiourd'huy des Cieux? manne chaude, manne sacree & succree, manne ardante: ô Dieu, ne laissez tomber ce feu diuin sans en reseruer vne estincelle, qui sera capable de vous embraser du Sainct amour, comble de toute perfection.

Ce n'est plus ceste manne corporelle du desert, paistrie seulement par les mains des Anges, appellee *leur pain* metaphoriquement: mais ces langues ignees d'auiourd'huy, c'est là vrayement & proprement le pain des Anges, & des ames bien-heureuses: car en l'eternelle felicité il n'y a autre pasture qu'amour.

C'est icy en verité ceste pluye d'or imaginee par les Poëtes, non ja pour corrompre, mais pour embraser les chastes cœurs. O s'il pleuuoit de l'or, que de gens seroient empressez à le ramasser: & les graces du S. Esprit *plus desirables que l'or & le topaze*, pleuuent auiourd'huy, & nul ouure son sein par la Confession, & son cœur par la Communion, pour les recueillir.

Psal. 18.

C'est auiourd'huy, mon tres-cher trouppeau, que *distillauerūt cœli à facie Dei Sinai* (vn Dieu de feu) *à facie Dei Israël*; & que *pluuiam voluntariā segregauit De° hereditati suæ*, & que *rorant cœli desuper, & nubes pluunt iustum*. Autrefois *pluit super peccatores laqueos, ignis, sulphur, &c.* pour leur perdition, comme en la destruction des villes execrables. Maintenant le feu pleut sur les iustes, pour leur consolation. Ne laissons pas passer ceste pluye sans desfricher nos champs : faisons nostre profit de ceste flambante rosee.

C'est auiourd'huy que ceste nuee qui apparut au Baptesme de nostre Seigneur, grosse d'eaux & de feux, esclatte en eaux de grace, & desbonde en feux d'amour, & la sciéce de la voix sort de ceste nuee. *Hoc quod continet omnia scentiam habet vocis.*

Quand les Roys font des triomphes, ou des entrees solennelles, ils ont de coustume de faire largesse : en la triomphante entree de N. S. au Ciel, voila qu'il fait largesse de ses plus precieux thresors, par la communication de son S. Esprit.

Il a doté son Eglise de son sang, & comme dit Sainct Paul, il l'a *acquise & lauee*, luy lauant *les* Ephes. 5. *taches & les bubes.* Il l'a acheptee, *empti estis pretio magno. Non enim auro & argento redempti estis, sed pretiosa sanguine Agni immaculati.* Maintenant il donne à son Espouse, ce que les Iurisconsultes appellent Paraphernes, qui sont les ioyaux, & autres faueurs hors le doüaire. Ce sont les quarquans de la fille de *Sion. Ornatam monilibus filiam Sion Dominus concupiuit.* De sorte qu'on peut à bon droict dire d'elle, *collum tuum sicut monilia.* Quel bel appanage de l'Eglise, d'auoir la communication & assistance perpetuelle du Sainct Esprit iusques à la consommation des siecles. Aussi voyez comme elle parle en son premier Concille, *Il a semblé au sainct Esprit & à nous.* Quoy? & les seruiteurs le peuuent distribuer, comme ont fait les Apostres, par l'imposition de leurs mains. *Imponentes eis manus acceperunt Spiritum sanctum*, & depuis eux successiuement tous les Prestres, ausquels il est dit, *Accipite Spiritum sanctum. Quorumcumque*, &c. Nous pouuons bien chanter de ceste espouse sacree, *Multæ filiæ congregauerunt sibi diuitias, tu verò supergressa es vniuersas.* Car posseder ainsi le sainct Esprit, n'est-ce pas disposer de tous les thresors du Ciel?

O que vos mains, Esprit tres-pur, paranymphe de l'Espoux, sont vrayement *tornatiles plenæ hyacinthis*.

O que veritablement, *Caput tuum plenum est rore, & caput tuum aurum optimum*.

Au dessert d'vn grand festin, on a de coustume de faire vn seruice friand de confitures delicates: nostre Seigneur nous ayant fait le banquet de son corps, & repeus de sa chair precieuse, il ne le pouuoit clorre par des dragees plus delicieuses, que ces langues de feu.

O belles langues, vnique doüaire de l'Eglise, vostre splendeur nous est bien demeurée, *Eloquium Domini lucidum illuminat occulos.* Mais helas! qu'est deuenuë vostre chaleur? mais où est allée vostre feruour? ô que ne vous possedons-nous en ce temps, ô langues ignees, pour confondre les heresies, & conuertir les pecheurs! ô si nous auions *Ignitum eloquium tuum vehementer*, aussi tost, *serui Dei, diligerent illud*. Donnez-nous, ô mon Dieu, des paroles ignees pour publier vostre loy de feu, disoit S. Bernard en ceste Feste, & pour reschauffer l'amortie charité de ce siecle de glace. Ie voy bien, mes amis, ce n'est pas la faute de l'outil, car *veritas Domini manet in æternum*, mais celle des ouuriers, nos ca-

Serm. 1. huius festi.

naux rendent ceste eau moins efficace. Malheur à nous qui mesnageans si mal les dons du S. Esprit, & qui par nos mauuaises mœurs nous rendons moins vtiles *dispensateurs des diuins mysteres*, & qui par nostre mauuais exemple obstaclons l'effect *de la loy de Dieu*, *qui est de conuertir les ames, & de son tesmoignage fidele; qui donne la sagesse aux petits.*

Ps. 18.

Disons vn mot des delices de ce iour; ô elles sont telles, mes enfans, que *exuperant omnem sensum & intelligentiam*. Mais dictes-moy, quel d'entre-vous en Communiant auiourd'huy n'a ressenty vne ferueur extraordinaire par l'accession de ces flammes de l'Esprit Sainct? En verité, *Nonne cor nostrum ardens erat, cùm loqueretur*, dans le secret de nostre interieur?

IV.

Si vous auez bien presté l'aureille, ie m'asseure que vous aurez entendu des paroles *de paix*, *fructus Spiritus gaudium & pax in Spiritu sancto.*

Quel d'entre-vous n'a ressenty la souëfueté de ceste onction spirituelle, & vn rejalissement de ceste viue source d'amour, *fons viuus, ignis, charitas, & spiritalis vnctio.*

Nouueaux Athletes, vous-estes vous pas senty renforcez au dedans, & affermis en la resolution de combattre virilement contre les bandes ennemies, du sang, du monde, de l'enfer, *induti virtute ex alto?*

Quel d'entre-nous n'a ressenty quelque tranchee de ceste yuresse saincte & spirituelle, de laquelle les Apostres ont esté saisis en ce iour, tesmoignage des grandes delices qu'ils ressentoient en leurs ames. Sainct Pierre, direz-vous, côme au Thabor, qu'il fait bon en ce Cenacle?

Cét enthousiasme Apostolique fit croire à quelques Iuifs malicieux, que *musto pleni erant*: l'Eglise chante, *Musto madere deputant, quos Spiritus repleverat*. Ils estoient yures, dit S. Bernard, à ce propos, *Vino quod lætificat cor hominis, non eo quod euerit statum mentis : vino quo germinantur virgines, non eo quod apostatare facit sapientes*.

Act. 2.

S. Bern. serm. 3. in die Pente.

Sus, *Venite, inebriamini, charißimi: venite, emite absque argento vinum & lac : haurite cum gaudio de fontibus amoris*. Enyurons-nous de ces torrens de voluptez spirituelles : ce sont les sainctes delices de ce iour sacré. *Qui audit mecum, dicat veni. Amen. Veni sancte Spiritus, reple tuorum corda fidelium, & tui amoris in ignem accende*.

En ce feu *in meditatione exardescet*, si vous repensez attentivement, mes bien-aimez, 1. aux figures, 2. aux excellences, 3. aux vtilitez, 4. aux delices de ce grand mystere de la venuë du S. Esprit.

De l'amour de Dieu, pour le Lundy de Penthecoste.

HOMELIE.

Sic Deus dilexit mundum. Ioan. 3.

ABraham pour accomplir le commandement de Dieu, va sacrifier son fils: & Dieu mesmes pour satisfaire à l'extréme amour qu'il nous porte, va pour nostre salut immolant le sien. C'est le suiet de nostre texte. Gen. 22.

D'où nous prendrons occasion de vous traicter trois poincts: le 1. de l'amour de Dieu envers nous, le 2. de nostre amour vers Dieu, le 3. qu'en ceste saincte reciprocation d'amour, consiste le comble de la perfection Chrestienne. Entendez.

C'est merueille, mes bien-aymez, comment Dieu se puisse abbaisser à nous aimer: plus grande merueille, qu'il nous aye peu tellement aimer, qu'il aye *par vne copieuse redemption donné son propre fils pour le rachapt de l'esclaue,* comme parle sainct Gregoire. II.

Ps. 129.

Nos indignitez sont si euidentes, nos vilitez si claires, nos laideurs si manifestes, nos malices si palpables, nos vanitez si expresses, que cela a faict dire au Roy Prophete: *Vniuersa vanitas omnis homo viuens: & in imagine pertransit homo.* De là vient cet estonnement du mesme Royal Chantre, comment Dieu si grand, si beau, si bon, si parfaict, peut appliquer son affection vers vne creature si mauuaise, si imparfaicte, si miserable. *Quid est homo memor es eius, aut filius hominis quoniam visitas eum? Minuisti eum paulò minus ab Angelis.*

Ps. 8

l. 11. de præpar. Euan. c. 4.

Sur lesquelles paroles Eusebe Emissene remarque vn secret allusif que cache la lettre Hebraïque; car les mots de *homo* & *hominis* sont variez, & y a au premier *Enos*, & au second *filius Adam*. Or *Enos* veut dire *oubliant*, & *Adam* veut dire *terrestre*: de sorte que l'antithese se trouue fort gracieuse; car c'est comme qui diroit ainsi: Seigneur, comme est-ce que vous auez souuenance de l'homme, lequel vous oublie à tout propos, en vous offençant? *Oblitus est tui diebus innumeris, & dereliquit te fontem aquæ viuæ*, tant ingrat & peu souuenant de vos bienfaicts, *que solitudo factus es illi*. Comment est-ce que vous qui estes tant noble & releué, vous rauallez à visiter & estimer vne creature terrestre & si abiecte? Qui n'admirera, mes freres, l'amour extréme d'vn si bon Dieu?

Iob le cognoissoit, & recognoissoit bien, quand il disoit, *Quid est homo quia magnificas* (c'est à dire, *magnificis*) *eum? aut quid apponis erga eum cor tuum? visitas eum diluculo*. Peut-on depeindre vn amour plus passionné, notamment en ce dernier mot qui compare Dieu à ces amans esperdus, qui perdans le repos de la nuict, vont de grand matin rodans deuant les portes de leurs amantes.

At lachrymans exclusus amator, limina sæpe
Floribus & sertis operit, postésque superbos
Vngit amaracyno, & foribus miser oscula figit.

Certes qui voudra voir les sainctes & desmesurees passions qu'a pour nous le Sauueur de nos ames, on ne peut consulter de plus sainctes flammes que celles que le sainct Esprit a semees dans le Cantique des Cantiques, où Dieu soubs la figure d'vn amant fait voir *Lampades suas, lampades ignis, atque flammarum.*

O qu'il a bien faict voir en fin ce cher amant, que *son amour estoit plus fort que la mort*, puis qu'il s'est offert volontairement à la mort pour contenter l'amour qu'il nous porte. Amour extréme, & qui a faict mourir l'immortel, & humaniser la diuinité.

Amant trauesty en la liuree de son amante la nature humaine, pour tascher *d'attirer nos cœurs par les chaisnons de charité, & par ceux d'A-dam, se rendant fils de l'homme.*   *Osee.11.*

Ne vous estonnez point de ceste extremité, mes freres, car elle passe dans l'eternité, *Charitate perpetua dilexi te, ideo attraxit te miserans tui*: voire & dans l'infinité; car Dieu estant infiny & infiny pareillement tout ce qui est en luy, principalement son amour qui compose la troisiesme personne de son vnique diuinité, il ne faut pas tant ietter l'œil sur l'obiect de nostre neant, que sur le suiect de sa grandeur, laquelle estant illimitee, pource *Modus diligendi nos in Deo, est sine modo.*

O le prodigue amant ; qui s'est donné soy-mesme en proye à l'amour qu'il nous porte, *Dilexit me*, dict l'Apostre, *& dedit semetipsum propter me*. Tant est vray ce mot du Cantique, *Si dederit homo omnem substantiam suam pro dilectione, quasi nihil despiciet eam* : car nostre texte nous

Heb. 1.

dicte-il pas *que Dieu a tant aimé le monde, que de donner son fils pour luy?* Fils qui est *l'image de sa substance, sa mesme escence, Dieu de Dieu, lumiere de sa lumiere. Vray Dieu de vray Dieu, son coëgal & consubstantiel. Et comment, dit S. Paul, en luy ne nous auroit-il donné toutes choses?* Et ce fils ne nous a-il pas prostitué toute la substance de son ame? *Dedit animam suam dilectam pro onibus suis*. Toute celle de son corps l'a-il pas prodiguee en sa mort, vuidant celle de son sang iusques à l'eau mesmes qui pouuoit estre en ses entrailles? Non content de ce sacrifice sanglant, continuë-il pas tous les iours, & continuera iusques à *la consommation des siecles*, de nous debiter la substance de son vray corps & sang, au sacrifice incruent & au Sacrement ineffable de la tres-saincte Eucharistie? Qui vid iamais vn amant si liberal, & si despencier?

Marthe, vous auiez raison de luy dire, *Domine non est tibi curæ*: car quel soin voulez-vous qu'il

Luc 15.

aye de vous, il n'en a pas de soy-mesme. Il n'a autre sollicitude que de se faire aimer : à cela il *dissipe toute sa substance* comme le prodigue, voire celle de son corps.

Cant.

Voila le Soleil de son amour qui le despouille, & de ses vestemens & de sa peau, puis il va deuestant son ame de son corps, il se desfaict de sa vie mesmes pour la sacrifier au rachapt de reste humaine nature qu'il passionne tant.

O aueugle amour, qui aueugles Dieu mesmes, & qui luy fais trouuer des beautez en nous, où ne sont que laideurs; des perfections, où ne sont que defauts; des bontez, où ne sont que malices, *Totus mundus in maligno*, & neantmoins, *sic Deus dilexit mundum*. Voyez-vous, mes freres, il est tres-vray que *vidit Deus cuncta quæ fecerat, & erant valde bona*. Mais le seul homme entre toutes les creatures se reuoltant contre son Createur, est deuenu mauuais par le peché: nonobstant cela Dieu ne laisse de cherir en luy la bonté de l'estre qui luy est demeurée, & celuy qui n'a pas pardonné aux Anges vn seul peché, remettant & tant de fautes aux hommes, se souuenant qu'ils sont chair, & consequemment fragiles. Mais les esprits pechans par pure malice, tombent sans se releuer; vont, & ne reuiennent pas; perdent la grace, sans la recouurer: ainsi entends-ie ce verset, *Recordatus est, quia caro sunt, spiritus vadens & non rediens*: il pardonne aux hommes pour leur foiblesse, *caro infirma*; non aux Anges pour leur fermeté, *spiritus promptus*. Genes. 3

1. Pet. 1.

Mais, Seigneur, ne sont-ce pas *vos paupieres qui interrogent les enfans des hommes? ne nombrez-vous pas leurs pas? ne voyez, voire preuoyez-vous pas leurs voyes?* d'où vient donc que recognoissant si profondément leurs defauts, vous les dissimulez? ne voyez-vous pas Adam? & pourquoy disiez-vous, *Adam vbi es?* N'est-ce pas pour faire dire aux peruers, *Si est Deus, aut si est scientia in excelso?*

Ps. 10.

Il fait tout de mesme, mes tres-aimez, qu'vn homme passionné d'vne fille ; il ne void point ses defauts ; tient pour calomnies les rapports qu'on luy faict de ses mauuais deportemens ; il desment plustost ses yeux & ses aureilles que les affections de son cœur. Ainsi Dieu nous aime tous pecheurs que nous sommes, non parce que nous sommes pecheurs, mais parce que nous sommes capables de la penitence & de sa gloire.

Genes. 2. Et principalement parce que nous portons en nos ames *son image & semblance*, de laquelle ce beau Nercisse est si affollé, qu'il s'escoule en fontaine ; pource il se nomme *fontem viuum*, & se change en fleur, *Ego flos campi. Flos de radice Iesse.*

Doctes, d'où procede le sainct Esprit, amour eternel, infiny & reciproque du Pere & du Fils, sinon de ce que ce Pere void dans ce Fils, & ce Fils dans ce Pere, comme dans vn miroir l'image de sa substance, l'essence de sa bonté ? Que voir & aimer est vne mesme chose ; voila l'amour duquel Dieu s'aime : que s'il void en l'homme vne idee de son image qu'il luy a communiquee par sa bonté, & vn rayon de sa beauté, vous estonnez-vous si ce diuin amant est si expressément esperdu de nos ames, pour lesquelles il est mort d'amour ?

II. Que ferons-nous pour contr'eschanger vn tel amour, mes freres bien-aimez ? Certes si nous ne le pouuons rendre tel que nous voudrions, rendons-le moins tel que nous pourrons : car l'amour est vne marchandise si precieuse

cible qu'il ne se paye par un autre amour.
Diligamus ergo Deum fratres, quia prior ipse dilexit nos, & prævenit nos benedictionibus dulcedinis.

Quel amour mondain pourra jamais nous sé- Rom. 8.
parer de la charité d'un si bon Dieu? Quel ail puãt
empescheta jamais la ferrée dureté de nos
cœurs, de voler à l'aymant d'un si doux amant?

Quel diamant (car on dit que ceste pierre a
la mesme propriété que l'ail pour retarder l'attraction de la calamité) d'insensibilité ou de
faux lustre, nous empesche de nous voir par un
amour indissoluble avec *nostre pierre vive, angulaire & fondamentale Iesus Christ?*

On dit qu'il y a deux sortes d'aymant, l'un
noir qui attire le fer, l'autre blanc qui le rechasse: ô Dieu nos cœurs sont voirement de fer, *Nobis robur & æs triplex circa pectus est*; Pource sont-
ils si facilement ravis & emportez à l'aymant
noir de l'amour du monde & de la terre; & rejettez, ainsi materiels & lourds, de Iesus, qui est
un aymant blanc, *dilectus candidus*.

Mais aussi *rubicundus*, rouge du feu de son
amour, *Deus ignis consumens*: ô mes freres, iettons donc le fer de nos cœurs en ceste fournaise
d'amour, & unissons les avec l'amour de Iesus,
comme le fer rougy se transforme en feu, ainsi
de tenebreux nous deviendrõs clairs; de froids,
chauds; de lourds, legers: de durs, mols & flexibles à tout bien.

Embrasons nos cœurs de ce beau feu, que
nostre Seigneur Iesus Christ *est venu apporter au
monde*, dont nous avons une bluette si estincelante en nostre texte, *Sic Deus dilexit mundum*.

V

Refondons nos cœurs dans la fournaise d'vn tel amour, & quand ils seroient de pierre, ils se rendront fusiles. *Auferentur à nobis corda lapidea.*

De la viuacité de ce beau feu, nous apprendrons à estre vifs & actifs au seruice de Dieu.

De sa netteté, à purifier nos ames de toute roüilleure.

De sa penetration, à percer tous les obstacles des difficultez, que la tentation du malin nous propose en la vie deuote.

Pf. 68. De sa deuorante qualité, à estre rongez d'vn
3 Reg. 19 sainct zele *pour la maison de nostre Dieu, & d'estre zelez de zele pour le Seigneur Dieu des exercites.*

Pf. 122. De son esleuation en haut, *à auoir nostre conuersation aux cieux, & à leuer nos yeux à celuy qui y habite.*

Pf. 118. De sa promptitude, à courir *à Dieu si tost qu'il aura dilaté nostre cœur:* car comme c'est le propre du feu entre tous les elemens, de faire son operation plus preste; aussi les plus amans sont les plus diligens à seruir Dieu, & le prochain. Et c'est pourquoy nostre Seigneur ayant enquis S. Pierre de son amour, il luy dit, *Pasce oues meas,* & seroit-ce point ceste promptitude qui auroit induit l'antiquité à donner des aisles à l'amour?

O que n'auons nous des aisles d'aigle ou de colombe amoureuse pour voler dans le sein de Dieu, qui est nostre centre beaucoup mieux que la concauité lunaire n'est celuy du feu où il pointe par vn continuel eslancement.

O mon pauure cœur retirons-nous des canes relantes des affections terrestres : toy qui es *vn froment esleu par la bouche de Dieu*, la viande de laquelle il est le plus friand, son gasteau plus delicat, vois-tu pas que tu n'y engendrerois que pourriture, que moisissure, & que tu y pousserois des faux germes de corruption ? Helas ! mets toy plustost dans *les grands greniers de* Mat. 6. *ce riche pere de famille, où les larrons ne peuuent monter, ny entrer la tigne & la vermoulure*, où l'air est pur & net, & libre, où tu te peux conseruer eternellement.

O mon ame tu es semblable au miroir, & capable de toutes sortes de representations & impressions, si tu te tournes vers la terre basse, tu ne rouleras en tes pensees que richesses, que thresors, que vanitez, que voluptez, que boües, qu'ordures, si tu te retournes vers le ciel, voy comme les astres brilleront en toy, ce bel azur se formera en ta glace, tu seras illuminee, illustree, purifiee, tu n'auras autre object, que le Paradis, que la gloire dont ceste cambreure voûtee n'est que le pavé & matche-pied. O Dieu, quelle dignité de t'ennoblir par vn tel object ! Voyez, mes tres chers freres, comme le ciel embellit, & la terre enlaidit.

Dites-moy, Dames, s'il se trouuoit des miroirs qui peussent aduantager en beauté celles qui s'y mireroient, combien ces glaces seroient-elles recherchees ? combien leur trafique chere ? combien leur commerce & consultation seroit-elle frequentee de vos yeux ? puisque vostre vanité vous porte bien à rechercher dans les vostres des graces que vous n'auez. Pour

Dieu, mirez-vous dans le diuin amour, non de glace, mais de feu, & vous y acquerrez des beautez & perfections, qui à la fin vous auoyſineront interieurement de la beauté des Anges.

Helas! Dieu se mire en toy, ô mon ame *mirabilis scientia Dei ex me*, & y admire son image, & y aime son portraict, que de sa douce & sçauante main il a sçeu y grauer d'vn immortel burin: & pourquoy, ô chetiue, ne te mires-tu en Dieu? pourquoy n'admires-tu les beautez de celuy qui est le plus specieux entre les enfans des hommes? pourquoy ne le prends-tu pour but & blanc des traicts de tes affections?

III. Il ayme ceux qui l'ayment, rends-luy au moins amour pour amour; puis que *nul est si revesche*, dit Iean. 14. l'aigle des Docteurs *qui ne voulant donner l'amour ne soit contrainct de le rendre*.

S'il est honteux, comme dit vn ancien, *de se laisser vaincre en l'amour humain*, combien le sera-il plus au diuin, puis que nous auons tant de subject d'aymer Dieu, & luy tant d'occasion de nous mespriser? voire de nous hayr? Et d'où vient donc qu'au rebours, ayans vn plus riche obiect de nos affections en Dieu que Dieu en nous, il nous ayme neantmoins iusques à l'extremité que nous marque nostre texte; & nous au rebours l'aymons si froidement, & comme du bout des léures, pluſtoſt que du bon du cœur?

N'alleguons point que Dieu estant infiny, pource toutes ses operations sont infinies, ce qui n'est pas semblable en nous; car c'est vn mauuais manteau pour couurir nostre lascheté & tiedeur; nous le deurions aymer sinon infiniement comme il meriteroit, au moins selon toute l'estenduë de nostre pouuoir & des facultez de nostre ame, selon l'ordonnance de sa saincte loy.

Comme la matiere appete sa forme, pourquoy est-ce que nos cœurs ne desirent se mouler au patron de la saincte charité de Jesus?

Il est nostre chaleur surnaturelle; que ne luy offrons-nous l'humidité radicale de nos desirs, pour engendrer par ce concours mille fleurs & fruicts en nos ames?

Ne voyez-vous pas que toutes les perfections de l'espouse tracees au Cantique, prouiennent de ce baiser qui commence cet Epithalame sacré, *Osculetur me osculo oris sui*. Baiser, qui en sa coniecture nous represente naïfuement la saincte reciprocation de l'amour de Dieu, & du nostre. *Can. 1.*

Or c'est en cet accouplage, mes freres, que se resoult toute la loy & les Propheres *nec datur vltra: la dilection estant le comble & plenitude de toute la doctrine Chrestienne.*

C'est noste chaisne d'or qui lie le ciel à la terre, & qui attache les choses diuines aux humaines; c'est elle qui faict incliner *& descendre les Ps. 48. cieux icy bas*; c'est elle qui guinde *la terre sur les eaux surcelestes*.

C'est la coste mysterieuse eschelle qui aboutit de la terre au ciel, sur laquelle Dieu s'appuye, sous laquelle l'homme repose; & par la quelle les Anges vont & viennent, nous apportans l'amour de Dieu, & luy reportans le nostre.

C'est l'arc recourbé de ceste saincte reciprocation qui lance en nos cœurs des flesches aiguës de dilection, & qui nous fait escrier, *Quid retribuam Domino, pro omnibus que retribuit mihi? Calicem salutaris accipiam* : & quel est ce calice, sinon celuy de la passion ? & quelle est ceste passion, sinon celle de l'amour ?

C'est le flux de cet amour de Dieu vers nous, & le reflux du nostre vers luy, qui conserue l'ocean de ceste grande machine de l'vniuers, qui n'est fondé & creé que par, pour, & sur l'amour, pource est-il escrit, *que l'esprit du Seigneur estoit espandu sur les eaux.*

Gene. I.

Efforçons-nous, mes tres-chers freres, de tout nostre pouuoir à reciproquer vn si doux amour. Soyons des Heliotropes à ce Soleil ; & comme nostre Seigneur nous regarde d'amour, considerons-le auec dilection ; ouurons-nous à ses rays, & nous fermons aux tenebres de l'amour du siecle.

Qu'à iamais le sang de *Iesus* soit le ciment qui attache indissolublement nos cœurs au sien ; & comme deux bois collez auec de la colle bien fine, se separer plustost ailleurs, que de se des-vnir par où ils sont conioincts : ainsi que la mort diuise plustost nos ames de nos corps, que nos cœurs de son sainct amour.

Nos cœurs soient ils de camphre & de naphte inextinguible à de si sainctes flammes, que toutes les eaux des tribulations ne puissent esteindre.

O mes bien-aimez, c'est en ceste vnion de nos cœurs, *en la caverne de la mazure*, auec celuy de nostre Seigneur, que consiste nostre perfection; c'est de cét entre-choc & rencontre que se forment ces sainctes flammesches du diuin amour. Bien-heureuse l'ame esleuee à telle felicité!

O que ne sommes-nous matiere susceptible de ces bluettes qu'estincelle de toutes parts le battement de ce fusil spirituel de nostre texte, par le coup de ce *sic*, ce beau *sic*, cét amoureux *sic*, cét emphatique & energique, *Sic Deus dilexit mundum*, &c. Dites-moy, vos cœurs sont-ils point ardens, voire embrasez par la consideration d'vn amour si extréme?

Allez en paix remaschans, 1. le grand amour de Dieu vers nous, 2. celuy que nous luy deuons, & 3. retenez qu'en ceste reciprocation consiste le poinct de nostre perfection ça bas, & de nostre gloire là haut.

Porte mystique pour le Mardy de Penthecoste.

HOMELIE.

Ego sum ostium. Ioan. 10.

Pſal. 86 **D**iligit Dominus portas Sion, ſuper omnia tabernacula Iacob, glorioſa dicta ſunt de te ciuitas Dei. Soit que nous entendions ces mots, de l'Egliſe, comme ils ſonnent à la lettre, ou de la Vierge ſacree, ou de l'ame du iuſte, ou de la ſaincte humanité de noſtre Seigneur ſelon le ſens ſpirituel; touſiours ceſte Prophetie nous apprend comme Dieu ayme de ſi ſainctes portes, puiſque luy-meſme en noſtre texte s'appelle porte.

Pource ie le vous veux faire voir en quatre façons, 1. comme porte de miſericorde, 2. de l'Eſcriture, 3. de l'Egliſe, 4. du ciel.

I. Pour vous perſuader que noſtre Seigneur ſoit vne porte de miſericorde; mes benits freres, ie n'auray pas grand peine; car vous croyez & criez auec Dauid, *Deus meus miſericordia mea.* Si faut-il que ie le vous deduiſe par l'explication de noſtre texte, & pour voſtre conſolation.

Par le portail on iuge de tout l'edifice; & ie vous fay iuger par l'edifice de la porte: car ſi Dieu eſt toute miſericodre, *patiens, longanimus, & multum miſericors*, pourquoy noſtre Seigneur n'en ſera-il pas la porte?

Festiues. 313

La parole est la porte de nostre esprit, & par laquelle on entre en nostre intelligence; & nostre Seigneur est le *Verbe*, par lequel le pere entre en la cognoissance de soy, *in diuinis: & in humanis*; il est le Verbe incarné, qui nous sert de porte pour entrer en sa diuinité, par son humanité, comme fit S. Thomas, s'escriant à la porte de son costé, *Dominus meus, & Deus meus*.

Au demeurant nous ne sçaurions auoir d'entrée en la misericorde du Pere que par ce fils; il est donc la porte de misericorde.

Frappons à ceste porte, & on nous ouurira; demandons-y l'aumosne de la diuine grace, & elle nous sera donnée en son nom: car il est escrit, *Quidquid petieritis Patrem in nomine meo, dabitur* Luc 11. *vobis*.

Mais entrons-y en confessant nos pechez, Ps. 99. *Introite portas eius in confessione, atria eius in hymnis confitemini illi*. Et puis ouurons la porte de nostre cœur à ce diuin espoux, *distillās la rosee des Cieux,* Cant. 5. *& tout degouttant de graces*. Donnons luy entrée en la possession de nous mesmes. *Attollite portas, principes vestras, & eleuamini, &c.*

Les portes du Temple de Salomon estoient de bois d'oliuier, oliue symbole de misericorde; 3. Reg. 9 tel est nostre Seigneur, lequel *diues est in miseri-* Exo. 20 *cordia, & faciens misericordias in millia*.

Il est ce vray Salomon, qui rend Iustice en la porte de sa misericorde: car quant aux effects en Dieu, *superexaltat misericordia iudicium*. Oyez comme sa Iustice est au milieu de la porte de sa misericorde. *Misericors Dominus & iustus, & Deus noster misericors*.

Diriez-vous pas que c'est le iuste & robuste Samson, qui enleue des gonds les deux portes de Gaza, pour tesmoigner que pour vn effect de Iustice, il nous en communique plusieurs de misericorde: *Non enim continet in ira sua misericordias suas.* Il semble que le tribunal de sa Iustice soit subalterne, & qu'il y aye tousiours appel à sa misericorde : pour s'appelle il, *Pater misericordiarum.*

Iud. 15.

Nostre Seigneur est *nostre mediateur*, & de redéption & d'intercession, & ceste meditation nous donne accez à la porte des diuines graces.

Anciennement la Iustice s'administroit aux portes des villes: de là vient qu'Absalon se tenoit aux portes de Hierusalem, pour seduire ceux qui viennent plaider, & les exciter à rebellion contre son pere.

De ceste façon doit estre entendu ce passage du Psalmiste, *Non confundetur, cum loquetur inimicis suis in porta.* ô que Iesus est bon, qui a estably le tribunal de sa Iustice aux portes de sa misericorde.

Et quelles sont ces portes, mes tres-aimez, sinon ses sacrées playes, arcs triomphans de son amour, & insignes characteres de ses misericordes? pource dit il, *In manibus meis descripsi te.* C'est là qu'il appelle *sa colombe*, l'ame du iuste, pour la mettre en seureté.

Anciennement les Maistres des Requestes receuoient les suppliques à la porte de l'hostel du Roy, pour apres les rapporter à sa Maiesté ou à son Conseil: ô que nous auons de Referendaires assistans à ces playes sacrées, & principa-

Festiues. 315

lement la saincte Vierge, *qui monstre pour nous à son fils ses mammelles, & ce fils à son pere ses naureures*; & puis tous les Saincts, *pro nobis orant in tempore opportuno*, & fondent leurs oraisons pour nous sur les merites de ces sainctes playes.

Vrayes portes & embouchures du Nil qui arrosent nos ames de mille graces, *diuiris ostia Nili*.

Ce sont ces portes qui ont fracassé & brisé celles des enfers, *Confregit portas æreas & vectes ferreos*, pour en faire yssir par sa misericorde, les Peres anciens qui estoient depuis tant d'annees dans les prisons de la divine Iustice: ô quelle ayse à ces bonnes ames quand Iesus les tira *de tenebris ad admirabile lumen suum*, & que leur nuict Ps. 138. & les ombres furent esclairees du beau iour de ce Soleil d'Orient. Il me souuient du siege leué des Troyens.

Panduntur portæ, iuuat ire, & Dorica castra,
Desertosque videre locos littusque relictum.

Car ces ames suyuirent aussi tost vostre Seigneur, en courant apres l'odeur de ses parfums; voicy l'arbre de vie, disoit Adam; voicy l'arche, disoit Noé; voicy l'eschelle, disoit Iacob; voicy le buisson, disoit Moyse; voicy la toison, disoit Gedeon; voicy la rosee, disoit Isaye. Mais principalement Ezechiel, *Voicy la porte*.

O mes freres, rendons nous des soiuans de cét agneau en si bonne compagnie, & entonnons auec Dauid ce motet de triomphe, *Mise-* Psal. 88 *ricordias Domini in æternum cantabo*.

II. Venons à la deuxiesme porte, qui est celle des Escritures. Et qui doute que nostre Seigneur en soit l'ouuerture ? est-il pas appellé *Clauis Dauid*?

Qui ne void que tout l'ancien Testament est inscrutable & impenetrable, sans la creance de de Messie ? *Tous ceux-là sont vains, qui n'ont ceste science*: pource sainct Paul ne vouloit-il sçauoir autre chose sinon Iesus crucifié.

Sap. 3.

Vous souuenez-vous pas de ce qui est escrit en l'Apocalypse, que le seul Agneau se trouua capable d'ouurir le liure cacheté de sept sceaux ? Pour nous enseigner que sans la foy en Iesus Christ l'Escriture ne se peut entendre.

Apoc. 5.

Apoc. 4. Et ceste intelligence est ceste porte ouuerte au Ciel, que vid sainct Iean és ces mesmes reuelations. Car Iesus Christ est tout le secret du vieil & nouueau Testament.

Col. 4. Sainct Paul aux Colossiens, *Orantes vt Deus aperiat nobis ostium sermonis, ad loquendum mysteriū Christi*. Et bien proprement ; car comme par la porte se manifeste l'interieur d'vne maison, ainsi par Iesus Christ se penetre le sens plus mystique de l'Escriture.

Aussi nostre Seigneur a-il bien fait voir ceste verité pendant sa vie, voyez comme à douze ans dans le Temple il ouure la porte des Escritures. Estant auec ses Apostres, & Disciples, *Aperiebat illis sensum, vt intelligerent Scripturas*. Et les voyant contester & douter, *Erratis* leur dit-il, *non intelligentes Scripturas, neque virtutum Dei*.

Et d'où vient que les Iuifs ne voyent gout-

re dans les cahiers de l'ancienne alliance, sinon
pour le defaut de la foy en Iesus Christ, qui
est la vraye lumiere, & la splendeur du monde : & Ioan. 1.
qu'ils sont rebelles à ceste clarté, qui illumineroit leurs
tenebres?

Ie dis plus, que comme nostre Seigneur pendant sa vie par sa bouche & l'oracle de sa viue voix estoit la porte des Escritures : ainsi apres son Ascension, il faut auoir recours à son corps mystique, qui est son Eglise, pour apprendre par elle le vray sens des sacrees panchartes ; autrement ceste pierre d'edification se change en pierre de scandale, & les sainctes veritez couchees, mais cachees en ces fueilles Sibyllines, se conuertissent en mille erreurs.

Helas! il semble bien que l'heretique croye Iesus Christ, & l'Escriture en apparence, mais il nie l'vn & l'autre en effect. Car croire de l'vn ce qu'il ne faut, & entendre l'autre autrement qu'il ne faut, c'est les nier tous deux, pour croire des fantasies particulieres. *De sorte que ceux qui croyent de l'Euangile ce qui leur plaist, & ne croyent pas ce qui ne leur plaist point, ne croyent pas à l'Euangile, mais à eux mesmes*, dit le Pere Sainct Augustin.

Ne vous y abusez pas, mes freres, car ie vous declare que si vous prenez l'Escriture d'autre main, & d'autre sens que celuy de l'Eglise, vous beuuez du poison en vne couppe doree. *Celuy qui n'oyt l'Eglise est infidelle & publicain*, Mat. 14 quelque mine & profession qu'il face du Christianisme, & quoy qu'il corne & trompette l'Escriture.

Car l'Escriture selon son sens & son cerueau priué, ce n'est plus l'Escriture de l'Eglise, mais l'Escriture de son caprice.

Croyez-moy, tous n'y sont pas Docteurs, comme chantent les Errans; oyez S. Paul qui vous dit mieux, *Posuit in Ecclesia, alios Apostolos, alios Prophetas, alios Doctores, &c.* & plus bas, *Numquid omnes Prophetæ, numquid omnes Doctores, &c.* Le mesme aux Ephesiens. *Ipse dedit quosdam Apostolos, quosdam Prophetas, alios Euangelistas, alios autem Pastores, Doctores, in ædificationem corporis Christi, vt iam non simus paruuli fluctuantes.* Et ce qui suit.

1.Cor.12

Ephe.4

Quelques pretextes dont se targuent les Errans, l'experience nous fait voir qu'ils ne remettent l'Escriture à nostre sens, que pour nous perdre par elle, & *nous faire pecher par nostre propre iugement.* Ce n'est point à Oza de toucher l'Arche, ny au prophane de manier les secrets diuins.

2.Reg.6.

L'Escriture en la main de l'Eglise est vne verge de direction, hors icelle c'est vn serpent à plusieurs replis.

Exod.7.

Ie vous crie auec Sainct Paul, *Sunt aliqui qui vos conturbant, & volunt conuertere Euangelium Christi: sed licet nos, aut Angelus de cœlo euangelizet vobis præterquam euangelizauimus, anathema sit.*

Gal. 1.

Si vous mangez ce fruict, disoit le serpent à nos protoplastes, *vous serez comme Dieu, sçachans le bien & le mal*; voyez-vous-là le mesme langage de l'heretique; si vous lisez l'Escriture

Gen. 3.

vous l'entendrez toute, vous sçaurez autant que Dieu, & les hommes *qui naturellement desirent sçavoir*, dit le Philosophe, se prennent quelquesfois à ces faux appeaux.

L'Escriture n'est point vn baston qui se manie sans maistre, tesmoin ce que dit l'Eunuque de Candace à sainct Philippe : ceux qui presument de leurs esprits, n'aduisent pas que c'est l'Ange tenebreux qui les seduit, transformé en Ange de lumiere. *Act. 8.*

Allons à la porte de nostre Seigneur, mes freres, & receuons l'intelligence de l'Escriture de la bouche de ceux ausquels il a donné le sainct Esprit, à qui il a dit, *Qui vous escoute, m'escoute, les léures du Prestre sont depositaires de la science, la loy de Dieu doit estre recherchee, & puisée de sa bouche.* *Mala. 2.*

Allons à l'Eglise à laquelle il a promis *son assistance iusques à la consommation des siecles*; elle est *la Colomne & firmament de verité*, l'Arche qui ne perit point dans les eaux de l'erreur. Elle est la legitime dispensatrice des secrets contenus dans les codicilles de son espoux ; puis qu'elle est son heritiere testamentaire, & vniuerselle.

A propos d'Eglise, nous sommes obligez de vous monstrer en troisiesme lieu, comme nostre Seigneur en est la porte; & c'est proprement ce que sonne la lettre de nostre, *Ego sum ostium, qui non intrat per me oliue, fur est.* III.

Pour entrer donc legitimement en l'Eglise il faut que ce soit par vne diuine vocation : Car nul peut aller à Iesus, ny à son corps mystique qui est l'Eglise, que celuy que son pere attire. Personne n'y presume acquerir des honneurs & grades, que celuy qui est appellé comme Aaron.

Ioan. 6.
Hebr. 5.

Ceux qui se portent aux charges Ecclesiastiques par ambition, par presomption, par puissance & authorité, courent les risques de Coré, Dathan & Abiron, du Roy Ozias, d'Alcimus, & de Iason.

Num. 16
2. Pa. 26.
1. Mac. 7.
2. Mac. 4

Ceux qui y rampent par des voyes destournees & biaisees, ressemblent à ceux dont parle l'Escriture, *qui vouloient prendre Leuiathan auec vn hameçon*, Leuiathan desmesuré, figure du fast du siecle; auquel ils se portent par des fausses humilitez, par des corteges indignes, & des artifices mondains, tous remplis de dissimulation & de fraude.

Iob. 4

Pareils aux cerfs, qui rusent pour bondir en leur fort; ils taschent de s'esleuer par des routes incogneuës & sinueuses, afin que l'on attribuë à merite, ce qu'ils auront attrapé par soupplesse, indigne façon pour paruenir aux dignitez, lesquelles,

Virtute ambire oportet, non fauitoribus.

Mais quoy, ils reculent pour mieux sauter, & se cachent pour vn temps, pour paroistre apres auec plus de fast & de vanité: telle est la conduite des enfans du siecle; voyez-vous pas en ces procedez violents & artificieux, la vraye image des larrons qui n'entrent pas par la vraye porte, mais par des fosses, ou par des trous.

Mais

Mais que dirons-nous de ceux qui s'insinuent aux grades Ecclesiastiques par la porte dorée? dira-on d'eux qu'ils entrent au Temple par la porte specieuse? ce sont les maudits & malheureux Simoniaques, pestes de l'Eglise, vrays larrons intrus en l'heritage du Seigneur. Ceste malheureuse Simonie est bien figurée par ceste portiere, qui fit renier S. Pierre : car combien introduit-elle de renegats en l'Eglise? Dites à cét achepteur de benefices qu'il est Simoniaque, il le reniera, & se dira innocent, *regardant les tesmoins, non sa conscience*. Ioan.18.

Si mortalis idem nemo sciat, aspice quanta
Voce neget quæ sit ficti constantia vultus,
Per Solis radios Tarpeiáque fulmina iurat.

De là que de malheurs en l'Eglise? combien cét abysme en appelle-il d'autres? car comment donneront-ils *gratis*, ce qu'ils n'ont pas eu *gratis*? De là sourdent les confidences. De là la succession és benefices de ceux *qui ædificant Sion in sangui-* Ezech.3 *nibus, & qui dicunt, hæreditate possideamus sanctuarium*. Ce sont les Martyrs du diable, *qui plantauit Ecclesiam in sanguine suo*: on s'empresse pour rouler des benefices en des nepueux, en des cousins, pour les perpetuer aux maisons, & conuertir ce qui n'est qu'vsager en proprieté, *miserables & indignes de nostre Seigneur, pource qu'ils ayment leurs parens plus que luy; & qui acquiesçans à la chair, & au sang, courent risque de leur salut, & de perdre ceste gloire, où la chair & le sang n'ont aucun accez*.

Gloire du Ciel, de laquelle nostre Seigneur est encores la porte, mais *porta angusta*, ou *angu-*

stiata: petite par humilité, & estroite par les austeritez, & les angoisses; on ne va en l'eternité bien-heureuse que par ces guichets.

Nostre Seigneur s'appelle, *la voye, la verité, & la vie*: puis qu'il est la porte de la verité, comme nous auons monstré, pourquoy ne sera-il le but de ceste voye, & la porte de ceste vie?

Joan. 6. C'est luy, comme dit nostre texte, qui nous donne icy bas *la vie de grace*, & *plus abondamment la vie* de gloire au Ciel.

Il est la porte du Sanctuaire, *Hæc porta Domine, iusti intrabunt in eam.*

Ps. 117. De ceste gloire il est dit, *Aperite mihi portas iustitiæ, ingressus in eas confitebor Domino*, & encores, *Lauda Hierusalem Dominum, Lauda Deum tuum Sion, Quoniam confortauit seras portarum tuarum, & benedixit filiis tuis in te, qui posuit fines tuos pacem.*

Ps. 117.

Ps. 147.

L'Eglise militante, chante de la triomphante,

Portæ nitent margaritis,
Adytis patentibus,
Et virtute meritorum
Illuc introducitur,
Omnis qui ob Christi nomen
Hic in mundo premitur.

Car il est certain qu'on ne s'introduit à se refrigerer qu'à trauers *le feu & l'eau* des tribulations de la vie presente.

Que si la Vierge est appellee, *Fœlix cœli porta*, & encores, *Pernia cœli porta*; à combien plus forte raison le deuons-nous dire de nostre Seigneur, qui nous a ouuert le Ciel par sa mort, auparauant fermé par nostre rebellion?

Beatus homo qui vigilat ad fores istas quotidie, Prou. 8. *& obseruat ad postes ostij huius : qui huc intrauerit inueniet vitam, & hauriet salutem à Domino.* Ces paroles dites de la Sapience, viennent-elles pas bien proprement à ceste eternelle gloire?

Là doiuent butter tous nos desirs, là viser Mat. 25. toute nostre attente : *attendons-là nostre salut*, non comme les Vierges folles, mais comme les sages, auec la chasteté de nos corps, & la charité, huyle & feu de nos cœurs, *Fons vinus, ignis, charitas, & spiritalis vnctio.*

Tenons-nous collez & cloüez à ce des- Num. 16 sein, comme ces femmes portieres, qui veilloient anciennement à la porte du Tabernacle; par lesquelles sont figurees les ames deuotes, qui ouurent leur salut, comme des mesnageres abeilles, auec soing & solicitude.

Taschons de nous y guinder par *Iesus*, vraye eschelle de Iacob, & d'y entrer par luy nostre porte mystique : car on n'y peut estre receu que sous son adueu, & auec la liuree du Tau, qui est sa sainte Croix. Pourtant, mes freres, *Nolite conformari huic sæculo nequam*, denoté en l'Escriture par *les portes* Rom. 8. *d'enfer* : mais rendons-nous *conformes à l'image de nostre Seigneur*, vraye porte, & port de Salut.

X 2

Colligez de ce discours qu'il est, 1. porte de misericorde, 2. de l'Escriture, 3. de l'Eglise militante, 4. de la triomphante.

De la tres-Saincte Trinité.

Homelie.

Baptizantes eos in nomine Patris, & Filij, & Spiritus sancti.
Mat. 28.

QVe de couleurs en vn verre triangulaire: que de merueilles en ces trois fois grand mystere, que l'Eglise solennise auiourd'huy. C'est l'iris de nos admirations, & l'object incomprehensible, pour lequel nous deuons *captiuer nostre entendement sous l'obeyssance de la foy*: [2. Co. 10.] qui seroit digne d'en parler ? non pas mesme les Anges. Nous voicy neantmoins obligez de vous en discourir: ce que nous ferons sans curiosité, mais auec toute humilité. Nous vous representerons, 1. la difficulté de ce mystere, 2. nous en rechercherons la creance és Escritures, 3. quelques vestiges és similitudes qu'en proposent les Peres, & en 4. lieu nous nous rangerons à l'admiration, & à l'amour de ce bel object de nostre future beatitude. Priez Dieu, mes tres-aymez, qu'il aide nostre imbecilité.

I. *Il a tousiours esté plus sainct & respectueux*, dict

vn graue ancien, *de croire les choses de Dieu, que de les sçauoir.*

Chacun sçait, comme par vn iudiceux di-layement, le Philosophe Simonides eluda la trop curieuse demande de Hieron, touchant la diuinité. Ce n'est pas aux fresles barques de nos foibles esprits de fretter vn Ocean si vaste, si infiny. *Cic. l. 1. de nat. Deor. 1.*

Helas, mes tres-doux freres; à peine cognoissons-nous ce qui est à nos pieds; nous sommes aueugles és choses naturelles; le moindre des secrets de la nature arreste nostre grossiere stupidité: qui me dira la vraye cause du flux & reflux des marees? car de coniecturales, il en est à milliers.

Qui m'aprendra la vraye, & non vraye-semblable raison de l'accroissement & inondation du Nil, il me sera *vn grand Apollon.*

Qui me fera sçauant de la cause pourquoy l'aymant attire le fer? & pourquoy l'ail empesche ceste attraction?

Pourquoy l'ambre attire toutes les pailles, sinon celle de l'herbe Basilique?

Qui m'enseignera d'où vient la terreur dans le cœur genereux du lyon par le chant du coq, qui plustost sembleroit le deuoir animer, que l'effrayer?

D'où procede l'espouuante que le chat empraint en l'ours par sa seule presence?

Qui m'instruira suffisamment des generations des animaux, plantes, metaux & mineraux, & de mille autres telles choses que nous cognoissons par experience, & mescognoissons par science.

v. és Diuersitez l.8.c.1.

Quoy, & ce Soleil mesme, clair & vnique flambeau de l'vniuers, & qui nous rend toutes choses visibles, n'est-il pas inuisible à nos yeux, quelle prunelle oseroit l'affronter sans s'esblouyr & se perdre?

Or iugez là dessus, combien nous deuons estre ignorans és choses surnaturelles, puisque les naturelles eschappent si facilement les prises ne nostre suffisance : ô que le Philosophe appellé Genie de nature, disoit tres-bien qu'és choses surcelestes nostre œil estoit pareil à celuy du hybou, & vrayement : car à peine void-il és tenebres des soubs-celestes.

Multa sunt quæ concedimus, qualia sint ignoramus, disoit Seneca, parlant de l'ame en ses questions naturelles. Ame qui estant en nous comme forme informante, & par laquelle nous entendons, à peine a-elle l'intelligence d'elle-mesme, iugeant de son immortalité, plustost par creance que par science.

Que si elle est si peu penetrante en soy-mesme, voire és choses corporelles : combien doit-elle estre peu clair-voyante és spirituelles ; notamment és choses de Dieu, qui non seulement est esprit, dit le sacré texte, mais esprit infiny, inuisible, inimaginable incomprehensible?

I'aduouë auec Ciceron, que l'instinct de nature dicte aux plus sauuages nations qu'il est vn Dieu ; la lumiere naturelle va bien iusques-là : mais quel est ce Dieu, nous demeurons court en ce poinct : de là tant de fausses creances qui ont regenté les cerueaux de l'antiquité.

Que si nous ne pouuons pointer les yeux dans le Soleil materiel, comment pourrons-nous mirer sans nous esbloüir le Soleil de la diuinité *plantee en vne lumiere inuisible?*

Nous sçauons que Dieu est, non ce qu'il est, voire nous paruenõs bien à son vnité : les beaux esprits des Philosophes anciens l'ont recogneu à trauers la pluralité des fausses Deitez adorees de leur temps : mais quand ce vient à la Trinité, il faut que tout entendement plie, & que tout esprit se confesse vaincu, on n'en peut sçauoir autre chose sinon qu'on ne la peut sçauoir: c'est plustost faute de la croire, que de la vouloir expliquer. 1.Tim.6.

Les Egyptiens adoroient Dieu sous la forme d'vn crocodille, animal qui n'a point de langue, pour enseigner que nulle langue peut dire ce que c'est que Dieu.

Platon au Timee, cité par Ciceron, dit excellemment, *que la Diuinité, se peut trouuer : mais qu'elle ne se peut ny dire, ny descrire.* Cic. de vniuer.

O qu'eust-il dict de cét ineffable mystere! c'est icy que tout homme doit dire *A, a, a, Domine Deus, nescio loqui: puer sum*, auec Ieremie & Ezechiel, car qui ne balbutieroit en vne si profonde matiere? Ier.1.& 14. Ezec.4. & 20.

Iadis la plume tomba des doigts du grand S. Augustin, estonné en l'explication du *Verbum* l. 1. de Tri.

caro factum est; & voulant le mesme manier ceste matiere de la Trinité, il se recognoist hesitant: *Non pigebit me sicubi hæsito quærere, nec pudedit sicubi ero discere*; & de fait il nous a laissé ses liures de ce suiect comme imparfaicts, cét Atlas succombant à vn faix si pesant de doctrine.

Que ferons-nous, nous pigmees en toute spirituelle valeur, sinon voiler nos yeux & nos pieds des aisles pendantes de l'humilité, comme ces Seraphins d'Isaye, qui ne pouuoient supporter l'aspect de la Majesté de Dieu?

Isa. 6.

On les couurit d'vn crespe pour ne pouuoir endurer la splendeur de la face de ce grand Legislateur.

II. Ou du moins pour nostre consolation, consultons *Posteriora sua*, qui sont les sainctes Escritures; & pour la consolidation de nostre saincte foy, recherchons ce qu'elles nous proposent à croire de ce mystere.

v. & Diuersites l.9. c. 9. Gen. I.

Ceux qui cabalisent Chrestiennement, nous apprennent que dés le beau premier mot de la Bible, sçauoir *Berescith*, qui est en teste du premier chapitre de la Genese, elle nous est denotee, tirans des lettres de ce mot par les reigles de la cabale que Dieu le Pere a creé auec le Fils, & le sainct Esprit toute la machine de l'Vniuers.

Et sans cabaliser, il me semble que la saincte Trinité est assez manifestee à la lettre: car quand il est dit que Dieu par sa parole crea le Ciel & la terre; & que son Esprit estoit porté sur les eaux; voila pas expressément, le Pere, le Verbe, & le S. Esprit?

Chez le Roy Prophete, *Verbo Domini cœli fir-* Psal. 32. *mati sunt, & spiritu oris eius omnis virtus eorum.* Voyez-vous pas en ces mots le Pere denoté par le nom de Seigneur, le Fils par celuy du Verbe, & le S. Esprit, par celuy *d'esprit de la bouche de Dieu.*

Le mesme en vn autre Pseaume, *Dominus dixit* Psal. 2. *ad me, Filius meus es tu, ego hodie genui te.* Voila pas l'expresse description, de l'eternelle generation du Fils de Dieu! Quant au sainct Esprit, il en parle en prou de lieux, *Spiritus tuus bonus deducet me in terram rectam,* & encores, *Spiritu principali confirma me.*

Quelques-vns remarquent ce mystere en langage prophetique & occulte en ce verset du mesme Psalmiste, *Benedicat nos Deus, Deus noster:* Psal. 66 *Benedicat nos Deus, & metuant eum omnes fines terræ.* En ceste repetition triple, voila la Trinité; en ce mot *eum,* voila l'vnité.

Ainsi les Seraphins que vid Isaye, *Clamabant* Isa. 6. *alter ad alterum, Sanctus, Sanctus, Sanctus Dominus Deus Sabaoth?* repetition triplee, tendant à mesme fin d'honorer & declarer la tres-saincte Trinité.

Ainsi quand Tobie donna la benediction à Tob. 7. son fils, ce fut au nom *du Dieu d'Abraham, du Dieu d'Isaac, du Dieu de Iacob?* triplicité denotant ce mystere.

Au Genese il y en a vne remarquable en ces trois Anges qu'Abraham adora en la vallee de Mambré, & dit, *Domine, si inueni gratiam in oculis* Gen. 18.

tuis, &c. d'où l'Eglise saincte collige que, *Tres vidit & vnum adorauit*, car il ne dit pas, *Domini*, mais *Domine*.

Quant à la nouuelle alliance, elle desuoile ces ombres, & descouure ces figures, parlant à descouuert de ce haut mystere ; voire mesme Dieu y fait tant de graces aux hommes que de le rendre visible : voila pas au Baptesme de nostre Seigneur que le Pere paroist en la voix de la nuée ; le Fils en forme humaine, & le S. Esprit en celle d'vne Colombe. *Benedictus Deus & pater Domini nostri Iesu Christi ; pater consolationis* : & quelle est ceste consolation, sinon le Paraclet, ou Esprit consolateur.

1. Ioan. 5 Nostre Seigneur à ses Apostres, *Spiritum paracletum mittet vobis pater in nomine meo*.

S. Iean fort ouuertement, *Tres sunt qui testimonium dant in cœlo, pater, Verbum & Spiritus sanctus, & hi tres vnum sunt*.

Matt. 28 Nostre texte tres-expressément, *Ite ergo, docete omnes gentes baptizantes eos, in nomine Patris, & Filij, & Spiritus sancti*.

Ce sont là autant de cloux d'or pour affermir nostre foy, & pour riuer nostre temeraire curiosité. Mais que dirons-nous, mes tres-chers freres, de la presomption de l'Heresiarque de France, qui d'vne outrecuidance Gygantique, s'esleuant contre toute l'Eglise & l'antiquité, a osé sindiquer ce mot de Trinité : parce, dit-il, qu'il ne se trouue pas en l'Escriture ; masquant *v és Diuersitez* son caché Arrianisme d'vne simulée & scrupu-*l. 22. c. 2.* leuse apparence, de se tenir à l'Escriture : mais c'est encores le moindre de ses erreurs en ce mystere, comme nous ferons voir ailleurs. Comment? voudroit-il donc que l'on dist à l'aduenture triplicité vnie, ou comme son Du Bartas, plus Poëte, que Theologien : qui dit, parlant de ce, *essence triple-vne*, faute digne du foüet, si elle est faite par ignorance, du feu si par malice. Voila que c'est, il n'appartient pas à tous de Poëtiser la Theologie, ou de Theologiser la Poësie.

Laissons-là ces errans comme Andabates, frappans en l'air sans recognoistre, & parlans des couleurs comme des aueugles: & apprenons de leur misere la verité de ce mot de sainct Augustin, que *Nusquam periculosius alicubi erratur, quàm vbi quæritur vnitas Trinitatis*. {li. 1. de Trin.}

III. Allons puiser dans les plus claires sources des Peres de l'Eglise, qui s'efforcent à qui mieux mieux de nous faire conceuoir ce releué mystere par de raualées & familieres similitudes & conformes à nostre basse portee. Sainct Augustin se sert principalement de celle du Soleil; disant que comme la lumiere, le rayon, & la chaleur sont trois choses distinctes, qui ne diuisent neantmoins pas l'vnité de ce mesme Astre: Ainsi l'vnité de l'essence de Dieu peut admettre sans s'interesser la distinction des personnes diuines, rapportant la lumiere au Pere, pour ce appellé *Pere des lumieres*; le rayon au Fils, appellé, *Lumen de lumine, Deus verus, de Deo vero*: & la chaleur au Sainct Esprit, à cause qu'il est l'ardeur amoureusement reciproque du Pere & du Fils; & comme le rayon ne se peut separer {In Io. tr. 10.}

de la lumiere du Soleil, ny la chaleur qui se fait par reflexion de la lumiere & du ray. Ainsi les œuures *ad extra* des trois diuines personnes, disent les Theologiens, sont indiuisibles. Iamblique, & Lactance pressent encores fort ceste comparaison : & certes il faut aduoüer, que l'homme excepté *fait à la semblance de Dieu*, il y a peu de creatures qui portent en soy plus expressément empraincte l'image de la diuinité, que ce grand luminaire, la plus visible chose de toutes les visibles, *& où il semble que Dieu aye posé son tabernacle*. De là tant de Payennes idolatries vers ce celeste flambeau.

<small>Iambl. de myst. Lact. l. 4. c. 24. de sap.</small>

Les mesmes S. Augustin & Lactance, ausquels s'adioinct S. Iean Damascene, nous proposent encores ce mystere à conceuoir, par la similitude d'vne source qui pousse sa mesme eau en deux ruisseaux : de sorte que la mesme liqueur est au bassin de la fontaine, & aux deux canaux par où elle coule; la source representant le Pere, & les deux branches le fils & le S. Esprit; l'vn engendré par le Pere, par la voye de l'entendement : l'autre produict du Pere & du Fils par la voye d'vne volonté reciproque : ces trois personnes fondees en l'vnité de l'essence d'vne mesme *eau sur-celeste*.

<small>Aug. de fid. & symb. c. 9. Lact. ubi sup. Damasc. ad Ena. de Dei-tate.</small>

S. Damascene se sert encores de la similitude du feu, qui a en soy le mouuement, la lueur, & la chaleur, sans multiplier pourtant son essence; au demeurant la lueur, le mouuement, la chaleur sont quand & le feu, & n'en peuuent estre separez : ce qui tesmoigne l'vnion, l'eternité & esgalité des personnes diuines.

<small>l. 1. de fid. Ort. c. 4.</small>

S. Augustin ameine d'abondant la comparaison de l'arbre, duquel la racine, le tronc, & les branches ne divisent point l'vnité : & neantmoins la racine est autre que le tronc, & le tronc n'est pas la branche. Ainsi és personnes divines le Pere n'est pas le Fils, & le Fils n'est pas le Sainct Esprit : mais le Pere, le Fils, & le Sainct Esprit ne font qu'vne mesme divinité, comme la racine, le tronc & les branches ne font qu'vn arbre.

l. de fid. & symb. c. 9.

D'autres pour donner aucunement à entendre la grandeur de ce haut mystere, se servent de la similitude de l'ame, pour raison de laquelle (car *Dieu est esprit*, & non pas vn corps, comme croyoient trop grossierement les Antropomorphites,) & non pas du corps *l'homme est dit creé à l'image & semblance de Dieu*. Or comme ces trois principales facultez, la memoire, l'entendement & la volonté, bien que tres-distinctes, ne divisent pourtant son vnité inseparable. Ainsi en la divinité, l'vnité de l'essence peut sans interesser son vnion, souffrir la distinction des personnes.

Gen. 2.

Or ie sçay bien, mes tres-chers freres, que la trop arguë subtilité des Scholastiques, trouve prou à regratter & contredire en ces similitudes, purement positiues, & que ie confesse clocher & manquer en beaucoup de parts : car ie vous prie, quelle apparence de trouuer des creatures conferables au createur ? mais tousiours sont-elles receuables à des ames humbles, pour la consolidation de leur foy.

Pourtant suis je bien d'aduis, que nous nous

IV.

iettions plustost à l'admiration, & à l'amour de cét vnique obiect de nostre bien souuerain & eternel, que d'en profonder trop curieusement la recherche. Nous trouuerons que c'est le triangle equilateral & parfait, capable seul de remplir nostre memoire, entendement & volonté, de combler toute nostre ame, qui immortelle en son estre, & infinie en ses desirs, ne peut estre satisfaite que de l'eternité & infinité mesme, qui est Dieu.

Ainsi disoit la B. Mere Terese que *tout ce qui n'est point Dieu, luy sembloit n'estre rien*.

Où sommes-nous, ô mon ame, nostre vray centre c'est Dieu : Pourquoy n'y tendons-nous par amour comme toutes choses tendent à leur centre par inclination? *nostre amour soit nostre poids & nostre aisle.*

O ineffable obiect de nostre bien ! qui ne vous admirera, en pensant que seulement on ne vous peut penser ? ô que sainct Denys Areopagite a bien dit que, *Extasin facit diuinus amor*: & d'où peut prouenir ceste extase, sinô d'vn amour admirant, d'vn admiration amoureuse!

Zach. 5. Tirez à vous mon cœur de fer, ô celeste aymant, & desliez-moy de ce *talent de plomb* des pechez & imperfections, qui me retarde de me reioindre à vous mon vnique principe.

O que ne suis-je au moins à ce celeste Soleil vn terrestre Heliotrope : ie sçay qu'il me void & regarde sans cesse, sinon comme iuste, *Oculi Domini super iustos*, du moins comme homme & homme pecheur, *Oculi Domini super facientes mala, vt perdat de terra memoriam eorum. Palpebræ eius interrogant filios hominum. Oculi Domini ad fideles terræ. Dominus de cœlo prospexit super filios hominū.*

Et d'où nous vient ceste insensibilité de ne craindre ce regard, ou pourquoy ne regardons nous aussi ce bon Dieu par vne amoureuse reciprocation?

Le feu tend tousiours en haut vers son centre: si tu es vn feu spirituel, ô mon ame, comme l'a creu la Philosophie d'Empedocle, & l'ancienne poësie sous l'inuention de Promethee : & d'où te vient ceste stupeur de ne tendre par aspirations & eslancemens à *ce Dieu qui est vn feu consumant, dont la parole est ignee, qui est vne viue source de feu, de la face duquel sort vn torrent de feu, qui ne se laisse voir que dans les buissons ardans, dans les colomnes de feu, qui habite vne lumiere inaccessible, duquel la clarté illustre la celeste Hierusalem, qui nous fera voir la lumiere dans la lumiere, ce Dieu qui embrase les cœurs quand il parle.*

Ie ne dy pas comme des Empedocles, que nous nous perdions à rechercher trop curieusement les flammes & les splendeurs de ceste incomprehensible Vesuue. Diminuons la curiosité, & augmentons l'amour.

L'Espouse trop auide à contempler les lumineuses beautez de son Espoux, y deuint *brune & bazanee*: pource, dit-elle, *Nolite me considerare quod fusca sim, quia decolorauit me Sol.* Et enfin pour le reprimer, elle entend que si elle ne modere ses regards trop curieux, elle se trouuera priuee de ceste veuë, *Auerte oculos tuos à me, quia ipsi auolare me fecerunt.*

Confiteor tibi Pater Deus, rex cœli & terræ, quia abscondisti hæc à sapientibus, & reuelasti ea paruulis. Helas ! il est bien vray qu'on aduance bien plus en la cognoissance de ce tres-sublime mystere, par la voye de la conscience, que par celle de la science, par la route de l'humanité, que par celle de la doctrine.

S. Paul ne fut rauy au troisiesme Ciel, & n'ouyt ces *abstruses paroles, qu'il n'osoit rapporter,* qu'apres auoir esté beaucoup humilié.

2. Cor. 12

Le B. Pere Ignace fondateur de la saincte compagnie de *Iesus*, estant en Maurese en ses premieres simplicitez & feruerus, fut bien-heuré de la vision de la tres-saincte Trinité, & en escriuit vn liure qui tesmoigne qu'il auoit appris ce mystere en vne bien haute escole.

La B. Claire de Montefalco, acquit aussi ceste cognoissance par la simplicité ; ce qui se recognoist en ces trois boulettes miraculeuses, dont l'vne pese autant que les deux, & les trois tirees de son cœur ; cœur en outre graué des enseignes de la Passion du fils de Dieu.

O mes freres ! si nous *cherchons Dieu auec simplicité, nous le trouuerons*; si nous procedons auec humilité, il nous esleuera à des cognoissances bien grandes.

Colos. 3

Allez en paix, ruminant, 1. la difficulté de ce mystere, 2. consolez-vous par les Escritures, 3. & par les similitudes des Peres aydez vostre foy, 4. admirez & aimez sur toutes choses cét incomprehensible obiect de nostre souuerain bien.

Rapports

Rapports du Soleil à la sacree Eucharistie, pour la feste du tres-sainct Sacrement.

HOMELIE.

In sole posuit tabernaculum suum.
Pfalme 18.

CE qu'est le Soleil entre les planettes, l'est l'Eucharistie entre les sept Sacremens de l'Eglise Catholique. Or en ce iour solennel tout resplendissant des magnificences, auec lesquelles les Chrestiens taschent d'honorer pompeusement ceste saincte Arche d'alliance, la conduisans en triomphe : i'ay pensé de vous entretenir des Paralelles du Soleil visible, auec les inuisibles splendeurs de ce Sacrement admirable.

Et pour ce faire i'anatomiseray en quatre pieces ce passage de Dauid, *In sole posuit tabernaculum suum*, & vne, monstrant en 1. lieu que c'est le tabernacle de nostre Seigneur. *Et ipse tanquam sponsus procedens de thalamo suo*, & deux, faisant voir en 2. instance que nostre Seigneur y paroist comme vn espoux bien paré. *Exultauit vt Gygas*, & trois, & en 3. lieu qu'il y demonstre sa grandeur. *Nec est qui se abscondat à calore eius*, & quatre, y tesmoignant en 4. & derniere instance son extréme amour : & nous deduirons lo tout sous le seul symbole de Soleil. Voyez.

I. C'est vrayement *dans le Soleil*, mes freres tres-aimez *que nostre Seigneur a planté son tabernacle*: *Isa. 16.* c'est à dire dans l'Eglise appellee par Isaye cité du Soleil, & par Salomon dite *esleuë comme le Soleil*.

Apoc. 12 Elle est ceste femme *entouree du Soleil*, selon sainct Iean en ses reuelations ; parce qu'elle est en possession du vray & radieux corps de son Espoux contenu en l'Eucharistie, pour lequel benefice il se dit deuoir *demeurer auec elle iusques à la consommation des siecles*. C'est là où se trouue cét Autel, *duquel ne peuuent manger ceux qui seruent* *Heb. 19.* *à la Synagogue*: c'est à dire qui sont dans l'heresie & l'infidelité.

Ce sont là ces beaux & admirables tabernacles du Dieu des vertus, en la consideration desquels Dauid estoit transporté. Et oyez ce qu'il dit en *Ps. 83.* suitte, *Altaria tua Domine virtutum, rex meus, & Deus meus*.

Autels qui sont ces throsnes esclatans d'yuoire & de pierreries de Salomon, & d'Assuerus, qui pasment d'estonnement les Bersabees & les Esthers. Throsnes beaucoup plus riches que celuy que le plus ingenieux des Poëtes va *Ouid. 2.* fabuleusement descriuant au Palais du Soleil, *Metam.* en ses transformations. N'y voyez-vous pas, mes amis, la blancheur de l'yuoire en l'exterieure blancheur des sainctes especes du pain, & l'esclat des ioyaux au brillemēt de celles du vin

O que c'est voirement bien en ce Sacrement ineffable, que nostre Dieu *habite vne lumiere inaccessible*. C'est là qu'il se couche & cache, & qu'il repaist en plein midy sans estre apperceu. C'est là qu'il se retire dans la cachette de sa face, impenetrable à la foiblesse de nos yeux.

Sainct Ambroise appelle le Soleil, *Oeil de l'vniuers, ame du monde, Roy du Ciel*; & Homere luy donne l'Epithete de *Tout-voyant*. Nous pouuons dire tout cela plus iustement de l'Eucharistie. *in Hexā*

Il est dict *Sol, quasi solus lucens*; car certes il est la source vnique de lumiere qu'il a eminemment & par essence, les autres astres seulement par participation. Aussi tous les autres Sacremens ne tirent leur efficace & energie que du merite de ce precieux Corps & Sang du Sauueur contenu en l'Eucharistie; *il est là le pere des lumieres, dispensateur de tous biens*, & y reside en essence, presence, & puissance; influant par les autres Sacremens comme le Soleil par les autres Planettes. *Iacob. 2.*

Cét astre en soy ne peut admettre de corruption. Tel est le corps du Sauueur, lequel *n'estant plus mortel a reuestu l'incorruptibilité*, ioinct que *non dedit sanctum suum videre corruptionem*. Les accidens des especes se peuuent alterer, mais cela ne passe point en la substance du corps glorieux du Sauueur.

Et comme le Soleil en la situation de son orbe est posé au milieu de six Planettes; aussi semble-il que le sainct Sacrement aye trois Sacremens preambulaires à sa reception, le Baptesme, la Confirmation, & la Penitence; & trois subsequens, le Mariage, l'Ordre, & l'extresme Onction.

Ce beau luminaire est tant excellent que S.

Denys Areopagite dict que nulle des creatures visibles nous represente plus expressément la diuinité, & l'ancien Philosophe Anaxagore ne se disoit nay que pour le contempler. Aussi pouuons nous dire qu'és mysteres surnaturels de l'Eglise, nous ne voyons en aucun miroir la diuinité plus à clair, que dans l'Eucharistique, duquel les paroles sont plus claires que cent Soleils : & comme *in diuinis*, le fils est le miroir où le Pere voit son essence, pource appellé, *Imago substantiæ Dei*: aussi *in humanis*, l'Eucharistie est le miroir de la substance du fils; car les especes du pain & du vin sont reellement transubstantiees en la substance du corps & sang de Iesus Christ.

Les Heretiques Seleuciens eussent bien mieux faict d'addresser leurs addorations à ce Soleil inuisible qu'au Soleil visible, se fondans mal à propos sur nostre texte, *In sole posuit tabernaculum*: & croyans fantastiquement que nostre Seigneur montant aux Cieux auoit laissé son corps dans le Soleil materiel, ouy bien dans le Soleil de la saincte Eucharistie.

Laquelle nous adorons selon le precepte de S. Augustin. *Que nul ne mange la chair de Christ, qui au prealable ne l'ait adoree*. Et ainsi entend le mesme Pere ce passage du Psalmiste. *Adorate scabellum pedum eius*.

Quand on voit deux Soleils en mesme temps, les Physiciens rapportent cela à quelque nuee grosse d'eaux, qui comme vn miroir represente vn autre Soleil; Ainsi en l'Eucharistie nostre Seigneur, sans quitter la dextre de son Pere, se trouue present en la matiere disposee pour le sainct Sacrement: la forme des diuines paroles estant appliquee par vne personne ordonnee, comme le Soleil au temps de Iosué, *Obediente voci hominis.*

Somme comme le Soleil est le plus riche ornement du Ciel, aussi l'Eucharistie est sans controuerse le plus riche ioyau de l'Eglise: & les heretiques qui l'impugnent, ostent le Soleil du monde.

II.

Car comme ceste Spartine disoit que ses pierreries estoient les vertus de son mary, aussi ceste *belle fille de Syon, ornee de carquans & de varietez*, qui est l'Eglise, ne tire-elle ses ornemens que des sanglantes playes du sacré corps de son espoux de sang.

Ce qui nous preste l'entree à nostre 2. chef, *Et ipse tanquam sponsus procedens e thalamo suo.* Et quel ce *lict florissant & caché de l'espoux*, sinon la saincte Eucharistie? Cant. 2.

Tithon dans le sein de l'Aurore, & le Soleil dans le sein de Thetis, sont-ce pas des riches rayons de ceste couchette secrette? par laquelle nostre Seigneur se couure des sainctes especes, & puis se glisse dans nos corps & nos cœurs: apres quoy nous pouuons dire.

Est Deus in nobis agitante calescimus illo.

Et plus sainctement, *Dilectus misit manum, & venter meus contremuit ad tactum illius.*

Le Soleil se couche & leue tous les iours: n'est-ce point quelque image des sacrifices quotidiens, ou quelque crayon de l'eleuation & ostension de l'Hostie, & puis de son abaissemẽt?

Y 3

Vraye est que i'ay remarqué ceste difference que le Soleil se leue pour en fin tramonter. Mais *Christus resurgens iam non moritur*, &c. Il ne recognoist point le couchant comme l'autre, bien qu'il soit *Oriens ex alto*. Aussi nostre texte dit, *procedens, non discedens*.

Rom. 6.

Que si les nuees couurent quelquefois le Soleil, n'est-ce pas la representation des sacrees especes, qui nous voilent la lumineuse face de nostre Moyse, à cause de la foiblesse de nos yeux? Aussi S. Paul dit que nous ne le voyons que *per speculum & in ænigmate*, & l'Espouse, *per cancellos & fenestras*.

Si le Soleil tempere les elemens; disons que l'Eucharistie tempere nos passions; car à ses effects sainct Bernard rapporte tout nostre profit spirituel, & là est l'Espoux des Vierges, *Vinum germinans virgines*.

Le Soleil comble le monde de pluyes, de rosees & de douces chaleurs: & l'Eucharistie remplit les ames de benedictions: pource son nom sonne *bonne grace*, comme qui diroit la source de toutes graces, & qui rend les cœurs odorans comme des champs en fleurs, *sur qui Dieu a versé ses faueurs*.

Gene. 25

En cét estat il est vrayement cét espoux, qui a le chef plein de rosée, & dont les cheueux distillent les meres gouttes de la manne du Ciel.

Cant. 6.

Le Soleil attire les vapeurs; & l'Eucharistie attire les larmes d'amour, ou de regret d'auoir peché, alleche doucement les cœurs à s'vnir à leur Dieu. Venez icy, mes freres tres-aimez, & nous y enyurons. *Quis det de carnibus eius vt sa-*

Festiues.

turemur, ô cher Espoux, *trahe nos, post te curremus, &c.*

Il purifie l'air, & l'Eucharistie nettoye les ames où n'entre la lumiere Solaire: comme és recoins des montagnes, & cauernes & grottes sousterraines, ce ne sont que serpens, chauuesouris, crapaux & vermine. Ainsi ne se faut-il pas estonner s'il y a tant d'ordures és consciences de ceux qui communient peu souuent.

Le Soleil par son concours coopere à la generation de toutes choses, ce qui a donné lieu à cét axiome, *sol & planta generant plantam*. Il fournit de chaleur naturelle à l'humidité radicale, pource voyez-vous *les vallees plus abondantes*, parce qu'arrosees en leur sein elles reçoiuent mieux la reuerberation des tresses blondes de leur espoux, qui sont les rays solaires: ainsi il donne la forme aux matieres disposees. Disons le mesme de l'Eucharistie, combien de plus rares effects spirituels faict-elle és ames dignement preparees? ô que de fleurs elle y pousse, que de fruicts elle y meurit: l'oraison ioincte auec la Communion est tres-efficace, la patience renforce, *in Deo meo transgrediar murum, si exurgant aduersum me castra, &c.* toutes les vertus escloses par elle, *Ostendit nobis Deus omne bonum, & dat nobis vbera sua, & poculum de vino condito.*

Ps. 64.

Le Soleil se diffond par tout sans se diminuer, & le corps du Seigneur se distribuë sans cesse en l'Eucharistie, sans *se consommer. Nec datus consumitur*: pource s'appelle-il source intarissable.

Le Soleil, comme disent les Astrologues, est vn Plannette benin, qui tombât en conioncture auec les malins tempere leurs malicieuses influences, & redouble la bonté des bons : Ainsi nostre Seigneur se prodigue en l'Eucharistie, afin que les mauuais *vitam habeant*, & les bons *abundantius habeant*. Voyez combien de benedictions attira l'Arche en la maison d'Obededom.

Ioan. 10

Ainsi les transforme en soy. Effect de l'Eucharistie que remarque S. Augustin, quand N. S. luy dit, *Non tu me mutabis in te, sed tu mutaberis in me*. Et l'Escriture, *In me manet, & ego in eo*.

Et n'est-ce pas le fait d'vn espoux passionné de se transformer en l'obiect aimé, ou de le transformer en soy ? O Dieu que ne sommes-nous des Heliotropes à ce diuin Soleil.

Ou des Phœnix pour nous reduire heureusement aux cendres d'vne saincte Penitence, aux rais d'vn si doux flambeau.

En Egypte, ils adoroient le Soleil autrefois sous la forme d'vn Belier, ayans des cornes d'abondance, le recognoissans pour pere de la fertilité de leur pays : Et nostre Seigneur en l'Eucharistie est-il pas cét *agneau immaculé*, que sainct André se disoit offrir tous les iours, agneau Paschal, *Agneau de Dieu offert pour les pechez du monde*. N'est-ce pas de ces cornes de rhinocerat, de ces cornes qu'il a en ses mains, que tous biens nous deriuent :

Mais aussi comme les Assyriens veneroient le Soleil en la figure d'vn iouuenceau, ayant en sa droicte des espics de bled, & en la gauche vn foüet : Aussi semble-il que la saincte Euchari-

Festiues. 345

stie donne des graces aux bons, & des fleaux aux peruers, *qui mangent leur iugement en la prenant auec indignité.* I.Cor.11.

Et comme en Ethiopie ils adoroient le Soleil en forme d'homme, tenant d'vne main vn bouclier, & de l'autre vne torche: aussi l'Euhcaristie nous sert-elle de *lumiere à nos sentiers*, & de rempart contre les tentations. En icelle nostre Seigneur est ce cher espoux, duquel *leua sub capite nostro, & dextra illius amplexatur nos.* Ps. 118.

Exultauit vt gygas ad currendam viam, c'est nostre 3. courfe: où nous remarquerons fous le symbole de Geant, la grandeur du Soleil, qui si petit en apparence, qu'vn ancien Philosophe l'appelloit vne boule d'airain, est neantmoins en effect selon la supputation des Astronomes 72. fois aussi grand que tout le globe de la terre & de l'eau. Mais quelle merueille de voir *celuy qui remplit le Ciel & la terre, voire que les cieux des cieux ne peuuent contenir*, reduit sous la moindre parcelle d'vne petite hostie? III.

Comme vn Geant le Soleil parcourt à grands pas les vastes espaces du Ciel, faisant des millions de lieuës en vn quart d'heure: mais cela n'est point conferable à la merueille de l'Eucharistie, qui fait que nostre Seigneur est en vn mesme instant en plusieurs lieux.

Par ses longues influences du haut des cieux il engendre l'or dans les entrailles de la terre, & la saincte Eucharistie, *qui est le pain vif descendu du ciel*, forme-elle pas la charité *qui est l'or tres-bon*, dans les cœurs? Iean. 6.

Le Soleil est au Ciel & en terre mesme

temps. Ainsi nostre Seigneur en l'Eucharistie: elle est ce grand arbre de Daniel, qui planté en terre abordoit *le Ciel en sa sommité.*

Ces grands pas Gigantins varient les saisons & changent la face de l'vniuers: ainsi voyons-nous qu'au ciel de l'Eglise l'Eucharistie est administrée selon les festes principales qui sont disposées au cours de l'an.

Dan. 6. Le Soleil rode sans cesse d'vne ronde infatigable, tel est le *iuge sacrificum* de l'Eglise, qui se celebre à toutes les heures du iour & de la nuict; car l'Eglise estant estenduë par tout où le Soleil esclaire, il est tousiours heure en quelque lieu de celebrer le S. Sacrifice de l'Autel.

Sans ceste course continuë, le monde ne seroit qu'vne cauerne sombre, & vne geole de desolation: Ainsi l'vniuers ne seroit que misere, si ce sacrifice ineffable ne nous attiroit les graces du Ciel.

Mais comme il n'appartenoit pas aux Pigmees de mesurer la grandeur d'Hercule, ouy de l'admirer; aussi est-il plus seant à nostre imbecilité de croire ce haut mystere, que d'en profonder l'abysme.

Car si le Soleil tout visible qu'il est ne peut estre apprehendé par nos yeux, tesmoin ce Philosophe qui s'aueugla s'opiniastrant à affronter cét astre qui ne se laisse regarder fixement que aux aigles seuls: comment oserions-nous ainsi terrestres & corporels penetrer dans ce mystere incomprehensible que les seuls Anges voyent à nud, & adorent auec tremeur?

IV. Contentons-nous de voir ce Soleil, non en

soy, mais en ses effects, qui est le reste de ma matiere, *Non est qui se abcondat à calore eius*. Le Soleil n'a point de chaleur en soy, mais par la seule reflexion de sa lumiere. Ainsi d'où vient que quelques vns qui communient souuent sont si peu eschauffez de zele, c'est parce qu'ils ne reciproquent pas, comme ils deuroient, le sainct amour de Dieu, correspondans mal à ses graces.

Son premier effect donc est d'esclairer toutes choses: l'Eglise chante, *rebusque tam color redit vultu nitentis sydera*: & c'est le propre de l'Eucharistie d'illustrer l'entendement: ainsi Ionathas eut les yeux ouuerts par le rayon de miel, Tobie par le fiel du poisson, & les disciples d'Emaus par la fraction du pain.

Il esclaire aussi bien l'aueugle que le clair-voyant, la bouë que les roses, les chaumieres que les grands palais: Ainsi la splendeur des paroles qui font la consecration Eucharistique, frappe aussi bien l'errát que le fidele. Errant qui comme Harpasté chez Seneca, pense voir en n'y voyant pas, *estans aueugles sans penser l'estre, & ne voyans pas ayans les yeux ouuerts*. De plus nostre Seigneur en ce Sacrement se communique autant au petit qu'au grand, à l'indigne qu'au digne, à Iudas qu'à S. Pierre, *sorte tamen in æquali*, car l'vn reçoit *son iugement*, *l'autre sa saluation*.

La playe des tenebres fut de toutes celles d'Egypte la plus fascheuse, mais par vne merueille prodigieuse, elle n'affligeoit que l'infidele, car *vbicumque erat Israël, lux erat*: Ainsi l'Eucharistic mystere, n'est obscur que pour l'er-

Exo. 10.

rant, pour le fidele ce n'est que lumiere.

Le Soleil eclypse par l'oposition de la Lune, symbole de l'heresie qui obstacle la lumiere de la verité.

En l'absence du Soleil ce ne sont que confusions & scandales; la nuict estant vn voile à tout mal: Ainsi pour les errans qui sont enueloppez en l'obscurité de l'heresie, *Fit mensa eorum corā ipsis in laqueum, & in retributiones, & in scandalum.*

Les nuées peuuent faire vn rideau au Soleil pour quelque temps, mais en fin il les perce, creue, & dissipe: ainsi fait la verité du mensonge: ainsi fait la saincte Eucharistie des ombres de la Cene des Pretendans, comme iadis l'arche de Dagon.

Le second effect du Soleil est d'eschauffer: ainsi voyons nous que les pays qu'il auoisine le moins, sont les plus froids: qu'en son esloignement en hyuer nous n'auons que gelee: Ainsi le propre de l'Eucharistie est de nous eschauffer en la deuotion. Oyez les Disciples d'Emaus apres auoir communié, *Nonne cor nostrum ardens erat,* disent-ils.

C'est le feu de ce sacrifice que nostre Seigneur est venu lancer en terre, voir dedans nos moelles, *ab excelso misit ignem in ossibus meis.* Sacrifice embrasé du Ciel beaucoup mieux que ceux de Moyse, Elie, Gedeon, puis que Dieu mesme s'y trouue, lequel est appellé *ignis consumens,* & qui se monstre dans les buissons ardents.

Que ne prenons-nous les miroirs ardents des exemples des Saincts, pour enflammer nos cœurs aux rays de ce Soleil des Sacremens ? Les histoires fourmillent des exstases des sainctes ames apres auoir communié. Sainct Chrysostome dict que les anciens Chrestiens reuenoient de la saincte Table, *tanquam leones ignem spirantes.*

Le 3. effect du Soleil est de donner la vie & la mort, car estant pere des generations, il l'est aussi des corruptions, selon la maxime qui dict que *generatio vnius est corruptio alterius.* Ainsi l'Eucharistie *mortifie les vns, & viuifie les autres, mene aux enfers, & en retire,* le tout selon la disposition des consciences : *Mors est malis, vita bonis, vide paris suimpressis quàm sit dispar exitus.*

Pareille au Soleil qui viuifie les plantes & putrefie les cadauers : Aussi elle fait florir ces ames qui sont *comme des arbres plantez prés des eaux des diuines graces :* mais elle tuë ceux qui morts par les pechez s'osent ingerer de la receuoir. *Propterea inter vos dormierunt multi,* dict l'Apostre. *Psal.* 1.

1.Co. 11.

Le Soleil est necessaire pour la vie du monde ; & l'Eucharistie pour la vie spirituelle. *Nisi manducaueritis carnem filij hominis, non habebitis vitam in vobis.*

Patres vestri manducauerunt manna, & mortui sunt. Manne figure de l'Eucharistie, mauuais augure pour les pretendans qui ne reçoiuent, selon leur opinion, que la mesme figure, lesquels courent risque *de mourir au peché de leur aueuglement.*

Apollo estoit censé autresfois pere d'Esculape, lequel presidoit à la santé. Or à combien est-ce que l'Eucharistie a redonné & la santé au corps, & la saincteté à l'ame? Somme, tout ce que il y a de bien icy bas derive de l'Eucharistie.

Martianus Capella raconte que les Thebains veneroient leur Apollo sur vn Throsne releué de quatre marches, sur chacunes desquelles il y auoit vn vase de differente qualité. Le premier estoit de fer, auec cét Epigraphe, Teste de Vulcan : le second d'argent estoit inscript, Ris de Iupin, d'où issoient Zephir & Flore: le troisiéme de verre auoit pour inscription, Mammelle de Iunon, iettant du laict: le dernier de plomb, intitulé, Mort de Saturne, vomissoit des frimats & tempestes. Les Naturalistes rapportent proprement à cela les quatre saisons de l'annee; mais pour l'appliquer à mon sujet, cela me donnera trois bons effects de l'Eucharistie pour les bons, sçauoir le feu de la charité, les inspirations celestes, & le laict des diuines graces, & vn dangereux pour les indignes, sçauoir l'eternelle mort.

A tant mes tres-aimez, vous colligerez de toutes ces Paralleles, 1. l'xcellence de l'Eucharistie sous le symbole de *Tabernacle Solaire*, 2. sa douceur sous celuy *d'espoux*, 3. sa grandeur, sous le mot de *Geant*, 4. ses effects sous celuy de *Chaleur*.

XI. IVIN.
De sainct Barnabé.
Homelie.

Mitto vos sicut oues in medio luporum.
Matth. 10.

L'Eglise saincte celebre auiourd'huy la feste du sainct Apostre Barnabé, duquel le nom signifie enfant de consolation. Plaise à nostre Seigneur de nous faire dire chose qui vous console, mes tres chers freres, pource suiuant le texte Euangelic.

Nous desduirons, 1. que les meschans sont pires que bestes, sur ces paroles, *sicut oues in medio luporum*, 2. nous traicterons de la douceur, sur ce mot, *Oues*, 3. de la prudence, *Estote prudentes sicut serpentes*, 4. de la simplicité, *& simplices sicut columbæ*.

C'est vn ancien & veritable prouerbe, que l'homme à l'homme est loup : car certes eu esgard à la malignité du monde, il semble que, comme en la mer les gros poissons aualent les moindres, aussi és Estats les petis sont la proye des grands: aussi en l'air les oyseaux plus puissans viuent de rapine, & en la terre les animaux farrouches & robustes viuent de chasse, & soustiennent leur vie par la mort des autres.

Et comme les loups viuent de l'esgorgement des pauures brebis, aussi les malicieux

I.

1. Ioã. 5.

mondains se paissent & engraissent de la simplesse des gens de bien.

La fable a feint vn Roy deuorant ses subiects, *& les escorchant plustost que les tondant*, changé en loup, & l'a appellé Lycaon; pour enseigner que l'homme qui se sert de son authorité pour maltraicter ses prochains, est vn loup trauesty d'vne figure humaine.

Et à cela semble viser la lycantropie de ces abominables Magiciens, qui ne procurent que la ruyne & destruction du genre humain.

Autresfois la Lycaonie où residoient les Antropophages, n'estoit qu'en vn coin de l'Affrique: mais à ceste heure elle s'estend par tout le monde, sinon materiellement, au moins metaphoriquement, car en tous estats on ne void qu'entre-mangerie les vns des autres: *Terre de Chanaam qui deuorent leurs habitans*. Les vns deuorent les autres par larcins, brigandages, tromperies, chicaneries, mesdisances, fausses accusations, haines, rancunes, & meurtres.

[Ios. 2.]

A propos de Lycaonie, vous remarquerez, mes freres, que ce fut là où les glorieux Apostres SS. Paul & Barnabé, ayans operé plusieurs miracles penserent estre adorez comme Dieux par les habitans du pays, qui faschez que ces Saincts reiettassent ces diuins honneurs, changerent leur respect en irreuerence, & les penserent lapider & deschirer: d'où vous apprendrez la volage humeur du monde, lequel *subleuat & humiliat*, & duquel si vous desdaignez les vaines loüanges, vous tombez soudain dans son mespris: mes amis, fuyons ceste Lycaonie du du siecle, & ne faisons aucune planche de certitude sur vne telle mer d'inconstance.

Or nous remarquerons qu'il y a de deux sortes de meschans dans le monde; les vns qui errent en l'entendement, autres en la volonté. Les premiers sont les infidelles & heretiques, lesquels *peccant proprio iudicio condemnati*: ceux-là transferent l'honneur du Createur à la creature, comme les Gentils & Idolatres, au lieu de se releuer par dessus les choses creées, & recognoistre leur facteur; *pource inexcusables*, dict l'Apostre; ceux-cy au lieu de *captiuer leurs entendemens sous l'obeyssance de la foy, & d'entendre l'Eglise colomne & firmament de verité*, s'emportent à la vanité de leur propre sens, *deprauans les escritures à leur propre perdition*.

Rom. 1.

1. Cor. 10.

1. T. et 3.

Les vns & les autres sont loups rauissans, animez contre le troupeau des fidelles brebis du parc de l'Eglise ; les premiers ont tesmoigné leur rage és persecutions qu'ils ont excitees à la naissance de l'Eglise ; & les seconds ne cessent tous les iours ou par rebellions ouuertes, ou par artifices couuerts, de faire la guerre à celle qui se compare *aux cabanes des Pasteures de Cedar*.

Les seconds meschans qui pechent par deprauation de volonté, sont les vicieux qui peuuent estre tant dedans que dehors l'Eglise, qui pour cét effect est comparee à l'Arche contenant les animaux, mondes & immondes, à la grange comprenant la paille & le grain. Et ceux-là bien qu'ils puissent auoir la foy entiere, ont toutesfois les œuures mauuaises, & ce

Cant. 1.

Z

sont ceux que sainct Paul nomme *homines animales*, qui bien qu'Israëlites, ne laissent de paillarder auec Moab, & lesquelles souuent com-
1.Cor. 5. mettent *des lasciuetez pires que les Gentils*, dict le mesme Apostre.

Or c'est contre les farrouches animaux, tant mescreans que desbauchez, que les Apostres & hommes Apostoliques sont enuoyez doux comme des Agneaux pour seruir de *victimes à leurs passions furieuses*, & tascher de les conuertir à bien croire & à mieux faire.

Cant. 4. C'est du milieu de ces peruersitez, *de cubilibus leonum, & montibus pardorum*, qu'ils rappellent les bonnes ames au nom de leur espoux.

Certes cét ancien qui dict que de tous les animaux sauuages, il n'y en a point de plus dangereux que le meurtrier, & des domestiques que le flatteur, me donne iour pour declarer que de tous les animaux, il n'y en a aucun de plus caché, dissimulé, & moins cognoissable que l'homme.

Les Lyons & tygres appriuoisez sont treschastiables, souples, & disciplinables; mais l'homme pour peu qu'il soit offensé entre en cholere, & sortant des gonds de la raison, se porte à des furies estranges contre autruy, voire contre soy-mesme, ce que ne font pas les bestes.

Y a-il renard qui aye plus de finesses que l'vsurier & le chicaneur? loup plus cruel que le choleric? bouc plus infame que le lubrique? paon plus rogue que l'orgueilleux? chien plus auide que le gourmand? quel des animaux se gaste pour ses plaisirs charnels comme l'homme ? quel boit ou mange iusques à rendre gorge ? aussi quel est subiect à tant de maladies que l'homme ?

Au contraire les bestes font tous les iours auec leurs instincts naturels des honteuses leçons à nostre raison de plusieurs vertus, comme sobrieté, temperance, continence, vigilance, diligence : d'elles on a appris mille artifices, à bastir, à filer, à labourer, à medicamenter, à chasser, à recognoistre les saisons ; voire des fourmis & abeilles à se regir & gouuerner.

De tout cecy vous pouuez verifier que l'homme estant en grace, & se mescognoissant par le peché est deuenu & pareil aux bestes, & pire encores : *Homo cùm in honore esset non intellexit, comparatus est iumentis insipientibus, & similis factus est illis : Et factus est sicut equus & mulus quibus non est intellectus.*

Iugez donc de la merueille de Dieu qui a sceu enuoyer des brebis emmy des loups, pour changer ces loups en brebis, qui est comme vaincre l'Egypte auec des moucherons.

II.

Nostre S. Barnabé a esté de ces oüailles en douceur & mansuetude : ô que ce Poëte ancien a bien deuiné, qui disoit que tous les animaux naissans auec des defenses, excepté le seul homme, il n'auoit de nature autres armes que la douceur, auec laquelle il superioroit toutes choses, *dominant* selon l'Escriture, *aux poissons de la mer, aux oyseaux du ciel, & aux bestes de la terre,* par sa mansuetude.

Gene. 3.

C'est auec ceste douceur agneline que les Apostres se sont rendus souuerains des cœurs, & Princes sur toute la terre, aux pieds desquels s'apportoient *les tributs volontaires de toutes facultez*: auec ceste douceur ils ont temperé la fureur & la rage des loups, adoucy les courages tygresques, dompté le venin des serpens, & reduit tout sous le *iong suaue* de nostre Seigneur.

Mat. 11.

Ainsi iadis Orphee, si nous croyons à la fable, appriuoisa les fees, & Amphion anima les pierres par la suauité de l'harmonie.

Ainsi dit-on que le sang tiede d'vn cheureau amollit le diamant.

Que l'aymant par vn doux allechement attire le fer.

Que la goutte molle petit à petit & auec douceur, caue la pierre dure.

Iud. 5.

La douceur de Iudith trauersa toute l'armee des Assyriens sans danger, ce que n'eust pas faict vn homme armé.

Mitis per medios ire satellites,
Et perrumpere amat saxa potentius
Ictu fulmineo.

Esth. 8.

Esther ramena Assuerus par douceur à reuoquer cet inique Arrest, que l'importune malice d'Aman auoit extorqué contre les Iuifs.

2 Reg. 14

Ainsi la Thecuitte appaisa le courroux de Dauid, par la douce gentillesse d'vne parabole.

Chryso. hom. 58. in Gene.

Et Iacob se reconcilia le cœur aliené de son frere Esaü, par la douceur de Rachel & l'humilité de ses paroles.

Aussi la premiere leçon de l'eschole de Iesus Christ est celle-cy: *Discite à me quia mitis sum, &*

Festiues. 357

Le Soleil despoüille l'homme auec la mignardise de ses rays, nō l'impetuosité de la bise.

Le miel ne se trouue point és échoz bruyans.

Et les esprits comme les mouches vont à l'huyle, non au vinaigre.

Pource les Apostres sont appellez brebis, afin de leur apprendre la suauité de leur conduite : car *la religion*, dict Lactance Firmian, *se persuade, non se commande, car nul ne peut estre contriant à croire.*

Les cœurs humains sont pareils aux cheuaux genereux qui se cabrent par les camorres, & se menent auec vn filet.

III. A ceste douceur neantmoins il est bon de ioindre la prudence serpentine, selon le conseil de nostre texte : car comme nous voyons que le mouton bien que doux, estant eschauffé, ne laisse de frapper puissamment des cornes : aussi faut-il que le predicateur ou homme Apostolique mesle quelquesfois l'absynthe de la reprehension auec la douceur de la compassion : ainsi nostre Seigneur quelquesfois vsoit d'increpations, *Quousque vos patiar, ô duri & tardi corde, gens absque consilio & sine prudentia?* Ainsi S. Iean Baptiste, *gemina viperarum*, &c. S. Estienne, *ô incircuncisi cordibus.*

Mais il faut que la prudence mesnage dextrement ces traicts : car comme la cholere qui passe la raison est outrageuse & pernicieuse, aussi est tres-vtile celle qui aide aux actes de vertu ; comme le fer qui sert aux actions de iustice ou de Chirurgie.

S. Augustin expliquant ce verset de Dauid

Concio. 2 in Psal. 20. *Conturbatus est in ira oculus meus, anima mea & venter meus.* Le Prophete, dit-il, se courrouce d'vne bonne cholere contre les meschans; & qui ne se fascheroit contre ceux qui confessans Dieu de bouche, le nient par leurs œuures? C'est ce courroux de zele qui luy faict dire ailleurs, *Zelus* *L. 5. c. 31* *domus tuæ comedit me,* & encores: *Defectio tenuit me pro peccatoribus derelinquentibus legem tuam.*

Et S. Gregoire en ses Morales distingue tres-bien entre la cholere d'impatience & celle de zele de Iustice, celle là vicieuse, celle-cy vertueuse; celle-cy fut cause que *placauit Phinees, & cessauit quassatio*: & faute de l'auoir contre ses enfans, Hely le grand Prestre sentit la vengeance diuine: car comme nous sommes obligez d'aymer nos prochains comme nous mesmes, aussi de nous courroucer contre leurs pechez, comme nous nous courrouçons contre nos propres fautes. Somme, dit-il, la cholere est bonne, *Non quando menti dominatur, nec cum vt domina præit, sed vbi velut ancilla ad obsequium parata à rationis tergo nunquam recedit, tunc enim robustius erigitur contra vitia, cùm subdita rationi famulatur.*

Ainsi voyons nous que la pointe des traicts & des glaiues est ordinairement trempee d'acier pour plus de fermeté, & la raison en est plus *Psal. 4.* forte, quand elle a quelque doze de ce courroux *qui n'est point peché.*

Vne remonstrance trop douce est fade, sans cét entremets: il est besoin de monstrer les dents au pecheur obstiné, pour le toucher d'vne saincte terreur.

Et que la predication luy soit redoutable, comme le siffler de ces *serpens enflammez*, punissans les murmures d'Israël. *Nu. 21.*

Improuisum aspris veluti qui sentibus anguem
Attollentem iras, & cærula colla tumentem
Pressit humi nitens, trepidusque repente refugit: Ænei. 2.
Peccator citius visu tremefactus abibit.

Telle est la prudence serpentine qu'ont pratiqué les Apostres.

Le venin de serpent en soy est vne poison, mais vtile medicament en Theriaque. Voyez comme S. Pierre tuë d'vne parole Ananie & Saphire, & guerit auec ceste mesme parole le boiteux. S. Pierre resuscite Thabire, & S. Paul liure le fornicateur à Sathan.

Ainsi les Chirurgiens tiennent d'vne main le rasoir, & de l'autre le cataplasme.

IV. Il nous reste encores à contempler ceste prudence de serpent auec la simplicité colombine, autrement celle-là degenereroit en finesse trompeuse, & celle-cy en fatuité : la prudence nous doit faire euiter le mal, & la simplicité operer le bien : de sorte qu'en nos operations *nous ne deuons regarder ny à la gloire, ny à renom, ny à* 2. Cor 6. *ignominie, pourueu que Christ soit annoncé*; car nous voyons que les Apostres se *resiouyssoient plustost des affronts & contumelies*, que des honneurs du monde: *Nunquid Paulus pro vobis crucifixus est?* Act. 5.

De plus, la simplicité defend aux hommes Apostoliques de rechercher l'apparat des paroles en leurs exhortations. *Non ambulando in magnis & mirabilibus, non in sublimitate sermonis, nõ in persuasibilibus humanę sapientię verbis, non doctas fabulas sequendo.* Parce que, *ceux qui plaisent aux hommes, ne sont point serviteurs de Dieu.*

L'hermite Serapion auec la simplicité vainquit vn Heresiarque, duquel vn Concile ne pouuoit dompter l'accariastrise.

La colombe est sans fiel & amertume : ainsi la simplicité doit estre sans ressentiment des iniures, autrement c'est vne simplicité affettee & feinte, pareille à celle de ces doucets qui ont *les paroles molettes comme l'huyle,* quand on les amadoüe, mais *poingnantes comme des iauelots, quand on les offense.*

Ps. 54.

La colombe cherche les trous pour se cacher, & ayme les retraittes : pource l'espoux appelle son amante sa colombe, *in foramina petræ, in cauernam maceriæ* : Ainsi la simplicité ayme la solitude, *in solitudinibus errantes & in cauernis terræ,* euitant l'estalement des vanitez du monde.

Nostre Seigneur fuyant d'estre esleu & proclamé Roy se retira au desert; & nostre S. Barnabé pour euiter les honneurs diuins des Lycaoniens se retira de leur contree.

Luc. 14.

Bien dissemblable à ceux qui cherchent *les premieres chaires,* & qui comme balons ne bondissent que par le vent.

Aussi se faut-il bien garder de l'autre extremité de simplesse, qui sans prudence est vne vraye sottise. Il y en a qui par simplicité s'abstiennent bien de mal-faire, mais n'osent bien faire, disent-ils de peur de vanité; & c'est vne faute pareille à celle de ces folles filles qui *auoient bien la virginité, mais non l'huyle de la charité,* & pource furent excluses des nopces eternelles.

Le zele sans science est vne fureur, & la simplesse sans prudence est vne fatuité, comparee à la colombe sans cœur par Osee. *Osee 17.*

Or pour appliquer tout cecy à nostre Apostre, remarquez, 1. qu'il a esté enuoyé en Lycaonie, où les hommes estoient pires que brutes, 2. qu'il s'y est comporté auec vne telle douceur qu'il y rauit tous les cœurs; 3. que la prudence luy fit reietter les faux honneurs que ceste gent idolatre luy vouloit faire, 4. qu'il a tousiours cheminé en la voye de Dieu auec vne sage simplicité. Allez en paix.

XXIV. IVIN.

Des excellences de S. Iean Baptiste, pour le iour de sa naissance.

HOMELIE.

Quis putas puer iste erit? Luc. 1.

CE que le sage dit du grand Pontife Simeon fils d'Onias, *Quasi stella matutina in medio nebulæ, & quasi luna plena in diebus suis, & quasi sol refulgens, sic ille effulsit in templo Dei*: Nous le poudons dire auec autant de raison du glorieux sainct Iean Baptiste; puis qu'il a esté comme l'estoille de l'aube dans les nuages de l'ancienne loy, comme vne Lune remplie de la lumiere de grace, *Non erat ille lux, sed vt testimonium* *Eccl. 50.* *Ioan. 1.*

perhiberet de lumine, & depuis il a esté vne lampe ardante & luisante.

Nous rangerons les excellences de ce merueilleux Sainct, Patron de ceste Eglise Cathedralle, mon cher Belley, & protecteur de tout le Diocese, en 4. chefs: au 1. nous desduirons sa qualité de *Precurseur du Messie*, au 2. nous examinerons ses conformitez auec N. S. I. C. au 3. son tiltre de grand prononcé par l'Ange, & au 4. les beautez de son nom mandé du Ciel.

I. Ainsi gracieuse & plaisante que paroist la belle Aurore messagere du retour desiré du Soleil, telle a esté la naissance de nostre S. Iean, non à tout son parentage seulement, mais à tout le voisinage, voire à toute la region de Iudee, comme porte nostre texte; car chacun auec estonnement presageoit quelque chose de prodigieux de cét enfant, *nay d'vne sterile*, contre le cours ordinaire de la nature.

On dit qu'en la fontaine d'Apollon en Permesses, les poissons mesmes estoient Prophetes; & voila pas que Zacharie muet comme vn poisson par son incredulité, semble prophetizer, *postulans pugillarem scripsit*.

Au retour de l'Aurore, les ombres se dissipent, la nuict s'esuanouyt, les vapeurs s'exhalent, les couleurs commencent à se distinguer, les choses à paroistre: & à la naissance de nostre Precurseur, voila pas que les figures anciennes commencent à se desuoiler, le temps du Messie tant desiré à s'approcher, les veritez à se descouurir.

Au leuer de l'Aurore les oyseaux se mettent

Festiues. 363

à desgoiser; oyez toute la Iudee qui dit d'vne commune voix, *quis putas puer iste erit?*

L'Aurore appelle apres soy le Soleil, & le semble tirer des flots de Thetis; & nostre Precurseur semble dés le ventre de sa mere par son tressaillement citer le Messie, renclos dans le sein d'vne Vierge à comparoistre au monde. *Veniat dilectus in hortum suum, veniat desiderium collium æternorum, veniat desideratus cunctis gentibus.*

L'Aurore emperle de rosee le sein de la terre, & chasse le sommeil; & nostre Precurseur preschant la Penitence esueille les pecheurs, les faisant bondir du lict de leurs iniquitez, *& fugere à venturaira*, les arrosans de son Baptesme preambulaire, prepatatoire & presignificatif de celuy de Iesus, me baptisant qu'en eau, mais Iesus au Sainct Esprit, *& en l'eau.* *Marc 1.*

Il a donc esté le Phosphore estoille du Berger, & auant-courrier de celuy qui est *Oriens ex* *Ioan. 10* *alto*, & encores *Pastor bonus.*

Pareil à l'estoille qui conduisit les Mages en Bethleem: Car il a conduit plusieurs ames à la cognoissance de Iesus Christ, voire l'a indiqué & monstré au doigt; pource appellé *plus* *Matt. 2.* *que Prophete.*

Il a esté l'hironde, ou si mieux vous aymez *arundo*, messagere du Printemps, *Quid existis in desertum videre arundinem vento agitatam*: car comme cet oyseau est le premier signe du chaud, aussi le roseau en sa premiere verdeur monstre la naissance des fleurs; & nostre Sainct a-il pas designé la venuë de celuy qui est *la fleur des champs*.

Disons mieux qu'il a esté le Zephyre auant-courrier de la primeuere, il a esté ce *sibilus auræ tenuis vbi Dominus*. Car il a esté ceste *voix du desert* qui pouuoit dire, *Iam hyems transiit, imber abijt & recessit*, sçauoir les rigueurs de la vieille loy, *Flores apparuerunt in terra nostra, tempus putationis aduenit* sçauoir les fleurs de la loy de grace, à la reception de laquelle il est bon de se preparer par le retranchement de la penitence. Aussi crioit-il, *Pœnitentiam agite, appropinquauit enim regnum Dei*.

On dit qu'Alexandre recogneut son abord aux Isles fortunees, par l'assentiment des souëfues odeurs qu'elles exhaloient bien auant en mer. Ainsi la Iudee presentoit la venuë de son Messie, qui la deuoit rendre bien fortunee par l'odeur des vertus de son precurseur, duquel on pouuoit dire comme Isaac de Iacob, *Odor filij mei sicut odor agri pleni, cui benedixit Dominus*.

Il a esté le fourrier marquant les logis des cœurs, & preparant les voyes à celuy qui deuoit venir apres luy, *la courroye des souliers duquel s'estimoit indigne de deschausser*, ç'a esté la Prophetie de Zacharie; *Et tu puer Propheta Altissimi vocaberis, præibis enim ante faciem*, &c.

Marc 1.
Luc 3.
Ioan. 1.

Il a esté le Heraut auant-courrier, non pour denoncer la guerre sinon au peché, mais pour annoncer la misericorde, le salut & la paix, *Ad dandam scientiam salutis. Per viscera misericordiæ. Et ad dirigendos pedes nostros in viam pacis*:

comme par apres firent les Anges qui denoncerent *la Paix aux hommes de bonne volonté.*

Il a esté l'Ambassadeur du Roy de Gloire, pour traitter de l'important affaire de nostre salut, qui se deuoit moyenner par l'incarnation.

Laquelle deuant marier Dieu auec l'homme, S. Iean a esté mandé comme iadis Eliezer, pour chercher vne Espouse à Isaac. *Gen. 15.*

Ou comme Giezy par Elisee auec le baston de la diuine parole, *Factum est verbum Domini ad Ioannem in deserto*; pour susciter les hommes à la vie de la grace, ou pour signifier que le vray Elisee, nostre Seigneur, deuoit venir se raccourcir *en forme d'homme*, pour nous redonner comme le Pelican à ses petits la vie par sa mort. *4. Reg. 5.*

Que si les Ambassadeurs sont reçeuz & honorez selon la qualité des Princes qui les enuoyent; iugez, mes freres, quelle estime nous deuons faire de l'excellence de nostre S. Iean, puis qu'il a esté enuoyé de Dieu, afin que l'on creust par luy. *Fuit homo missus à Deo cui nomen erat Ioannes, hic venit in testimonium.*

Que si nous iettons l'œil sur les conformitez auec nostre Seigneur, nous trouuerons qu'il a esté vn merueilleux exemplaire de cét original de perfection. *Ioan. 1.*

Non que ie le compare; car *quis similis Deo?* Mais puis que tout merite pour estre vray, doit estre vny auec ceux du fils de Dieu, & toute vertu pour estre solide doit auoir son fondement en son imitation, & estre comme iettee

II.

Aug. ho. de temp. en moule sur Iesus, duquel toutes les actions sont autant d'instructions. Il me semble que ces conferences doiuent estre pieusement prises, gardant tousiours la proportion de la Creature au Createur.

Nostre Seigneur dit-il pas luy mesme, *qu'il nous a donné exemple de faire comme il fait?* Et l'Apostre dit-il pas, *que Dieu nous desire conformes à l'image de son fils?*

Ioan. 13.
2. Pet. 2. Ne craignons donc point d'attiser nostre deuotion en estalant les conformitez du seruiteur auec le maistre; nous sçauons que S. Iean a suiuy nostre Seigneur a pas inesgaux, comme le petit Iulus ceux d'Enee.

Æn. 2. ——— *Sequiturque patrem non passibus æquis.*

Ainsi les oysillons contrefont le ramage de leurs peres, mais tousiours imparfaitement; aussi nostre sainct Iean se dit seulement *voix*, mais N. S. est le *Verbe* entier, & articulé.

La premiere conformité que ie remarque, est que comme nostre Seigneur a esté predit par tant de Propheties & figures dequoy abonde tout le vieil testament; de mesmes S. Iean a esté figuré en Giezy & Eliezer, comme nous auons ja fait voir, & prophetisé par Malachie en ces termes, *Ecce ego mitto Angelum meum, & præparabit viam ante faciem meam.*

Mala. 3.

Luc. 1. La 2. N. S. fut annoncé par l'Ange Gabriel à la saincte Vierge au iour de sa conception. Et par le mesme Ange Dieu a voulu que la naissance de S. Iean Baptiste fust annoncee à ses pere & mere. S. Zacharie & S. Elizabeth: faueur tres-grande & prerogatiue tres-signalee; car si

Aman se glorifioit tant de manger à la table d'Assuere, si Mardochee fut tant honoré que de monter sur le cheual du Roy, vestu des habits Royaux; quelle grace est-ce à S. Iean d'auoir esté seruy par ce mesme Ange que Dieu employa à l'ambassade de l'Incarnation de son fils *vnique & bien-aimé*?

La 3. ressemblance est que comme nostre Seigneur a esté conceu sans aucun peché originel, certes ce priuilege n'a pas esté octroyé à S. Iean; mais bien a-il esté sanctifié dans les entrailles maternelles: ce qui se lit encores de Ieremie. Ainsi le Soleil de la grace change la terre en or dans les concauitez soufterraines, & engendre des meres-perles dans le sein de l'Ocean. *Ierem. 1.*

Est-il rien plus sterile que la Virginité? rien moins fertile que la vieillesse? & voila que nostre Seigneur naist d'vne mere Vierge, & sainct Iean d'vne sexagenaire: celuy-là sans voye d'homme par l'operation du sainct Esprit ; cestui-cy par voye humaine, mais outre le cours naturel des ans de la generation: comment celuy qui peut *auec des pierres susciter des enfans à Abraham*: n'eust-il peu faire naistre à Zacharie des fleurs d'vne souche seiche; & c'est la 4. conformité. *Matt. 3.*

La 5. sainct Iean est nay lors que ses pere & mere y pensoient le moins, & en auoient perdu le desir quant & l'esperance ; de mesmes que nostre Seigneur est venu au monde, lors qu'on l'attendoit le moins, & que moins le monde le meritoit. *Aussi venant au monde il y fut* *Ioan. 1.*

mescogneu, surmontant par sa bonté l'ingratitude des hommes.

La 6. conference. Voyla qu'à la naissance du Sauueur *vne multitude d'Anges firent grand feste dans les Cieux*: & à celle de S. Iean il y eut grande ioye *inter vicinos & cognatos*.

Luc. 2.

Ie me contente pour le present de ce peu de conformitez tirées de sa naissance, sans me ietter dans celles de sa vie, lesquelles comme plus amples seroient de trop longue deduction pour ce lieu.

III. Examinons maintenant ce tiltre de Grand, que l'Ange luy donna en predisant sa naissance à son pere: *Erit magnus coram Domino.* O mes freres, cesté là la vraye grandeur que d'estre grand deuant les yeux de Dieu, car c'est vne grandeur durable en l'eternité : toutes ces vaines grandeurs du siecle, ne sont que des potirons qui croissent en vne nuict, & pourrissent en l'autre, viandes creuses, venteuses, & dangereuses.

Psa. 36. 89.

C'est vne fleur espanoüie au matin seiche au soir, elles passent comme l'ombre. Et comme les torrens enflez en vn moment, puis soudain à sec. *I'ay veu,* dit vn sainct Roy, *le meschant surhaussé par delà les Cedres du Liban, i'ay passé & il n'estoit plus.*

Tant de gens qui semblent des Geants en authorité deuant les yeux du monde, ô qu'ils sont vils & petits deuant Dieu. *Eleuat se homo ad cor altum, & exaltatur Deus.* Pour estre grand deuant les yeux de sa diuine Maiesté, il faut estre petit en humilité deuant soy-mesme. Pource Dauid disoit, qu'il se feroit vil &

mesprisable pour estre estimé de Dieu. Le mesme *Ps. 130. Domine, non est exaltatum cor meum, &c.*

Nabucadnezar qui s'estimoit trop, fut rauily à l'abjection d'vne beste.

Et Baltazar ruiné pour s'estre trop esleué: car Dieu, *Deponit potentes de sede, & exaltat humiles.*

La vraye grandeur ne consiste point en l'apparat d'vne haute fortune, d'vne releuée dignité, mais plustost au mespris des vanitez, & vne vraye & solide vertu. S. Iean n'estoit pas grand pour estre de race Sacerdotale, fils d'vn grand Pontife, si riche, si renommé : mais bien pour son insigne humilité, son austerité, son abstinence, son exemplarité, c'estoient ces grandeurs cy qui attiroient sur luy les yeux de la Iudee, & qui faisoient dire à chacun, *Qui putas puer iste erit?*

Et sa grandeur vertueuse vint à tel feste de reputation, qu'aucuns le prenoient pour le Messie ; tesmoin cét ambassade de la Synagogue, *Tu es qui venturus es, an alium expectamus?*

Plusieurs par vanité ont pris ce tiltre de grands, tiré du fol applaudissement des hommes, comme Alexandre, Pompee, & quelques autres ; mais combien leur grandeur terrestre cedoit-elle à la celeste grandeur de sainct Iean prononcée de la part de Dieu par la bouche d'vn Ange?

Voire par celle de *Iesus* qui a declaré ouvertement qu'entre les naiz de femmes nul estoit plus grand que Iean Baptiste.

Et cela parce qu'il ne s'estimoit rien qu'vn

A a

deschausseur de souliers, qu'vne voix de desert, qui est vn echo; qu'il refusoit le tiltre mesme de Prophete, que iustement il pouuoit prendre, selon la maxime de nostre Seigneur, *Qui minimus fuerit inter vos, magnus vocabitur in regno cœlorum.*

D'abondant, voulez-vous de plus iustes grandeurs que celles-cy? il a esté grand en sa Conception miraculeuse, & outre les bornes de l'aage ordinaire; grand en sa sanctification au ventre maternel; grand au progrez de sa vie, en ses actions & predictions, en virginité, en abstinence, en foy, en sapience, en constance, & en force, grand mesme apres sa mort là haut en la gloire, orné des couronnes de virginité, de prophetie, de doctrine, & de martyre; grand çà bas en tant de miracles que Dieu a operez par ses venerables Reliques: ô que de grandeurs!

IV. Ausquelles i'adiouste pour corollaire le nom de *Iean*, qui signifie *grace de Dieu*: d'où i'apprens que toutes ces grandeurs ont esté en luy par la grace de Dieu, qui a fait en luy choses grandes. De sorte qu'il pouuoit dire auec Sainct Paul *Gratia Dei sum, id quod sum, & gratia eius in me vacua non fuit.*

Car comme la plaine Lune engendre des moëlles dans les os bien disposez; ainsi la grace du Ciel engraisse les ames qui en font bien leur profit, & qui la sçauent vtilement mesnager.

Or ce beau nom fut annoncé par l'Ange Gabriel à Zacharie: ce qui monstre que c'est mesme de la grace de Dieu qu'il a receu ce nom de grace de Dieu : comme le mesme Ange annonça à la saincte Vierge le sainct nom de Iesus, d'où i'apprends encores que *Iesus ne nous sera point Sauueur que par sa grace.*

Ce nom de Iean denotoit encores à ce sainct enfant, la grace de sanctification au ventre maternel.

De plus presignifioit qu'il deuoit estre le trompette de la loy de grace, *temps acceptable* 2. Cor. 6. *& de salut.*

Voyez-vous : il fut dit par l'Ange à la saincte Vierge, *Aue gratia plena, Spiritus sanctus superueniet in te, & virtus altissimi obumbrabit tibi, & quod nascetur ex te sanctum vocabitur tibi,* & Luc. 1. *quod nascetur ex te sanctum vocabitur filius Dei :* & le mesme esprit dit à Zacharie, *Elizabeth vxor tua pariet tibi filium, & vocabis nomen eius Ioannē* (c'est à dire *gratiam Dei*) *& erit magnus corā Domino, & Spiritu sancto replebitur adhuc ex vtero matris suæ.* Admirez-vous point ce paralelle?

Bien-heureux sainct, dont le nom gracieux est graué au Ciel, & escrit en la terre en tant de personnes qui en sont honorees, & dont la naissance resiouyt tant de cœurs, *Multi in natiuitate eius gaudebunt.* Consolez, & consolidez nos ames auec ceste diuine grace, de laquelle vous estes possesseur ; grace l'vnique bien & felicilité des esprits mieux paistris.

Ainsi puissiez-vous tousiours estre la ioye & les delices du genre humain, arrosant de ceste eau de benediction le parterre de ce petit parc, sousmis à vostre protection & turelle.

Et vous aussi, mes freres, qui portez ce beau nom que quand & vous, bien qu'indigne, i'ay l'honneur de porter; souuenez vous de ne commettre aucun peché mortel qui vous puisse faire perdre deuant Dieu l'effect de ceste grace dont vous portez l'honorable tiltre.

Et faites-moy ceste misericorde, mon Dieu, que celuy de Pierre qui m'a esté adiousté sur les sacrez fonds, me soit vn memorial pour conseruer fermement & constamment ceste chere grace, sans laquelle il me vaudroit mieux estre sans vie: car elle est plus la vie de mon ame, que mon ame n'est la vie de mon corps. *Amen, Amen*, ô doux Iesus, *Amen*.

Colligez de ce discours, mes freres, 1. que sainct Iean a esté precurseur de nostre Seigneur, 2. qu'il luy a esté conforme, 3. les grandes grandeurs de ce Sainct, 4. que le nom de Iean veut dire, *Grace de Dieu*.

XXIX. IVIN.
Au iour du Martyre des Saincts Apostres Pierre & Paul.

HOMELIE.

Tu es Christus Filius Dei viui.
Matth. 16.

EN la mourante vnion de ces deux Princes du College Apostolique celebree en ce iour de leur martyre, ie m'allois representant les brigades des commourans d'Anthoine & Cleopatre sur le declin de leur fortune, si bien descrites par Plutarque. *Plutarque en la vie d'Anth.*

Pource me suis-ie resolu de vous traicter auiourd'huy, 1. de l'estroitte vnion, & en la vie, & en la mort de ces deux Apostres, 2. de quelques vertus plus signalees de sainct Pierre, 3. de quelques perfections plus eminentes de sainct Paul. Silence.

Par ces douze pierres fondamentalles de la diuine Hierusalem, declaree par sainct Iean en ses reuelations, les Docteurs interpretent communément les douze Apostres; pierres viues sur lesquelles sont iettez les fondemens de l'Eglise militante, cimentee de leur sang, & esleuee par leur doctrine. *Apoc. 21*

Or laissant à part le nom des autres pierres, ie ne m'arresteray qu'aux deux premieres, qui feront à mon propos, *Fundamentum primum Iaspis*, dit le Prophete Euangeliste, *secundum Saphyrus*, pierres qui conuiennent tres-bien à nos deux saincts Apostres: le Iaspe à sainct Pierre, car c'est vne pierre dure, qui represente merueilleusement bien sa constance & fermeté sur l'inescroulable base: de laquelle *Iesus Christ* a dit *qu'il edifieroit son Eglise contre laquelle les portes de l'enfer*, qui sont les heresies, selon la plus saine partie des Docteurs, *ne pourront preualoir*. Roc qui au milieu des orages de la mer des erreurs, se mocque des molles attaintes de leurs ondes.

Mat. 16

Ce qui nous doit estre vne grande consolation, ô Catholiques! recognoissant que nous sommes en vne barque, qui peut estre agitee, iamais submergee; qui peut flotter, iamais perir: & de plus cela nous donne vne grande lumiere, pour discerner la vraye de la fausse Religion; à ce que celle-cy en veut à ceste Pierre, mais elle s'y froisse & brise; toutes les heresies se sont attaquees à l'auctorité de sainct Pierre, sur laquelle est fondee l'Eglise.

Le diable s'efforçant en vain de faire des mines à ce rocher qui ne peut estre frappé, croyant tousiours que ses fondemens esbranlez, il crouleroit aysément l'edifice *de la maison de Dieu, trop solidement edifiée*, pour estre renuersee par ses artifices.

Le Iaspe de son naturel escarte les serpens; & l'authorité de l'Eglise, où preside sainct Pierre ou son successeur, reiette toutes erreurs par sa pure doctrine, pource est-elle appellee *immaculee* aux Cantiques.

Le Iaspe dissipe les illusions & phantosmes, l'Eglise les opinions fantastiques & erronees de ceux qui se laissent aller *en la vanité de leurs sentimens particuliers*. *Ephes.4*

En fin le Iaspe arreste les fluxions, & voyez comme en nostre Euangile S. Pierre est loüé d'auoir vne foy qui trapasse *la chair & le sang*. Doncques ce premier fondement de Iaspe represente S. Pierre. *Mat. 16*

Le Second de Saphir, denote S. Paul, ceste pierre se trouue, tantost blanche, tantost azuree; & tant les vns que les autres Saphirs, blancs ou violets, ont vne occulte proprieté de conseruer la chasteté; vertu qui a esté singuliere en sainct Paul, qui soy-mesme declare vierge, & *souhaitte tout le monde continent comme luy*. D'où nous pouuons colliger combien sont plus dignes de pitié que de responce, ceux que la liberté de la chair a separez de nostre creance, qui se targuent d'vn seul mot de cét Apostre; mot d'indulgence, & pour euiter vn mal, pour en renuerser tant de si signalees & amples persuasions de continence qu'il trompette à cor & à cry : ainsi que l'on peut voir plus au long, en la premiere aux Corintiens. *1.Cor.7.*

Le Saphir blanc de couleur aërienne & celeste, nous represente ses *rauissemens au troisiesme Ciel, sa conuersation dans les Cieux, & comme il cherchoit les choses d'enhaut, les basses*. *2.Cor.12 Philip.3 Coloss.3.*

Le violet denote son amour extréme enuers Dieu & le prochain, *Amor Christi vrget nos*, dit-il.

Or nous voyons auiourd'huy ces deux belles pierres cimentees ensemble auec la colle de leur propre sang qu'ils espandent pour le tesmoignage de nostre saincte foy.

O fœlix Roma, quæ tantorum principum
Es purpurata precioso sanguine,
Non laude tua, sed ipsorum meritis
Excellis omnem mundi pulchritudinem.

Chante l'Eglise. Non, ô grande ville, les Marbres, les Iaspes, & les Porphyres qui te decorent n'ont rien qui approche de la beauté de ce sang glorieux, lequel a planté en toy le premier siege du monde. Il semble que leur mourante vnion aye formé les deux bras de ceste chaire vniuerselle que tu possedes, appellée par excellence, Siege Apostolique, la reuerence duquel, ô Catholiques, ie vous recommande sur toutes choses, comme estant le pilier de vostre foy.

Mais considerons de plus pres, mes tres-cheres ames, l'vnion charitable qui lia d'vne si puissante estreinte les cœurs de ces deux Saincts Apostres, l'Eglise chante d'eux, *Gloriosi principes terræ, quomodo in vita sua dilexerunt, ita & in morte non sunt separati.*

Fœlices ter & amplius
Quos irrupta tenet copula, nec malis
Auulsus quærimoniis
Suprema citius soluit amor die.

Iamais toutes ces celebres amitiez de Pancien temps, d'Orestes & Pilades, de Theseus & Pirithous, de Nisus & Eurialus n'approcherent au parangon de ceste amitié saincte de nos Apostres ; car les liens de l'amour humain sont de fil & de paille, au prix de ceux du divin, qui sont d'or & de soye.

Certes ie voy bien en l'amitié de David & de Ionathas, dont *les ames estoient entre-collees*, 1.Reg.18 dit le texte sacré, & en celle de sainct Augustin & de son cher Alipius, quelque image de celle-cy : mais crayon informe, & qui n'est point conferable au tableau de celle de nos Apostres, enrichy des couleurs de leur propre sang.

O qu'ils avoient bien ressenti les effects de ceste priere de nostre Seigneur, par laquelle il avoit prié son Pere, *que ses Apostres fussent unis en luy d'affection, comme il estoit un en essence avec son Pere*: car ils s'aimoient l'un l'autre, en luy, par luy, & pour luy.

Quand deux aix sont attachez avec de la colle bien fine, à peine peut-on recognoistre la trace de leur conjoncture : le sang du Sauveur estoit la colle inseparable de ces deux cœurs Apostoliques.

Cœurs teincts de ceste double pourpre du Tabernacle, *cocco bis tincta*, sçavoir de la double charité, & de leur double sang meslé avec celuy Exod.25 de leur maistre.

Pareils à ces deux boucs, à ces deux passereaux des sacrifices de la vieille loy ; l'un esgorgé, l'autre mis à l'air ; car S. Paul eut la teste tranchee, & S. Pierre fut pendu en une Croix l'vn sacrifié à la ville, l'autre mandé à la campagne: ainsi en arriua-il à ces deux glorieux Apostres, car l'vn qui fut sainct Pierre fut crucifié dans les murailles de Rome, l'autre fut decapité dehors.

Voila les deux beaux Poles, sur lesquels roule le globe de l'Eglise Romaine & vniuerselle.

Gen. I. *Les deux grands luminaires du Royaume des Cieux*, qui est l'Eglise saincte és paraboles de l'Escriture.

Laquelle ne peut que bien esperer de sa nauigation, ayant tousiours en veuë ces deux beaux Apostres de Castor & de Pollux, signes infaillibles de bonace.

Ce sont ces deux beaux yeux, dont l'vn s'estend sur les Israëlites, qui est sainct Pierre; l'autre sur les Gentils, qui est sainct Paul: pource l'Eglise chante, *Petrus Apostolus, & Paulus Doctor gentium, ipsi nos docuerunt legem tuam, Domine.*

O que l'Espoux en ce iour doit bien dire à son Espouse la saincte Eglise, *Vulnerasti cor meum soror mea, sponsa in vno oculorum tuorum, & in vna crine colli tui.* Car par cét œil peut estre entendu sainct Pierre, lequel par les larmes de ses yeux obtint le pardon de son Apostasie, & qui mourut renuersé en Croix, pour pouuoir iusques au dernier souffle, fixer les yeux au Ciel: & par le cheueu du col, peut estre signifié le decollement de sainct Paul. Diriez-vous pas que ces deux vies sont filées à mesmes trames, & que finissant à mesme iour, elles fussent annexees au sort du fabuleux tison de Meleagre.

Il semble que leur course fut pareille à celle de ces enfans iumeaux dont parle Pline, qui nasquirent, vescurent, & moururent en mesme temps. Les voila qui s'en vont, *bini, & bini*, selon le mandat de leur maistre, prescher l'Euangile, & deux à deux à l'arche du martyre. Allez ames benites, & soyez encores vnies en l'eternité. *Gen. 9.*

Voyons maintenant à part, selon nostre promesse quelques vertus plus signalees de sainct Pierre, laissant leur multitude innombrable, ie ne m'attacheray maintenant qu'à quatre, que ie proposeray à nostre imitation. **II.**

La 1. sera sa foy, laquelle estant le fondement de tout l'edifice spirituel, & la baze de la Religion, a esté superlatiue en ce sainct Apostre. Voila que nostre Seigneur l'en interroge, & *luy prest & prompt d'en rendre raison*, luy respond sur le champ, *Tu es Christus Filius Dei viui*: & ceste profession hardie & ouuerte, fut cause que nostre Seigneur le constitua son Lieutenant en terre, *Tu es Petrus, & super hanc petram ædificabo Ecclesiam meam*. *1. Pet. 3. Mat. 16.*

Mat. 14.

Sa foy le fit marcher sur les eaux, & ietter en la mer. *Ioan. 21.*

Sa foy luy fit *ietter son reth en mer*, contre l'humaine apparence de rien prendre: & *voila qu'il en tire si grande quantité de poissons, que presque il en rompoit*. *Luc. 5.*

Luc 22. Sathan avoit bien *eu envie de cribler* ceste foy, & de la violenter, ce qu'il fit par la tentation violente qui la luy fit renoncer; mais depuis elle fut renduë inesbranlable en luy, & en ses successeurs par l'oraison de nostre Seigneur, *Oraui pro te Petre, vt non deficiat fides tua.*

Act. 3. Par la foy il opera mille miracles, il guerit vn boiteux, il faisoit des conuersions à milliers par ses predications; il ressuscita Thabite, chastia Ananie & Saphire, fit rompre le col au Magicien Simon. Prions ce Sainct Apostre, qu'il nous impetre vne foy constante & genereuse emmy tant d'heresies qui nous enuironnent.

Luc 5. La 2. vertu que nous admirerons en luy est son humilité: voyez comme il dit à nostre Seigneur *qu'il se retire de luy, parce qu'il estoit pecheur.* Au lauement des pieds combien son obeyssan-
Ioan. 13. ce violenta-elle son humilité: oyez-le, disant au Sauueur, *Domine, tu mihi lauas pedes.*

Mais elle parut insigne en sa mort: car s'estimant indigne d'estre crucifié en la mesme forme que son maistre, il demanda ceste cruelle grace d'estre mis en Croix à la renuerse, cruauté que son humilité inuenta contre soy-mesme.

La 3. vertu sera son insigne amour vers la personne de nostre Seigneur: car iamais Hephestion n'ayma tant Alexandre, ny ce serf Romain qui se presenta à la mort pour son maistre.

Quantesfois S. Pierre souhaitta-il de mourir pour nostre Seigneur; *Etiam si oporteat me mori tecum, non te negabo,* luy disoit-il, & excitant les Apoſtres, *Eamus & nos*, fait-il *& moriamur cum eo.*

Domine tu ſcis, quia amo, te, reſpondit-il à noſtre Seigneur qui l'interrogeoit de ſon amour: & comme le fils de Dieu parloit de ſa paſſion, S. Pierre porté de ſa paſſion affectueuſe luy dit promptement, *Abſit à te Domine, non erit tibi hoc.* Ioan. 21. Math. 4

La nuict de la capture de noſtre Seigneur, *il proteſte que quand tous ſeroient ſcandaliſez, luy ne le ſera point.* Mat. 18.

Sainct Chryſoſtome fait vne genereuſe remarque de ſon amour, en ce que ſainct Pierre ſuſcitant Sainct Iean de s'enquerir de noſtre Seigneur qui eſtoit celuy qui le deuoit trahir, il eſtoit en terme de le deſchirer s'il l'euſt peu recognoiſtre.

Encores ſon amour parut bien vehement, quand apres la Reſurrection de noſtre Seigneur entendans de dedans ſa nacelle que ſon maiſtre eſtoit au riuage, ſans autre reflexion, il ſe iette en mer pour aller à luy.

Au principe de ſa vocation, ſi toſt que *Ieſus* luy dit *ſuy-moy*: auſſi toſt ſans tergiuerſer, il alla apres luy abandonnant nacelle, rets, maiſon, pere, femme, & toutes choſes pour ſuiure le Sauueur.

En fin ſa charité ſe teſmoigna euidemment en ſa mort: *car il n'en eſt point de plus grande que celle qui prodigue la vie.* Ioan. 15.

La 4. vertu que nous noterons en ce grand Sainct, ſera ſon zele, lequel certes a eſté admirable: c'eſt ce zele qui animoit tellement ſes predications, que dés la premiere il conuertit trois mille ames : & à la seconde ciuq mille : ô que ne voyons-nous en ce temps de pareils effects: de semblable cause!

Act. 2.

Auec ce zele il chastia Ananie & Zaphire, pareil à vn Moyse, vn Phinees, vn Mathathias.

Act. 5.

Et l'essorillement de Malchus n'en est-il pas vn euident tesmoignage?

Ioan. 18

III. Apprenons apres de sainct Paul quatre perfections eminentes, la 1. sera l'humilité, laquelle comme elle a esté en luy tes-profonde, aussi Dieu l'a-il esleué à vne tres-haute dignité : car c'est luy, *Qui humilem saluum facit, & oculos superbi humiliat.*

En voulez-vous voir de riches marques ? La 1. quand il se sousmit à l'institution d'Ananias, se rendant *docibilem Dei*, comme vn petit escolier sous la ferule de son pedagogue.

Act. 9.

La 2. quand il s'appelloit, *abortif, & le moindre des Apostres, voire indigne de ce beau tiltre.*

1. Cor. 15

La 3. quand pour se confondre il se declare auoir esté par vn mauuis zele persecuteur de l'Eglise de Dieu : & de plus il se nomme le premier & plus grand de tous les pecheurs.

Rom. 1.

La 4. quand il s'appelle *le serf & esclaue de Iesus Christ* : voire vn beau neant, *Et nihil sum.*

Ephes. 3.

1. Cor. 12

La 5. quand *il tenoit pour rien l'honneur & l'estime du monde*, disant que le siecle passe & sa vaine conuoitise.

Considerons en ce Sainct vne 2. vertu, sçauoir

son extréme charité vers le prochain, iusques à desirer *d'estre anatheme pour ses freres* : c'est à dire, Rom. 9. selon S. Chrysostome, sentir les peines d'enfer sans perte de la grace de Dieu, & cela pour le salut d'autruy ; voire des plus ingrats. Oyez ses termes emphatiques, *Ego libentissimè impendar* 2. Cor. 12 *& super impendar ipse pro animabus vestris, licet plus vos diligens minus diligar* : paroles *qui sont autant de charbons ardans lancez à la face des mescognoissans. Dieu m'est tesmoin*, dit-il ailleurs, *comme ie vous desire tous dans les entrailles misericordieuses de Iesus Christ* : & encores, *Filioli quos* 1. Cor. 9. *parturio donec formetur in vobis Christus*, & derechef, *Aemular vos Dei æmulatione, &c.* de plus, *Omnia omnibus factus sum, vt omnes saluos facerem*: & sa grande charité luy bailloit-elle pas, *solicitudinem omnium Ecclesiarum?* tous ses escrits sont parsemez de telles pointes.

Tant de perils, de naufrages, de persecutions, d'outrages, de battures, & de trauaux qu'il a 2. Cor. 11 soufferts pour le salut des ames en sont des signes bien euidens, il constituë la *prefection au lien de charité*, *& la plenitude de la loy en la dilection*, Rom. 13. *nous exhortant de n'estre en rien redeuables les vns aux autres; que de bien-veillance mutuelle*.

Quand à son amour vers nostre Seigneur, troisiéme vertu que nous remarquerons en luy, certes il a esté transcendant : lisez en les excez en l'Epistre aux Romains, *Quis nos separabit à charitate Christi, &c.* en celle aux Galates, *Mihi* Rom. 8. *absit gloriari* : aux Corintihiens, *Non iudica-* Gal. 6. *ui me aliquid scire inter vos nisi Iesum Christum,* 1. Cor. 15

2.Cor.6. *& hunc Crucifixum*, & en la 2. aux Corithiens, *& 12.* *Placeo mihi in infirmitatibus pro Christo, &c.*

N'en sont-ce pas d'insignes enseignes que *Gal. 6.* ses sainctes Stigmates? *Ego stigmata Domini Iesu in corpore meo porto.*

1.Cor.16 Appelle-il pas *Anathematisé* celuy qui n'aime *Gal. 2.* Iesus? dit-il pas *que Iesus est sa vie; qu'il ne vit pas* *Coloss. 3.* *mais Iesus en luy; que sa vie est cachee en Dieu auec Christ; la mortification duquel il se disoit porter tousiours en son corps?*

La 4. vertu que nous irons admirant en ce grand Apostre, est celle de chasteté; en laquelle certes il a merueilleusement excellé; & qui sçait si ce ne seroit point ceste vertu qui auroit incliné Dieu à le rendre *vaisseau d'eslection*? car certes Dieu aime incomparablement les corps vierges & chastes, *Casto placent superis.*

C'est ceste belle fleur, ce lys blanchissant, ceste fresche rose qu'il conseruoit auec tant de soin dans les espines poignantes des mortifications auec lesquelles *il chastioit son corps, & le reduisoit en seruitude.*

2.Cor.12 O que les tentations sensuelles luy estoient à contre-cœur, puisque l'esguillon de la chair le soufflant, il pria par trois fois Dieu de luy oster, ce qu'il n'obtint pas, luy estant respondu qu'il se contentast de la grace, pour parfaire sa vertu en son infirmité.

Chose qui vous doit bien consoler, ô ames chastes, qui vous troublez des moindres pensees deshonnestes, tant vous estes ialouses de l'integrité, non de vos corps seulement, mais mesmes de vos cœurs : car le sentir, & le consentir

sentir sont deux, la grace peut subsister auec celuy-là, voire nous perfectionner par la resistance, mais iamais auec l'autre.

Certes la belle Catherine de Sienne & la belle Angele de Foligny font grande pitié quand elles recitent leurs cruelles tentations sensuelles; & neantmoins c'estoit lors qu'elles estoient plus fortement assistées de la grace de leur celeste espoux.

O que nostre sainct Apostre auoit ceste vertu en souuerain degré; puis que mesmes il ne vouloit que le mot de *fornication* fut proferé par la bouche des Chrestiens. *Ephes.* 5

Voyez comment il excommunie le fornicateur Corinthien & le liure à Sathan. Il declare ouuertement, *que les chiens & impudiques ne posséderont point le Royaume des Cieux.* *Rom.* 13.

Il va bien plus auant; car comme restreignant la saincte liberté du mariage, il conseille que ceux qui ont *des femmes soient comme n'en ayans point.*

Voila bien des vertus en ces deux Saincts, & fort exemplaires. Ne faites pas mes freres, comme ces enfans qui prennent plaisir à faire estinceler les fusils, mais qui n'appliquent point de mesche pour faire du feu. Aussi ne vous contentez pas d'ouyr parler de ces perfections, sans desirer de les imiter, & sans vous essayr de les acquerir, autrement vous auriez escouté vainement, & moy *battu l'air* de ma voix inutilement. L'Eglise nous propose les festes des Saincts, afin de nous presser à la poursuitte de leurs actions vertueuses; *Vt quorum memo-*

B b

ruim recolimur, etiam actiones imitemur.

Allez auec Dieu en repensant, 1. à la mourante vnion de ces deux piliers de la saincte Eglise, 2. aux vertus de S. Pierre, 3. aux perfections de S. Paul.

XXII. IVILLET.
La Penitente Magdaleine.

HOMELIE.

Stans retrò secus pedes. Luc. 7.

LE suiet de la Magdaleine est vn grand banquet plus abondant en viandes, qu'il n'y auoit de mets en celuy du Pharisien où elle alla trouua nostre Seigneur; nous nous contenterons pour ce coup de gouster de 6. plats.

Le 1. traittant de sa pudeur sur ce mot *stans retrò*, le 2. des pieds de nostre Seigneur sut cestuy-ci *secus pedes Domini*, le 3. des yeux de ceste Penitente, le 4. de ses larmes sur ces paroles, *lachrymis rigauit pedes meos*, le 5. de ses cheueux, *& capillis suis tersit*, le 6. de ses parfums, *& vnguento vnxit.* Oyez.

I. La vergongne, mes tres-aimez freres, est la fourriere du repentir, l'auant-courriere de la penitence, & comme l'Aurore de ce Soleil. Aussi l'ame qui se conuertit est-elle comparée à *l'aube qui s'esleue & croist iusques au iour parfait* de la grace.

Preu. 4.

L'effronterie au contraire est messagere du peché, le presage d'vne prochaine ruine, quand la barriere de la pudeur est leuee, commence la carriere du vice ; de là vient le Prouerbe, *Le front d'vne courtisane ne peut rougir.*

Celle que nostre texte nous depeint, voulant donner du pied au monde, & renoncer à ses appasts, quittant ses fards, commence à se rougir du naturel vermillon de la honte de ses offences : couleur qui agree fort aux yeux du sainct Espoux ; côme dit cét Ancien à vn ieune hôme rougissât d'auoir esté surpris en mal, *macte puer hic est virtutis color*, & l'autre, *erubuit salua res est:*

Aussi voyez comme aux Cantiques les ioües de l'espouse sont comparees à l'entr'ouuerture d'vne pomme de grenade qui a des grains rouges, & ses leures à vn riban vermeil ; marques de ceste chaste pudeur qui embellit le visage d'vne fille bien nee. *Cant. 4.*

Ante te erubesco, & commissa mea pauesco, disoit Iob à Dieu ; c'estoit le sentiment de nostre Penitente : voyez comme elle se tient derriere, *stans retrò,* n'osant paroistre, *stans* par respect *stantes erant pedes nostri in atriis tuis. Retrò,* fuyant comme Adam l'aspect des yeux de Dieu, consens de toutes ses laschetez. *Aduerte faciem tuam à peccatis meis,* pouuoit elle dire auec Dauid. *Psa. 50.*

Retrò, car qui pourroit soustenir l'esclat de la face de ce nouueau Moyse?

Qui ne redoutera les yeux de cét Assuere courroucé?

Beaux yeux qui flambent comme ces infortunees cometes, quâd ils presagent la mort, & qui rayonnent côme de fauorables Planettes, quand ils augurent le port. *Domine, non intres in iudicium cum seruo tuo, quia non iustificabitur in conspectu tuo viuens. Si iniquitates obseruaueris, quis sustinebit? Si interrogaueris, quis respondebit tibi?*

Nostre penitente comme vn Manassés baisse les yeux, s'estimant indigne de voir le Ciel.

Et côme vn Publicain, *Stâs à longè tundit pectus suum & dicit: Domine propitius esto mihi peccatrici.*

Comme la femme adultere elle reste toute esperduë, & sa contenance humiliee tesmoigne son interieure douleur.

Comme le Prodigue elle dit en son cœur, *Pater peccaui in cœlum, & coram te, iam non sum digna vocari filia tua, fac me sicut vnam de ancillis tuis. Sicut oculi ancillæ in manibus dominæ suæ, ita oculi mei ad Dominum meum, donec misereatur mei.*

Car helas! quel œil peut ouurir vne femme qui a fait banqueroute à son honneur; mais que luy reste-il, sinon d'estre le mespris, & *la balieure du monde*.

1.Cor.4.

Saincte hôte qui ne pouuant redonner la virginité à ceste pecheresse (*nam Deus virginem non potest suscitare post ruinã*) luy rend par la penitence le merite de la chasteté; car ne doutez point, mes freres, que ceste saincte ne surpasse de bien loin en la gloire beaucoup de Vierges, l'humble repentance estant preferee par les bons estimateurs à vne orgueilleuse integrité dont la presomption va tramant vne infaillible ruine.

II. O vergongne que vous vous logez bien aux pieds de Iesus, c'est là vostre place, vostre element, *hæc requies nostra in sæculũ sæculi*. Le Pã plie ses plumes quand il voit ses pieds; & la Magdeleine laisse toutes ses vanitez aux pieds de N. S.

Comme vne autre Rachel elle enterre les Idoles de ses pechez au pied de ce beau terebynthe Iesus.

Gen. 35.

Voila qu'elle append comme vaincuë & feruë d'vn sainct amour, toutes ses armes mondaines, tous ses affiquets & ses artifices attrayans aux pieds de son vainqueur, en erigeant vn trophee à sa gloire.

Azyle sacree, autel salutaire, refuge des miserables, elle pouuoit bien dire auec cét autre,

Tango aras mediosque Deos & nomina testor.

Ou d'vn ton plus venerable, *Deus noster refugium & virtus, adiutor in opportunitatibus & in tribulatione.*

Ou bien en embrassant ces pieds sacrez, ie voulois dire ces pieds sacrez, dire comme Iacob, luittant auec l'Ange, *non dimittam te nisi benedixeris mihi.*

Ou auec l'espouse passionnee, *tenui eum, nec dimittam.*

Ou auec S. Paul, *quis me separabit à charitate Christi?*

Courage pecheurs ? voicy que Moyse casse la loy au pied de la montagne, & Iesus qui casse sa iustice aux pieds de sa misericorde. Voila pas qu'il y cancelle tous les pechez de nostre Sainte penitente ? *Dimissa sunt ei peccata multa, quoniam dilexit multum.*

Exo. 34

Les pieds en l'Escriture symbolisent les affections, *Quàm pulchri sunt gressus tui, filia principis, quàm pulchri sunt pedes euangelizantiũ pacem.* Et voila que nostre Magdaleine met son cœur aux saines & sainctes affections de nostre Seigneur lequel *charitate perpetua dilexit nos, dilexit me & dedit semetipsum propter me*, lequel *diligentes se diligit*. Doncques, *Diligam te Domine fortitudo mea, firmamentum meum, & refugium meum, & liberator meus. Qui euellit de laqueo pedes meos.*

Les pieds signifient encores la suite des diuins preceptes ; & voila que la Magdaleine faisant vne auersion du monde, & vne conuersion à Dieu, s'adresse à ces pieds diuins pour suiure leur trace bien-heureuse. *Dirigem gressus suos in semitis Dei, viam mandatorum currens, quia dilatatum erat cor suum*: ô mes amis ; *Beati immaculati in via, qui ambulant in lege Domini. Beatus vir qui timet Dominum, in mandatis eius cupit nimis. Beatus vir qui non abiit in consilio impiorum, &c. Beatus vir cuius nomen Domini spes eius, & non respexit in vanitates & insanias falsas.*

Les pieds signifient encores la mort, & de fait N. S. voyant murmurer de l'onguent qu'espanchoit à ses pieds ceste amoureuse Penitente *hoc ad sepeliendum me fecit*, dit-il. Ie tire de là que la plus efficace pensee pour conuertir vne ame & la nettoyer du peché, est celle de la fin, *Memo-* [Deu. 14.] *rare nouissima, & in æternum non peccabis.* Pource les animaux à pied fourchu ou diuisé (marque de nostre mort, qui estant la fin de la vie diuise l'ame du corps) sont appellez en l'Escriture nets & mondes.

Au contraire ceux là se soüillent, qui ne re-[Psalm. 98.] gardent point à leur fin, *Sordes eius in pedibus eius, non est recordata finis sui.*

Adore mō ame, l'escabeau de ses pieds sacrez de ton espoux, sa S. C. refuge de toutes tes miseres, ta secōde table apres le naufrage de tes pechez.

Vous estes la rosée qui nourrissez les fleurs de nos bons desirs, & esteignez les ardeurs des concupiscences.

Vous estes *cette fontaine des iardins, ce puits de viues eaux*, qui faites profiter les bois qui s'arrosent de vous.

Vous estes ceste eau d'Ange, cette eau de Naphthe, cette eau de fleurs propre à embellir la face de l'ame.

Vous estes la pluye qui ramenez le beau temps de la consolation : *Beati qui lugent, quoniam ipsi consolabuntur.*

Vous estes ceste eau amere qui purge la gratelle de nostre sensualité: & qui tempere la rage de nos passions desreglees.

Vous estes vne eau alambiquee & quintessentiee qui operez de prodigieux effects, & qui violentez la diuine misericorde.

Vous estes cette eau forte qui rongez les cœurs de fer, & qui effacez les mortelles scedules de nos crimes.

Vous estes vne eau de vie qui nous rendez eschauffez, voire bruslans de sainct amour.

Vous estes le deluge, qui purifiez le petit monde.

Vous estes ceste eau, sur *laquelle s'espant l'esprit du Seigneur.*

Vous estes *ce fleuue impetueux, qui resioüit la cité de Dieu.*

Vous estes les canaux de la mistique Bethulie, nostre ame que le malin Holofernes tasche de retrancher pour *les rendre des terres sans eau, & pour seicher leur vertu comme vn test de pot.* Psal.21.

de la vie, l'ayant offensé par tant de morts, & luy demander abolition de tant & tant de fautes.

Cant. 2. Regards autresfois ces renards emollissans la
Iud. 15. vigne du Seigneur, renards de Samson qui mettiez le feu par tout, mais des feux artificieux
Cant. 8. qu'on ne pouuoit esteindre, vos *flammes portant totale consumption*; comment est-ce que reflechis en vous-mesmes, vous vous embrasez de tant de feux?

Mais qui ne s'estonnera de voir ces Vesuues conuertir en fontaines, & ces esclairs de feu se resoudre en pluye de larmes?

IV. Ne vous en estonnez pas, mes bien-aimez; car comme quand le feu est pris en vne maison, on iette tout par les fenestres; ainsi la poitrine de la Magdelaine estant toute embrasée, que peut-elle verser sinon des eaux? car *Intrauerant aqua vsque ad animam eius, & torrentes inundauerunt. Torrentem pertransierat anima eius.*

Larmes, ô belles larmes, vous estes le commun suiect des plus secondes langues, des plus secondes plumes, mais si laissez-vous tousiours vos loüangeurs bien loin de çà vostre merite. Loüons les encores selon nostre foiblesse, mes amis, mais ô la digne loüange, si nous les imitõs.

Sainctes & penitentes larmes, vous estes ceste *mer rouge* où se noyent les Egyptiens mistiques, qui sont les pechez.

Vous estes ceste eau de benediction, qui purifiez les temples de nos cœurs.

Vous estes ce Nil qui fecondez le terrain de nos consciences.

Cant. 7. Vous estes ces piscines d'Esebon, où se mirent & lauent les Colombes.

Vous estes la rosée qui nourrissez les fleurs de nos bons desirs, & esteignez les ardeurs des concupiscences.

Vous estes *cette fontaine des iardins, ce puits de viues eaux*, qui faites profiter les bois qui s'arrosent de vous.

Vous estes ceste eau d'Ange, cette eau de Naphthe, cette eau de fleurs propre à embellir la face de l'ame.

Vous estes la pluye qui ramenez le beau temps de la consolation: *Beati qui lugent, quoniam ipsi consolabuntur.*

Vous estes ceste eau amere qui purge la gratelle de nostre sensualité: & qui tempere la rage de nos passions desreglees.

Vous estes vne eau alambiquee & quintessentiee qui operez de prodigieux effects, & qui violentez la diuine misericorde:

Vous estes cette eau forte qui rongez les coeurs de fer, & qui effacez les mortelles scedules de nos crimes.

Vous estes vne eau de vie qui nous rendez eschauffez, voire bruslans de sainct amour.

Vous estes le deluge, qui purifiez le petit monde.

Vous estes ceste eau, sur *laquelle s'espant l'esprit du Seigneur.*

Vous estes *ce fleuue impetueux, qui resioüit la cité de Dieu.*

Vous estes les canaux de la mistique Bethulie, nostre ame que le malin Holofernes tasche de retrancher pour *les rendre des terres sans eau, & pour seicher leur vertu comme vn test de pot.* Psal.21.

Vous estes la probatique piscine & la nageoire de Siloë, vous guerissez les paralysies, & les cecitez.

Vous estes vn bain salutaire pour nous decrasser, purifier, & fortifier.

Vous estes des perles qui decorez infiniement vne ame penitente, *cuius collum tanquam monilia.*

Vous estes douces comme les fontaines en vostre esboüillonnement, bien qu'ameres en vostre origine comme les sources qui viennent de la mer, *Magna sicut mare contritio, recogitabo annos meos in amaritudine animæ meæ.* Vous estes ameres au cœur, & tres-douces aux yeux, voire delicieuses, *est quædam flere voluptas.*

Vous estes les premiers presages de nostre naissance, & la seule chose que l'homme sçache faire sans apprentissage est de rouler des larmes.

Vous estes ceste eau de Mara, qui adoucissez les amaritudes des afflictions. *Expletur lacrymis egeriturque dolor.*

Vous estes semblables à l'eau des forgerons, vous embrasez plustost qu'esteindre les diuines flammes: *Nec lacrymis satiatur amor.*

Vous estes ceste eau que le Prophete *souhaitoit à son chef,* ceste fontaine qu'il desiroit pour ses yeux, afin de plaindre dignement les miseres du monde.

Ierem. I. Vous estes celles qui auez rendu Heraclite si renommé Philosophe, & de beaucoup plus estimé que son rieur contrariant.

Vous estes en somme celles qui auez rendu

nostre Penitente si recommandable à nostre Seigneur, qui la soustient contre les murmurateurs, & si loüable deuant les hommes, que l'on ne cessera iamais de recueillir ces precieuses larmes plus curieusemét que celles du cerf aux abois.

Aussi est-elle vne biche blessée au flanc d'vn traict du S. Amour, de laquelle on peut dire *hæret lateri* non pas *letbalis*, (comme auparauant atteinte du mauuais amour, chassé par le dictame de la grace de Dieu,) mais bien *vitalis arundo*. Pource, *Quemadmodū desiderat ceruus ad fontes aquarum, ita desiderat anima eius ad Deum, Sitit anima eius ad Deum fontem viuum*; & voyez côme toute pantelante, *vt cognouit quod Iesus accubuisset in domo Pharisæi*, elle y va trouuer celuy qui est *fons aquæ viuæ salientis ad vitam æternam, & haurit aquas cū gaudio de fontibus Saluatoris*: sçauoir les eaux de pleniere indulgence, qui la lauant d'hysope, la blanchissent comme la neige. *Luc.7. Psal.50*

Voicy Axa qui obtient des fontaines de son pere Caleb, pour abreuuer l'aridité de son cœur. *Flat spiritus Dei, & fluunt aquæ*. *Ios. 15. Iud. 17.*

Voicy Michas qui plore non ses idoles perduës, mais ses anciennes idolatries.

Voicy la fille de Iephté qui plore, non sa sterile virginité, mais sa pudicité honnie & perduë.

Diriez-vous pas que ses yeux clairs, emmy tant de larmes ressemblent à ce lauoir des miroirs qui estoit au Temple où l'on alloit lauer les mains & le visage : mais dities-moy voulez vous vn plus beau miroir de penitence que celuy que nous offrent les pleurs crystallines de ceste pecheresse.

En quelle fontaine sçaurions-nous mieux mirer nos deffauts pour les corriger, & pour nous exciter à l'imiter repentante, nous qui l'auons imitée pechante & meschante, comme disoit S. Ambroise à Theodose, luy alleguant Dauid *pour excuser des excuses en son peché*.

V. Mais considerez ie vous supplie, que comme les rays du Soleil qui fondans les nuées excitent la pluye, sont ceux-là mesme qui essuyent la terre; ainsi la Magdeleine ayant baigné de larmes fondües aux rays de ses yeux les pieds de nostre Seigneur, elle-mesme les essuye auec les rays dorez de sa blonde cheuelure. Ce qui me preste la transition de ses larmes à ses cheueux.

Cheueux ou plustost rets ou filets des cœurs mal-aduisez: ô tresses pleines des destresses, ou plustost tresses traistresses, qui enlassiez en vos pieges tant d'ames inconsiderées qui se lançoient en vos lacs.

O penitence Apostolique, voila donc que *Matt. 4.* vous *laissez vos rets & vos filets pour suiure Iesus*. N'en doutez point, si vous les iettez dans la mer de sa misericorde, vous en pescherez le pardon de vos pechez.

Voyez comme elle attire le cœur du Sauueur auec ces lignes d'or, diriez-vous pas que ce sont ces chaines d'or du bon Homere par lesquelles il fait descendre la diuinité vers les hommes.

Est-il pas vray, auditeurs, que ces filets officieux de nostre Saincte, ont autant de pouuoir pour attacher à ma langue vos aureilles, que ceux de l'Hercule Gaulois.

Mais voyez comme ce Girofol ouure les fueilles de sa cheuelure, à son Soleil d'Orient.

Voicy le bel Absalon pendu par ses beaux cheueux, non à vn arbre de mort, mais à celuy de vie; son cœur neantmoins est percé de trois lances, qui sont les trois parties de la penitence.

Diriez-vous pas comme à Samson que toute *Iud. 15.* la force de ceste pecheresse est en ses cheueux.

Si mieux vous n'aimeux la comparer à vne Dalila qui lie des cordes de ces tresses celuy qui est plus fort que Samson, *Quis similis tui in fortibus Domine?*

On dit que les cheueux enlaidissent les laids, & embellissent les beaux, ces tresses qui poudrees, annelees & crespees, auoient par leur vanité enlaidy l'ame de nostre Saincte, maintenant flottantes, vagabondes, negligees & connerties en essuyoirs des pieds de nostre Sauueur l'embellissent merueilleusement, mais d'vne beauté toute Angelique & celeste.

O que ces estendars de folie rasez ou attachez decorent vne ame Chrestienne. *Iesus* comme Alexandre veut ses soldats rasez, de là est venuë *tonsura clericorum*, & celle encores des sacrees Moniales.

Aussi voyez comme les cheueux de la saincte Espouse sont comparez *aux troupeaux des brebis* *Cant. 4.* *tonduës de la montagne de Galaad*, montagne pleine de gommes odorantes & aromatiques, *Numquid non est resina in Galaad?* ce qui m'ouure le pas à mon dernier poinct des parfums de ceste Penitente.

Que ie renforceray par cét autre concept où la cheuelure de l'espouse est dite *sicut purpura regis iuncta canalibus*, metaphore excellente pour exprimer des cheueux blonds & dorez: mais, ô Magdaleine, quand ferez-vous la blonde, sinon quand attachee au pied de la Croix, ces mesmes pieds que vous lauez de parfums, & baignez de larmes, vous arrouseront de ce sang precieux, *grand & inestimable prix de nostre rachapt: vraye pourpre Royale, distillant des canaux du prince du siecle futur.*

Mais souffrez que ie vous estalle encores ces pensees miennes, *capillis suis*, les cheueux prouiennent du superflu du corps; ce qui me fait souuenir de ce mot *quod superest da pauperibus*, qui sont les pieds de Iesus Christ.

Capillis suis, de ses propres cheueux; c'est à dire, de vostre vray bien faites l'aumosne; non du desrobé, non du mal acquis: car Dieu ne veut point qu'on luy sacrifie les despoüilles de l'Amorrhean.

Capillis suis, de ses propres cheueux, en les arrachant, douleur fort sensible, non auec des cheueux empruntez, d'vne perruque artificielle entee sur vn crane pelé. Ce qui nous enseigne, que Dieu veut estre serui auec des sentimens cordiaux & internes. *Scindite corda, & non vestimenta vestra.*

Ioel. 2.

IV. Mais venons à ces onguens qui sont industrieusement appliquez à la playe que cette amante auoit faite au cœur pitoyable de Iesus,

Cant. 4.

par les larmes de ses yeux, & l'esparpillement de ses cheueux.

O que ceste Saincte pouuoit bien dire, comme l'Espouse, *Cùm esset rex in accubitu suo, nardus mea dedit odorem suum.*

On pouuoit dire autresfois de ceste courtisane, ce que cestuy-ci de cét autre.

Cum benè se tutam per fraudes mille putauit,
Omnia cùm fecit, Thayda Thays olet.

Quand la Magdaleine versoit ces parfums sur son corps prostitué, ô qu'elle estoit puante deuant Dieu, les Anges, & les hommes : ores qu'elle les respād aux pieds de nostre Seigneur, *toute la maison est rēplie de la suauité de cét onguent;* que, di-ie, mais le Ciel en est embausmé, *& Dieu le sent en odeur de suauité*, comme vn precieux thymiame.

Ceux qui carressans trop les viuantes charognes de leurs corps, ne font que le lauer, tinter, embausmer, & parfumer, deuroient penser qu'à ceux qui ont bon nez, ceux-là sentent mal, qui sentent tousiours bon.

—— *Qui benè olet non benè semper olet:*
Malo quàm benè olere, nil olere.

Vespasien cassa vn de ses Capitaines, parce qu'il estoit trop musqué & muguet ; & ceux qui ayment trop les parfums sur soy, sont indignes de la discipline Chrestienne.

Les Atheniens bannirēt l'orateur Demades, parce qu'il estoit tousiours parfumé, & se mocquoient de ses persuasions ; c'est le fait d'vn courage mol & effeminé d'estre addonné par trop à ceste sorte de delice.

Non que les odeurs de soy soient blasmables l'espoux sacré & son espouse ne parlent d'autre chose en leur chant nuptial.

Isaac loüa l'odeur des vestemens de son fils Iacob.

Et l'Eglise en ses offices & ceremonies se sert d'encensemens pour esleuer les esprits, & chasser les démons, amis de puanteur, & ennemis des parfums ; mais c'est l'excez qu'il faut retrancher & l'abus, non l'vsage d'vne chose en sa nature innocente, indifferente ; voire & bonne.

C'est tres-bien fait, en imatant la Magdelaine de remplir de fleurs les lieux sacrez, & de bonnes odeurs les paremens & ornemens Ecclesiastiques, & les nappes & corporaux du S. Autel, où repose le precieux corps de Iesus Christ nostre Seigneur, lequel soit beny à iamais. *Amen.*

Allez colligeant de ces discours, 1. quelle a esté la pudeur de nostre saincte penitente, 2. son refuge aux pieds du Sauueur, 3. la modestie de ses yeux, 4. versans de pieuses larmes, 5. l'office de ses cheueux, & 6. l'espanchement de ses parfums.

XXV. IVILLET.

Contre l'ambition, en la feste de sainct Iacques le Majeur.

HOMELIE.

Accessit ad Iesum, mater filiorum Zebedei. Matth. 10.

Yrrhus interrogé de Musiciens, respondit de Capitaines. Nostre Seigneur interrogé par vn esprit ambicieux, respondit d'humilité; ce fut la Mere des enfans de Zebedee, qui le prioit de colloquer ses deux fils aux places plus eminentes. C'est l'Euangile qui se lit en ceste feste.

Sur lequel nous dirons, 1. qu'il faut tant que l'on peut s'approcher de Dieu sur ces mots, *accessit ad Iesus*, mais, 2. auec humilité sur ceux-cy *adorans & petens*, & 3. sans ambition, sur ces paroles *dic vt duo filij mei*, &c. en 4. lieu nous traiterons du glorieux martyre de nostre Sainct Apostre.

I. Helas, Chrestiens, à quelle extremité nous reduit la dureté de nos cœurs, qu'il faille nous presser à rechercher ce que nous deurions cherir plus que la prunelle de nos yeux; ressemblons nous point à ces cheuaux retifs, capricieux & ombrageux, qui se reculent quand on les pousse? Nos peres estoient si feruens à

Cc

chercher Dieu qu'ils auoient plus besoin de bride que d'esperon, ils alloient à luy à trauers les feux, les fers, les roües, & les cousteaux des martyres, & il nous faut maintenant des persuasions pour nous y porter, & des esguillons pour nous induire à le rechercher. *Populus meus dereliquit me. Solitudo factus sum Israeli, & terra serotina eunt in desideria cordis sui*, dit Dieu: enfin, *Non est qui requirat Deum, non est vsque ad vnum.*

Iere. 2. *La vierge n'oublie pas ses ornemens, la femme ses enfans, Et mon peuple m'a oublié par vn espace de iours innombrables*, dit le Seigneur Dieu.

Retournons, paunres Sunamites esgarees, retournons. Psal. 33 *Accedite ad Deum, & illuminamini, quærite faciem eius semper.* Helas quitterons-nous donc la *source de vie* pour les eaux bourbeuses d'Egypte, les *Tabernacles de Iacob* pour ceux de *Moab*, & la *Manne* du desert pour les eaux des marmites de *Pharaon*? Abandonnerons-nous la suite de Dieu pour la vaine poursuite du monde, dont les ioyes pareilles à l'ombre passagere fuyent, plus on les suit?

Non, non, mes tres-doux freres, rompons la paille pour iamais auec ce tyran de nos cœurs, & conuertissons-nous à Dieu debonnaire, & le cerchons auec pureté & sincerité de cœur. Attachons-nous à luy, & disons auec le Psalmiste, *Mihi autem adhærere Deo bonum est, & ponere in Deo spem meam*; que le plomb du peché, *ta-* Zacha.2 *lentum plumbi*, la pierre de la terrestre affection ne preuale pas l'aisle d'vn si beau desir, & si genereux eslancement.

Quoy si cét Ancien courtisan disoit, que de l'approcher des Grands arriuoient toutes sortes de biens ; quelle grace ne deriuera en nous par la hantise de Dieu qui se fait par l'oraison & les Sacremens?

Celuy qui entre en la boutique d'vn parfumeur en sort tout remply de bonne odeur, & celuy qui frequente dignement les Sacremens qui attirent Dieu en nous s'esleue à la perfection, *Sicut virgula fumi ex aromatibus myrrhæ, & thuris omnisque pulueris pigmentarij.*

Plus on approche du feu, plus on s'eschauffe, & ses regions sont les plus chaudes & abondantes en senteurs, qui sont les plus voisines du Soleil : & ces ames sont les plus illuminées en l'entendement, & plus embrasees en la volōté, qui s'approchent le plus de Dieu, qui est *vn feu consommant*, *& vn Orient d'enhaut*, *Pere des lumieres*, & des sainctes ardeurs.

Considerez que l'Hemorroisse s'approche de nostre Seigneur, & touche le bort de sa robbe, & la voila guerie : ô mes freres, si le flux de la chair & du sang nous afflige, c'est à dire, si nous sommes pressez de tentations & titillations sensuelles, ayons recours à la saincte Communion, où nostre Seigneur est couuert des especes sacramentelles cōme d'vne robbe, & ie m'asseure que par cét approchement *les illusions de nos reins seront dissipees, & la santé restituee à nostre chair.* *Mat. 9. Luc. 8.*

Psal. 17

Allons hardiment *au fils de Dauid, & luy disons auec la Chananee que nostre fille,* qui est no- *Chrys. ho. 23. in Mat.*

stre ame, est cruellement tourmentee des passions, & des pechez; demandons luy comme des petits chiens les miettes de sa table, & ie m'asseure qu'il nous donera le pain vif, le pain de ses enfans, le pain des cieux, & des Anges.

Ioan. 3.

Si nous vacillons en la foy, allons à luy, il nous affermira & instruira comme il fit Nicodeme.

Si aueuglez, il nous illuminera, comme il fit l'Aueugle-nay.

In Ps. 118.

Disons auec S. Ambroise, *Approchons de Iesus & nous rassasions: car il est vn pain: approchons de Iesus, & beuuons: car il est la fontaine de vie: approchons de Iesus, & nous serõs esclairez: car il est la lumiere du monde: approchons de Iesus, & nous serons deliurez: car il est la vraye liberté: approchons de Iesus, & nous serons absous: car il est l'Agneau remettant les pechez du monde: approchons de luy, & nous serons redressez, enseignez & viuifiez: car il est la voye, la verité, & la vie.* Continuons auec le mesme Docteur, *Si tu veux guerir vne playe, il est Medecin; si tu as la fiéure, il est medicament: si tu es chargé d'iniquitez, il sera ta iustice; si tu as besoin d'aide, il sera ton support, si tu fuis les tenebres, il sera ta lumiere, si tu es affamé, il sera ta viande & tõ aliment.*

L. 3. de Virg.

Psal. 33.

O mes freres, *gustate & videte quàm suauis est Dominus. Beatus vir qui sperat in eo.*

Où sommes-nous, mes cheres ames, Dieu est nostre centre: hors de luy nous serons en continuelles inquietudes, serons-nous plus rebours que les choses insensibles qui cherchent leur centre par naturelle inclination? pourquoy la raison & la pieté ne feront-elles le mesme effect en nous, de nous faire reioindre nostre principe?

Mais il s'y faut porter *non exaltando cor suum, neque eleuando oculos suos, neque ambulando in magnis & mirabilibus super se.* La seule humilité nous approche de Dieu, lequel resiste aux hautains, & fait grace aux abbaissez. *Pf. 130.*

O Dieu, à qui l'oraison des humbles a tousiours pleu disoit la vaillante vefue de Bethulie. Dauid de mesme, *Respexit in orationem humilium, & non despexit preces eorum.* *Iud. 4.*

Auec ceste vertu pour assistante & conductrice nous pouuos approcher auec confiance le throsne de la misericorde de Dieu, lequel ne mesprise point le cœur contrit & humilié, *Prope est Dominus, his qui tribulato sunt corde, & humiles spiritu saluabit.* *Hebr. 4.*

Humilions-nous sous sa main puissante, & il nous exaltera. Ainsi Solomon releua ceste Royne de Midy, qui s'humilia au pied de son throsne.

Ainsi Assuere repudiant la fastueuse Vasthi exalta l'humble Esther, & celle qui à peine osoit leuer les yeux pour regarder en l'appareil Royal de la magnificence de son throsne, merita ceste promesse, que tout ce qu'elle demanderoit luy seroit accordé. *Esth. 2.*

Mais, mes freres, comme l'on reiette les Marcassites qui contrefont les metaux, aussi gardons-nous de ces fausses & trompeuses humilitez qui n'ont que l'apparence de la solide & reelle. Il y en a qui font les doucets, & qui cachent vn cœur de lyon sous vne peau d'agneau, d'autres qui font les abiects, & qui ont le cœur enflé de pretentions & bouffi de vaine gloire, voilans ainsi leurs ambitieux desseins.

Tels sont ces courtisans de douzaine, aualeurs de frimats & fumees d'esperances, esprits seruiles & cauteleux, ils ployent comme des lignes de pescheurs, mais c'est pour prendre finement; leurs paroles sont des hameçons deceuans, cachez sous vne amorce specieuse. Oyseleurs qui faisans mine de se reculer, se veulent auancer, & prendre s'ils peuuent les charges & dignitez à la pipee. Lesquelles attrapees ils tesmoignent à leur fier & impetieux gouuernement combien ont esté fausses leurs precedentes humiliations.

Mirez cela en ceste bonne mere de nostre Euangile, la voilà qui se prosterne en adoration, *adorans*, mais *petens aliquid à Iesu*: & quoy? voilà des pertensions ambicieuses, *Dic vt duo filij mei*, &c. ô adoration humble! ô demande superbe!

3.Reg.2. Icy vne belle figure. Adonias fait demander auec humilité par Bersabee à Salomon, Abisag Sunamite pour femme, cachant son dessein malicieux qui estoit de se preualoir des richesses & de l'alliance de cette Princesse pour se reuolter contre son Roy, & le debouter de son throsne où Dauid son Pere l'auoit installé au preiudice de sa primogeniture. Salomon remply d'vne sagesse incomparable preuoyant ce proiect, commande qu'on le mette à mort, finissant ainsi son ambition & sa vie. Nostre Seigneur qui est plus que Salomon, est plus clement aussi vers les deux enfans de ceste ambitieuse mere, se contentât de luy dire, *qu'elle ne sçauoit ce qu'elle demandoit*; car certes la requeste estoit aucunement semblable à la rodomontade de cét Ange rebelle qui vouloit mettre son *throsne és nuees, & se rendre semblable au Tres-haut*: car estre assis à la droite & à la gauche de Dieu, n'est-ce pas mesme chose?

O mes amis, ce n'est pas ainsi qu'il faut approcher de Dieu, mais plustost comme Bersabee de Salomon auec humilité ; ce qui luy fit donner vn trosne à la dextre de son fils, qui luy promit l'entherinement de sa requeste; mais l'iniustice de la demande porta quand & soy son refus.

Humilions-nous comme Iacob deuant son frere Esaü, duquel par ceste soubmission amollit la dureté & gaigna le courage implacable.

C'est par ce *guichet bas & estroit*, qu'il faut entrer en la gloire de l'Eglise triomphante & aux charges de la militante. Icare, Phaëton, Promethée, les Geants sont des vanitez qui nous apprennent ceste verité, que le ciel est clos aux presomptueux ; comme aussi l'histoire de Simon Magus. *Quand l'homme s'esleue en son cœur, Dieu se rehausse*, & se retire de luy, se mocquant de son bouffissement.

Voyez comme le Pharisien sert de risee à ceux qui lisent ses sottes vanteries en l'Euangile.

III.
Ps. 13.

Luc. 63.

O Dieu quelle folie, d'aspirer par vanité aux charges Ecclesiastiques ; à ses charges, di-ie, qui ne sont fondees que sur des pilotis d'humilité, de pauureté, d'abiection, de mespris. *Qui maior erit inter vos sit minister vester. Nolite portare sacculum, neque peram, neque calceamenta. Beati estis cum maledixerint vobis homines. Maledicimur & benedicimus omnium peripsema vsque adhuc. Tanquam purgamenta huius mundi facti sumus vsque adhuc. O filij hominum vsquequo graui corde, vt qui diligitis vanitatem & quæritis.*

O que le Prophete Amos fait sur le crayon des Scribes & Pharisiens, vne riche peinture des Prelats delicieux & vains de ce siecle, *Væ optimates capita populorum ingredientes pompaticè domum Israël*, & ce qui s'ensuit.

Amos 6.

L'honneur qu'en nos personnes on deferoit à l'Eglise nous nous le sommes arrogé, comme l'asne d'Isis : & voila pour punition de ceste vanité que nous rendons l'Eglise mesprisee par les errans en l'indignité qui est en nous. *Nous sommes cause que le sainct nom de Dieu est blasphemé par eux, le sainct Temple pollu, & les biens du Tabernacle dissipez. Facti sumus opprobrium vicinis nostris, &c.* & cela pour nous faire reuenir à nos principes qui sont l'humilité, l'abiection, la pauureté.

Nous auons donné entree au monde en nos cœurs, ô Ecclesiastiques ; & voila le monde, i'entends les seculiers, voire les heretiques entrez en possession de nos biens par confidences, simonies, violences. Ainsi le sanglier gaste la *vigne de Dieu*, plantee par la devotion de nos Pſ. 79. deuanciers, & arroſee de leurs ſueurs, & de leur ſang.

Et ſe faut-il eſtonner ſi ceux qui ſont ſeparez d'auec nous en la creance crient apres nos vanitez, & pretextent de ce faux manteau leur deſuoyement en la foy, puis qu'elles nous creuent les yeux à nous meſmes? *Oſtons le ſcandale du milieu de nous, reformons nos mœurs, & ils reformeront leurs opinions erronees.* Arrachons leur ce ſac moüillé par noſtre bonne & exemplaire vie, & ſoudain ils ſeront conuertis au giron de la ſaincte Egliſe Catholique, Apoſtolique & Romaine: ceſſe la cauſe de nos vanitez, & ceſſera l'effect de leurs erreurs.

Apprenons de noſtre Maiſtre *à eſtre doux & humbles de cœur, patiens, benins, debonnaires, charitables, ſobres, vigilans, chaſtes, panures & deſireux des dernieres places.*

Chaſſons ceſte peſte d'ambition d'entre-nous; c'eſt auec elle, dit le ſainct Proto Patriarche de Veniſe, que nous illudons N. Seigneur, que nous le couronnons d'eſpines, & qu'au lieu de ſceptre nous luy mettons vn roſeau en main. *Lauren. Iuſtin. l. de ago. Chriſti. c. 14.*

Tout homme, dit S. Bernard, qui recherche vne dignité Eccleſiaſtique, par ceſte ſeule recherche s'en declare indigne, euſt-il toutes les capacitez du monde. *Conſid. ad Euā.*

Et ceux qui les pourchaſſent à cor & à cry, helas, ne craignent-ils point le ſort *de Coré, Dathan, & Abiron, & de perir en leur contradiction*: & *Iud. 1.*

ceux (horreur) qui les acheptent, *redoutent-ils point de se perdre en la voye mercenaire de Balaam?*

Auant que ie quitte ce poinct, i'ay vn petit mot d'aduis à bailler à ces Damoyseaux, que l'on void quelquesfois entrer si fringands & tintez dans les Eglises; certes ils sont bien contraires à ceste bonne femme de Zebedee, qui adoroit auec humilité & demandoit auec orgueil; car ceux-cy demandent auec humilité, proferans sans attention beaucoup de bonnes prieres que l'Eglise leur apprend, comme la Patenostre, la Salutation Angelique, & autres; & adorent auec superbe, ne flechissans qu'vn genoüil, pirouettans des yeux, se tournoyans çà & là, frisans leurs cheueux, badinant autour de leurs fraizes, & plusieurs telles contenances qui les font de l'escot de ces moqueurs de Dieu, *qui l'honorent de leures & non de cœur. Desquels l'oraison se conuertit en peché.*

IV. Disons maintenant vn mot, pour corollaire de la glorieuse fin de nostre sainct Apostre Iacques le Majeur, ainsi surnommé, & pour le distinguer de l'autre de mesme nom, & parce qu'il fut le premier appellé à l'Apostolat.

Mort qui luy fut couuertement predite en nostre texte, quand nostre Seigneur demanda *s'il pouuoit boire son Calice*, c'est à dire, s'il auroit le courage d'estre martyrisé pour son nom; car tous les interpretes en ce lieu entendent par ce Calice le martyre. Ce fut vn grand honneur à nostre Apostre de boire en ce calice de son Roy & maistre, mais vn singulier honneur d'y boire le premier: car il a esté le premier de tous les Apostres, qui a souffert pour le tesmoignage de nostre saincte foy.

Il beut tellement au Calice *enyurant* du S. *Psal. 22.* Amour de Dieu, qu'en fin il en rendit sa gorge, laquelle on luy couppa, & auec son sang vomit son ame empourpree entre les bras de nostre Sauueur. *Calicem salutaris accipiens nomen Ps. 115. Domini innocauit.*

Sainct Chrysostome expliquant ce passage *Ps. 74.* du Psalmiste, *Calix in manu Domini vini meri plenus mixto,* dit que ce Calice est celuy duquel nostre Seigneur disoit, *Pater, si fieri potest, transeat à me calix iste.* Duquel tous les Martyrs ont esté tellement enyurez, qu'ils mescognoissoient leurs *parens, non acquiescentes carni & sanguini, Act. 2.* voire *auoient en hayne leur propre chair.* Comme aussi les Apostres desquels transportez de zele, on disoit *isti musto pleni sunt.*

Or, mes freres le calice de N. S. est bien different de celuy du monde, car il est hideux à voir, & a vne potion amere, mais salutaire: au lieu que celuy du môde figuré par ceste paillarde Apocalypsique, est doré & specieux par de- *Apoc. 17* hors, & emmielé par le dedans, mais d'vn miel d'Heraclee qui glisse dans les os, le sommeil de l'eternelle mort: fuyons, mes freres, ce calice empoisonné des vanitez & voluptez du siecle, & aualons plustost celuy *d'vne douleur momentanee,* que nous presente le souuerain Medecin

Pasteur & Euesque de nos ames Iesus, lequel soit beny au siecle des siecles. *Amen.*

Colligez, 1. qu'il faut approcher de Dieu; 2. auec humilité, 3. sans ambition, 4. retenez le martyre du glorieux Apostre S. Iacques.

XXVI. IVILLET.
Panegyre de saincte Anne.

HOMELIE.

Multæ filiæ congregauerunt sibi diuinas &c. Prouer. 31.

L'Antiquité a fait grand copte de l'Agathe de Pyrrhus, qui en vn petit espace representoit Apollon enuironné des Graces d'vne admirable graueure. Quelle estime deuons nous faire de saincte Anne, mere de la B. Vierge & grande mere de Iesus; puis qu'en ceste premiere qualité elle represente toutes les graces dont la saincte Vierge est pleine, & en ceste seconde le Soleil de Iustice, nostre vray Apollon.

Le Panegyre que ceste solemnité nous oblige de faire de ceste grãde saincte, que nous deuons priser inestimablement, puis que selon nostre texte, qui est tiré de l'Epistre de ce iour, *Supergressa est omnes quæ sibi congregauerũt diuitias*, aura tel ordre, 1. de proposer les ames qui l'ont presignifiée, de loüer sa iuste Noblesse, 3. ce haut tiltre qui la rend grande Mere de *Iesus*, 4.

& cét autre de Mere de la sacree Vierge, 5. & de maistresse, & 6. nous tirerons de tout cela vne conjecture de la grande gloire dont elle iouyt dans le Ciel. Faites silence.

I.

Les deux Testamens ancien & nouueau, mes freres tres-chers, ressemblent à ces deux harpes dont parle Suetone, desquelles le touchement de l'vn estoit le resonnement de toutes d'eux; tant ces deux alliances ont de correspondance; & tant les figures correspondent aux veritez; tant les portraits rapportent le naturel ne plus ne moins, que l'ombre est tousiours faicte à l'instar du corps.

Vous diriez que c'est le double visage de Ianus diuersemét vniforme, vniformement diuers.

Ou bien que la saincte Bible qui comprend l'vn & l'autre volume, ressemble à ces tableaux à deux prospectiues, qui representent non diuerses choses, mais vne mesme en diuers biais.

Ainsi voyons-nous que les miroirs opposez, se renuoyent vne mesme figure l'vn en l'autre: en cela consiste le grand secret de l'harmonie de l'vne & l'autre loy. Ce que i'aduance en faueur des paralelles qui se pourroient tirer des ames, qui ont precedé celle dont nous solemnisons auiourd'huy la memoire.

La premiere est Anne mere de Samuël, laquelle par la misericorde de Dieu engendra cét excellent Prophete aux ans de sa sterilité, & dés sa naissance le cõsacra au seruice de Dieu. Ainsi nostre Anne mere de Ioachim, ayant passé ses iours plus florissãs en sterilité, en fin apres toute apparence d'esperance, produit ce bien-heu-

1. Reg. 1.

reux arbre, qui nous a porté le fruict de vie: plante qui n'est pas plostost née, qu'elle la transplante dans le parterre du Seigneur, la consacrant au Temple.

La seconde Anne est la mere de Tobie, qui ploroit son fils qu'elle reputoit perdu, auec gemissemens irremediables; & qui doute que si nostre Anne eust vescu iusques à la Passion de son grand-petit fils, elle n'eust versé des larmes inenarrables?

Tob.4.

La troisiesme est Anne vefue de Phanuel, l'vne de ces surueillantes de la porte du Tabernacle, ceste saincte Ieusneuse, qui eut l'honneur d'estre comme marraine de N.S. en l'accompagnant à sa presentation. Ces Annes sont autant de crayons de vertu ausquels nostre Saincte a adiousté les viues couleurs de perfection.

Luc 2.

II. Venons à la Noblesse de son origine, vous l'auez deduite bien au long en ceste longue file des Roys, des Prophetes, & des Patriarches, dont S. Mathieu va ourdissant le comencement de son Euãgile. Car presuposee la coustume des Iuifs, qui estoit de ne prédre alliance qu'en sa propre Tribu, ce qui se deduit de la Genealogie de Ioseph se doit entédre de la B. Vierge, & par cõsequent de ses pere & mere SS. Ioachin & Anne.

Matt.1.
Hier.L.
Cõment.
in Mat.

Ie sçay bien que la Noblesse de soy est vne chose fort indifferente & vn bien exterieur que l'on appelle de fortune & comme les Planettes neutres sont bons auec les benins, & mauuais auec les malins, aussi que la Noblesse de race est vn outil de mal aux peruers, croyans que leurs vices se doiuent excuser par les vertus de leurs

Festiues. 415

anceſtres: mais auſſi eſt-elle vn grand eſguillon au bien à ceux qui ont le cœur aſſis en bon lieu, tiennent à honte de degenerer des perfections de leurs predeceſſeurs.

La cheuelure grande embellit les beaux, & enlaidit les laids; telle eſt la Nobleſſe. Pource diſoit vn Satyrique.

Malo pater tibi ſit Therſites, dummodo tu ſis
Æneciæ ſimilis, Vulcaniaque arma capeſſas,
Quàm te Therſitæ ſimilem producat Achilles.

Et encores tres-expreſſément:

Namquid imaginibus? quid auitis plena triũphis
Atria? quid pleni numeroſo conſuli faſti
Profuerint? ſit vita labat, perit omnis in illo
Gentes honos, cuius laus eſt in imagine ſola.

Veſtez vne perſonne difforme & contrefaite de brocatel, cela ne ſeruira qu'à le rendre plus ridicule, & à faire plaindre la robbe qui couure vn ſi miſerable corps. Ioignez la Nobleſſe au vice, vous faites pareil accouplage.

Mais auſſi comme les riches pierreries releuent encores leur ſplendeur eſtans bien enchaſſees en de l'or eſmaillé; auſſi faut-il aduoüer que la Nobleſſe adiouſte à la vertu vn non petit ornement & ajencement.

Si ſelon vn Poëte ancien,

La vertu eſt plus belle eſtant en vn beau corps?

Pourquoy ne ſera-elle pas auſſi plus Noble eſtãt en vn noble corps? C'eſt vn fonds ſpecieux pour y coucher la broderie des perfections.

Pource n'eſt-ce pas ſans raiſon que l'on dit communément, *gaudeant bene nati*, & que ceux là ſont heureux,

Queis meliore luto finxit præcordia Titan.

Car à vray dire c'est vn grand aduantage que la naissance; l'arbre se sent tousiours de la bonté de son terroir.

Et comme il est aisé d'enter vn bon greffe sur vn bon tronc, ainsi de grauer la vertu en vn noble courage; ce que l'experience fait ordinairement toucher au doigt.

Et comme la premiere Noblesse a tiré son origine de la vertu, ainsi arriue-il quelquefois que la vertu tire son origine de la Noblesse, estant vne obligation à bien faire, que d'estre sorty de bon lieu, & vne tacite prohibition de ne rien faire d'indigne de telle extraction.

Or ce que ie louë la Noblesse de l'origine en nostre Saincte, n'est que par accessoire de ses vertus, ausquelles ie donne le principal de la loüange; parce que bien qu'elle fust de race Royalle, le plus sublime degré de Noblesse qui soit entre les humains, si peut-on dire iustement d'elle, que

III. *Virtutum vicit nobilitate genus.*

Et ceste Noblesse encores se doit mesurer, nō tant à la partie anterieure des predecesseurs, comme à la posterieure des successeurs; car ie ne la tiens pas tant Noble pour auoir esté fille d'Abraham, de Dauid, d'Ezechias, comme pour auoir esté grande Mere de *Iesus, Roy des Roys, Roy des siecles, immortel & glorieux*: car si ceux que l'on voit de bas lieu esleuez par des eslections merueilleuses sur des throsnes souuerains annoblissent aussi tost ceux qui les touchent de quelque cōsanguinité; combien pensons-nous que

que le Soleil de Iustice communique de splendeur aux astres qui l'auoisinent en si proche degré que nostre Saincte.

Que si le plus grand benefice que Dieu fit iamais à Abraham, fut de luy promettre que de sa semence naistroit le Messie: ceste grace n'estoit elle pas de tant plus signalee en nostre Saincte, qu'elle estoit plus voisine de ce bon-heur? *Gen. 17.*

C'est ce grand benefice, par lequel Nathan vouloit exaggerer à Dauid le crime de son ingratitude, quand il luy disoit, *Adiiciam tibi & maiora.* *2. Reg. 12.*

C'est le regret d'estre priué de ce bon-heur, qui faisoit deplorer sa condition au mourant Ezechiel, voyant que ceste promesse deuoit faillir en luy: mais la sentence de sa mort estant reuoquee, & sa vie prolongee de quinze ans; voila que quelques ans apres il engendra Manassez, qui renouuella son esperance. Nostre Saincte a d'autant surmonté tous ses siens predecesseurs, qu'elle a esté plus proche de cet aduenement tant desiré. *Isa. 18. & ibi. Hier.*

Le lieu où reposoit la Manne dans le tabernacle estoit l'Arche, & celuy où reposoit l'Arche estoit appellé *Sancta Sanctorum*; lieu de grande veneration, & où entroit le seul grand Prestre, apres beaucoup de purificatiõs, lustrations & ceremonies. L'Arche où a reposé l'humanité sacree de nostre Seigneur, vraye manne, est le ventre de la Vierge, tout de Sethin, bois incorruptible, doré de perfection, enrichy de pureté: mais le lieu où s'est reposee ceste Arche est saincte Anne, qui est donc à ce conte, *Sancta*

Sanctorum. Ouy certes, elle est la saincte des sainctes: car elle est mere de la saincte de saincts, & grand'mere du Sainct des saincts, à qui les *Cherubins & Seraphins chanteront incessamment Sainct, Sainct, Sainct, Seigneur Dieu des armees.* De maniere que si la Vierge a esté le Temple de Salomon, nostre Saincte a esté le tabernacle.

Adioustons qu'il semble en quelque sens qu'elle aye esté plus que grand'mere de nostre Seigneur: car sa fille l'ayant engendré sans gendre, c'est à dire sans œuvre d'homme, & fourny de son plus pur sang virginal, la matiere du precieux corps de nostre Sauueur, en estant comme pere & mere tout ensemble: ainsi semble-il que saincte Anne soit plus amplement grande mere de nostre Seigneur, puis qu'il est plus entierement & absoluëment fils de sa fille, qu'aucun autre enfant ne fut iamais fils de sa mere.

A quoy i'attache ceste consideration, que le feu de l'amour, au rebours du materiel, descendant plus qu'il ne monte, (ce qui fait que Dieu nous aime plus que nous ne l'aymons) combien pensez-vous que ceste grand'mere a aimé grandement son grand-petit fils IESVS? O Dieu! que n'auons-nous vne estincelle de ce sainct amour: donnez-la nous, ô Seigneur, par vostre misericorde. *Amen.*

Ce seroit impertinence, de conferer icy l'amour de la grand'mere, & de la mere vers le petit poupon IESVS: car l'affection de celle-cy surpasse incomparablement l'autre; car ceste piete n'a & n'aura iamais sa semblable: mais, ames devotieuses, ne sçauez-vous pas que c'est entre vous vne saincte emulation à qui aimera plus Dieu. *Sectamini igitur charismata meliora.* 1.Cor.II

IV.

Espluchons maintenant son autre qualité de mere de *Marie, mere de misericorde, mere de belle dilection & de saincte esperance.* Dites-moy, mes douces ames, mais n'auez-vous point quelque tendresse pour nostre Saincte ; quand vous la considerez mere de nostre mere, & par consequent nostre grand' mere?

O qu'il est bien vray *qu'vn bon arbre produit tousiours de bon fruict!* La lyonnesse ne faict iamais qu'vn faon en sa vie, mais c'est vn lyon. Thetis n'engendra iamais qu'vn fils, mais ce fut vn Achile. Saincte Anne n'eust iamais qu'vne fille, (selon plusieurs escriuains, car quelques autres luy attribuent d'autres sœurs de la Vierge) mais ce fut vne mere Vierge; laquelle

Nec primam similem visa est, nec habere sequentem, & ceste fille n'eut iamais qu'vn fils ; mais ce fut *vn Lyon de Iuda*; vn Achille nourry de moëlle de lyon.

Le *sage fils*, dit Salomon, *est la gloire du pere, & la fille bien morigeree l'honneur de sa mere.* S. Paul appelle bien ses enfans spirituels, *qu'il auoit engendrez par l'Euangile, sa courône & sa ioye.* O quelle gloire doit redonder à saincte Anne, d'estre mere d'vne telle fille!

Qui ne prisera la boëte pleine de tel parfum?

La nacque, mere d'vne telle perle?

Le tronc, produisant vn tel fruict?

La tige, poussant vne telle fleur?

Saincte Anne est l'enchasseure, la Vierge la pierrerie, IESVS l'esclat de ceste pierre, & le lustre de l'enchasseure; & qui ne prisera vne telle bague enrichie de tel ioyau?

De quelles graces IESVS n'a-il comblé *sa mere*? & quelles faueurs la Vierge n'a-elle impetrees à la sienne? ce seroit ignorer la toute puissance de l'vn, & l'extréme credit de l'autre, que de contester là dessus.

Si Ioseph fit tant de biens à son pere Iacob: Si Esther combla de tant de faueurs son nourrissier Mardochee: quelles benedictions la Royne du Ciel n'aura-elle procurees à sa mere?

Et à sa maistresse, qu'alité suiuante. Ouy, mes bons amis, saincte Anne a-elle pas enseigné à la saincte Vierge mille petits exercices, que les filles bien nees & nourries tiennent de leurs bonnes meres, par traditiue? & comment la douce Vierge ne luy auroit-elle pas esté obeyssante, puis que son fils IESVS *luy fut bien subiet tant* d'annees & au bon sainct Ioseph?

Luc.2.

Ceste saincte mere ne se contenta pas seulement d'auoir enfanté sa fille, elle la voulut esleuer de sa propre main, la nourrir de son propre laict; laict de pureté, prouenu d'vne conception immaculee: combien differente des meres de ce temps, que la vanité rend desnaturees, & qui par vne ferocité plus que brutale, arrachent leurs enfans de leurs mammelles, pour les faire esleuer à gages en vn sein estranger & mercenaire: & puis se faut-il estôner, si les nobles ont les vices de la lie du peuple, dont ils ont succé les inclinations quand & le laict.

Ie dis cecy, femmes mes cheres sœurs, sans blasmer celles qui ne peuuent entreprendre ceste nourriture, sans preiudice de leur santé : & reprenant aussi celles qui fuyent ce trauail, que l'amour naturel leur doit rendre gracieux, par leur trop molle delicatesse. Or ie louë Dieu de ce qu'il y a peu de telles meres en ceste petite ville, mes cheres oüailles : c'est aux grandes ou cét abus est plus ordinaire.

Saincte Anne esleuant ainsi entre ses bras ceste precieuse Vierge ; celle qui deuoit vn iour estre fille du Pere, mere du Fils, & espouse du S. Esprit, & en somme mere de Dieu : pensez que ceste petite grande Vierge auoit vn bel exemplaire deuant les yeux en *croissant en aage* *& sagesse* : la mere est le vray miroir de la fille. *Luc.* 4. Meres, soyez telles que vous voulez que vos filles soient: de quel front osez-vous exiger d'elles vne insigne pudeur, si vous estes mal-hónestes? comment les rendrez-vous retenuës, si vous estes licentieuses?

Helas! que de meres miserables en ce temps, lesquelles *immolant filias suas dæmoniis, & nõ Deo*, qui leur apprennent à se mirer, à se tresser, à se dresser, à s'attifier, à estaller leur puáte chair: & comment leur cœur sera-il chaste en vne contenance si desbordee? ce ne sera que fard sur la peau, que poudre sur les cheueux, que feu dans les yeux, qu'affeterie au parler, que petulance au maintien : & cependant trancher du Lucreces, & contrefaire les Thays. Pensez-vous que le monde ne iuge pas ce qu'il voit, par ce qu'il oyt?

Levit. 20. O mauuaises meres! vous sacrifiez vos filles à Moloch, vous les iettez dans les flammes.

Vous les immolez à Baal, les trainans de bal en bal, de festin en festin, de dance en dance.

S'il est question que qu'elqu'vne bien inspirée se vueille consacrer à Dieu par le voile de la Religion, vous la traictez mal, l'iniuriez, la foüettez, la rudoyez, la tyrannisez, & faites tous vos efforts pour l'enleuer du sein d'vn espoux si doux, & si sainct. O meres Medees! est-ce ainsi que vous deuorez vos enfans?

Ainsi ne fit pas nostre Saincte: car si tost que sa fille fut en aage d'estre offerte, voila qu'elle se dessaisit du plus tendre amour qu'elle eust au monde, pour la presenter au Temple.

Ainsi faisoit iadis la mere de sainct Bernard, offrant à Dieu tous ses enfans, si tost tost qu'ils estoient nais: aussi tous ont-ils esté grands, saincts & religieux, seruiteurs en la maison de Dieu.

Apprenez de là, ô meres, à bien-esleuer vos filles; puis qu'à vous principallement appartient le ministere de leur education. Les oyseaux apprennét le ramage de leurs meres, & tel train que vous leur môstrerez, elles le suiuröt. Si vous craignez Dieu, si vous estes deuotes, douces, aumosnieres, elles seront aussi tost vos imitatrices, & se transformeront en vos conditions: si vous estes criardes, auares, despiteuses, vaines, causeuses, les voila toutes pareilles, & pauure marchandise pour des maris.

Non, non soyez gracieuses & vertueuses, & vous les verrez abondantes en grace, & en vertu, *Anne* veut dire *gracieuse*, & voila qu'elle engendre sa fille Marie, qui est saluee par l'Ange, *pleine de grace.*

Or de ceste grace çà bas, preiugez sa gloire là haut; qui est-ce qui nous reste à filer de nostre fusee. Si Salomon communiqua tant d'hōneur à sa mere Bersabee, estimerons-nous la Vierge moins charitable vers la sienne?

IV.

Et si la science de l'escholier est le los du maistre, quelles splendeurs doiuent reiallir sur saincte Anne, de la surabondance de celles qui rendent sa fille *reuestuë du Soleil*, & engouffree dans la lumiere.

Apoc. 12

Si tout ce que le fils acquiert, reuient à son pere, saincte Anne par droict & equité participera-elle point à toutes les graces de sa fille en quelque sens?

O glorieuse saincte! voila vostre fille Emperiere du Ciel & de la terre, comblee de tous les honneurs qui peuuent tomber en vne creature: elle regne sur les Anges, & sur les hommes, *Vno minor est Ioue.* Elle regne; mais ce sera sans vostre detriment, ô desireuse Agrippine! elle regne sur vous & sur nous: mais vous regnez sur les volontez, par le pouuoir de vostre intercession, que nous logeons à tel ascendant, que la raison nous dicte deuoir auoir la supplication d'vne mere vers vne fille tres-aimable, tres-aimee, & tres-aimante, & vne fille tres-parfaite vers vn Dieu, son pere, son espoux, & son fils.

Dd 4

Ie suis tout consolé, mon cher troupeau, de voir & de sçauoir la grande deuotion que vous auez tousiours portee & portez encores à ceste grande & puissante saincte mere de la mere de nostre Redempteur : ie vous exhorte & coniure de la continuer, ainsi de l'augmenter : cōme aussi, ames pieuses, qui estes de sa deuote confrairie, à recommander tout ce Diocese à sa protection, continuans ceste forme de chappelet que vous dites à l'honneur de Dieu & de sa memoire.

Allez, mes tendres brebiettes, c'est assez repeu, retirez-vous en paix, ruminant, 1. les figures qui ont presignifié saincte Anne, 2. sa noblesse, 3. sa qualité de grande mere de nostre Seigneur, 4. celle de la saincte Vierge, 5. celle de sa pedagogue, & en 6. lieu, taschez de l'aller voir en la gloire où elle est, qui est le plus grand bien qui nous puisse arriuer.

Des liens de sainct Pierre.

HOMELIE.

Ecce Angelus Domini astitit.

Act. 13.

CE fut vn Ange apparoissant, selon quelques Rabins, en colomne de feu, qui tira Israël de la captiuité Egyptiaque: & c'est auiourd'huy vn Ange lumineux qui deliure S. Pierre de la prison d'Herodes, le desliant des chaisnes dont il estoit garrotté. *Exod.13*

Spiritualisant ceste deliurance, i'allois pensant, 1. comme les Anges nous illuminent, sur ces mots, *Lumen refulsit in tabernaculo.* 2. esueillent, *excitauit eum*, 3. releuent, *surge velociter*, 4. desllient, *ceciderunt catenæ*, 5. ouurent les portes, *porta aperta est*, 6. conduisent, *& exeuntes processerunt*: voila ce que ie vous veux deduire.

Beny soit à iamais le Seigneur nostre Dieu, mes freres, qui a ordonné par sa misericordieuse & paternelle prouidence à chacun de nous vn Ange gardien, qui ne nous abandonne non plus que l'ombre le corps.

O Dieu! qu'en ce fait se verifie bien ceste prediction qui fut faite de Iacob & Esaü, *Maior seruiet minori.*

Domine quid est homo, quod memor es eius, aut filius hominis quoniã visitas eum? minuisti eum paulo mi-

nus ab Angelis. Que dites-vous sainct Prophete? hé! quel est le plus grand du seruant, ou de celuy qui est serui? vous deuiez donc dire, que l'homme est plus grand que l'Ange, puis que Dieu a destiné que cestuy-ci seruist celuy-là, *An nescitis quia Angelos iudicabimus*, dit sainct Paul?

Ce n'estoit point assez d'adiouster, *Omnia subiecisti sub pedibus eius, volucres cœli & pisces maris qui perambulant semitas maris*: il y falloit adiouster les Anges, pour tesmoigner que l'extréme amour que Dieu nous porte, fait ployer le Ciel sous la terre, & rend ces purs esprits seruiteurs de nos corps.

O Pasteurs des ames, Anges visibles du Seigneur, quel soin deuez-vous auoir des oüailles qui vous sont commises, puis que vous voyez les Anges quitter le Ciel, non toutesfois leur beatitude, pour embrasser ceste cure? ô que cela vous doit bien enseigner de quitter le Ciel des contemplations pour les actions de charité, laissans la *conuersation celeste* pour *subuenir en terre aux necessitez du prochain*.

Coloss. 3.
Isa. 1.

Or les Anges nous seruent voirement: mais comme nos freres aisnez charitablement desireux du bien de leurs paures cadets; procurans leur salut par toutes sortes de bons offices, entre lesquels le premier est de nous illuminer.

Car comme remarquent les Peres contemplatifs, les trois principales fonctions des Anges sont; *Purgare, illuminare, perficere*: exerçans l'vne vers les commençans, l'autre és profi-

D. Dion.
de cœle-
sti Hie-
rarch.

tans, la troisiesme és parfaits & consommez en la vie deuote & spirituelle.

Comme les Planettes & autres flambeaux du Ciel estoillé, tirent toute leur resplendeur de celle du Soleil, laquelle ils nous communiquent en son absence, pendant les obscuritez de la nuict: Ainsi les Anges sont les Astres du Ciel Archetype, illustrez de la lumiere *inaccessible* de la diuinité, de laquelle ils nous communiquent quelques rayons pendant les tenebres de ceste vie: car en l'autre, lors que *nous verrons Dieu face à face, & comme il est*, nõ plus *par miroir & enigme*, nous n'aurons plus besoin du ministere des Anges pour ce regard: car les bienheureux, *erunt omnes sicut Angeli Dei, remplissans les sieges des Anges rebelles*. Tout de mesme que pendant le iour le brillement des estoilles nous est inutile.

Heureux nous, mes tres-aymez, si mesnageans bien la splendeur de nos *Anges de lumiere*, nous nous en seruons *pour illuminer nos tenebres, & esclairer nos yeux, de peur qu'ils ne s'endorment en la nuict de la mort*, qui est le peché, appellé *ombre de mort*.

Ainsi que le bon Tobie fut deliuré de son aueuglement par l'Ange Raphaël, de mesme deuons nous remercier nos Anges tutelaires, quand nous nous voyons deliurez des tayes de nos erreurs.

Quand les saincts Anges apparoissent, il y a ordinairement quelque lumiere en eux, qui se laisse voir: car Dieu *Misit Angelos suos spiritus, & ministros suos ignem vrentem*, ou comme lit S.

Ambroise, *Flammam ignis*: car comme la flamme est la clarté du feu, ainsi la charité des saincts Anges pousse tousiours quelque esclat de splendeur.

L'Ange qui apparut aux bergers en la nuict de la naissance du Sauueur, estoit entouré de lumiere.

Celuy qui parla à sainct Iean, estoit flambant comme vn metal embrasé.

Celuy qui chassa nos premiers parens du iardin d'Eden, auoit vn glaiue flamboyant.

Celuy qui imprima les stigmates à S. Fráçois, estoit vn Seraphin tout embrasé.

Exod. 13. Celuy, comme nous auons ià dit, qui conduisoit Israël, estoit en colomne de feu.

Aucuns disent que l'estoille des Mages estoit vn Ange en ceste forme: du moins ne pouuons nous nier qu'vn Ange moteur ne dirigeast ce comete.

La face de S. Estienne rayonnante, est dite és Escritures semblable à celle d'vn Ange, comme aussi celle de Moyse.

Act. 9. Auiourd'huy vn Ange vient dans la prison où estoit S. Pierre, & la voila toute lumineuse. Prions les saincts Anges, mes freres, qu'ils facent briller leur clarté dans les palpables tenebres de nostre interieur.

II. Et qu'ils nous esueillent aussi de ce lethargique sommeil du peché; qui engourdit & assoupit miserablement toutes les facultez de nos ames. Ainsi l'Ange ayant aduerty en songe S. Ioseph de mener l'enfant *Iesus en Egypte*, il l'esueilla pour le faire partir en diligence.

Pline rapporte l'instinct de quelque oysillon Philanthrope, qui voyant vn serpent s'approcher d'vn homme endormy en vn champ, vole sur son visage, le becquetant pour l'esueiller; & luy faire euiter la poincture empoisonnee de cét animal veneneux, & ennemy du genre humain. Ainsi fait ce messager aislé au bon Ioseph, pour destourner le petit IESVS de la morsure de ce vieil serpent Herodes, *qui quærebat animam pueri:* de ce dragon roux, qui vouloit deuorer le parc de la Vierge sacree, selon la vision de l'Apocalypse. *Apoc. 12*

Et dites-moy, mes amis, combien de fois auez-vous senty les aduertissemens secrets de vostre Ange gardien, qui vous crioit. *Quasi à facie colubri fuge peccatum, fuge ad montes.* de la penitence, *vt salues animam tuam* : ces remords internes, ceste synderese, que sont-ce, sinon des coups, auec lesquels nostre bon Ange tasche d'esueiller nostre lethargie, de peur que nous ne soyons preuenus de la mort eternelle, & estouffez en nostre assoupissement.

L'antiquité donnoit à son Mercure fantastique vn caducee, auec lequel

————*animas renocabat ab Orca*;

& nos Anges gardiens ont en main pour nostre salut, *Virgam directionis, virgã regni Dei,* auec laquelle ils nous retirent par douces inspirations & bons mouuemens de contrition, de la mort du peché à la vie de la grace.

Nous esueillans par apres comme Helie, de dessous le geneure poignant & amer de la salutaire penitence, pour nous donner le pain cuit

430 *Homelies*

sous la cendre de la saincte Communion, où *le pain vif descendu du Ciel* est caché sous la cendre des especes sacramentelles, & nous deliurer des mains de nos ennemis.

III. Ils nous rendent encor ce charitable office, de nous releuer lors que nous sommes tombez ou dans les tribulations, ou dans les pechez; ils nous tendent la main, de peur que nous ne chopions. *In manibus portabunt, te ne forte offendas ad lapidem pedem tuum.*

Pf. 90.

Voila pas que les Anges seruent & soulagent nostre Seigneur dans le desert: tout extenué des ieusnes & des tentations? *Et ecce Angeli ministrabant ei.*

Et estant accablé de douleur & d'ennuy, en l'agonie sanglante du iardin des Oliues, *où les douleurs de la mort l'auoient enuironné, & son ame estoit attristee iusques à l'extremité, de prier son Pere, que ce calice passast de luy:* voila pas que *Venit Angelus de cælo confortans eum?*

La pauure Magdaleine estoit toute desolee, & pasmee d'ennuy, n'ayant point trouué au tombeau le corps de son Sauueur, elle se lamentoit en criant, *Tulerunt Dominum meum, & nescio vbi posuerunt eum:* & voila vn Ange qui la vient releuer de ceste perplexité & angoisse, luy disant. *Mulier quid ploras?* & pour la combler de ioye, l'asseura qu'il estoit resuscité, & que selon sa parole il seroit en Galilee: elle croit, elle court, elle le trouue, ainsi que cét Ange consolateur luy auoit annoncé.

Ioan. 15.

Fut-ce pas vn Ange, qui dans le desert relena de desepoir la pauure Agar, mourante de *Genes. 6* regret?

Fut-ce pas l'Ange Raphaël, qui releua le pe- *Tobie.9.* tit Tobie presque pasmé, de l'apprehension qu'il auoit euë d'estre deuoré de ce grand poisson, auquel il arracha le fiel?

O! mes amis, quand nous serons abbatus, & atterrez d'affliction, comme ce Paralytique de la Piscine, languissant depuis tant d'annees, ne *Ioan.5.* nous plaignons point comme luy, *que nous n'auons point d'homme*, &, *Non est qui consoletur nos, ex omnibus charis nostris*, & que, *Omnes amici nostri dereliquerunt nos* : car nous auons tousiours à nos costez vn esprit Angelique, lequel si nous implorons deuotement son secours, nous releuera de peine.

Comme aussi du tresbuchement du peché, qui est appellé cheute en l'Escriture, *In retiaculo* *Ps.140.* *cadunt peccatores. Ceciderunt qui operantur ini-* *Ps.150.* *quitatem. Impulsus euersus sum vt caderem.* *Ps.117.*

De ceste cheute l'Espouse est releuee au Cantique par ces mots, *Surge, propera columba mea.*

Par le ieune adolescent resuscité, à ces mots de nostre Seigneur, *Adolescens tibi dico surge*: les Interpretes mystiques entendent le pecheur qui se releue de la mort du peché, à la vie de la grace, *Ipsi obligati sunt & ceciderunt, nos autem surreximus, & erecti sumus*, dit Dauid des bons, & des iniustes.

Malheur à l'homme seul, dit le sage, *parce* *Eccle.4.* que s'il tombe, par le peché, il n'a aucun qui le releue : ce qui ne nous arriuera pas, mes freres, si nous sçauons bien mesnager l'assistance de nos Anges gardiens.

Voyez comme celuy de S. Pierre le releue, *Surge velociter*, luy dit-il.

IV. En le desliant, & luy faisant *tomber les chaisnes des mains*, qui est vn 4. office de tres-grande importance, & duquel nous pouuons tirer vn merueilleux profit. Vous sçauez que les pechez sont de dangereux liens, *Funes peccatorum circumplexi sunt me*.

Vous sçauez que les tentations sont des liens & des lacs desquels sainct Anthoine vit tout le monde rempli, *Funes extenderunt mihi in laqueū, & in retributiones, & in scandalum*.

Vous sçauez que les affections desordonnees & terrestres, tant d'amour, que de haine, que d'autres passions, sont des reths visqueux & engluez, desquels sainct Augustin en ses Confessions tesmoigne auoir eu tant de repugnance à se faire quitte.

Vous sçauez que les vsures & trafics illicites, sont des nœufs Gordiens à replis inexplicables.

Et voila que l'aide de nos saincts Anges tranche toutes ces difficultez, destache tous ces gluaux, rompt tous ces liens, & descole entierement nos cœurs & nos affections de la terre: cela se verifie au seul exemple de sainct Valerian, duquel toutes les mauuaises affections furent dissipees à la seule veuë de l'Ange tutelaire de saincte Cecile.

Ce fut vn Ange qui deslia les trois enfans qui furent iettez pieds & poings liez dans la fournaise paste de Babylone; ce qui nous enseigne combien les Anges peuuent pour esteindre en nous les ardeurs de la concupiscence, & nous desentraper des liens du mauuais amour.

Comme aussi de ces detestables & abominables ligatures, par lesquelles auec l'artifice des malins esprits, des ames vrayement execrables & sorcieres se meslent d'empescher l'effect du sainct Mariage. Pource aduisay-ie les personnes qui aspirent à ce Sacrement de se recommander aux saincts Anges, qui ont vn grād pouuoir contre tous malefices, & vn empire merueilleux contre les fureurs de Sathan: ainsi qu'il est euident en l'histoire du jeune Tobie, deliuré par l'Ange Raphaël du desastre des sept precedens maris de Sara.

O mes freres, que cét office de deslier conuient bien aussi aux Anges visibles du Seigneur, qui sont les sacrez Prestres, *Sacerdos Angelus Domini est*, dit Malachie. Et ne sont-ce pas ceux-là qui tous les iours vous deslient de vos pechez par l'absolution ou solution sacramentelle qu'ils vous cōferent, en vertu de ce pouuoir que leur donna nostre Seigneur, leur disant, *Quãcũque solueritis super terrã, erunt soluta & in cœlis?* Ioan.II.

En figure dequoy nostre Seigneur commanda aux Apostres de deslier le Lazare, & de deslier l'asnon & l'asnesse, pour entrer en Hierusalem triomphant. Mat.21.

V.

Et n'est-ce pas de la triomphante Hierusalem, que les saincts Anges nous ouurent les portes? Ne tenons-nous pas que c'est sainct Michel Archange qui a ceste charge de presenter

E e

les ames deuant le throsne de Dieu pour estre iugees; pource l'Eglise luy chante, *Archangele Michaël, constituit te Dominus Principem super animas suscipiendas:*

N'est-ce pas aux celestes principautez, que s'addresse ce pacquet de Dauid? *Attollite portas principes vestras, & eleuamini portæ æternales.*

Ne croyons-nous pas que les Anges sont les intelligences motrices des Cieux? Pource Dauid chantoit, *Lauda Hierusalem Dominum, lauda* Ps. 147. *Deum tuum Sion. Quoniam confortauit seras portarum tuarum.*

Iud. 15. Sont-ce pas ces Samsons robustes, & forts, qui roulent ces grandes spheres, comme si c'estoient les portes de Gaza?

Mirez en l'eschelle de Iacob, comme les Anges nous ouurent les portes des Cieux.

Ps. 14. Ils ouurent tout, ils penetrent par tout; voila pas qu'vn Ange empoigne Abacuc par vn cheueu, & le transporte en la cauerne des lyons où estoit Daniel, close & seellee du seel Royal, sans fraction du seel qui estoit apposé?

Matt. 16 Voila les Maries en peine à qui leur *roulera la pierre du Monument* de N. S. & vn Ange la remuë auec autant de facilité qu'vne paille.

Ne redoutons, mes freres, aucuns obstacles pour bien faire; estans assistez de la grace de Ps. 17. Dieu & de nos Anges, *nous pouuons percer des rampars, & trauerser des armees.*

——*Ducente Deo flammam inter & hostes*
Expedior, dant tela locum, flammæque recedunt.

VI. O l'heureuse conduite que la leur; puis qu'à raison de leur vnion beatifique, Dieu est tousiours de la partie. Prions-les, mes tres-doux amis, *Vt dirigant greſſus noſtros in ſemitis Dei, vt non moueantur veſtigia noſtra.* Et qu'ils ſoient vne lampe à nos pieds, & vne lumiere à nos ſentiers. *Pſ.* 118.

Prions-les d'eſtre nos Pedagogues, & *bonitatem & diſciplinam, & ſcientiam doceant nos*, mais *ſcientiam Sanctorum*, qui eſt celle de ſalut.

Nos Pilotes en la mer orageuſe de ce monde, pour ſurgir au port de la beatitude de laquelle ils iouyſſent.

Nos Paſteurs, *Regendo nos & in loco paſcuæ ibi nos collocando*, nous ouurãt *la porte* qui eſt la miſericorde de noſtre Seigneur, pour y *trouuer les paſtis aimables & deſirables*. *Pſ.* 22. *Ioan.* 10.

Nos peres nourriſſiers qui nous tiennent par des longes, pour nous garder de choper; en clochant en deux parts. Faiſans en cela le commandemẽt de Dieu, lequel *Angelis ſuis de nobis mandauit, vt cuſtodiant nos in omnibus viis noſtris.* 3. *Reg* 18. *Pſ.* 90.

Ainſi S. Cecile, ainſi S. Agnes furent conſeruees en leur pureté & droiture par leurs Anges aſſiſtans.

Et la B. ſaincte Françoiſe Romaine, laquelle fut quaſi touſiours conduite par ſon bon Ange, à laquelle elle diſoit, *Tenuiſti manum dexteram meam, & in voluntate tua deduxiſti me; & cum gloria ſuſcepiſti me.*

Ainſi Helie par vn Ange fut conduit parmy les deſerts. 3. *Reg* 18.

Et N.S. *Ductus eſt in deſertum à ſpiritu.*

Et le ieune Tobie conduit en Rages, & ramené ſain & ſauf. *Tob.* 6.

Et peut-eſtre par l'inſpiration de ſon bon

Ange, l'enfant prodigue fut-il ramené en la maison de son pere.

Et auiourd'huy vous voyez comme sainct Pierre est conduit en lieu de saueueté, par vn celeste guide.

Colligez, 1. que les Anges nous illuminent, 2. esueillent, 3. releuent, 4. deslient, 5. ouurent les portes, 6. conduisent à salut.

IIII. AOVST.
S. Dominique conferé au Temple de Salomon.

HOMELIE.

Hic est Sacerdos magnus, qui in vita sua suffulsit domum, & in diebus suis corroborauit templum.

Eccles. 50.

CE texte à la lettre est dit du grand Prestre Simon fils d'Onias, mais ie l'applique au glorieux Patriarche des freres Predicateurs S. Dominique, fondé sur ceste vision du Pape Innocent, qui fut telle, qu'il vit en songe l'Eglise de Latran, qui est

—— *Cunctarum mater caput Ecclesiarum,*

Comme croulante, & soustenuë par deux personnages semblables à S. Dominique & S. François, qui s'en aloient en mesme temps demander à Rome la confirmation de leurs Ordres; auec lesquels ils ont restauré & soustenu l'Eglise Catholique : *Colomne & firmament de verité, Temple sainct, & maison sacree de Dieu:* fort agitee en leurs temps par l'heresie.

Cela m'a ouvert l'esprit à vous faire vne conference de ce grãd Saint, auec ce celebre Temple de Salomon. Deduisons, 1. comme il a esté vn Temple viuant fort remarquable, 2. que luy conuiennent mystiquement quelques benedictions du Temple de Salomon, 3. que le feu perpetuel represente sõ zele, 4. l'eau son erudition & compassion du prochain, 5. l'Vrim & Thumim sa predication, 6. le Propitiatoire son oraison, 7. qu'il a eu le don de Prophetie, 8. qu'il a porté quelque image du nõ de Dieu. Soyez attentifs.

I.

Il est tant commun, mes tres-aimez freres, de dire que l'homme est le Temple viuant de la diuine Maiesté, que ie ne me dois pas beaucoup peiner apres la preuue de ceste proposition. S. Paul, *Nescitis quia templum Dei estis vos: Membra vestra templa sunt Spiritus sancti. Vos estis templum Dei. Si quis templum Dei violauerit.* Par où il entend la contamination du corps.

1. Cor. 6.
2. Cor. 6.
1. Cor. 3.

L'Eglise chante de la saincte Vierge,

Domus pudici pectoris,

Templum repente fit Dei.

Aussi a-elle esté ceste miraculeuse habitation du Soleil, *mulier amicta Sole:* auec plus de verité, que le plus ingenieux des Poëtes ne descrit la sienne fabuleuse auec vanité.

Regia solis erat sublimibus alta columnis, &c.

Ouid. l. 2 Metam.

Elle a esté ceste glorieuse cité de Dieu, qui n'auoit que faire de la clarté du Soleil, ny de la Lune : l'Agneau estant sa lampe & sa splendeur. Ie dy la lampe

Psal. 88
Apoc. 21
Ps. 118.

de ses pieds, & splendeur de ses sentiers.

Cant. 3. Elle a esté cét *Oratoire de Salomon, fabriqué des Cedres du Liban,* pour son integrité incorrompuë.

Ioan. 2. Nostre Seigneur mesme compare-il pas son corps à vn Temple: quand il dit aux Iuifs, *Destruisez ce temple, & ie le redifieray en trois iours,* entendant cela du temple de son corps?

Matt. 2I. Et son corps mystique n'est-ce pas son Eglise, *Temple sacré, & maison d'oraison?* Sainct Paul. *Alios constituit Doctores in ædificationem corporis sui, quod est Ecclesia.*

Et pourquoy de tout cela ne pourrons nous inferer que S. Dominique estoit vn Temple sacré, & consacré à l'honneur de Dieu, puis qu'en son corps & en son ame, il ne portoit autre desir que de se devoüer entierement au seruice de Dieu? Ioinct qu'il est escrit, *Anima iusti sedes est sapientiæ.*

Prou. 9. Et ceste *maison de sagesse,* de laquelle Salomon descrit le bastiment, qu'est-ce autre chose que l'ame pieuse qui se meuble de vertus, pour receuoir plus dignement les visites de Dieu?

Que si le mot de *Templum,* est dit *ab intuendo,* ou à *contemplando;* combien nostre sainct a-il en soy de qualitez considerables? & combien a-il esté adonné à la côtemplation? C'estoit sa chere Rachel au pourchas de laquelle les heures luy estoient des momens, *Passans les iours & les nuits entieres à s'entretenir d'vne celeste conuersation.*

II. Or entre les Temples consacrez au vray Dieu (car de ceux des Prophanes Gentils ie ne fay aucun estat ny mention) il est sans controuerse que celuy de Salomõ tient vn rãg principalissime, les descriptions qui nous en restent tracees par la main d'Ezechiel, nous portent à l'admirer comme vne entreprise presque transcendante l'humaine portee. Ouurage qui agrea tant à Dieu, qu'il versa dessus à la priere de Salomon les plus signalees faueurs qu'il aye oncques departies à la loy Mosayque? C'est à cét excellent chef-d'œuure que ie desire comparer nostre Sainct, laissant à part vn monde de singulieres conuenances, & ne m'attachant qu'à celles que i'ay proposees.

Entre les particulieres benedictions que les Rabins y remarquoient, i'en tireray seulement deux, la 1. que les mousches n'y auoient aucun accez, bien qu'il fust continuellement remply d'vne boucherie de chairs sacrifiees. Ce qui me represente bien la vertu fondamentale de nostre Sainct, sçauoir l'humilité; car il auoit vne perfection bastie *super bases aureas*. Metal enfouy dans les plus creuses entrailles de la terre.

Vertu qui n'a point esté trauersee en luy par les mousches de la vanité, bien qu'il semblast en auoir beaucoup d'occasions à cause de sa naissance, estant Espagnol né d'vne noble & illustre famille appellee des Gusmans, qui tient encores vn notable rang parmy les plus signalees. Et chacun sçait combien il est difficile de conseruer l'humilité parmy les honneurs.

Et genus, insignem sequitur que superbia famam.
Fastus inest magnis.

Neantmoins nostre S. sceut fort bien imiter les grãds fleuues, qui venans de loin coulent de tant plus doucement, & sans bruit, que leur sein est vaste.

3.Reg.6. Ce qui me faict souuenir de l'edification du Temple où ne fut entendu aucun bruit de marteau ny d'autre ferrement; les bois estans apportez de loin tous façonnez, & les pierres toutes taillees, ainsi bien que nostre Sainct tirast son estoc d'ancienne tige, toutesfois il ne se porta iamais aux ordinaires vanteries de ceux qui se sentent yssus ainsi noblement.

Il y auoit vn 2. priuilege au Temple; c'est que iamais les Pains de proposition n'y moisissoient ny pourrissoient, quoy que gardez fort longuement. Ce que me represente l'excellente vertu d'abstinence que S. Dominique donna pour fondement à son Ordre; voulant, bien que reduits à la mendicité, que neantmoins ses freres se priuassent de la chair, afin d'euiter les corruptions de la sensualité; car comme en ostant le bois le feu s'esteint, ainsi la concupiscence quand on soubstrait les viures, pource S. Paul Ephes 5 conseilloit de *s'abstenir du vin auquel est la luxure*, 1.Reg.8. & protestoit de *ne manger iamais de la chair, si le moindre de ses freres en estoit scandalizé*.

A vray dire comme des vases vuides souuent mieux que des pleins; aussi les sobres Predicateurs esclatent bien plus que ceux qui bien refaits veulent recommander l'austerité: semblables à Ennius, lequel

—— Nunquam nisi potus ad arma
Prosiluit dicenda.

C'est ce qui osta le credit à Demades à Sparte, lequel quoy que bon Orateur ne pouuoit persuader; parce qu'il estoit trop gras.

Le principe d'vne purgation c'est la diette, aussi voyons nous qu'en ceste nouuelle reforme qui par la grace de Dieu commence auiourd'huy en l'ordre des Predicateurs, ils sautent d'vn bout du Zodiaque à l'autre, laissans les deux maisons d'*Aries* & *Taurus*, pour loger en celles d'*Aquarius* & *Pisces*, s'entens qu'ils quittent l'vsage de la chair pour celuy du poisson, pour imiter les premiers Prescheurs qui estoient pescheurs & de poissons & d'hommes.

Maintenant comme la grande voix du desert, *ils mangent le beurre & le miel, afin d'eslire le bien & reprouuer le mal.* Isa. 7.

Pource leurs leures, comme celles de l'Espouse, sont pareilles *au rayon de miel distillant, ayans le miel & le laict sous la langue.*

On dit que les Cicognes du Nil ont l'haleine douce, & les Cygnes la voix fort harmonieuse, animaux qui ne viuent que de poisson; ce qui nous enseigne combien la parole de Dieu est efficace proferee par vne bouche sobre.

Et esclattante comme le souffle qui passe par le canal d'vne trompette non enroüillee: car le S. Esprit n'habite pas volontiers *dans l'homme charne, cui Deus venter est.* Sap. 9.

La sobrieté est la fourriere de la pieté, & l'hostesse des sainctes inspirations; *Sobriè & iuste & piè viuamus in hoc sæculo*, mere de la santé du corps & de la saincteté de l'ame.

Il y auoit dãs le Temple vn feu perpetuel que les Prestres entretenoient par l'ordonnance de Dieu, qui auoit dit, *Ignis in altari meo semper ardebit, quem nutriet sacerdos ligna subiiciens per singulos dies: ignis erit iste perpetuus qui numquam deficiet in altari.* Ce feu me figure le zele qui flamboit cõ- III.

Leuit. 2.

442 Homelies

tinuellement sur l'autel du cœur de nostre saint, & qui le deuoroit & rongeoit interieurement.

Pf. 68.

Ce fut ce feu, qui du temps des Machabees fut trouué au fonds d'vn puits couuert en bouë, qui se ralluma exposé aux rays du Soleil & comment pensez-vous, mes freres, que la charité fust refroidie, *Refrigescebat charitas*, lors que S. Dominique fut suscité pour le rallumer aux rays de sa vie exemplaire.

Il a esté comme ce Iupiter Elicius qui a renflammé le feu esteint parmy les Vestales Chrestiennes, redonnant son ancien lustre & sa premiere ferueur à l'estat Religieux.

Aussi sa mere le portant en ses flancs songea que de son ventre sortoit vn chien portant vn flambeau en sa gueulle, dequoy il embrasoit l'vniuers: tesmoignage qu'il deuoit vn iour estre grand Predicateur, non de ceux que sainct Pierre appelle *canes mutos non valentes latrare*, mais de ceux qui iappans font sans cesse la rôde & la garde sur les murailles de Hierusalé, gardãs le parc de l'Eglise: & ceste torche monstre qu'il deuoit estre de ceux à qui N. S. dit, *Vos estis lux mundi*; aussi a il esté vne lampe mise sur le chandelier de l'Eglise, pour luire à toute la maison de Dieu; mais lampe ardante de zele, & luysante en doctrine.

Isa. 62.

Matt. 5.
Marc 4.

Pource le peint-on communément auec vne estoille au front, pour auoir esté le Pere des Predicateurs, lesquels, *qui ad disciplinam erudiunt multos, lucebunt quasi stellæ in perpetuas æternitates*: de maniere que nous pouuons dire de nostre Patriarche ce que cét autre chantoit de Cesar, *Micat inter omnes illius sydus, voluit inter ignes Ætna minores* : & quand il vint au monde, fut verifié le mot de cét autre Poëte,

Intonuit læuum, & cœlo delapsa per auras,
Stella facem deducens, multa cum luce cucurrit.

Pour tesmoignage de ce sien zele, disputant vn iour auec vn heretique, il offrit de se ietter dans vn feu, pour le soustien de la verité Catholique, & y ayant ietté sa creance escrite & celle de l'heretique, son papier resta sans lesion, & celuy de l'Errant fut soudain consommé.

Diray-ie que le zele du martyre luy faisoit quitter la paix de son pays, pour venir chercher des souffrances par nostre Seigneur és guerres que les heresies des Albigeois excitoient pour lors en France?

Il y auoit encores dans le Temple de Salomon deux reseruoirs d'eau, l'vn destiné pour le lauement des hosties, l'autre estoit vn bassin de fonte enuironné de miroirs pour l'vsage des Prestres qui alloient sacrifier, où ils nettoyoient leurs visages & leurs mains. A cela ie rapporte l'erudition de nostre Sainct, & ses afflictions. Que l'eau denote la science, demandez-le à la fontaine Pegasine des Poëtes, *Nec fonte labra prolui caballino*, dit quelqu'vn s'accusant d'ignorance.

VI.
Exo. 38.

L'eau nous represente comme vn miroir, & la vraye science de l'homme est l'homme; c'est ce *cognoy-toy* du Temple de ce Genie du Sçauoir, Apollon.

Auec ceste eau salutaire de doctrine, il a arrosé le Paradis terrestre qui est l'Eglise, & ses plantes viues qui sont les ames *rangees iouxte ces eaux.*

4.Reg.5   Auec ceste eau, combien a-il guary de Naamans Heretiques?

C'est le propre de l'eau de nettoyer & decrasser, combien de sermons, combien des bains medecinaux ont purifié & lavé d'hyssope des ames sales & malades, les rendans saines & nettes?

Nageoires de Siloë, piscine probatique guerissant les aueuglemens & les paralysies de l'esprit.

Psa.77.   Quand ce torrent de sçauoir inondoit vn auditoire, combien emportoit-il de racines d'erreur, & de vice!

Que d'heretiques a-il conuertis à la verité, que de pecheurs a-il retirez de leurs mauuaises voyes à celle de salut? *Cadebunt à latere eius mille, & decem millia à dextris suis.*

Psa.99.   On pouuoit dire de luy & de ses freres, *Eleuauerunt flumina, Domine, eleuauerunt flumina vocem suam, eleuauerunt flumina fluctus suos, à vocibus aquarum multarum.*

Gene. 1.   C'est sur cette eau qui s'espandoit l'esprit du Seigneur, *Effundam super vos aquam mundam, & mun-*
Eze. 36. *dabimini ab omnibus inquinamentis vestris.*

C'est dans l'eau de son profond sçauoir, qu'il abysma les Egyptiens heretiques, les ensueuelissans dans les abysmes de leur confusion, *Contribulasti capita draconum, in aquis abyssi operuerunt eos.*

Science neantmoins trauersee de beaucoup d'afflictions; car qui peut exprimer à combien d'orages & de persecutions, le sainct institut des freres Prescheurs, fut exposé à sa naissance,

Festiues. 445

croissant neantmoins comme le feu par ces vents contraires?

Poissons de mer, ces premiers Peres profitoient dans l'amertume.

Et comme l'eau de la mer appaise la rage, aussi l'affliction domptoit leurs passions, & leur sçauoir la fureur de leurs contrarians.

L'eau de la mer supporte fort, & l'affliction elle soit ces genereux esprits, qui *de torrente in* Pf. 109. *via bibentes, propterea exaltabunt caput.*

Combien de fois nostre sainct a-il peu dire, *Intrauerunt aquæ vsque ad animam meam: torrentem pertransiuit anima mea:* tant pour les angoisses qu'il souffroit, que pour les perils qu'il a passez.

Combien a-il purifié d'ames dans le lauoir de sa science; & combien s'est-il luy mesme laué dans l'eau des afflictions? Voila quand aux mysteres de l'eau.

V. Il y auoit de plus dans le Temple entre les ornemens du souuerain Pontife ceste tant celebre inscription, *Vrim & Thumim*, qui estoit sur le rational, regardant ces deux pierres precieuses qui boucloient l'espaulier, & ioignoient le rational auec l'Ephod, d'où sortoient, disent les Rabbins, des esclats & brillemens: à quoy ie confere la predication de nostre Sainct, lequel auoit en si grande affection la parole de Dieu, que de là il donna à ceux de son Ordre, le nom des freres Preschers, & ces deux pierres m'apprennent combien ces deux pieces iointes ensemble, du faire & dire, ont vn lustre plein d'admiration.

Par ce moyen la diuine parole se rend vraye-

Hebr. 4. ment ce glaiue tranchant des deux parts, par la sublimité de la doctrine iointe à l'exemplarité d'vne saincte vie.

Iud. 3. Noſtre ſainct eſtoit ſureminent en ces deux poincts, & pareil à cét Aod ambidextre, eſgal à bien dire & à bien faire, & du rang de ceux deſquels il eſt eſcrit, *Qui fecerit & docuerit, hic magnus vocabitur in regno cælorum*, où, celuy qui eſt le moindre eſt plus que Salomon, ny que toute ſa gloire.

1. Pet. 2. Ce Soleil des Predicateurs eſclairoit & eſchauffoit tout enſemble par ſes paroles & ſon exemple, *vt forma factus gregis ex animo*: ores il lechoit certaines ames par des rayons obliques, ores en battoit à plomb par des perpendiculaires, *& nemo ſe abſcondebat à calore eius. Arguebat obſecrabat, increpabat, inſtabat importunè opportunè*, infatigable à porter le flambeau de l'Euangile.

Ils diſent que ces deux pierres de l'eſpaulier eſtoient deux gros hyacinthes qui changeoient de couleur ſelon les diſpoſitions du ciel; ainſi s'accommodoit la langue de noſtre Sainct à la diuerſe capacité de ſes auditeurs, *ſe faiſant tout à tous pour les gaigner tous à Ieſus.*

IV. Ceſte diuerſité de procedures fait qu'on peut dire de luy myſtiquement, *Iris in capite eius.*

Vne autre choſe des plus remarquables au Temple eſtoit le propitiatoire, ce qui me repreſente les prieres feruentes de noſtre Sainct, auec leſquelles il a rendu Dieu propice en tant d'occaſions, notamment en celle ſi celebre, *Exo. 32.* quand comme vn autre Moyſe, il empeſcha que Dieu ne dardaſt ſur la contree où il eſtoit les trois fleaux de ſon courroux contre les pe-

Festiues. 447

theurs qui y estoient. *Gen. 18.*

Nouueau Abraham, nouueau Loth, empeschant de perir les citez pecheresses.

Le Psalmiste disoit autrefois, *Propter Dauid seruum tuum, non auertas faciem Christi tui*; tant il est vray que *multum valet deprecatio iusti. Deus voluntatem timentium se faciens, & deprecationes eorum exaudiens.*

Ezechias prie, & voila le Soleil qui retrograde; nostre Sainct prie, & voila Dieu qui retracte sa sentence de iuste courroux par vne surseance de pitoyable misericorde, *Non continens in ira sua misericordias suas.*

Iosué prie, & voila le Soleil qui s'arreste; S. Dominique prie, & voila le Soleil de Iustice qui suspend le cours de son execcution; là il auoit *Ps. 7.* bandé son arc & preparé ses fléches de mort, ardentes de vengeance, il s'arreste par la force de la priere de ce Saint, *Clamauerũt iusti, et Dominus exaudiuit eos, & ex omnibus tribulationibus corũ liberauit eos.*

Icy se verifie la fable qui feint que l'Amour desarmoit Iupin de son tonnerre, Mars de son espee, & Hercule de sa massuë.

Heureuse la maison, ou la ville, ou la contree où prient les gens de bien : ô qu'ils destournent de grands maux que prepare aux pecheurs la iuste diuine vengeance. Que si Alexandre cessa de brusler vne ville pour espargner vn tableau de Protogene, estimons-nous pas que Dieu pardonne aux meschans, pour n'accabler vn vertueux vif portraict de la diuinité ? Iamais il ne ruina ceste ville abominable que Loth n'en fust sorti, ni delugea le monde que Noé ne fust retiré en son Arche, tant il a de soin d'vn seul cheueu de la teste des siens.

Luc. 21.

VII. Vne autre grande singularité qui estoit au Temple de Salomon est la Prophetie; car le grand Prestre entroit peu souuent au *Sancta Sanctorum*, que Dieu ne proferast des oracles, & manifestast les choses futures & les volontez par la bouche de ce sien seruiteur. Cayphe mesme en l'Euangile est remarqué auoir prophetisé l'an de son Pontificat.

Le diable, singe de Dieu, nais démon, c'est à dire sçauant, auoit de coustume de contre imiter ceste verité par ses predictions conjecturales; de là le trepied Delphique; de là les faux & ambigus oracles; de là le laurier de Pernesse; de là la fontaine d'Apollo, où les poissons seruoient d'augures; de là tant d'auspices superstitieux qui amusoient l'idolatre gentilité, de là les prophetiques fureurs des Bacchantes.

—— *Qualis commotis excita sacris*
Thias vbi audito stimulan trieterica Baccho.

De là les forcenez enthousiasmes, par lesquels ils se persuadoient estre remplis de quelque diuinité, *Est Deus in nobis*, dit cestuy-ci, *agitante calescimus illo*, mais c'estoit quelque démon qui les tourmentoit en les possedant, comme nous voyons aux Energumenes.

Or que nostre Sainct, entre autres graces du S. Esprit, aye eu le don de Prophetie, il appert en cette si celebre salutation qu'il fit à S. François, l'appellant par son nom, bien qu'il ne l'eust iamais veu, & luy predisant choses grandes, qui

qui depuis sont aduenuës en son Ordre. François, luy dit-il, en l'embrassant, tu es mon compagnon, tu courras auec moy, soyons vnis ensemble du lien de charité, & nul ennemy nous pourra vaincre: aussi les deux Ordres des freres Predicateurs & Mineurs ont eu toujours depuis vne grande fraternité & correspondance en l'aduancement de la gloire de Dieu.

Ce furent ces iumeaux Castor & Pollux, qui ramenerent en leur temps le calme à la Nacelle de S. Pierre.

Envoyez Apostoliquement *bini & bini*, deux beaux luminaires de regularité ; deux puissans bras de l'Eglise. *Omnes gemellis foetibus & sterilis non est inter illos*. O mes freres, que de fleurs, que de fruicts sont prouenus de ces deux viues plantes *posees sur le courant des eaux* des diuines graces, *desquels les fueilles ne s'escoulent point*. Psalm. 1

La derniere chose que ie remarqueray pour le present en ce Temple, est le grand nom quatre-lettré que le grand Prestre portoit sur son front, graué sur vne lame d'or, attaché à sa mitre : nom qui rendoit le Pontife entierement venerable : ce mot de *Iehoua* est coustumierement tourné *Dominus*, d'où est tiré celuy de nostre Sainct, qui est *Dominicus*, comme qui diroit *Seruiteur du Seigneur*. VIII.

Que si Dauid estimoit tant ce tiltre d'estre *seruiteur de Dieu, & enfant de sa seruante* ; & si le souuerain Pontife de la loy Chrestienne s'appelle *seruiteur des seruiteurs de Dieu*, cōbien doit estre estimé ce beau nom, qui fut graué sur nostre sainct au charactere de son S. Baptesme? Pf. 115.

F f

Ce fut vn augure, combien vn iour il deuoit estre grand seruiteur de Dieu, comme vous sçauez que les Anciens Patriarches nommoient leurs enfans de noms conformes au courant de leur vie : car de là bien mieux que les Astronomes de leurs imaginaires constellations au poinct de la naissance, peut-on presagir quelque chose de bon.

Les Romains donnoient ainsi de beaux noms à leurs enfans, pour les exciter à s'en rendre dignes.

Que si par excellence l'Escriture dit quelquefois ces mots, *Ego Dominus, Dominus est*, parlant de Dieu; oserons-nous aussi dire pour extoller nostre sainct, *Dominicus est* ?

Beatus cuius nomen Domini spes eius. Parce que *turris fortissima nomen Domini. Deus in nomine tuo saluum me fac*. O que le nom de Dominique excitoit bien nostre Sainct à esperer au nom du Seigneur.

Dominicus veut encores dire *vir Dei*, mot duquel on appelloit les Prophetes, *Mors illa vir Dei*: & si vous voulez *homo missus à Deo*, aussi a-il esté vne voix de Predication comme S. Iean.

Hebr. 1.

Que si S. Paul louë le nom de N.S. Iesus, pour estre par dessus tout nom, & dit qu'il a esté *d'autant plus esleué par les Anges, qu'il a herité vn plus grand nom*: Certes par quelque illation nous pouuons dire qu'entre les seruiteurs de Dieu, S. Dominique qui en porte le nom, emporte vne manifeste excellence, comme entre les oraisons celle que nous appellons Dominicale.

Retenez de tout ce discours, mes freres, 1.

que S. Dominique est vn Temple sacré, 2. que les benedictions de celuy de Salomon luy conviennent, 3. que le feu perpetuel represente son zele, 4. & l'eau des lauoirs, sa science & sa souffrance, 5. l'Vrim & Thumim, sa Predication, 6. le propitiatoire, son oraison, 7. le *Sancta Sanctorū*, sa Prophetie, 8. & que son nō tres-excellent, signifie *hōme ou seruiteur de Dieu*. Soyez en paix.

X. AOVST.

Des flammes de sainct Laurens.

HOMELIE.

In medio ignis nō sū æstuatus. Eccl. 51.

Ceux qui sont à l'abry du Laurier ne sont iamais frappez du foudre. Iules Cesar se resiouyssoit pour cela de la courōne perpetuelle du Laurier que le Senat luy auoit decernee, n'ayant plus à redouter que les tempestes du Ciel apres auoir subiugé toute la terre. Que vous estes heureuse ma chere ville de Belley, d'auoir pour Patron en vostre Eglise parrochialle ce grand Martyr, qui tire son nom du Laurier, presage de ses trophees; autant de benedictions que te procure Sainct Iean Baptiste, (dont le nom signifie grace de Dieu) patron de nostre Cathedrale, & de tout ce Diose; autant de maledictions destourne de toy le bon sainct Laurens, S. tutelaire de ceste parroisse, vostre douce mere spirituelle.

Or sus, mes enfans tres-aimez, ie m'en vay vous deduire, 1. combien son martyre a esté douloureux, 2. genereux, & 3. glorieux, & 4. en quoy il nous est imitable.

I. Il est constant par la determination de l'eschole fondee sur la resolution vniforme des SS. Peres, qu'il n'est aucun merite icy bas plus grand que celuy du martyre, parce que c'est l'acte de la plus parfaite charité. *Maiorem charitatem nemo habet, quam vt animam suam ponat quis pro amicis suis.* Et en laquelle action nous mesprisons pour l'amour de Dieu la chose que naturellement nous aimons le plus, qui est la vie, & embrassons celle qui nous est la plus horrible, qui est la mort.

Aug. l. 83. qu. q 36. D.
Theo. 2. 2. q. 124. a. 3.
Theo. l. 18. de Martyr.
Ioan. 15.

Or comme il est des genres qui ont des especes, & des especes qui ont des induidus plus excellens que les autres; aussi est-il sans doute des martyres, comme de plus grande souffrance, aussi de plus grande estime les vns que les autres, & bien qu'ils soient vns en l'obiet, diuers neantmoins au subiet & en la forme de patir.

Sans estirer d'auantage cette induction, il me semble que comme le feu entre les elemens tient le premier rang, aussi qu'il doit estre rangé en la premiere Categorie des supplices: car à vray dire il semble que les fers, les roües, les cordes, & les autres artifices de bourrellerie n'ont rien de comparable à la violente action que le feu a sur vn corps viuant.

Aussi voyons nous que Dieu l'a choisi pour l'extremité des supplices qui tourmenteront ceux qu'il precipitera *in ignem æternum*.

Festiues. 453

Et les Monarques souuerains se reseruent ce semble pour la plus sublime marque de leur haute & souueraine iustice.

C'est vn element dont la brusque actiueté a vne penetration si deuorante, vne deuoration si penetrante, qu'il est peu de corps, desquels il ne se rende consompteur & destructeur, faisant ressentir aux viuans des douleurs inenarrables.

C'est le glaiue de feu qui atteint *iusques aux moëlles & cartillages*, voire qui ronge & encendre les os. Or le martyre de nostre S. Laurens, mon cher Belley, ayant esté par le feu, iugez de l'excez de ses douleurs par ceste antecedente induction, & dites hardiment de luy, que *Dieu l'a esprouué comme l'or en la fournaise.* *Hebr. 4.*

Sap. 3.

Il y a des matieres legeres qui se perdent dans le feu comme la paille ; ainsi sont les foibles en la foy qui renoncent à l'aspect des tourmens, *quasi stipula synagoga peccantum, & consummatio eorū flamma ignis*: d'autres qui s'y perfectionnent comme l'or & l'argent. *Argentum igne examinatum, probatum terræ, purgatum septuplum*; de sorte que nostre Martyr estant de ces puissans en la foy, espurez comme fin metal, il peut dire, *Igne me examinasti sicut examinatur argentū*, & encore: *Igne me examinasti, et non est inuenta in me iniquitas.* *Eccl. 21.*

Croyez-moy, que son gril a esté vne merueilleuse pierre de touche, & qu'il est deuenu or pur or d'Ophir, par vne terrible chymie.

C'est bien luy qui peut dire *auoir passé au refrigere par le feu*. Il a esté l'holocauste esleu d'Abel, de Moyse, de Gedeon, d'Helie, de Samuel deuoré par vn feu celestement terrestre.

On dit qu'autrefois en Tartarie on ne pouuoit aborder le Roy, que premier on ne se fust purifié passant entre deux feux: nostre S. Martyr a esté introduit au côspect du Roy des Roys auec pareille ceremonie: car en mesme temps que son corps brusloit pour l'amour de Deu du feu materiel, son cœur estoit deuoré au dedans du feu spirituel de l'amour de Dieu. Il estoit bruslant interieurement & exterieurement, mais la flâme diuine surmonte l'humaine, & la douceur de celle-là preuaut la douleur de celle-cy; celle là est plus grande, cette-cy moindre: & comme vn tison ietté dans vn brasier, y est grâd absorbé ainsi semble-il que la bruslure de son corps ne soit rien comparee à celle de son cœur, le sentiment de son amour efface le sentimêt de sa peine, la souffrance desô martyre est de l'huile iettee dâs le fourneau de sa charité: aussi voyez côme dans les flames il se rit des flames, il braue le Tyran, il deffie les bourreaux, tant il est vray que *aquæ multæ, nec flumina possunt obruere charitatem.*

On dit communément, que *Amantium ira est amoris redintegratio*, parce que la flamme de leur amitié surpasse celle de leur despit, voire s'augmente de leur courroux, comme le feu des forgerons par les aspersions de l'eau se rengrege à cause de l'Antiperistase. Ainsi s'augmente la charité de nostre Martyr par l'aspreté de ses tourmens, plus il souffre, plus il aime. Ainsi se *resiouyssoit en ses passions* le grâd Apostre, *afin que la vertu de Christ habitast en luy*: & quelle est cette vertu, sinon la charité Royne de toutes les perfections?

2.Cor.12

Il tire matiere de generosité, d'où vn plus foible cœur eust tiré subiet de descouragemēt; c'est ce que nous auons maintenant à considerer. *Allons mes freres, & voyons ceste grande vision, comme ce buisson ard sans se consommer.*

II.

Hé ! pourquoy ne pourra-il pas dire, aussi bien qu'Ænee.

Exod. 1.

——— Ducente Deo, flammam inter & hostes
Expedior, dant tela locum flammæque recedunt?

Ceux qui discourent sur ceste Feste ont de coustume de le comparer aux trois enfans de la fournaise de Babylone ; mais en cela me semble-il exceller de ce qu'il souffroit auec allegresse, & les autres sans endurer chantoient auec ioye les loüanges de Dieu dans ces flammes refrigerantes.

Que l'on cesse d'admirer les Salamandres, & les Pyraustes qui viuent dans les flammes sans douleur, pour s'estoner de la generosité de nostre Martyr, à qui le courage donne contre nature de resister aux flammes.

Il ressemble à la Manne, qui se fondoit au Soleil, & se durcissoit au feu ; il se liquefie aux rays du diuin amour, & encrouste sa constance au feu du supplice.

Exod. 16

Comme vne enclume il s'endurcit par les coups.

Et comme vn diamant il se nettoye & esclaircit dans le feu, sans se consommer.

Son cœur, comme iadis celuy de Germanicus, est incōsomptible dans les flammes ; & son courage dompte la rage du brasier. Pareil à ceste pierre dont parle Pline qui amortit le feu.

La ventouse à l'aide du feu enfle la peau, & attire le sang; & son supplice enfle la magnanimité, & anime sa vigueur; & plus il est pressé des flammes, plus *charitas Christi vrget eum*.

Qui a iamais veu quand le Ciel est espaissi en nuages, & menace vne furieuse tempeste, côme les esclairs entrefendans la noire espesseur des vapeurs humides, font sçauoir que le Ciel est chargé à bale, le grondement du tonnerre esguisant son carteau par son roulement se faict entendre par vn son espouuentable: que si deux carreaux de foudre viennent à s'entrechoquer, voila la nuee qui creue, le feu qui descend, non sans faire sentir son rauage. Considerez la contrecarte du feu diuin & humain en nostre Marty, comme son courage contrelutte la rage des bourreaux; admirez les esclairs de ses souffrances; les esclats de sa voix, qui comme vn tonnerre fiert les oreilles du Tyran, & le menace de mille morts, s'il ne cesse de persecuter le sang innocent des Chrestiens.

Ce sont les petits feux qui s'esteignent en les estouffant, mais les grands s'embrasent dauantage estans remuez: nostre Martyr aduise les bourreaux de tourner son corps assez rosty d'vne part, pour enflammer de plus fort son amour par ceste agitation: ne pouuons nous pas attribuer & approprier à ceste belle ame l'eloge de l'espouse, *lampades eius, lapades ignis atq; flâmaru*.

L'eau qui de son naturel tend à bas se releue en boüillons, estant mise sur le feu; & le corps qui de sa nature est tres-sensible à l'impression des flammes, s'esleue quand & l'ame par dessus la rigueur du feu materiel, par la force d'vne feruente charité.

Que l'histoire taise désormais la souffrance vaine d'vn Sceuola: nos admirations sont bien mieux deuës au martyre de sainct Laurens qui n'a pas exposé seulement sa main, mais tout son corps aux flammes.

Que la fable taise le renommé larcin de Promethee qui apporta le feu du Ciel en terre: le courage de nostre Martyr par vn eslancement bien plus genereux, porte le feu de la terre dans le Ciel ou plustost y reporte celuy que nostre Seigneur estoit venu espandre en terre.

Il est ce poisson rosti, dit l'Abbé Rupert, que les Apostres choisirent entre plusieurs de la pesche de sainct Pierre, pour presenter à nostre Seigneur apres sa resurrection. Car sainct Xyste Pape successeur de sainct Pierre, allant au martyre offrit ce sien genereux Diacre à N.S. *L. 8. de diuin. offic. c. 10.*

Lequel comme Alexandre se desplaisoit des conquestes de Philippe, aussi se faschoit de ce que ce bon Pape alloit seul au martyre, sans le conduire apres soy au combat, & du combat au triomphe & à la couronne de gloire; pource luy crioit-il: *O mō Pere que ne me menez-vous quāt & vous au supplice aussi bien qu'à l'Autel; en quoy vous ay-ie despleu, & qu'auez-vous recogneu en moy de lasche & de degeneré, pour me priuer de ce bien?* Mais il fut cōsolé quād S. Xiste luy respōdit, *que dans trois iours vn plus glorieux triumphe l'attendoit.*

Et c'est la gloire de ceste souffrance, qu'il nous conuient examiner en ce troisiéme poinct: & qui doute de ceste sienne gloire, tant en l'Eglise triomphante là haut, qu'en le militante çà bas? celle-là est inexplicable, comme imperceptible

III.

à l'oreille & à l'œil, voire & au cœur humain. Celle-cy est apparente en ce que c'est l'vnique Martyr, que l'Eglise Catholique en son office honore de la celebration d'vne Octaue.

Les Poëtes content que Daphné, pour auoir fuy les deshonnestes embrassemens d'Apollon, fut metamorphosee en laurier, arbre de triomphe; & de quelle gloire couronnerons-nous nostre Sainct tout Laurier, lequel a detesté si constamment l'adoration des idoles Payennes?

Quand le Laurier brusle, il cracquette: oyez comme d'vn courage tout admirable, N. Martyr crie au tyran, luy reprochant sa cruauté plus foible que sa constance, *tourne & mange ce costé rosti*. Diriez vo^{9} pas que c'est vn Phœnix qui se reduit en cedre, pour renaistre à la gloire de l'eternité?

O qui pourra exprimer combien *cét holocauste a esté soüefflerant denant la face de Dieu, Cómét cét encens est monté en odeur de suauité*, & l'excellente composition de ce glorieux Thymiame: ô que ce grand Sainct pouuoit bien dire aprés Sainct Paul, *Christi bonus odor sumus*.

Mais le voyez-vous porté sur la pointe de ceste flamme dedans les Cieux, par vne merueilleuse Apotheose?

Calanus vn des sages des Indes appellez Gymnosophistes, se brusla tout vif deuant Alexandre, pour luy faire preuue de sa constante vanité, & de sa vaine constance: mais nostre Martyr auec humilité s'est patiemment consommé dans vn brasier deuant la face de Dieu.

Et comme le fer rougi est annobli par la penetration du feu; la terre crasse changee en terre diaphane, & le cristal purifié: ainsi pouuons nous dire que nostre Martyr s'est perfectionné, & rendu glorieusement noble dans les flammes.

Flammes qui comme naturellement elles pointent en haut, l'ont aussi porté indubitablement dans l'eternelle gloire, où il brusle continuellement dans le feu de ce celeste amour, qui a prevalu le feu de la terre.

Car que pensez-vous, ma chere ville de Belley ; que facent les bien-heureux dans le Paradis, sinon brusler incessamment d'amour aux rays de la divine beauté ? pource voyez vous que les Anges assistãs de ceste Cour sont appellez *ministres de feu*. Heureuses flammes, douces flammes, sainctes flammes ? puissions nous à iamais estre absorbez dedans vous en la celeste Hierusalem! Helas ! vous ressemblez au feu qui est en son cétre, en sa phere, vous flambés sans brusler, vous bruslez sans consommer : belles flammes bié cõtraires aux infernales, qui donnent vne perpetuelle mort auec des douleurs inenarrables, vous baillez vne eternelle vie auec des douceurs inimaginables. Mais mon cher peuple, nul peut brusler de sainct feu là haut, qui n'a commencé de l'attiser icy bas.

Pf. 103

Ce que nous ferons par l'imitation de nostre S. Laurens qui est nostre 4. & derniere carriere. I'apperçoy que quelques-vns froncent le sourcil, & ioüent à l'estonné, quand ie parle d'imiter ce genereux & glorieux Martyr en vne si douloureuse souffrance, chacun n'ayant pas assez de generosité pour se guinder à telle gloire par telle douleur. Comment ferons-nous donc ? car l'Eglise ne nous propose les festes des

IV.

Martyrs, que pour nous enseigner à les imiter.

Or parce que la rigueur d'vn tel supplice fait horreur à plusieurs (qui neantmoins comme ie m'asseure si ce venoit au fait & au prédre aimeroient mieux le subir que de renōcer leur foy.) Et d'autant que ce n'est pas essay qui se represente maintenant à imiter, i'ay pensé à des imitations mystiques, & plus douces esquelles nous pouuons ordinairement ensuiure ce sainct Patron de nostre parroisse. Ie le prens donc comme ce poisson rosti de Tobie, pour illuminer nos entendemens ; mais helas ! il n'a point de fiel, car en mesme temps qu'on le tourmentoit, il n'a point de rancune contre ses ennemis.

O si nous le pouuions dōc imiter en surmontant les flammes du courroux, qui nous liurent quelquefois de si furieux assauts, que nous pouuons dire auec le Psalmiste, *Mon œil est troublé de grande colere, voire mō ame & mon ventre.* Ne pensez-vous pas que ce fust vne bonne intention?

Ps 30.

Ou bien imitons-le, en maintenant vne genereuse & glorieuse chasteté à trauers les flammes des concupiscences, si violentes que sainct Hierosme ne redoute point de les comparer à celle du Vesuue, & du Mont-gibel.

S. Thomas d'Aquin les poursuiuit auec vn tison : & vn sainct Hermite en la vie des Peres, les amortissoit en se bruslant.

Vous sçauez comme sainct François embrassoit la neige pour les amortir ; & sainct Benoist les suffoquit dans des espines.

Quand la B. Angele de Foligny descrit les horribles pointes qui la tourmentoient, certes elle fait pitié. Sainct Paul mesmes se plaint de leur importunité. Et bien, estre chaste parmy ces feux, n'est-ce pas imiter en quelque façon S. Laurens?

Ou bien imitons-le, nous embrazans du zele de la gloire de Dieu : certes, mes tres-cheres oüailles, estäs si voisins de la gueulle des loups, & si proches des heretiques, nous auons besoin d'vn grand zele de l'Eglise de Dieu, pour reietter les artifices de l'heresie. Ayons donc le zele de S. Augustin, qui brusloit de zele contre les heretiques de son temps.

Quoy? S. Dominique se ietta bien dans vn feu, pour preuue d'vn article de nostre saincte foy, controuersé par vn Albigeois, & en sortit sain & sauf.

Qui est le scandalisé, pour qui ie ne brusle? disoit 2.Cor.11 sainct Paul: voyez quelle flamme de zele.

Ou bien si vous voulez, imitez la constance de S. Laurens, quand vous serez dans les flammes des tribulations, & il n'y a celuy qui s'en puisse dire exempt en son particulier, helas!

Vt corpus redimas ferrum patieris & ignes.

Et pour racheter nostre ame, & acquerir vne vie eternelle, *où on ne paruient que par plusieurs* Act.14 *tribulations*, ce sont les flammes necessaires.

Imitez-le aussi és volontaires, mes tendres enfans, qui sont les mortifications de la chair. Sainct Hierosme raconte en la vie de S. Hilarion, qu'vn bō Pere du desert se sentant inquieté de tentions sensuelles, disoit à son corps *gare, gare, gare*; que si admonesté trois fois elles ne s'esloignoient, il le mal-menoit si furieusement qu'vne autrefois au premier *gare*, toute sa chair fremissoit d'apprehension.

Iud. 16. Chair qui est ceste traistresse Dalila, qui nous liure és mains de nos ennemis, quand nous la carressons trop.

Au demeurant vous iugez assez combien doit estre agreable à Dieu ce martyre volontaire, & lent de la maceration de la chair, puis que *voluntariè sacrificandum illi*.

Mais sur tout, tres-chers citoyens de Belley, ie desirerois que vous imitassiez ce grand sainct en vous iettant dans les flammes du S. Amour de Dieu : ô l'heureux brasier ! ô le beau feu ! Tout autre feu est de paille comparé à cestuy-ci.

C'est le feu dans lequel saincte Magdaleine a purgé toutes ses fautes.

C'est le feu qui a fait souffrir à saincte Catherine de Gennes tant de douces douleurs.

C'est ce feu qui embraze tous les Saincts qui sont, & au Ciel & en la terre : feu de delices non de supplices, feu d'amour non de mort, feu du cœur non du corps.

Apprenez de ce discours, 1. les douleurs, 2. la generosité, 3. la gloire de nostre Martyr, & 4. à l'imiter en quelque façõ, mes cheres oüailles, afin que vous le puissiez iustement appeller vostre Patron, si vous l'imitez en quelque chose.

XV. AOVST.

De l'Assomption de la tressaincte Vierge.

Homelie.

Surge Domine in requiem tuam.
Pſalm. 151.

Ainſi chantoit David *en l'excez de ſon ame; Leuez-vous Seigneur en voſtre repos, vous & l'arche de voſtre ſanctification.* Prophetie qui denote la Triomphante Aſcenſion de N. S. & la glorieuſe Aſſomption de ſa mere au Ciel, en corps & en ame, car n'eſt-ce pas d'elle qu'il eſt eſcrit, *Sanctificauit tabernaculum ſuum altiſſimus?* 2 Reg. 6

La figure accompagna ceſte prediction, quãd David introduiſit chez ſoy auec tant de ſolemnité & de pompe l'Arche de Dieu, qui auoit comblé de tant de benedictions la maiſon de Obed-Edom, car voicy le fils de David qui tire à ſoy l'Arche ſacree, où a repoſé la manne de ſon humanité, de la maiſon de ſainct Iean, qui en auoit receu tant de conſolations. Tout le Pſeaume reſonne ce myſtere.

I. Duquel pour parler auec ordre, ie traitteray de la vie de la B. Vierge apres l'Aſcenſion de ſon fils, 2. de ſa mort, 3. de la gloire de ſon Aſſomption, 4. de la force de ſon interceſſion.

Helas! mes tres-doux freres, qu'elle vie, ou pluſtoſt quelle mort? diſons mieux, quelle mort viuante, quelle vie mourante pouuoit trainer ceste saincte Mere apres la priuation de son cher enfant: elle estoit vne tourterelle delaissee & solitaire, dont le chant n'estoit que gemissement, qui ne cerche que les branches seiches & arides, afin que la verdeur ne la puisse esgayer.

Elle estoit ceste Colombe sans cœur, dont parle vn Prophete, tousiours cachee & retiree. *Sicut passer solitarius in tecto, sicut nycticorax in domicilio. Expectans Dominum viriliter agens, & confortans cor suum, & sustinens, expectans beatam spem & aduentum gloriæ magni Dei. Bonam certamen certans pro corona iustitiæ.*

Osee 2.

On dit que les Palmiers ont de la sympathie, qu'aucuns qualifient amour, leur attribuant diuersité de sexe; mais tant y a que l'experience monstre qu'ils florissent l'vn proche de l'autre, & seichent si vous les desassociez. Et ne dirons nous pas le mesme de celle qui est appellee *Palmes de Cades*, & qui dit à son bien aimé que leur lict est florissant, & que ses fleurs sont des fruits d'honneur, & d'honnesteté.

Que pouuoit-elle voir d'agreable priuee de l'vnique Soleil de ses yeux, & sans l'espoir de le reuoir? Ceste vie luy eust esté vn enfer, puis que elle estoit priuee de son Paradis, qui consiste en la veuë de Dieu, & de son fils Iesus Christ:

Si Dauid desolé de la perte d'vn enfant rebelle disoit, outré de douleur, *Absalon fili mi, fili mi Absalon, quis mihi det vt moriar pro te?* Que deuoit dire ceste mere Vierge ayant perdu vn enfant, la perfection & obeyssance mesme, qui en tout *erat subditus illi.*

Quand

Quand ie lis les regrets de S. Augustin pour son cher Alipius.

De sainct Gregoire de Nazianze, pour sainct Basile le Grand.

De sainct Bernard pour son bien aimé frere Gerard; il me souuient de celuy qui souspiroit;

— *Heu misero frater adempte mihi*
Omnia tecum vnà perierunt gaudia nostra,
Quæ tuus in vita dulcis alebat amor.
Omnia in moriens fregisti commoda frater,
Et tecum nostra est tota sepulta anima.

Et ces regrets me remettent en memoire ceux de ceste Royne des amantes desesperees, chez le plus grand des Poëtes. *Cui me moribundam linquis Iesu*, pouuoit dire ceste mere dont la douleur & contrition estoit grande comme la mer. *Æneid. 4.*

Sola domo mæret vacua, stratisque relictis,
Incubat illum absens absentem, auditque, videtq;. *Thren. 3*

O mon enfant, pouuoit-elle dire, que vous ay-ie fait pour vous perdre? ô Cieux! pourquoy me l'auez-vous enleué?

Et cælos atque astra vocat crudelia mater.

Ses pensees n'estoient que de luy:

Sic oculos, sic ille manus, sic ora ferebat.

mesurant la douleur de sa priuation presente à la douceur de sa possession passee: car à vray dire,

— *quis desiderio sit pudor aut modus*
Tam chari capitis. —

IESVS en sa diuinité est l'image de la substance de son Pere, & en son humanité celle de la substance de sa mere: & ceste substance estoit plus l'ame de l'ame de la Vierge, que son ame n'estoit la vie de son corps. Ce fils estoit son image de cire vierge enchantée, dont la consommation estoit sa fin; c'estoit son peloton & son tison fatal.

O que son amour, comme le feu elementaire estoit en vn degré violent, esloigné de son centre: que son cœur sentoit vne extréme auulsion du lieu de son repos, & comme vne esguille de cadran empeschee de tendre vers le Nort, qu'elle sentoit de contrainte, se conformant en cela à son fils, *qui pour les pecheurs a senty contradiction en soy-mesme!*

Hebr. 12

Comme vn Gyrosol, elle replioit ses fueilles en l'absence de son Astre.

O combien de fois a-elle repeté ces traicts de Dauid, *Quando veniam, & apparebo ante faciem Dei? Fuerunt mihi lachrymæ meæ panes die ac nocte; dum dicitur mihi quotidie, vbi est Deus tuus? Hei mihi quia incolatus meus prolongatus est, &c. Quemadmodum desiderat ceruus, &c.*

Cic. in Somnio Scip.

Combien de fois, comme le ieune Scipion chez Ciceron, eust-elle desiré sortir de la sentinelle de ceste vie, si elle eust eu le congé du grand Capitaine?

Son cœur estoit entre les deux aymans du desir de mourir & de la crainte d'offencer Dieu. Pareil à l'enfant de l'embléme, dont l'aisle estoit contrepesee d'vne pierre.

Elle pouuoit bien plus iustement dire que S. Paul, *Mihi viuere Christus est, & mori lucrum: quod si viuere in carne hic mihi fructus operis est, & quid eligam ignoro. Coarctor autem è duobus, desiderium*

Philip. 1

habens dissolui, & esse cum Christo, multo magnis melius. Permadere autem incarne necessarium propter vos, & hoc confidens scio, quia manebo & permanebo, omnibus vobis ad profectum vestrum & gaudium. Car comme N.S. estoit monté au Ciel pour nostre salut, aussi estoit-il expedient que la saincte Vierge demeurast après luy en terre, pour consolider & consoler les fondemens de l'Eglise naissante, qui luy fut recommandee comme fille, en la personne de S. Iean son fils adoptif.

Quoy fait, Dieu ayant *en fin excelso sancto suo*, entendu ses clameurs, & les desirs qu'elle auoit *d'estre deliuree des eaux ameres* de ceste vie, voila qu'il luy mande (comme nous apprend la pieuse tradition des deuots) le mesme Ange qui luy porta la nouuelle de l'Incarnation, afin que cét esprit bien-heureux montant & descendant par ceste mystique eschelle, fust le messager, & de la descente de Dieu en elle, & de son esleuation à Dieu, afin *qu'elle disposast des montees en son cœur en ceste valee de larmes.* Luy disant que le *Legislateur l'ayant benie, elle auoit esté de vertu en vertu, & pource qu'elle verroit le Dieu des Dieux en Sion; en la maison duquel vn iour valoit mieux que mille.* Certes variant son ancienne salutation, il luy pouuoit dire, *Aue gratia plena, in cum Domino super benedicta inter mulieres.*

II.
Ps. 143.

Ps. 83.

Ainsi l'abusee Gentilité croyoit ce que faisoient leurs Mercure & Iris; celuy-là auec se verge, dicte Caducee, *Animas pellebat ad Orcum*: celle-là estoit creuë aider ceux qui auoient de la peine à mourir. Le grand Poëte parlant de la fin de la Royne de Carthage.

Æneid. 4.

Tum Iuno omnipotens longum miserata dolorem,
Difficilesque obitus Irim demisit Olympo,
Quæ luctantem animam nexosque resolueret artus.

Il n'en arriua pas ainsi à nostre Vierge : car comme elle n'auoit point *peché en Adam*, aussi ne sentit-elle iamais de douleurs en son enfantement, ny de tourment en la separation de son ame d'auec son corps ; elle est bien morte comme fille d'Adam, selon la chair, à l'imitation de son fils : & c'est par *le peché de celuy-là, que la mort est entrée au monde, mort salaire du peché* : mais elle a esté vne terre benite, exempte des maledictions données à Eue, *in dolore pariendi*, & des espines poignantes des douleurs de la mort. Et qu'est-ce la mort, sinon vn accouchement de l'ame qui sort du corps pour aller *en sa vraye patrie, & in locum suum*, tout de mesme que le corps sort du flanc maternel, pour viure sur la terre.

Rom. 5.

Genes. 3

L'ame de ceste benite Vierge sortit insensiblement de son corps ; comme son cher enfant estoit sorty sans sentiment ny lesion de sa virginité, de ses propres entrailles ; comme quand le rayon passe le verre sans le briser.

Au contraire, ie penserois qu'elle mourut auec plaisir : car si l'affection fait trouuer les choses difficiles aisees, & les ameres douces, comme nous voyons aux chasseurs, & aux amans : combien deuoit estre agreable la mort à celle qui deuoit passer *des tenebres de ceste vie, à l'admirable lumiere de Dieu*, & d'vn si penible seiour que celuy de ce monde, à vne gloire tant ineffable ?

1. Pet. 2.

Ioinct qu'il ne faut pas douter qu'elle n'en

eust des auant-gousts & assentimens, comme quand Alexandre aborda les Isles fortunées: pource disoit-elle, *Trahe me, curremus in odorem unguentorum tuorum.*   Cant. 2.

La mort n'auoit aucune prise sur celle qui estoit mere de celuy qui estoit *la mort de la mort, & la morsure de l'enfer.*

Aussi bien estoit-elle ia morte en la mort de son fils, & pouuoit mieux dire que l'Apostre, *Viuo autem iam non ego, viuit verò in me Christus. Sa vie estant cachee en Dieu auec Iesus.*   Coloss. 3.

Ses yeux depuis l'absence de son Soleil auoiēt esté des continuelles hyades, & des sources perenuelles de pleurs: elle regrettoit le depart de son fils, comme la mere du ieune Tobie, *auec larmes irremediables.*   Tob. 13.

Sa voix n'estoit que gemissement, *comme ce cry de Rama où Rachel ploroit ses enfans, sans se vouloir consoler, parce qu'ils ne paroissoient point.*   Matt. 2.

Elle pouuoit dire comme autresfois celle-là à Iacob, *Da mihi liberos, alioquin moriar,* & demāder son fils au Pere eternel, autrement qu'elle mourroit de desplaisir.

Que si Iacob disoit *qu'il iroit plorant sous la terre, cerchant son fils,* ceste saincte auoit bien plus d'occasion de dire qu'elle iroit ioyeusement au Ciel voir regner son Ioseph Iesus, non plus *sur toute l'Egypte,* mais seigneur auec pleine puissance sur le Ciel & sur la terre: car Dieu luy a dōné les gens pour son heritage, & pour possession les bornes du monde, le constituant maistre de sa maison, & gouuerneur de ses possessions.   Gen. 37.

En fin apres auoir longuement attendu, voila

Ps. 118. Dieu qui la reçoit selon sa parole, pour viure en l'eternité, ne la confondant pas de son attente. *Expectans expectaui Dominum, & intendit ei, & eduxit eam de lacu miseriæ, & statuit supra petram pedes eius.*

Voila la Royne des Vierges sages, qui auec la lampe de sa charité, & la lumiere de sa pureté, entre aux nopces de l'Agneau son Dieu, son espoux & son fils, *entre aux ioyes du Seigneur, & in potentias Domini.*

Elle meurt d'amour sainct, ardente plus que les Seraphins; non plus comme vn Hercule sur le mont Oeta, ou comme vn Empedocle sur Ætna, mais comme vn Moyse sur Nebo, Deut. 34. ou, *In escalo Domini*, comme disent les Rabbins.

III. Suiuons, mes tres-aimez, le char triomphant de ceste Assomption glorieuse. O que le B. enfant Stanislas, nouice de la Compagnie de Iesus, qui mourut en ceste feste, faisoit vn souhait plus releué que celuy de sainct Augustin, qui desiroit icy bas de voir Rome triomphante, S. Paul preschant, ou IESVS viuant en terre: car ce benoist iouuenceau, pur comme vn Ange, ne souhaita autre chose, & le demanda à sa bonne mere & maistresse la saincte Vierge, qu'il peust au Ciel assister à ceste sienne feste, & il fut exaucé. *Vnam petij à Domino, hanc requiram, vt inhabitem in domo Domini, in longitudinem dierum.*

O Dieu, mes amis, si pareil bien nous pouuoit arriuer; mais nous n'auons pas le courage de produire de tels desirs.

Voila noſtre Royne enleuee & portee par les Anges au ſein du Dieu d'Abraham, & ſon ame magnifiee par deſſus tous les iours de ſa vie, com- *Iud. 12.* me diſoit autrefois Iudith : car tous les ordres celeſtes luy chantent, *Tu gloria Hieruſalem, tu lætitia Iſraël, tu honorificentia populi noſtri.*

La voicy couronnee d'eſtoilles, non plus com- *Apoc. 12* me vne Ariadne delaiſſee, mais comme Emperiere de l'Vniuers.

La voicy, qui comme ce grand Aigle de Iob, *Iob. 39.* *ponit in arduis nidum ſuum,* & ſe repaiſt de la moëlle du cedre du Liban, qui eſt la diuiniſee humanité de ſon cher fils.

Voulez-vous des figures de ceſte pompe? Voicy l'Arche de Noé eſleuee iuſques au Ciel ſur les eaux du deluge d'afflictions, qu'on penſoit la deuoir accabler en terre, *ſon ame eſt en la* *Sap. 3.* *main de Dieu, le tourment de la mort ne l'a point touchee; on l'a tenuë morte, mais elle eſt en paix. Dormiuit, ſeparata eſt, & exurrexit, quia Dominus ſuſcepit eam.*

Voicy la Colombe de ſon ame, qui reünie à l'Arche de ſon corps, ſe poſe ſur la plus haute montagne d'Armenie: car, *Fundamenta eius in montibus ſanctis. O quàm glorioſa dicta ſunt de te* *Pſ. 86.* *ciuitas Dei. Dominus cognoſcetur cùm ſuſcepiet eam.*

Voicy l'Arche d'Alliance, qui a porté en ſoy la manne de l'humanité, & la verge de la diuinité de IESVS, qui eſt rapportee des terres des Philiſtins en la terre promiſe.

La voicy retiree auec ſolemnité de deſſous les tentes & pauillons, pour eſtre colloquee dans le

Temple eternel du Roy de gloire & de paix, *Dominus in Templo sancto suo, Dominus in cœlo sedes eius.*

Voicy comme Esther, qu'elle est bien receuë par Assuere. Comme la Royne du Midy, par celuy qui est *plus que Salomon*. Et comme Sara fille de Raguel, tresbien receuë par le vieux Tobie. Le Pere la reçoit comme sa fille, le Fils comme sa mere, le S. Esprit comme son Espouse. Dieu le Createur, comme la plus excellente de toutes les creatures, qui furent, & seront iamais: car comme dit S. Thomas, Dieu ne peut rien faire de plus excellent, que son Paradis, l'humanité de Iesus, & la saincte Vierge.

Tob. 2.

La puissante intercession de laquelle ne peut estre reuoquee en doute, que par ceux, qui pour suiure leurs inuentions se sont detraquez du sentier de la verité, & separez de nostre creance. Hiboux qui hayssent vn si beau Soleil, *& in quibus tota ratio credendi est ratio videndi.*

Hebr. 11

Nous qui instruits en vne meilleure eschole, croyons ce que nous ne voyons pas, sçachans que la foy est des choses inuisibles, & non apparentes: nous tenons que celle là voit tout, qui voit si clairement celuy qui voit tout, comme parle S. Gregoire le Grand.

Et que ses prieres, pour nous, sont si efficaces, qui comme vne flèche, *Consequitur quodcumque petit.*

Quoy? Salomon disoit bien autrefois à Bersabee, *Demandez hardiment, ma mere, car que vous peux-ie desnier?* Et que pourroit refuser Iesus, fils sans pair, à cette mere incomparable? rien

3. Reg. 2.

n'est impossible à Dieu, & tout est possible à celuy qui *Luc.1.* croit icy bas, & qui voit là haut. 18.

Que n'obtenoit d'Assuere l'humble Esther? *Marc 9* revoqua-elle pas par ses supplications la sen- *Esther 1.* tence de mort fulminée contre les Iuifs?

Que n'obtenoit la grace d'Abigail sur David *1. Reg.* luy faisant contre son serment pardonner à l'in- *25.* gratitude extréme de Nabal? & que peut la Vierge sur son fils, pour obtenir aux pecheurs misericorde? pource en est-elle appellee mere, *Mater misericordiæ, vita, dulcedo, & spes nostra, &c.*

Et S. Bernard son devot, disoit à ce propos, Que crains-tu pecheur? n'as-tu pas un seur accez à Dieu, bien que chargé de crimes, ayant devant toy une telle mere qui prie pour toy, monstrant à son fils ses mammelles? & un tel mediateur, monstrant à son Pere ses playes? il t'a escrit en ses mains, belles mains faites autour, & chargees de ioyaux: c'est à dire liberales distributrices des divines graces.

Ceste douce mere est la porte du Ciel, *Fœlix* *Gal. 28.* *cœli porta*, & la mystique eschelle qui guide les Anges humains au faiste de la beatitude.

Elle est le throsne de Salomon, où l'on monte par les degrez de ses faveurs: car S. Bernard dit, *que Dieu ne nous veut rien donner qui ne passe* *3 Reg. 10* *par les mains de Marie*.

Elle est cét Oratoire de Salomon, tout ionché de *Can. 3.* pourpre, qui est sa charité, de tant plus immense qu'elle est maintenant absorbee en Dieu, qui est *1. Ioan. 1* toute charité, y estant comme le feu en sa sphere.

Ce beau miroir sans tache, creux par humili- té, reçoit si puissamment les rays de la divine *Sap. 7.* lumiere qu'elle en embrase tout le Ciel; & nous en sentons les reflexions en terre, par les tesmoignages de son assistance.

Plus les corps sont voisins du Soleil, plus ont ils de chaleur. Et quand la Lune eclypse elle est toute illustree du Soleil en sa partie superieure, & reuient apres plus forte de ceste conionéture, dardant de plus viues influences. Quand la saincte Vierge estoit icy bas, sa priere pouuoit beaucoup enuers Dieu: mais encores plus maintenant qu'elle est toute embrasee par la veuë de la diuinité: de sorte que son eclypse de nous, n'est que pour nous darder vn aide plus energique.

Comme nostre Seigneur qui consoloit ses Apostres de son absence, leur disant que s'il n'alloit *à son Pere, ils n'auroient pas son S. Esprit.*

Joan. 16.

Ayons donc en toutes nos necessitez tousiours recours à ceste chere mere: car sans son secours il n'est point de secours, elle peut toutes choses, auec pareille induction que Themistocle disoit de son fils, qu'il pouuoit tout sur sa mere, sa mere sur luy, & luy sur la ville d'Athenes: & pource que cét enfant estoit le plus puissant d'Athenes. Ceste mere peut tout sur son fils, ce fils sur son Pere, luy estant coëgal & consubstantiel, & ce Pere est tout puissant,

Plut. in eius vita

Createur du Ciel & de la terre: de sorte que ceste *Royne du Ciel* a par ceste illation vne espece d'intercession toute puissante; *esperons donc sous l'ombre de ses aisles iusques à ce que passe nostre iniquité.*

Ps. 56.

Et colligez, mes tres-aimez, de ceste Homelie, 1. quelle a esté la vie de la saincte Vierge apres l'Ascension de Iesus, 2. sa douce mort, 3. sa triomphante Assomption, 4. sa puissante intercession. Par le moyen de laquelle Dieu nostre Seigneur nous face misericorde. *Amen.*

XXIIII. AOVST.
De la priere solitaire, pour la feste de sainct Barthelemy.

HOMELIE.

Erat pernoctans in oratione Dei.

Luc. 6.

Qvalis vbi in lucem coluber noua gramina pastus,
Iam positis nouus exuuiis nitidusque inuenta,
Arduus ad solem linguis micat ore trisulcis.

Voyez-vous là la peinture de ce S. Apostre, duquel nous honorons auiourd'huy la memoire, qui fut escorché pour la foy de Iesus Christ? & pouuoit dire, *Ego vermis, & non homo, opprobrium hominũ, & abiectio plebis.* Car il fut escorché comme vn ver par cruauté & derision.

Or pour ioindre l'Euangile à la solemnité, nous traiterons, 1. de l'oraison, 2. solitaire, appuyez sur ces mots, *Erat pernoctans in oratione Dei,* 3. de l'election des douze Apostres sur ceux cy. *Elegit duodecim,* 4. nous parlerons de la mort de nostre glorieux Apostre.

C'est vn conseil tres-salutaire, mes freres bien aimez, d'auoir recours à l'oraisõ, és principaux

& plus importans affaires qui nous arriueront: car la priere donne vne grande lumiere pour se conduire, & attire d'enhaut l'esprit de conseil du Pere des lumieres, *Os meum aperui, & attraxi spiritum.*

Pf. 118.

En la conduite de nos affaires temporelles, nous sommes si soigneux & curieux de consulter les experts ; ce ne sont que consultations d'Aduocats.

En nos maladies corporelles, nous assemblons des Medecins pour leur faire faire des conferences sur nostre mal, n'espargnans rien pour les remedes.

Et quand il est question de l'ame & du salut, à peine se conseille-on, ny aux hommes spirituels, pour suiure leurs aduis, ny à Dieu mesme pour l'oraison.

Luc 9.
Luc 16.

At precium pars hæc corpore maius habet.
Car *que sert à l'homme de gaigner tout le monde & de perdre son ame? O qu'il est bien vray, que les enfans des tenebres sont plus prudens que ceux de lumiere.*

Est il question de choisir vn cheual, vne estoffe, vne habitation, vne viande ? ô que de precautions on y apporte ! est-il question en fait de patronage de nommer quelqu'vn à vn benefice ? cela se fait, non selon le merite; mais selon l'affection, ou bien se donne au premier venu, sans autre consideration : de maniere qu'on peut quasi dire des benefices à present *Sic currite vt comprehendatis* : & courir vn benefice est venu en prouerbe, pour dire, aller bien viste: malheur à ceux qui nomment ainsi legerement, car ils se rendent responsables des fautes de tant d'indignes qu'ils presentent, & violentent d'accepter.

S'il y a affaire au monde qui merite plus le peser, le penser, & le prier, c'est celuy-ci: quand il est question de choisir vne personne idoine à gouuerner des ames, *qui est l'art des arts*. *Gregor. in pastor*

Entre tant de Disciples suiuans nostre Seigneur, & preuenus de sa grace, il n'en trouue que douze capables d'estre esleuez au gouuernement, encores y en eut il vn qui le trahit, & qui passa de l'Apostolat à l'Apostasie: & voyez comme *Iesus s'escarte en vne montagne pour prier, comme il passe toute la nuict en oraison, auant que de faire son choix*.

Mais pourquoy tant de mystere? n'est-il pas vray que, *Quos præsciuit hos & vocauit, quos vocauit, hos & elegit, quos elegit hos, & prædestinauit?* A quoy faire donc tant de prieres? c'estoit pour nous enseigner combien nous deuons à plus forte raison consulter le Ciel en semblables occurrences.

Ainsi font les Apostres en l'election de sainct Mathias. *Act. 1.*

Ainsi pria Moyse au chois des septante Sanhedrin. *Exo. 24.*

Car les rays du Soleil n'essuyent point mieux les nuages de l'air, comme l'oraison resout les brouïllards qui offusquent l'esprit. *Iud. 5.*

Ceste vaillante vefue de Bethulie qui fit ce grand chef-d'œuure de la deliurance d'Israel, ne s'encouragea à ceste haute entreprise, que par la vigueur de l'oraison, qui arma son bras feminin d'vne force transcendante son sexe.

Iud. 9. Mais sans passer les termes de la priere en faict d'election, voyez combien il en prit mal aux Sichimites, d'auoir inconsiderément & sans auoir esgard à Dieu, esleu Abimelech pour leur Roy: ce qui attira sur eux toutes sortes de ruines & de malheurs.

Auant que ie quitte ce poinct pour couler au suiuant, ie vous y aprendray de passade, que ceste façon de parler, *in oratione Dei*, est vn Hebraïsme, par lequel est denotée l'excellence de la priere de N. Seigneur, lequel *est tousiours exaucé pour sa* *Hebr. 9. reuerence*, & combien elle estoit serieuse & importante: ainsi pour exprimer des hautes montagnes, l'Escriture dit, *Montes Dei*, & pour representer des Cedres fort esleuez, elle dit, *Cedros Dei*, & l'Eglise est pource appellee, *Regnum Dei*, pour denoter sa dignité plus releuée & eminente qu'aucun autre gouuernement; & és discours cõmuns, nous disons bien quelquefois vne terre de Dieu, du pain de Dieu, vn hõme de Dieu, quand nous voulõs exprimer vne grande bonté.

II. Reuenons de ce destour en nostre voye, qui est de l'oraison, laquelle nous auons monstré estre tres-vtile, auant que d'entreprendre des desseins d'importance: mais pour la rendre comme plus tenduë & attentiue, aussi plus efficace; il m'est aduis que la solitude, & le temps obscur & nocturne y conferent à merueilles.

Sap. 18. Dum medium silentium tenerent omnia, & nox in suo cursu medium iter ageret, omnipotens sermo tuus, Domine, à regalibus sedibus de Cœlo exiliit, est-il escrit de la diuine Sagesse.

Dieu est vn *Dieu de paix*, & plus que Salomon, qui n'habite que dans les temples des cœurs paisibles & tranquilles, où on n'entend aucun bruit de scie, ou de marteau, c'est à dire, aucun tumulte de passions. 3.Reg.6.

Il aime grandement le silence, *Bonum est cum silentio præstolari salutare Dei*, comme vne boëtte close capable de conseruer des bonnes odeurs. Thren.3

Comme aussi la solitude; pource dit-il par Osee, *Qu'il menera l'ame en solitude, & parlera à son cœur*. O combien elle aide à l'oraison! ie dis plus, que sinon la locale, du moins la solitude cordiale est totalement necessaire pour bien prier, autrement ce ne sont que fantasies & distractions. Osee 2.

Voyez comme l'Espouse biē versee en l'honneur de son amant, *souhaite de le trouuer dehors à l'escart, & n'estre veüe de personne, & là le baiser, & luy presenter ses mammelles*: sçachant bien que rarement il se rencontre dans le bruit des villes, & l'empressement des nombreuses assemblees. Cant. 8.

Recognoissez ceste conduite en cét escartement que nostre Seigneur fit de ses Disciples, quand il voulut faire ses dernieres & si feruentes oraisons, qu'il en sua le sang dans le iardin des Oliues. Mat. 26

La retraite est la vraye nourrice de la contemplation: l'Hermite Arsenius interrogé pourquoy il fuyoit la conuersation, comme vn Mysanthrope; parce, respondit-il, que i'ay recogneu par experience, qu'il est impossible d'estre bien auec Dieu, & auec les hommes en mesme temps, comme en pareil instant on ne peut regarder le Ciel & la terre.

Quoy? si vne œillade esgaree, vn vain regard, fait enuoler cét Espoux ialoux; que fera le causer & caioller des compagnies mondaines? cét amant incomparable & impatient de riual, *Fuge dilecte mi, assimilare capreæ hinnulóque ceruorum super montes aromatum*: & n'est-il pas bien raisonnable que seul il possede nos cœurs, *estät plus grand qu'eux*, & les surcomblant?

Cant. 6.

1. Ioan. 3.

Platon mesmes, & d'autres Pilosophes, au rapport de sainct Hierosme, ont bien recerché les solitudes & lieux escartez, pour plus librement philosopher: voire & les Poëtes. Oyez cestuy-ci.

L. 1. in Ioan.

Carmina secessum scribentis, & otia quærunt.

Verè tu es Deus absconditus, disoit Esaye, *Deus Israel saluator*; pource veut-il estre prié à cachettes, & à huits clos, *Cùm oraueris, intra in cubiculū tuum, & clauso ostio ora patrem tuum*: il veut mesmes que nos aumosnes se facent occultement; *Et Deus qui est in abscondito reddet tibi*: il est cét amant *prospiciens per cancellos*, caché derriere des ialousies.

Isa. 45

C'est luy, *Qui posuit tenebras latibulum suum*: tenebres qui aussi bien que le lieu retiré aident fort à l'oraison: pource la nuict y est-elle fort fauorable, *Per amica silentia noctis*: pource Dauid se comparoit au hybou nocturne & solitaire.

Oyez comme il chante, *Media nocte surgebam ad confitendū tibi. Tota nocte meditabar, & scopebam spiritum meum. Nox illuminatio mea in deliciis meis. Præuenerunt oculi mei ad te diluculo, vt meditarer eloquia tua. Anticipauerunt vigilias oculi mei.*

Ps. 101.

Ps. 76.

Thren. 2

Hieremie, *Lauda in nocte in principio vigiliarū, & effun-*

& effundo sicut aqua cor tuum ante conspectum Domini Dei tui.

Isaye, *Anima mea desiderauit in nocte.* *Isa. 26.*

Iob, *In tenebris strauis lectulum meum.*

Aux Cantiques où la leçon commune a *lectulus noster florens*, vne autre version porte, *condensus.*

Noſtre Eſpoux, mes cheres ames, eſt vn grand Seigneur, il veut eſtre ſeruy à plats couuerts.

Il eſt bon de cacher le feu de noſtre oraiſon ſous la cendre du ſilence, (comme Moyſe qui *crioit ſans dire mot de ſa bouche, faiſant ſeulement des montees en ſon cœur*) de la ſolitude, & de la nuict. *Exod. 3.* *Pſal. 83.*

Il faut, comme les Seraphins d'Iſaye, voler de deux aiſles, & ſe voiler de deux autres. *Iſa. 6.*

Noſtre Seigneur nous donne vn riche exemple pour ceſte pratique, quand il ſe retire dans vne montagne pour prier, & encores la nuict, le tout pour faire eſlection de ces douze, *qu'il vouloit conſtituer Princes par toute la terre.* *Pſal. 44*

Douzaine bien figuree par les douze enfans de la part de Dauid, qui deffirent les douze de la part d'Iſboſeth; mais moururent auſſi en ce combat, la victoire toutefois demeurant à Dauid. Ainſi les Apoſtres ont ſubiugué le monde, mais tous ont eſté martyriſez en ce conflict; la gloire en reſtant à celuy *qui les auoit enuoyez comme ſon pere l'auoit enuoyé*: n'eſtoit pas raiſonnable que les ſeruiteurs fuſſent mieux traittez des meſchans vignerons, qu'a- *III.* *2. Reg. 2.*

Hh

uoir esté le fils du grand pere de famille, qui regna par le bois de la Croix, & dont la principauté fut mise sur son espaule. *Hæc est victoria quæ vincit mundum, fides nostra in Christo Iesu Domino nostro.*

Ce nombre Apostolique peut estre encores comparé aux douze signes du Zodiaque esclairez par le Soleil de Iustice, nostre Sauueur, qui par eux a fait faire à la lumiere de son Euangile,

Pſ. 18. la ronde de Vniuers, *Exultauit vt Gygas ad currendam viam, &c.*

Comme aussi aux Princes des douze Tribus d'Israel, *Mat. 19.* que les Apostres iugeront vn iour, *assis sur des hauts tribunaux.*

Et aux douze hommes esleus par Iosué pour porter douze pierres du fond du Iourdain en la terre promise.

3. Reg 12 Et aux douze espions qu'il manda en Cha*Ioſ. 4.* naam, auant qu'y faire transmarcher le peuple d'Israel.

Apoc. Et aux douze portes de la saincte Hierusa*Nom. 13* lem, veuë par S. Iean en ses reuelations.

Et aux douze fontaines trouuees en Helim.

Et encores aux douzes pierres precieuses qui ornoient le rational du grand Pontife.

Exod. 15 Mais quittans ces curiositez, remarquons
28. entre ces pierreries le grand lustre & admira*Tert. l. 5* ble esclat que lance cét escarboucle rouge &
cont. flambant, qui peut representer nostre S. Apo*Marciō.* stre tout empourpré de son sang, ayant esté escorché tout vif, depuis la teste iusques aux pieds.

IV. O combien il estoit ioyeux en cét equipage

de se voir conforme à son maistre, qui en sa douloureuse Passion auoit esté tellement escorché d'escourgees, que *depuis les plantes des pieds iusques au sommet de la teste, il n'y auoit eu rien d'entier en luy.* Isa.1.

Voicy pas nostre bon Iob qui a donné *pellem pro pelle, animia pro anima?*

Si vous demandez à ce Sainct qui l'a ainsi despoüillé, il vous dira auec l'espouse *spoliauit me sol*, que c'est son extréme amour vers nostre Seigneur qui l'a reduit à cét accessoire.

Autrefois Dieu, *extendit cœlum sicut pellem*; mais maintenant ceste peau est estenduë dans le Ciel de l'Eglise, comme vne enseigne du triomphe de nostre Sainct.

Que si iadis la sanglante chemise de Cesar eut le pouuoir d'esmouuoir toute Rome; comment ne serons-nous excitez à souffrir pour l'amour de *Iesus*, voyans non la chemise, mais la peau toute entiere de ce B. Apostre?

Peau bien plus venerable que ces dorees, desquelles Salomon paroit son Temple : *sicut pelles Salomonis*, sont dites les beautez de l'espouse, telles sont les precieuses deformitez de nostre Sainct.

Anciennement Cambyses faisoit eschorcher ses Iuges concussionnaires, & couchoit leurs peaux sur les sieges de leurs successeurs, afin de les deterrer de pareil crime : mais nous pouuons-nous seruir à meilleur vsage de ceste peau sacree de nostre Apostre, pour nous exciter aux vertus de charité, & de constance.

O que cela nous doit bien apprendre à traiter

Hh 2

cóme elle merite ceste carcasse de nostre corps, ceste victime de mort, ce sac à vers, ce tombereau de pourriture & d'ordure; il nous faut sans espargne chastier ses rebellions, *& vsque ad sanguinem resistere*, & le reduire en seruitude.

1.Cor.9.

Filij Sanctorum sumus, & voyons comment ils ont fait. *Sancti per fidem vicerunt regna. &c. Lapidati secti sunt, tentati sunt, in occisione gladij mortui sunt.*

Hebr.11

O Dieu comme ce Sainct s'esleuera vn iour en iugement contre ces fardees, qui ont si grand soin de leur peau, qui vsent de tant d'artifices pour la maintenir fresche, polie, lissee, y appliquans des couleurs & des ombres; reformatrices de ce que Dieu a fait en elles, & qui luy reprochent ainsi tacitement de les auoir illiberalemét traitees, & trop peu aduantagees en beauté.

Voire mesme ce ieune homme Toscan Spurinna, quoy que Payen, leur reprochera vn iour que pour l'amour de la chasteté que ces replastrees mesprisent, & pour oster le suiet aux inconsiderees de se passionner pour luy, il se seroit volontairement deffiguré le visage, que de nature il auoit tres-beau.

Et d'vn exemple plus venerable, quel reproche leur fera saincte Agnes, qui faschee contre sa beauté, disoit selon S. Ambroise, *Pereat corpus quod placere potuit oculis quibus nolo*; donnant son col virginal au bourreau, qui trembloit la voyát si hardie.

O peau miserable de nos corps, qui ne peux souffrir l'excez des chaleurs, sans te resoudre en eau, ny la pointe du froid sans te creuasser: ô peau trop molle & delicate de plusieurs trop mignardement nourris, que le Soleil, que le vent, que la pluye, que la moindre impression de l'air incommode: ne fremissez-vous point au recit de l'horrible escorcherie de nostre Apostre.

Colligez, 1. l'vtilité de l'oraison, 2. solitaire & nocturne, 3. retenez que le nombre des douze Apostres n'est pas sans mystere, 4. apprenez du supplice de S. Barthelemy à ne mignarder plus tant vostre peau, & allez en paix.

VIII. SEPTEMBRE.

De la Natiuité de nostre Dame.

HOMELIE.

Quæ est ista quæ progreditur quasi Aurora consurgens, &c. Cant. 6.

L'Iris, ceste belle couronne des Cieux, bigarrée de plusieurs couleurs, & remarquable en quatre principales, c'est le signe de l'ire de Dieu accoisée, & qu'il ne perdra plus toute chair par des eaux debagantes. En la celebrité de ce iour, paroist ce grand signe celeste, ceste femme reuestuë du Soleil, soustenuë de la Lune, couronnée des perles estoillées. Presage que le deluge d'erreur, qui auant sa venuë auoit inondé tout le monde, s'en va cesser: & qu'en elle Dieu nous prepare la co-

Gene.4.

Apoc.12

pieuse redemption de son Verbe incarné. La voyez vous auec ses atours diuersifiez, bouclez par des agraffes d'or, ornée de toutes les couleurs, mais principalement de quatre marquées és quatre qualitez de ce verset du Cantique, que nous prendrons pour theme? *Quæ est ista quæ progreditur, quasi Aurora consurgens, pulchra vt Luna, electa vt Sol, terribilis vt castrorum acies ordinata.* Chacune desquelles par vne suite quaternaire fera vne partie en la file de ce discours.

Ps. 129.
Ioan. 1.
Ps. 44.

I. La premiere qualité est celle de l'Aurore, fort propre pour denoter quelques perfections de la mere de Dieu, mais tres-conuenable à ceste sienne festiuité en laquelle nous celebrons l'heureux iour de sa glorieuse naissance; car comme l'aube preuient le Soleil, ainsi falloit-il que ceste natiuité de la mere precedast celle du fils, qui a pporté la lumiere au monde.

Ioan. 1. Que si il est escrit de S. Iean precurseur de nostre Sauueur, *Non erat ille lux, sed testimonium perhibebat de lumine*: Pourquoy ne dirons nous pas que celle qui a porté ce beau Soleil d'Orient dans ses flancs, a pour le moins la mesme splendeur que l'Aurore par la participation de ce bel astre qui est venu illustrer ceux qui seoient en tenebres, & en l'ombre de la mort?

Luc. 2.

Est-il possible de cacher vne lumiere dans son sein, sans qu'elle rende lumineux celuy qui la porte? Que si nous verrons vn iour au Ciel *la lumiere en la lumiere*; ne voyons-nous pas desia par les yeux de la foy, la lumiere de Iesus en celle de Marie, ou celle de Marie en celle de Iesus?

Et pourquoy non, puisque ce n'est qu'vne mesme splendeur, l'vne par essence, l'autre par participation ? Vn Soleil au Ciel, & vn autre en la nuee, *ascendente Domino super nubem leuem.*

Mais dites moy, ne vous semble-il pas que l'Aurore engendre le Soleil ? diriez-vous pas au leuer de ce bel astre, qu'il sort *comme vn Geant, pour courir sa carriere; & comme vn espoux bien paré de son lit*, du beau & florissant sein de ceste sienne gracieuse auant-courriere ? & neatmoins, mes freres tres-aimez ; le Soleil est Pere de l'Aurore ; car sans son arriuee elle ne seroit point, voire elle n'est proprement autre chose que l'auoisinement du Soleil, qui peu à peu par la proximité de ses rays entre ouurant les noires courtines de la sombre nuict engendre ceste bigaree lueur, que nous appellons Aurore. Ce qui nous ouure le pas à vne belle cognoissance de la mere de Dieu, & de son fils Iesus ; car bien que pure creature elle se peut neantmoins dire mere de son Createur, à cause de l'estroite vnion des deux natures en la personne de nostre Seigneur. C'est ce que la Sagesse dit pour elle, *& qui creauit me, requieuit in tabernaculo meo.* C'est la Vierge qui a engendré l'Homme-Dieu ; mais c'est Dieu qui a creé la Vierge.

Psal. 18

Eccl. 24.

L'Aurore est non seulement fourriere, mais encores mere du iour : ainsi la sainte Vierge par sa naissance, a non seulement marqué les logis au fils de Dieu dans ses sainctes entrailles; mais aussi elle est vrayement Θεοτόκος, & mere de celuy qui s'appelle *la lumiere du monde*. Et *au iour duquel il nous conuient cheminer.*

Ioan. 8.
Ephes. 5
1. Ioan. 3

Iadis les Poëtes ont feint que l'Aurore auoit communiqué à son mary Tithonus l'immortalité, mais qu'estant arriué à vne extréme & decrepitee vieillesse, il desira de mourir. Mais nous pouuons dire auec verité, que la saincte Vierge est fille du Pere, Mere du Fils, & Espouse du sainct Esprit, & qu'elle a receu l'immortalité de son Pere & Espoux, n'ayant communiqué que nostre fresle mortalité à son fils.

Les Mythologistes disent que les Poëtes ont voulu donner à entendre sous l'enuelope de ceste fiction, que ceux qui sont vigilans & matiniers acquierent vne santé qui les conduit à vne decrepitude. Et nous pouuons dire que ceux qui sont vrayement affectionnez au seruice de la saincte Vierge, & amis de ceste Aurore, acquierent & la santé & la saincteté de leurs ames, qui en fin les conduit à l'immortalité. *Qui elucidant*

Eccl. 24
eam, vitam æternam possidebunt.

Prou. 4.
La route des iustes est comparee par le Sage, à *la lumiere de l' Aube, qui s'auance tousiours, & croist iusques à vn iour parfaict. Iustorum semita quasi lux splendens procedit, & crescit vsque ad perfectū diem.* Combien plus aduantageusement deuons-nous attribuer cét eloge à la Mere des iustes, & des parfaicts?

L'Aurore est atournee de toutes les couleurs qui peuuent delecter la veuë; & la Saincte

Vierge ornée de toutes les perfections qui peuuent rendre vne creature admirable, non qu'agreable. *Multæ filia congregauerunt sibi diuitias, in verò super greſſa es vniuerſus.*

Homere attribuë à l'Aurore *des doigts rosins*, & la Vierge est toute rose, & rose salutaire, *rose de Hiericho* chasse-venin, & ses mains fauorables distillent continuellement la *myrrhe de mille benedictions*. O mes freres, si nous sçauons bien faire nostre profit spirituel en ceste feste de nostre Aurore naissante, ie m'asseure que par son entre-mise nous tirerons du *Soleil de Iustice* beaucoup de diuines splendeurs & graces signalees.

Passons à la seconde qualité qui l'appelle Lune; certes il est bien vray que cét astre se nomme ainsi, pour luire d'vne lumiere empruntee; & la saincte Vierge de mesme tire toute sa splendeur de sa diuine maternité: voyez comme elle le declare ouuertement en son Cantique, quãd elle dit *que Dieu a fait en elle choses grãdes*: & l'Ange la saluant l'honore cõme *pleine de graces, ombragee du S. Esprit, & comblee de Dieu*.

I.

Luc. I.

C'est l'opposition de la Lune qui fait eclypser le Soleil, & lors elle est fort lumineuse du costé du Ciel; & combien pensez-vous qu'estoit interieurement illustree la glorieuse Vierge, quand elle cachoit en ses benites entrailles la splendeur de Iesus Homme-Dieu, lequel receuoit la lueur de sa diuinité sous le manteau de son humanité?

La Lune, bien qu'elle paroisse la plus grande pour sa bassesse, est neantmoins la plus petite de toutes les Planettes, mais sa proximité la fait paroistre plus grosse à nos yeux. Ainsi tant plus la Vierge paroissoit grande aux yeux du monde, plus estoit-elle basse & petite en son humilité, de laquelle seule elle fait conte. *Respexit Deus humilitatem ancillæ suæ, ecce ex hoc beatam me dicent omnes generationes.* Et ailleurs, *Cùm essem parvula placui Altissimo*, dit la Sagesse pour elle; & en sa responce au celeste ambassade, *Ecce Ancilla Domini.*

<small>Genes. 1</small> Les Poëtes ont feint Diene sœur d'Apollon pour denoter la vicissitude du Soleil & de la Lune, qui sont ces deux grands *luminaires* du Genese, l'vn presidant au iour, l'autre à la nuict; mais l'vn tirant toute sa splendeur de l'autre. La Vierge est la sœur, mere & espouse de nostre Seigneur, comme il est aisé à colliger de ces tiltres amoureux sursemez au Cantique. Or nostre Seigneur est seul mediateur de Redemption, esclattant en cela seul comme vn Soleil: mais l'autre tiltre de mediateur d'intercession, il le participe volontiers à ses Saincts pour sa plus grande gloire; mais principallement à sa sacree mere fidelle & charitable advocate des pauures pecheurs. Pource disoit S. Bernard, *Dequoy auons nous peur, bien que surchargez de coulpes? allons confidemment au throsne de la misericorde de Dieu, nous ne pouuons manquer d'accez, là nous trouuerons vne mere qui pour nous monstre son sein & ses mammelles à son fils, vn fils qui pour nous produit ses playes à son pere: peut-on redouter vn refus emmy tant d'insignes enseignes d'amour?*

La Lune qui a la nuict en partage pour faire sa ronde, est en cela fauorable aux voyageurs esgarez, de ce qu'elle leur preste assez de lumiere pour euiter les precipices, descouure les embusche des larrons, & donne quelque consolation parmy les tenebres, y faisant paroistre en son crystal argentin quelque image du iour. O qui sçauroit exprimer combien de personnes desuoyees du chemin de salut, errantes dans les obscuritez du vice, confuses & perduës en des labyrinthes inextricables de perplexitez, ont esté remis au bon train, esclairez en leur aueuglement, preseruez de l'eternelle mort, & consolez du retour de la diuine grace par l'entremise de la Royne des cieux, dont les faueurs sont notoires en la nuict de ceste valee de pleurs sur les exilez enfans d'Eue. Aussi l'Eglise luy chante, *Maria mater gratiæ, mater misericordiæ, tu nos ab hoste protege, & hora mortis suscipe.*

La Lune entre tous les Astres, est celuy dont les effects & les influences sont les plus sensibles icy bas; ce que l'on touche palpablement demeurant la nuict exposé à ses rays, desquels celuy qui n'en est feru doit auoir vne teste de fer, & estre plainement insensible : & certes il faut estre merueilleusement aueugle & endurcy pour ne recognoistre en mille instances les grands bien-faicts que nous receuons tous les iours de la main liberale de Dieu à la sollicitation de nostre chere Mediatrice. Helas, de quelle trempe est l'heretique, mes freres, tres-aimez, qui se rit de ceste assistance, vaincu en cela & conuaincu par l'infidele Turc, qui fait grand estat de la protection & intercession de ceste Vierge sans pair.

Ceux qui ont discouru des accroissemens & decroissemens du Nil, fleuue dont l'inondation fertilise l'Egypte, en ont parlé auec beaucoup d'incertitude; quelques vns pour recognoistre cét effect merueilleux en la nature, ont voulu rechercher la cause en sa source, que la pluspart des Geographes constituë és monts qu'ils appellent de la Lune, lesquels encores sont fort incogneus; de maniere que ce fleuue est autant abstrus & caché en sa source, qu'en sa course; tant y a que le commun des historiens font sortir ce torrent par sept portes, *Septemplicis ostia Nili*, du sein de ces montages, d'où bouïllonnant enflé va arrosant les terres Egyptiennes. Que nostre Seigneur, entant qu'homme, soit vn Nil, ou vn *nihil*, comme il est tout entant que Dieu, c'est chose aisée à demonstrer par l'aneantissement de son Incarnation, l'abbaissement de sa vie, & l'abiection de sa mort, *ad nihilum redactus est, factus tanquam vas perditum, sicut vermis, & non homo, exinaniens semetipsum.* Or ses esleuations, comme ses raualemens, sont secrets inscrutables, *Propter quod & Deus exaltauit illum & dedit illi nomen, quod est super omne nomen.* Il est au reste ce fleuue dont la douce impetuosité resiouyt la cité de Dieu. Or il tire son origine humaine des monts de ceste Lune, dont nous celebrons auiourd'huy la feste, *laquelle a ses fondemens sur ses hautes montagnes*, comme ve-

Psal.86

rifie l'Euangile de ce iour, qui tire son extraction de tant de Roys: qui sont autāt de monts releuez sur le reste du peuple? & c'est de ceste Lune esleuee qu'il se diffond sur la terre, & s'espanche sur les fideles, soit pas les sept dons de son S. Esprit, soit en les arrosant par les sept canaux des Sacremens qu'il a plantez en son Eglise, comme viues sources de ses graces.

D'autres ont voulu attribuer ces esleuations ou raualement du Nil, au cours de la Lune; & qui ne sçait que nostre Seigneur souuent communique ou retire ses fauours selon qu'il en est solicité par sa chere Mere?

III. La troisiéme qualité dont elle est decoree en nostre texte est celle de Soleil, en quoy vous pouuez remarquer vne belle gradation qui la va rehaussant à chaque escalier; car le Soleil est beaucoup plus lumineux que la Lune, comme la Lune plus esclatante que l'Aurore, qui se ressent encores des tenebres de la nuict: & ne faut point s'estonner si elle est appellee *esleuë comme le Soleil*, mais plustost de ce qu'elle n'est dite *esleuë plus que le Soleil*; car qu'elle soit plus esleuë il est indubitable, ayant maintenant en la gloire indicible où elle est, non la Lune seulement sous les pieds, mais encores ce Soleil qui nous esblouyt la veuë, lequel tout esclattant qu'il soit, n'a rien d'auoisinant la grande splendeur qui est en cette Princesse, puis que le moindre des esleus qui sont dans les cieux est sept fois plus resplendissant que ce Soleil materiel qui paroist à nos yeux. Iugez donc quel doit estre l'esclat de cette *benite entre toutes les* creatures, esleuee sur tous les chœurs des Anges, la plus proche de la diuinité.

C'est vne grande merueille que Dieu aye voulu communiquer tant de grace & de gloire à ceste tres-excellente creature, que de la rendre participante de son propre habillement. Il est escrit de Dieu *amictus lumine sicut vestimento*: & il est escrit de la Vierge: *Mulier amicta Sole*: & certes comme ceste bien-heureuse mere auoit de son pur sang fourny la matiere du corps de Iesus vestement precieux de son ame diuine, & du trauail de ses mains façonné ceste tunique inconsutile, robbe gracieuse de son precieux corps, l'habillant ainsi doublement: aussi ce cher fils a-il rendu double robbe à sa mere, la vestant de la lumiere du Soleil, & de plus la reuestant de la splendeur de sa diuinité, par le tiltre incomparable de mere de Dieu, incommunicable à toute autre creature.

De sorte que nous voyons bien clairement verifiee en elle ceste Prophetie de Dauid, en laquelle Dieu dit *qu'il a mis son tabernacle dans le* Pf. 18. *Soleil*, prenant naissance dans les flancs de ceste radieuse Vierge.

Mat. 25
1.Tim.6
Pf. 30.
Laquelle en contre eschange esleuant à sa gloire, il l'a non seulement *fait entrer en sa ioye*, mais mesme fait penetrer *dans la lumiere inaccessible en laquelle il habite, & l'a cachee en la cachette de sa face de la contradiction des langues*. Nouuelle sorte de cachette: car puis que la face de Dieu (tesmoin l'eschantillon de la transfiguration) est plus lumineuse qu'vn million de Soleils; comment vne chose peut-elle estre cachee en

vne si visible lumiere ? Tres-bien, mes amis, car puis que nos prunelles sont trop foibles pour se fixer dans le Soleil, comment pourrions nous apperceuoir vne chose qui seroit posée au milieu de sa lumiere qui nous est imperceptible?

Mais, me direz-vous, quelle est ceste contradiction de langues qui ose s'attaquer à la mere de Dieu ? Helas nous ne la voyons que trop aux heretiques de ce siecle, qui trouuent à reprendre en tous les honneurs que nous deferons en toutes les festes que nous celebrons à la loüange de ceste celeste Royne.

Toutesfois nous nous consolons en ce que ces hiboux ne hayssent ce Soleil que pour la foiblesse de leur veuë, non pour aucun defaut que ils puissent remarquer en ses perfections, non plus qu'en nos celebritez.

Et comme Apollon par la Gentilité a esté creu dompteur des monstres, parce que le Soleil dissipe les maladies en purifiant l'air ; ainsi esperõs-nous que ceste Vierge glorieuse protectrice & tutrice de l'Eglise estouffera les heresies presentes, comme elle a fait les passees, principalement celles qui s'attaquent à sa grandeur. Pource luy chantons-nous cét eloge triomphant, *Tu sola hæreses interemisti in vniuerso mundo.*

C'est elle qui froisse la teste du serpent infernal dont l'heresie est l'engeance, & qui est tant formidable aux trouppes ennemies de l'Eglise, que son fils s'est acquise par son sang.

IV. Ce qui me reste vne commode transition à la quatriéme qualité de nostre texte, qui l'appelle *terrible comme vn ost bien rangé*. Et ne faut pas que ce mot de terrible nous represente rien de hideux ; car au contraire c'est vne belle chose en soy à voir qu'vne armee bien ordonnee, la bonne suite des files, la iustesse des rangs, la bonne mine des soldats, la resolution des Capitaines, la varieté des harnois, sa splendeur des armes, le son des instrumēs de guerre, l'esclat de l'acier, mais tout cela ne donne de la peur qu'aux ennemis, mais de la consolation aux amis. Ainsi est-il de nostre saincte mere, ceux qui sont ses seruiteurs & ses enfans, & qui militent sous son estendart, tire de la ioye de ce dont les ennemis prennent subiet de s'espouuanter.

Cant. 1. Elle est vrayement ceste *tour de Dauid*, *de laquelle pendent tant de pauois & toute l'armure des plus forts*.

Cant. 3. Elle est ceste *caualerie & & char triomphant de Pharao*, qui traine apres soy la victoire captiue, de la part où elle est le triomphe est asseuré.

Elle est ce *lict de Salomon* entouré de soixante braues des plus vaillans d'Israel, portans tous l'espee à la main, & la dague au costé, tous experimentez au mestier de combatre.

Nous sommes inuincibles à tous les efforts de nos ennemis visibles & inuisibles, si nous *f. 90.* conseruons soigneusement le Palladium de sa protection. *Cadent à latere nostro mille, & decem millia à dextris nostris, ad nos autem non appropinquabit.*

C'est

C'est elle qui a vaincu le Dragon ou Hydre Apocalypsique ; c'est vaincre idubitablement que de combatre sous sa conduite.

Ceux qui donnent la chasse à cor & à cry aux bestes puantes du vice, ou aux farouches des erreurs, comme sont les Predicateurs, la doiuent auoir pour patronne, beaucoup plus vtile que n'estoit la fausse Diane aux chasseurs de l'antiquité abusee.

Elle est la palme *de Cades*, c'est à dire, de saincteté, c'est elle qui prepare les couronnes à ceux qui cherchent la saincteté, c'est à dire, la chasteté selon S. Paul, *Sectamini sanctitatem, & castitatem*, interprete sainct Hierosme.

Pource est-elle denotee sous le nom de *Castra*, qui sont ainsi appellez *quasi casta* : & ceux qui s'enrollent en la milice, ne peuuent estre ses soldats sans la chasteté, pour composer *Castrorum & castorum aciem ordinatam*.

Ainsi pourrons-nous dire d'elle & ses suiuans ce que les Anges au Cantique disent de la Sulamite, *quid videbitis in Sulamite, nisi choros castrorum?* O mes freres, que nous serons heureux, si à l'heure de la mort nous nous trouuons enrollez sous vn si sainct estendart.

Cependant ruminez en la celebrité de ceste feste, que la saincte Vierge nostre bonne mere est, 1. Aurore, 2. Lune, 3. Soleil, 4. vne armee bien ordonnee. Soyez en la grace de Dieu.

XIV. SEPTEMBRE.

Paralelles du peché au serpent, pour l'Exaltation de la S. Croix.

HOMELIE.

Sicut exaltauit Moyses serpentem in deserto. Ioan. 11.

Genes. 1 LE peché introduit au monde par le diable trauesty en serpent, a retenu tousiours de grandes analogies auec ce veneneux reptile. Lesquelles ie vous desire desployer auiourd'huy, mes freres, y estant conuié par l'allegorie de nostre texte Euangelique, qui compare l'eleuation du serpent d'airain au desert à l'exaltation de nostre Seigneur en la Croix: & comme celuy-là regardé guerissoit les Israelites de la picqueure des serpens, cestuy-cy contemplé guerit de la morsure serpentine du peché.

Or nous garderons cét ordre, 1. de vous faire voir la nature des pechez en celle des serpens en general, 2. en celle des serpens en particulier, & 3. nous chercherons les remedes de ces maux dans ceste mesme nature serpentine. Taschans en somme de vous imprimer vne grande horreur du peché; qui est le plus grand fruict que nous sçaurions tirer de la celebrité de ceste feste. Oyez.

Festiues. 499

Le serpent est ainsi appellé selon Isidore, *eo quod occultus serpit meatibus*. Et de fait cét animal se rampe tousiours par ces lieux destournez, rarement par les battus & ordinaires : quand il se glisse c'est par destours & tournoyemens, coustumierement par des espines & broussailles. Voyez-vous là le naturel du peché, aduisez bien quels sont les stratagemes pour s'introduire en nos ames, il commence par quelque specieuse suggestion, flatte par belle apparence, s'aduance par titillations & delectations, tasche de se glisser dans le fort du consentement pour donner la mort au cœur : voyez les routes des ambitieux, auaricieux, voluptueux : car à ces trois categories se peuuent rapporter tous les autres vices, combien biaisees, destournees, secrettes : iamais ils ne cheminent à cœur ouuert & desboutonné, tousiours par des ronces par mille difficultez qui trauersent leurs desseins. *Sapiem viam tuam spinis*, dit Dieu au pecheur par Osee. Les damnez mesmes aux enfers confessent, *ambulasse vias difficiles*, & que *vepres & spino sunt vniuersa terra*.

Le serpent tourne tout en venin : & le peché change les creatures, *qui sont bonnes de soy*, en poison & condamnation.

Le serpent est bigarré & tauelé de plusieurs couleurs : au peché, *nomina mille, mille nocendi artes*.

Sa picqueure est mortelle : plus dangereuse est celle du peché qui tuë en l'eternité, quand on meurt auec son venin en l'ame,

Estant affamé & ne trouuent aucune pasture, il se remplit de terre, qu'apres il reuomit quand il a rencontré quelque proye. L'ambicieux, l'auare, le voluptueux, faute de viser au ciel, *vbi gloria & diuitiæ & torrentes voluptatis*, se paist & se plaist en faux honneurs, thresors & plaisirs de la terre: que fust-il au moins pareil au serpent en ce qui concerne le vomir, reiettant des mauuais obiects quand on luy en presenteroit de meilleurs; mais souuent ces infections s'impatronisent tellement de ses affections, qu'il se dessaisit plustost de sa vie que de son vice.

Le serpent est vn animal imparfait nombré entre les insectes, qui taillé en deux ne laisse d'auoir vie; le peché est la mesme imperfection, qui remis quant à la coulpe par l'absolution, ne laisse de viure quant à la peine, si on n'en fait satisfaction.

Il expose tout son corps aux coups, pourueu qu'il cache sa teste; le diable se soucie fort peu que nous ieusnions, prions, aumosnions, pourueu qu'il nous voye le peché capital dans le cœur, vitiant toutes ces bonnes œuures.

Car comme la froideur du venin du serpent esteinct nostre chaleur naturelle, ainsi la glace du peché amortit en nous la chaleur surnaturelle de la charité, qui donne la vie à nostre ame la maintenant en grace.

Il rampe contre terre, & pource n'habite volontiers que dans les trous, les cauernes: les lieux sombres, obscurs, relans, léchant des pourritures, & se nourrissant d'ordures: ainsi le peché nous rauale à la terre, nous fait hayr la lumiere, *qui male egit, odit lucem*, nous putrefie & corrompt entierement. Oyez Dauid pecheur, *Putruerunt & corruptæ sunt cicatrices meæ, à facie insipientiæ meæ.*

S'accrochant de la dent, il tire apres tout son corps par replis; & le peché apres plusieurs redoublemens ne nous laisse en l'ame que la pointe d'vn repentir.

Il se bouche l'ouye, de peur d'entendre la Musique qui l'endort: & combien de pecheurs *comme des aspics ferment leurs oreilles* aux salutaires admonitions? Psal. 57

Le moindre serpent peut faire mourir vn grand taureau: *Parua necat morsu spatiosum vipera Taurum*: & le moindre peché mortel (s'il en est de petit) est capable de faire mourir à la grace l'homme le plus consommé en vertu: pourtant, *qui stat, videat ne cadat.*

Entre les serpens les vns sont volans & viuent dedans les airs, autres rampent contre terre, autres noüent dedans les eaux; & entre les pecheurs les vns sont ambitieux qui *cheminent sur les aisles des vents*, autres auares qui ne beent qu'apres les biens de la terre, autres voluptueux plongez dans les delices de la chair: c'est ce que denote S. Iean, disant *que tout le monde n'est que vanité, que conuoitise de la chair, & des yeux*. A cela mesme conuient ce que le serpent a la langue triplement pointuë en forme de trident, *linguis micat ore trisulcis.* Ps. 103.

1.Ioan.2

La pluspart des serpens ont la veuë basse: & qui doute que tous les pecheurs ne soient aueugles? *Cæci sunt & duces cæcorum, excæcatum est cor eorum, omnis peccans est ignorans, gens sine consilio & prudentia: vtinam saperent, intelligerent & nouissima prouiderent.*

Les serpens engourdis par le froid de l'hyuer ne sont point nuisibles, mais l'esté ils sont dangereux; & le peché desploye beaucoup plus sa malice en la prosperité qu'en l'aduersité.

La pasture plus aimée du serpent, c'est la chair; & que respire autre le peché, sinon la chair & le sang? *Manifesta sunt opera carnis; peccatum, immunditia, ebrietas, &c.*

Pource a remarqué Pline, que de la moëlle de l'espine du dos d'vn homme mort, s'engendre vn serpent: & certes il est tout constant, que celuy qui est mort hors la grace ne produit que peché.

Plin. li. 10. c. 46. Isidor. Orig. li. 12. c. 4. V. les Diuersitez.

Le serpent est friand des œufs des oyseaux qu'il succe & euacuë; & le peché si tost qu'il est commis *generem mortem*, & deuore tout le fruict de nos bonnes œuures, qui sont comme les œufs que nous couuons en nos ames, & les richesses que nous thesaurisons au Ciel.

Si vous creuez ou arrachez les yeux aux serpens, comme aux petits des hyrondes, ils ne laissent de reuenir; le peché leur est en ce semblable, de ce que bien que nous en ayons euacué tous les desirs, il ne laisse neantmoins de se representer tousiours à nous par de mauuaises cogitations. *Expellas furca tamen vsq; recurret.*

Le serpent aime le venin, & le peché la sensualité, ioint que la crapule & la gourmandise sont vn seminaire de mille maux.

Enfin pour closture de ceste premiere partie, le serpent mordant sa queuë a esté autrefois le hieroglyphe du peché, lequel outre qu'à la fin il ne donne que remords & repentir, agite celuy qu'il possede d'vn vertigo & tournoyement perpetuel, *in circuitu impij ambulant : Deus meus pone illos vt rotam.*

Voyons maintenant les conuenances du peché auec des especes particulieres des serpens. Ceux qui sont mordus du serpent appellé Dypsas meurent d'vne soif inextinguible ; & ceux qui sont picquez d'ambition ou d'auarice ne disent iamais c'est assez, alterez iusques à la mort de la conuoitise, de l'honneur, & des richesses; tesmoin Alexandre, Pyrrhus & Midas.

Le Scorpion assez beau en la partie anterieure est difforme & poind mortellement de la partie posterieure ; ainsi le peché s'insinuë par belles apparences, mais il laisse comme l'Abeille l'esguillon apres le miel. Pource conseilloit vtilement vn ancien Philosophe de considerer le peché non en venant, mais en s'en retournant, parce que *consommé il enfante la mort.*

La Vipere naist par le ventre rongé de sa mere, & le peché est vne engeance viperine qui tuë celuy qui luy donne naissance, *per peccatum mors introiuit in mundum.*

Elle vomit en hyuer tout son venin, & maints pecheurs par la tribulation ont renoncé au vice. *In tribulatione dilatasti mihi. Viam mandatorum tuorum cucurri, cum dilatasti cor meum.*

Elle vomit encor son venin iouxte le riuage d'vn fleuue, se laue, se frotte à des pierres, &

I.

se seche au Soleil quand elle se veut ioindre à la Murene ; mais apres elle retourne raualler son vomissement. Combien y a-il de pecheurs qui poussent hors leurs pechez par la confession, se lauent d'eau d'hysope, & se purifient aux rays du Soleil de iustice, quand ils veulent participer à la saincte Eucharistie lesquels par apres reuôt en leurs premieres erres & erreurs, reprenãs leurs vicieuses routes qu'ils sembloient n'auoir laissees que pour vn temps par capitulation : malheureux qui comme des Iudas *trahissent le fils de l'homme par vn baiser, le crucifiant en l'embrassant.*

Ps. 50.

Mat. 25.

Hemorrhois est vne espece de serpent ainsi appellé, parce qu'il succe le sang. Le sang qui soustient nostre ame, qui la maintient en vie, est la grace de Dieu, laquelle nous est soustraite par le peché.

L'Aspic par sa pointure enerue entierement, abbat les forces, & leue l'appetit ; de sorte que celuy qui en est picqué, meurt eticque, & seche sur pied : ainsi

Et Venus eneruat vires & copia Bacchi,
Et tentat gressus, debilitatque pedes.

Tout peché donne vne certaine langueur à l'ame, & vn certain degoust de la deuotion : de maniere que le pecheur peut dire comme le Chantre Roy, *oblitus sum comedere panem meum:* & le prodigue en ceste region lointaine où sa vicieuse passion l'auoit transporté, confesse-il pas qu'il perissoit de faim, lors que les mercenaires de la maison de son pere abondoient en pains?

Luc. 15.

La Salamandre est vne espece de serpent qui se nourrit dans les fournaises ; tel est le peché de la chair qui se plaist dans les flammes de la concupiscence; pource comparé par S. Hierosme à l'Etna, & au Vesuue. *Plin. 10. cap. 10. Isid. Orig. l. 12.*

Amphisbena est vne sorte de serpent, selon Pline, lequel a deux testes en ses deux extémitez; que si on l'empoigne par le milieu il ne peut nuire: belle peinture du peché qui est tousiours aux extrémitez, comme l'auarice & la prodigalité, & la temerité & la coüardise au contraire. *Virtus est medium vitiorum vtrinque redactū.* *Plin l. 8 c. 24. Arist. de hist. an. li. 7.*

L'hydre est vn serpent à plusieurs testes, tel que ce dragon roux de l'Apocalypse, & celuy que l'histoire Poëtique dit auoir esté dompté & terrassé par Hercule auec le fer & le feu. A ceste espece les moraux ont de coustume de comparer les sept pechez capitaux, qu'vn courage vrayement Chrestien peut surmonter assisté de la grace de Dieu, auec laquelle *on peut toutes choses.* *Apoc. 12*

La Scytale est vne autre espece de reptile, qui est inconsomptible dans les flammes. Lucain
Et Scytales sparsis etiam nunc vnica pruinis
Exuuias positura suas.——
Pline dit que c'est à cause de l'extréme froideur de son venin. Il y a des cœurs si fort empoisonnez du peché, que nulle ardeur de charité les peut penetrer; pareils à ce cœur de Germanicus qui entouré de venin ne peut brusler en son bucher funeste, au recit de Suetone.

Le serpent appellé *Rinatrix* par Lucain corrompt l'eau où il nage, & empeste les fontaines où il boit; pource est il appellé par le Poëte *Rinatrix violator aquæ*. Et est il pas tout notoire que le péché infecte toute l'ame?

Ophitee est vne autre espece de serpent, marqueté sur la peau: mais plus tauelé en sa cauteleuese malice. Lucain,

Innumeris pictus maculis Thebanus Ophites.

Et qui peut reciter les artificieuses malignitez du peché?

Orig.l. 2.

Cerastes est vne autre sorte, qui au recit d'Isidore, a ceste inuention de se cacher sous le sable, & pousser ses cornes dehors tendres en forme de chair, où les oyseaux & autres bestes venans comme à l'appast, il sort dehors, les picque, les tuë, & se repaist de leur sang. Ainsi le peché aliche les hommes charnels par la volupté, que Cicero appelle, *Malorum escam, & qua homines capiuntur, vt hamo pisces.*

Au demeurant il est si veneneux, que si il picque vn cheual, il fait encores mourir le Caualier qui est dessus. Ainsi le peché de la chair tuë encores l'ame, *Qui fornicatur in corpus, & in animam peccat*; chair qui est comme le cheual de nostre esprit qui est le Cheualier, *equi eorum caro.* La proprieté de ce serpent est ainsi specifiee és lettres sainctes. *Cerasti in semita mordens vngulis equi, vt cadat ascensor retrò.*

Gen.49.

Le Crocodille est vne espece de serpent, qui a aussi beaucoup de conuenances auec le peché: il vit dans la gresse & bourbe du Nil, & le peché se nourrit dans l'abondance, *Peccatum Sodomæ saturitas, & abundantia panis.*

Il n'a point de langue, mais des larmes feintes; tel est l'hypocrite faux en ses pleurs, & muet en la vraye confession de ses fautes.

Nul animal croiſt ſi demeſurément, proue‑
nant de ſi petite origine. La ſource du peché eſt
en ſoy fort abiecte, mais il ſe rend infini à rai‑
ſon de l'obiet offenſé qui eſt Dieu : vne œillade
(*vt vidi vt perij*) vne penſee, vn mot, vn deſir:
voila les foibles commencemens du large pro‑
grez de ce torrent de tous maux, rengeant tous
les biens d'vne ame.

Il fuit ceux qui le ſuiuent, & ſuit ceux qui le
fuyent : ſouuent l'occaſion du peché ſuit ceux
qui la fuyent, comme il appert en l'exemple de *Geneſ.*
Ioſeph & de ſon impudique maiſtreſſe : & ſuit *39.*
ceux qui la ſuiuent, comme eſprouuent tous
les iours tant d'ambicieux pourſuiuás vne om‑
bre fuyarde d'vn honneur paſſager.

Il ſemble horrible à ceux qui le fuyent, à cau‑
ſe de ſa deſmeſuree grãdeur & ſa gueulle bean‑
te : gracieux à ceux qui le ſuiuent, à cauſe de la
bigarreure de ſa peau eſmaillee de pluſieurs
couleurs,& brillante de diuers luſtres. Les gens
de bien ont en horreur le peché, & le fuyent,
parce qu'il offenſe la ſouueraine bõté de Dieu :
les mauuais le ſuiuent abuſez de la lueur des
faux biés honorables, vtiles ou delicieux, dont
il fait monſtre.

Il a le cuir ſi dur, qu'il eſt preſque impenetra‑
ble aux ſames : le pecheur endurcy eſt à peine
penetré, *gladio ancipiti verbi Dei.*

Il ſe cache dans des cauernes en hyuer, & ro‑
de l'eſté pour faire curee : en aduerſité les pe‑
cheurs font pitié, & paroiſſent bons, recelans
leur mauuaiſtié au fonds de leur poitrine : mais
quand la fortune leur eſt fauorable, vous ne vi‑
ſtes iamais rien ſi deſbordé.

Il voit fort clair hors de l'eau, peu dedans: ainsi le pecheur plongé dans les eaux des voluptez est aueuglé, & tres-clair voyant, quand par vne saincte confession il a euadé ce naufrage. *Super aquā refectionis educauit me, animā meam conuertit.*

Les Egyptiens entre leurs extrauagantes diuinitez adoroient cét animal. Iuuenal. *Crocodylon adorat.* Et qu'adorent les mondains sinon le peché figuré par ceste beste Apocalypsique, deuant qui flechissoient tant de genoüils.

Le Crocodille estant saoul de proye s'endort à gueulle bee, se laissant curer les dents par vn petit oyseau appellé trochylus, qui le chatoüille en luy faisant cét office: cependant l'Enhydris petit rat d'eau, s'encroustant le corps de la vase du Nil se lance dans sa gorge, & de là se glissant dans son ventre luy ronge les entrailles, & le tuë. Combien de pecheurs *lassez en la voye d'iniquité*, se chatoüillans en leur paresse, de l'espoir d'vne future penitence, ont-ils esté surpris de la mort, & sont rongez là bas dans les enfers *de ce ver qui ne peut mourir*, qui trauerse leurs entrailles de mille amertumes desesperees?

Sap. 5.

Isa. 66.

Le dragon autre sorte de serpent a encores plusieurs rapports au peché: il n'a force qu'en la queuë de laquelle il frappe, & poingt mortellement. Ainsi les pecheurs,

—— *Quos diri conscia facti,*
Mens habet attonitos, & surdo verbere cædit.

Vn ancien, *Conscientia mentem excitam vexat, non perpetrato modo, sed & cogitato scelere.* Tout peché porte le repentir à sa queuë.

Festiues. 509

Les Ethiopiens viuent de dragons; le Psalmiste, *Dedisti eum escam populis Æthiopum.* Et la pasture des mondains bruslez & noirs de concupiscences, c'est le peché.

Le dragon dort rarement; en signe dequoy les Poëtes commettent la garde des pommes d'or du iardin des Hesperides à la vigilance d'vn dragon. L'auare repose-il iamais? pense-il pas tousiours veillant & dormant à ses escus? son cœur est-il pas où est son tresor? Tous les autres pecheurs pareillement, comme les ambitieux, les voluptueux; sont-ils pas sans cesse au pourchas de leurs passions? oyez la confession que la gesne extorque aux damnez. *Seruiuimus diis alienis, qui non debant nobis requiem die ac nocte.* *Luc 12.* *Sap. 5.*

Le dragon ayme le grand vent Hieremie, *Traxerunt ventum quasi dracones.* En Esdr. *Exient nationes draconum, & sicut flatus, corū numerus fertur super terram.* Et dit Pline qu'il cerche sur mer les voiles des nauires où le vent s'entonne, lesquelles apres il renuerse. Le peché se plaist dans le fast; car la racine de tout mal c'est l'orgueil, & nous fait faire naufrage, quand sur la mer orageuse de ce monde, les voiles de nos desirs sont trop bouffies des bouffees de la vanité. *Hier. 12* *2. Esdr. 15.* *2 Tim. 6.*

La couleoure est vn autre espece de serpent, qui a aussi des analogies auec le peché; elle dresse des embusches au talon, *insidiatur calcanes hominis, calcaneum hominis obseruat,* le Sage aux Prouerbes, *in nouissimo mordet vt coluber.* Ainsi le peché est tres-horrible & tres-dangereux en la mort, qui est l'extremité & comme le talon de nostre vie, & c'est le pas où il nous dresse des embuscades.

La couleuure aime le lait; & le peché se nourrit dans les delices de la chair.

Elle fuit les chiens par antipathie; & les pecheurs les Predicateurs qui crient & courent dans le desert de ce monde à la chasse des ames pecheresses.

Elle s'amuse à manger des mouches; & le peché commence par des mauuaises pensées, desquelles il s'entretient: & pource le diable qui regne sur les pecheurs s'appelle Belzebuth, c'est à dire, Prince des mouches. *Ex corde exeunt cogitationes prauæ, adulteria, homicidia, &c.*

III. Or ce n'est pas assez d'auoir fait les rapports du mal, si nous ne proposons les remedes, lesquels nous allons produire sans nous esloigner des termes de nostre comparaison.

Le premier sera de fuir, car les armes de Parthes sont souueraines, pour venir à bout du peché: la nature a donné vn instinct à nostre corps, de fuir le serpent apperceu, & d'en auoir horreur.

Virgil. Æneid 2. Eclog. 3. Eccl. 21.
Improuisum aspris veluti qui sentibus anguem Pressit humi nitens, trepidusque repente refugit. Et encores, *Fugite hinc pueri latet anguis in herba;* Pleust à Dieu que nostre ame eust vne pareille auersion du peché c'est l'aduis du Sage, *quasi à facie colubri fuge peccatum.*

Le 2. sera pour nous inciter à cette fuitte, de considerer la laideur & la malice du peché: car *Eccl. 25.* ce sont les deux pointes qui nous font abhorrer les serpens. *Non est caput nequius super caput colubri.* Iob deteste la hantise des pecheurs sous

ce symbole, *Frater fui draconum, & socius stru-* [Iob. 30.]
thionum, cutis mea denigrata est super me. Hiere- [Hier. 51.]
mie voulant denoter que le monde est remply
de pecheurs. *Et erit,* dit-il, *Babylon habitatio dra-*
conum. Isaye, *erit cubile draconum, & pascua stru-*
thionum, l'Ecclesiastique, *Ignis, grando fames,* & [Isa. 34.]
mors; omnia hæc ad vindictam creata sunt, bestia- [Ecclé. 39]
rum dentes & scorpij, et serpentes, & romphæa vin-
dicans in exterminium impios. Ceste mesme horreur se pourra renfoncer par la conference des
locustes à queuë serpentine, dont S. Iean fait [Apoc. 9.]
vne longue description en son Apocalypse, & [v. 7.]
qui sont vne vraye image du peché specieux en
apparence, mais tres-difforme en effect.

En suitte pour 3. Antidote, on se pourra retourner vers la beauté. On dit que quelques-
vns en dormant la bouche ouuerte ont aualé
des serpens, lesquels on a fait sortir de leur
estomach, leur mettant du laict proche de la
bouche, cét animal en estant fort friand, & se
laissant attirer à l'odeur & au desir de le boire.
Ceux qui endormis des illusions des tentations,
ont aualé le serpent du peché, ne sçauroient
mieux le revomir qu'en repensant au bel estat
de l'innocence figuree par le laict.

Le quatriéme remede sera la mortification
& affliction volontaire, car comme le peché se
plaist és delices, il meurt en l'aspreté: c'est cette
eau salutaire dans laquelle les dragons sont suf-
foquez. *Contribulasti capita draconum in aquis.*
Ces Egyptiens se noyent en ceste mer rouge.
Le petit rossignol esquiue les embusches du serpent, dormāt sur des espines: ainsi S. Bernard en

des broſſailles eſteignit les titillations de ſa ſenſualité.

Ainſi le Pelican rauiue ſes petits, mordus par le ſerpent en ſe mortifiant: ſans doute *la mortification de la chair eſt la viuification de l'eſprit.*

Le ſerpent ſe renouuelle & raieunit, s'eſcorchant à vne pierre; & l'ame pechereſſe en deſ- 1.Pet.3. poüillant *le vieil Adam, & reueſtant le nouueau,* ſe frottant à la pierre qui eſt Ieſus Chriſt. *Attendite ad petram vnde exciſi eſtis.*

L'Aigle bouche les aduenuës de ſon nid au ſerpent, auec vne pierre appellee Ætites: bon remede pour obuier à la venuë du peché, que Epheſ.4 d'oppoſer à toutes les ſuggeſtions du malin, *Ieſus crucifié, vraye pierre angulaire,* roc contre tous aſſauts. *Quãdo exurgit Deus, diſſipantur omnes inimici noſtri, & fugiũt qui oderunt eum à facie eius.*

Le ſerpent deuenant vieux eſt ſuiet, dit Iſidore, à perdre la veuë, à cauſe des tayes qui luy tõ- l. 12. bent ſur les yeux, leſquelles il leue en ſe frot- Orig. tant à des pierres rudes. Le pecheur aueuglé des cataractes cauſees par le flux de ſes ſenſualitez, ne peut mieux recouurer la veuë qu'en ſe mortifiant auec rudeſſe & aſpreté. *Conuerſus viuificabitur, & de abyſſis terræ iterum deducetur.*

Le membre piqué par l'Aſpic s'enfle & menace vne mortelle gangrene, s'il n'eſt retranché. Ainſi l'Eſcriture nous conſeille de nous retrancher de nos membres piquez & attaints de Marc 4 peché, & *ſcandaliſans, eſtant plus expedient de ſe ſauuer ſans eux, que de ſe perdre auec leur precieuſe, mais pernicieuſe poſſeſſion.*

Le 5. Antidote ſera vne exquiſe prudence &

preuoyance, laquelle nous face aller au deuant du peché, & l'escrazer encores petit à la pierre, l'estouffant en son berceau, comme Hercule fit les serpens. *Ps. 136.*

On dit que selon la preuention, ou le Basilic tuë l'homme de sa veuë, ou l'homme le Basilic: celuy qui ne se laisse surprendre à la tentation, ne mourra iamais de la mort du consentement. *Filius tuus*, est-il dit des enfans de la Sagesse, qui sont les prudens, *nec draconum venenatorum vicerunt dentes*. *Sap. 16.*

Qui est celuy tant soit peu aduisé, qui ne pare vn coup preueu? *Cogitaui vias meas*, dit Dauid, *& conuerti pedes meos in testimonia tua*: qui pour mediocrement prudent qu'il soit, n'euitera le peché, s'il a loisir de recognoistre les grands maux dont il est causé? *Ps. 118.*

Or c'est estre *sage*, dit vn Comique ancien, *de ne voir pas seulement le plaisir present, mais de preuoir le malheur futur*. Le Sage. *Ne intuearis vinum quando flauescit cùm splenduerit in vitro color eius, ingreditur blandè, sed in nouißimo mordebit vt coluber.* *Prou. 23.*

Le conseil du Prince des Apostres est tres-vtile, *Sobrij estote, & vigilate*: car comme ceux qui sont mordus du serpent Hypalis, meurent d'vn assoupissement lethargique, s'ils ne sont pensez par vigilance & par diette: ainsi la gueule, & la paresse, deux sources de tout peché, ne se tarissent & guerissent que par la diligence & l'abstinence. *Prou 5.*

Nous prendrons pour 6. antidote, la pensée de la mort, qui bien plantée en *nostre memoire*,

K k k

fera, dit le Sage, *que ne pecherons iamais*, & certes comme le serpent se purge avec l'herbe dite *fœniculum*, aussi fera nostre cœur de la cacochymie du peché, si nous considerons serieusement que *omnis caro fœnum, gloria eius sicut flos agri,* & que *mundus transit & concupiscentia eius*.

Dan. 14. Daniel avec les cendres descouvrit la fourbe du dragon Bel; & la cogitation de la mort nous descouvre à nud les ridicules stratagemes du peché.

Le petit lezard appellé Saura, a vne naturelle philanthropie, quand il voit vn serpent s'auoisiner d'vn homme qui dort, il l'esueille en le poignant tout doucement, afin qu'il euite le danger. Ainsi la picqueure que donne à nostre souuenir la pensée de la mort temporelle, est vne salutaire admonition de fuir le peché qui conduit à l'eternelle, *Stipendia peccati mors*.

Finissons par ce 7. remede, lequel est indubitable, & l'entiere extermination du peché, sçauoir la penitence. Le serpent ne peut supporter l'odeur forte, mais saine de la ruë; & le peché ne redoute rien tant que la repentance, laquelle si elle est vraye, l'aneantit.

Eze. 29. C'est elle qui extermine le tyran d'Egypte Pharaon, & le *prince des tenebres du siecle*, qui est

Apo. 20. le vice. C'est elle qui precipite *l'ancien serpent en l'abysme, & qui lie Sathan*.

Elle est ceste graisse ou grace de S. Paul, remede tres-prompt, & tres-souuerain contre le venin des serpens.

Elle a trois parties iustement opposees aux pechez; de pensee, la contrition; de parole, la confession; d'œuure, la satisfaction.

Festiues.

Les cygognes & les cerfs se purgent en escrasant des serpens : tels sont les contrits de cœur, pour desquels *mediciner. N.S. se dit estre descendu du Ciel en terre* ; ils se purifient en escrasant leurs fautes sous la meule de la saincte contrition, qui est vne douleur amoureuse, qui presse le cœur pour la bonté de Dieu offensee. *Mat. 9. Marc. 2. Luc. 5.*

Au demeurant, côme la vipere & le scorpion portent leur antidote quant & leur venin : & côme le drap engedre le ver qui le ronge ; & côme le theriaque a du serpent parmi ses ingrediens : ainsi le peché porte auec soy vn repétir, qui opportunément appliqué peut guerir son attainte.

Quant à la Confession, elle est l'origanum, auec lequel la tortuë se purge en escumant, estant picquee par le serpent.

Les Psylles sont certains peuples d'Afrique, qui au rapport de Pline, ont ceste proprieté, que succant les playes faites par les serpens, ils en attirent le venin, qui ne leur nuit aucunement. Qui ne voit en ces gens l'image des Prestres, tirans le venin du peché des ames, par le moyen de la Confession ? *In nomine meo dæmonia eiicient, serpentes tollent.* Iob figurément, *Obstetricante manu eius, eductus est coluber tortuosus.* La satisfactiō en ces 3. œuures principales, semble contrecarrer les 3. vices vniuersels ; l'orgueil, par l'oraison ; l'auarice, par l'aumosne ; & la volupté par le ieusne : & ainsi réuerser tout peché. *Marc. 16. Iob. 26.*

Le serpent fuit la Musique, qui le fait creuer, *Frigidus in syluis cantando rumpitur anguis.* Ainsi l'oraison extirpe le peché. *Benedictus Deus qui nō amouit orationem meam & misericordiam suã à me.*

K k

Le Naturaliste ont remarqué que le serpent craint l'homme nud, & assaut le vestu. Ainsi le peché n'attaque gueres les pauures, mais les riches, parce que *Vitia magna coluntur*, dit Seneca: & le Sage, *Qui volunt diuites fieri, incidunt in laqueos diaboli.*

Iugez de là, combien l'aumosne qui desnuë l'homme de l'affection des richesses, est donc puissante pour le terrasser: aussi dit le Sage, *qu'elle dissipe le peché, comme le feu esteint l'eau.*

Dan. 14. Daniel fit creuer le dragon, luy donnant de la poix, de la graisse, & des cheueux, symboles de richesses. Ainsi, *peccata eleemosynis redimuntur, & misericordiis pauperum.*

A tant mes freres, vous pouuez colliger de ce long discours, 1. les conuenances du peché auec le serpent en general, 2. en particulier, 3. les antidotes du peché, tirez de la nature serpentine; & de tout cela former vne extréme horreur de ce monstre mortel & infernal.

Exod. 4. Cependant quant à la feste que nous celebrons, vous remarquerez que la verge de Moyse estoit vn serpent en terre, mais vne houssine en sa main. Ainsi la Croix de nostre Seigneur, vraye verge de Moyse, dont nous solemnisons auiourd'huy l'exaltation pour les pecheurs, qui par le mespris la iettent comme en terre, *Inimici* *1. Cor. 14* *Crucis Christi*, sera au grand iour du iugement vn serpent effroyable: parce que, *Videbunt in quem crucifixerunt.* Mais pour les bons, ce sera vne verge de direction & consolation, *Virga directionis, virga regni tui. Virga tua, & baculus tuus ipsa me consolata sunt.* Nostre Seigneur nous vueille enroller sous cet estendart de grace & de gloire, afin que nous puissions lors chanter pour motet de triomphe, *Prædicauimus Iesum* 1. Cor. 1. *crucifixum, Iudæis scandalum, gentibus stultitiam, electis autem Dei virtutem & sapientiam. Amen.*

De la vocation de Sainct Matthieu.

HOMILIE.

Vidit Iesus hominem sedentem in telonio.
Matth. 9.

L'Esguille de la boussole laissée en la liberté de son equilibre, ne tend point mieux vers le Nort, que nostre cœur desembarrassé de mauuaises affections, vise au pole de la Diuinité.

Cecy se verifiera en la vocation de ce sainct Apostre & Euangeliste, duquel nous honorons auiourd'huy la memoire; & en l'examen de ces mots; 1. *Vidit Iesus*, 2. *Matthæum*, 3. *& dixit illi, sequere me*, 4. *& surgens secutus est eum.*

I.
Le Soleil, bel œil du monde, auec la gaillarde vigueur de ses rays, attire à soy les nuées pleines d'eau, attirées il les eleue, les fond, & les resoult. Luc. 1. Ioan. 8. Nostre Seigneur qui est *l'Orient d'enhaut, & la lumiere du monde*, & de plus l'œil du Soleil, par la douceur de ses regards, dont les rays sont des attraicts ineuitables, attire auiourd'huy à soy vn vsurier, dont la bourse & la banque

estoit grosse des larmes, & du sang des pauures, desquels comme vne sangsuë il succoit la substance; & attiré, luy fait renoncer à toutes ses mauuaises pratiques, & dissiper en iustes aumosnes ces biens iniustement acquis.

Beaux & bons yeux, qui comme le Soleil seconde la terre de fleurs, & de fruits, fertilisent aussi ceste ame en fleurs de bons desirs, & fruits de bonnes œuures: car *ses fleurs sont des fruicts d'honneur & d'honnesteté*.

Eccl. 24.

Et comme cét astre engendre l'or dans les creuses entrailles de la terre; ainsi ces yeux de N. S. forment és ames la charité appellee *tresbon or, & or d'Ophir*.

Cant. 5.

Bons & debonnaires yeux, qui comme le Soleil ne desdaignent pour d'esclairer *super bonos & super malos*; pour perfectionner le bien de ceux là, & conuertir le mal de ceux-cy en bien. Il conduit ceux là *de claritate, in claritate*, & ceux cy *de tenebris ad admirabile lumen suum*.

Bons yeux de ce cher Medecin de nos ames, qui ne mesprise point de regarder leurs playes; voire les lecher & purifier par leurs rayons, & leur suggerer les remedes de leur guerison.

Qui fait quelquefois que les plus enormes pecheurs deuiennét les plus insignes penités, sinó la splendeur de ces beaux yeux, qui leur faisant recognoistre clairement l'horreur de leurs iniquitez excite en eux vne componction conforme? Oyez le grand Roy des penitens, *Tibi soli peccaui, & malū coram te feci, & peccatum meū contra me est semper, quia iniquitatem meā ego cognosco*.

Psal. 50.

Bons yeux qui ne s'espandent sur nos misetes que pour en auoir pitié. *Respice in me & miserere mei. Ad te leuaui oculos meos qui habitas in cœlis, ecce sicut oculi seruorum, &c.*

Voyez-en vn exemple authentique; *Vidi af-* Exod. 3. *flictionem populi mei in Ægypto, & clamorem eius audiui, & sciens dolorem eius descendi vt liberem eum de manibus Ægyptiorum, & educam eum de terra illa in terram spatiosam, in terram quæ fluit lacte & melle.* Il void la misere d'Israël, sous le ioug de Pharaon; & non content de le liberer simplement, voila qu'il veut consoler ses souffrances par la promesse d'vne terre desirable.

Pareil à la nourrice (aussi s'appelle il *le nour-* Pf. 103. *ricier d'Ephraim*) qui impatient d'ouyr lamen- Osee. 11. ter son poupon, court soudain à luy, & luy donne la mammelle pour l'appaiser. *Ad Deum clamaui, & exaudiuit me, & ex omnibus tribulationibus meis eripuit me.*

Voire mesmes quelquefois il nous preuient de sa grace, lors que nous en sommes moins dignes: le rayon frappe sainct Paul *plein de mena-* *ces sanglantes*, & qui alloit executer sa cruelle Act. 9. commission en Damas. Rayon partant des beaux yeux de nostre Seigneur, qui opera la conuersion de cét Apostre.

Les voila qui se lancent en passant sur l'Apo- Mat 26. stasie de sainct Pierre; & voila qu'il se fond en Pf. 77. pleurs: *il touche si viuement ceste pierre, qu'il en fait couler des eaux.*

Ces yeux debonnaires ont vn si tres-grand ascendant sur les ames, que les voir, ou en estre 3. Reg. 1. veu, porte l'esclair quand & le coup; *ils mortifient* de corps, *& viuifient* l'esprit; ils poussent aux *enfers par la crainte, & en retire par l'esperance & l'amour.*

Cant. 1.
Ioan. 6.

Beaux yeux tirez-nous, & nous courrons en la lumiere de vos traicts, en la splendeur de vos attraicts foudrayans. Nous ne pouvons aller à vous, si vous ne nous attirez.

Vous estes le premier mobile de nos affections, par vos impulsions vehementes: *In spiritu vehementi conteres naues Tharsis.*

Les oyseaux engluez taschant de faire fondre ceste gluante & visqueuse matiere, qui empaste & empestre leurs aisles, aux rais du Soleil. Helas! comme dit fort bien le grand sainct Augustin, *Amor rerum terrestium viscus est spiritualium pennarum:* & qui peut dissiper ceste mauuaise humeur, sinon les beaux yeux de nostre Seigneur.

Comme nous en voyons l'exemple en sainct Matthieu, lequel tout barboüillé de la tenante poix des vsures, sent fondre & resoudre ceste pasteuse affection en son cœur, au seul premier regard de ces yeux diuins, qui l'esueillent en sursaut de ce sommeil lethargique d'auarice qui l'engourdissoit.

Quand en Esté le Soleil est en sa force, sa chaleur fait despoüiller vn chacun, & n'y a celuy qui ne se descharge de quelque piece de ses habits: voyez-vous vn pareil effet és yeux de nostre Seigneur, au deuestement de sainct Matthieu?

Lequel donna soudain du pied au monde, quittant, comme auparauant sainct Pierre ses rets & filets, aussi les pieges de ses vsures, qui le tenoient arresté, & les autres enrenthez, & le Gal. rendoient *Vrum diuitiarum*, *esclaue & idolatre de son or*.

Gal. 5.
Ephes. 5

Et pour glorifier Dieu en sa conuersion, voyez comment il n'espargne point sa reputation propre, *ne se souciant de la bonne ou mauuaise renommee, pourueu que Christ fust annoncé*, *sa misericorde edifiee au Ciel, & sa verité declaree en luy*.

2. Cor. 6.
Pseau. 88.

Estant choisi du Ciel pour estre vn des quatre Secretaires de la Religion Chrestienne, il escrit luy-mesme son nom & son infame condition d'vsurier en vn monument *quare perennius quod non imber edax, nō Aquilo impotens possit diruere*, loüant son Medecin en la griefueté de sa maladie: comme s'il eust dit, *Videre omnes quanta fecit Deus animæ. Eripuit me de portis mortis, vt annuntiem laudationes suas in portis filiæ Syon. Quid retribuam Domino, pro omnibus quæ retribuit mihi? Calicem salutaris accipiam*: ce qu'il fit, en souffrant vn glorieux martyre.

Vidit hominem sedentem in telonio Matthæum nomine. Direz-vous pas que c'est vn Phidias, qui graue son nom dans le bouclier de Minerue?

Et remarquez comment il se dépeint de ses viues couleurs: vn peintre ne se peut portraire qu'en se mirant: & où s'est miré ce sainct Euangeliste, sinon dans le cristal des saintes prunelles de nostre Seigneur, qui le representoient à luy-mesme, tout tel qu'il estoit? beau miroir sant tache, mais qui luy remarquoit exactement ses defaut.

Apprenons d'icy, mes tres-chers freres, à nous resiouyr quand on nous reprend de nos vrayes fautes, puis que ce Sainct a escrit si naïfvement la sienne: beaucoup d'entre-nous font bien le contraire: car où il est question de moissonner de la gloire, chacun veut estre de l'escot, & y mettre son nez & son nom: mais où il y va du deshonneur, on fuit cela, comme les Disciples qui se retirent, & *scandaliserent* en la prise de nostre Seigneur.

Mat. 26
Luc. 14.

Nous ne voudrions pas mesmes voir punir vn malfaicteur, s'il estoit de nostre race ou parentage, tant nous apprehendons ce qui n'a que l'ombre de deshonneur. *Domine amputa opprobrium nostrum, quod suspicati sumus, quia iudicia tua iucunda.*

Ps. 118.

Les Apostres depuis estans mieux instruits, tindrent à honneur de souffrir contumelie pour le nom de Iesus. Lisez comme S. Paul tient registre des affronts qu'il a endurez, comme de ses plus precieux tiltres.

Act. 5.

Il exprime ouuertement ses cruautez, se nommant *persecuteur de l'Eglise de Dieu*; ses indignitez, se nommant *auorton, le plus petit des Apostres, & indigne de ce nom, la racleure & balieure du monde*: mais ses reuelations & rauissemens, il les declare en tierce personne. *Scio hominem raptum ab tertium cœlum, &c.*

1.Cor. 15
1.Cor. 4

Ainsi l'Euangeliste sainct Iean cache son nom sous ceste periphrase de *Disciple que Iesus aimoit.*

Dauid en consideration de son peché, se confond à tout propos. *Dixi, confitebor aduersum me iniustitiam meam. Ecce in iniquitatibus conceptus sum. Substantia mea tanquam nihilum, ante te. Lumbi hei impleti sunt illusionibus*: mocqué par l'inconsidrée Michol, respond, *Vilior fiam plus quàm factus sum, & ero humilis in oculis meis.* 2.Reg.6.

S'il y a quelque chose de bon, il le recognoist de Dieu en plein fief. *Benedic anima Domino, & noli obliuisci omnes retributiones eius, &c. Eripuit me de lacu miseriæ, & de luto fæcis. Non dereliquit animam meam in inferno.*

La sacree Vierge suit ceste mesme piste, quand magnifiant le Seigneur, en son Cantique elle dit, *Fecit magna qui potens est, & sanctum nomen eius*: recognoissant de Dieu toutes ses prerogatiues sans se soucier que son nom fust escrit autre part que dans le liure de vie.

O que ceste voye des Saincts est esloignee du train des pecheurs, *qui ponunt nomina sua in terris suis*, desireux de grands noms, ambitieux de plus grands renoms.

Ciceron mesmes reproche aux Philosophes anciens, qu'escriuans du mespris de la gloire, ils l'affectionnent en mettant leurs noms au frontispice de leurs liures.

—— *adeò maior famæ sitis est quàm Virtutis.* ——

L'Empereur Vespasien reprenoit vn iour vn sien libertin qui s'appelloit Cerylus, & qui pour faire oublier sa condition seruile, estant paruenu à vne haute fortune, se faisoit appeller Lachetes, luy disant, *Lachetes, Lachetes, apres sa mort tu deuiendras Cerylus.* Mes freres, ne nous mescognoissons iamais estant en honneur, de peur d'encourir le sort brutal de Nabucadnezar. Sueton. in eius vita.

Et souuenons-nous tousiours, en quelque degré de perfection que nous soyons arriuez, de nos fautes passees, afin que nous apprenions de quels *abysmes Dieu nous a tirez*, & que s'il y a rien qui vaille en nous, *Manus Domini fecit hæc omnia.*

Ps. 70.

Aug. in Retra.

Ainsi a fait S. Matthieu, & depuis S. Augustin en ses Confessions, changeant ses confusions en gloire, *& tant de ses biens que de ses maux, loüant Dieu tres-vray & tres-bon: duquel toutes les voyes sont misericorde & verité, dont les miserations sont sans nombre, & par dessus toutes ses œuures.*

En voicy vne bien expresse, de tirer de la bourbe vn vsurier, qui comme vn Paralytique spirituel pourrissoit dans *la corruption des cicatrices de son inspience*: miserable, recourbé contre terre, *& non leuando oculos ne videret cælum.*

Ps. 37.

Voila la voix de nostre Seigneur, qui par ses aureilles va frappant doucement son cœur, l'enchantant sagement, & le charmant sainctement donnant à sa voix vne *voix de vertu*, & de telle vertu que le Psalmiste la depeint en vn Pseaume entier.

Ps. 67.
Ps. 28.

C'est ceste voix qui ressuscita le Lazare en criant, *Lazare, veni foras.*

Ceste voix qui appella sainct Paul, luy criant, *In voce cataractarum: Saule, Saule, cur me persequeris?*

Ceste voix qui redonna la vie au fils de la vefue, luy disant, *Adolescens tibi dico surge.*

O mon Dieu, *Dic verbo, & sanabitur anima mea.*

Dites & il sera fait: *Dixit & facta sunt,* ipse

Festiues.

mandauit & creata sunt.

C'est le Verbe increé, qui a fait toutes choses. *Per Verbum omnia facta sunt, & sine ipso factum est nihil.* Et c'est le Verbe incarné qui a tout refait & recreé. *Verbo Domini cœli firmati sunt, & spiritu oris eius omnis virtus eorum. Emitte spiritum tuum & creabuntur, & renouabis faciem terræ.*

Ce Verbe spiritualisé ne cesse *operari vsque adhuc*, en la predication de la saincte parole. Combien auez-vous tous les jours de Predicateurs qui vous crient, *suiuez Dieu? Quærite regnū Dei, & omnia vobis adijcientur, quærite Dominum, & confortamini, quærite faciem eius semper.*

Pensez-vous que Dieu reuienne encores visiblement comme à sainct Matthieu, vous dire, *sequere me*? vous auez Moyse & les Prophetes, si vous ne les escoutez, & ne faites penitence, vous peritez tous ensemblement. *Luc. 16.*

Ne dites pas comme Iob, *Voca me, & ego respondebo tibi*: car vous estes prou *comme aux nopces par ses seruiteurs & ambassadeurs, qui pro eo legatione funguntur.* *Iob. 14.*

Dabondant vous remarquerez comme nostre Seigneur appelle nostre Euangeliste & ses autres Apostres, lors qu'ils estoient les plus empressez, qui neantmoins quittent tout pour le suiure: afin que vous appreniez à ne vous estonner point, quand vous verrez vn ieune homme conuerty tout à coup au milieu de ses desbauches, comme on lit de Polemon changé en vn instant, par le discours de la Temperance qu'il entendit de Xenocrates. **IV.**

Val. Max. l.6.c.9. Laer.l.4 in vita Xenocrat. Horat. in serm.

Et aussi pour vous enseigner à ne tergiuerser

Eccl. 5. pas contre les sainctes inspirations, car: *Durum est contra stimulū calcitrare,* & *ne tarder pas à vous convertir à Dieu,* pour les bagatelles des cōsiderations humaines : ce sont mousches que le diable nous grossit en elephans, pour empescher ce genereux dessein.

Tranchons comme Alexandre ces nœuds Gordiens sans les deslier; prions Dieu qu'il rompe ces liens, *& nous luy sacrifierons vne hostie de loüange.* *Pf. 116.* *Oculi nostri sint ad Dominum, vt ipse euellat de laqueo pedes nostros.*

Voyez comme les seruiteurs, quoy que iouans, appellez par le maistre, quittent tout là pour respondre: en ferons-nous moins, pour respondre aux sainctes vocations de nostre Espoux?

Ce ieune adolescent, d'ailleurs assez vertueux, qui fut *contristé* quand il fallut faire cession de biens, pour suiure nostre Seigneur, fust il pas iugé indigne de sa compagnie? *Mat. 19*

Et cét autre qui vouloit enseuelir son pere, sembloit-il pas auoir raison de requerir ce delay ? neantmoins il entend *qu'on laisse les morts,* c'est à dire les mondains, *enseuelir les morts.* *Mat. 8.*

Prenons-nous hardiment, mes freres, à l'hameçon de la diuine attraction, amorcé d'vne inspiration sucree & sacree, & ne nous debattons pas pour nous en desprendre.

Regardez comme l'enfant va promptement à sa nourrice ; & s'il est de bon naturel comme il s'attache la dragee de la bouche pour luy bailler, si pour tenter son amitié elle luy demande. Ainsi deuons-nous faire, quittans nos delices pour voler aux bras de la Croix de nostre nourricier, dont *les mammelles sont meilleures que le vin, & qui nous abbreuue de ses playes.* Cant. 1.

Voyez le tracassement de l'horloge, quand l'heure sonne: quand Dieu frappe nos cœurs, il faut aller à luy à trauers le tracas de quelques embarras que nous oyons.

Voila pas Abraham, qui à sa seule parole luy va sacrifier ce qu'il a de plus precieux au monde; que ne faisons-nous de mesme, de nostre vnique, qui est nostre cœur, à ces mots, *Fili præbe mihi cor tuum?*

Voila S. Paul conuerty, lors qu'il est le plus eschauffé & empressé.

S. Pierre qui quitte Nacelle, filets, pere, maison, femme & tout, lors qu'il estoit le plus attentif à la pesche.

S. Matthieu, qui sans autre ceremonie abandonne ses thresors & facultez, lors qu'il estoit le plus empesché, & assis à sa banque pour dresser ses comptes.

Que ne pressez-vous mon cœur revesche, ô doux Iesus! d'vne attractiõ ainsi puissante, puis qu'aussi bien ma resolution est d'estre tout vostre? Que tarde ma paresse ingrate à correspondre à tant de saincts & suffisans mouuemens, que vostre misericordieuse liberalité me depart? *Pressez moy donc plus fort à vous rendre ce que ie vous dois*: ie vous coniure par vous mesmes, Mat. 18 & par vostre beau nom adorable, & adoré au Ciel, en la terre, & sous la terre, & ie vous supplie auec l'Eglise, qu'il vous plaise *nostras rebelles ad te compellere voluntates.*

Retenez de ceste Homelie, 1. à souspirer apres les beaux yeux de Iesus, 2. à ne fuir l'infamie pour luy, 3. escouter quand il vous appelle, 4. à le suiure sans tant marchander.

XXIX. SEPTEMBRE.

De la Deuotion vers les saincts Anges, en la feste de S. Michel.

HOMELIE.

Angeli eorū vident faciem patris mei.
Matth. 18.

Luc 13. S'Il y a grande ioye au Ciel parmy les Anges quand vn pecheur se conuertit de sa mauuaise vie, & remporte victoire contre les malices spirituelles, & les puissances tenebreuses du siecle; pourquoy ne ferons nous feste en l'Eglise Militante, sur la victoire remportee par S. Michel & ses compagnons en ce grand combat fait contre les Anges rebelles? *Aduersus spiritualia nequitiæ in cælestibus.* Apoc. 12. C'est pourquoy nous sommes assemblez icy.

Et pour vous discourir, 1. de l'humilité, sur le texte de l'Euangile, 2. de la singuliere protection que S. Michel a de la France, 3. de l'affection que les Anges portent aux personnes pieuses, 4. combien nous deuons estre deuots vers ces glorieux esprits.

Ce n'est pas sans mystere, mes bien-aimez, que l'Eglise en ceste solemnité du S. Archange Michel

Festiues.

Michel nous propose vn Euangile qui ne traite que d'humilité, *nisi essici ministri sicut paruuli, &c.* car outre que l'orgueil est la racine de tout peché, *2. Tim. 6* & le plus capital de tous les capitaux, comme s'attaquant directement à la diuine Majesté, il a esté aussi le premier commis de tous les pechez par cét Ange temeraire de outrecuidé, dont la presomptió fu vouloit égaler à Dieu. S'esleuant par dessus soy-mesme, & sa superbe montant tousiours. Ce qui le fit en fin tresbucher aux enfers. *Deus est ad inferos superbia eius*, dit Isaye. *Isa. 24.*

Au contraire ce fut la seule humilité qui retint dans le Paradis les autres Anges fidelles, qui ne voulurent pas adherer à l'audace de ce Lucifer, ains s'abaissans en adorations, ils alloient se deprimans autant que les autres s'esleuoient en vn trop haut cœur. *Ps. 63.*

C'est cette vertu qui leur donna la victoire, dont nous chantons auiourd'huy le Triomphe, leur faisant terrasser l'orgueil demesuré de ces audacieux Geants. Ainsi lisons-nous qu'il fut dit à sainct Anthoine, que la seule humilité euitoit les lacs qu'il apperceut en vision tendus par tout le monde : car Dieu sauue les humbles d'esprit & leur donne sa grace. *Iacob. 4.*

Nostre Seigneur, nostre chef, nous en a donné l'exemple, car bien qu'il fust fils de Dieu, neantmoins il s'est aneanti, il a pris la forme de pecheur, il s'est fait homme & seruiteur, vermisseau de terre, l'opprobre & l'abiection du peuple, il s'est humilié soy-mesme iusques à la mort & la mort de la Croix par laquelle il est entré en sa gloire. Que s'il estentré par ce guichet, ne croyons pas y entrer par la grande porte de la vanité: car il seroit contre nature & raison, que les membres voulussent passer par une autre voye que la teste.

Il nous faut donc rendre *petits*, & comme *des enfans*, si nous voulons suiure celuy qui a dit, *Si-* Mat. 18. *nite paruulos venire ad me*, & *qui ex ore infantium, & lactentium perfecisti laudem tuam, vt destruat inimicum & vltorem*.

Non pas enfans tels que le Sage dit aux Prouerbes, *Vsquequo vt paruuli diligitis infantiam?* Prou. 4. nous amusans aux bagatelles du monde, que Seneque appelle *iuuenilia crepunda*.

Aux friandises de ses voluptez, & aux papillons de ses honneurs passagers, aux amusemens de ses ieux & passetemps folastres, aux viandes vertes & inuisibles de ses gourmandises, & autres telles choses qui arrestent prou d'esprits mondains, vrays enfans en la vraye Sagesse qui est selon Dieu.

Ouy bien nostre Seigneur desire que nous soyons de ces enfans tels que les despeint saint Pierre, *Sicut modo geniti, infantes, rationabiles, sine dolo*. Ayans ces vertus enfantines de la douceur, de la pureté, de la candeur, de l'ingenuité, de la crainte, de sa docilité, de la naifueté sans fard, de la simplesse; *malitia paruuli estote*.

Tels nostre Seigneur nous aime; à tels les Anges font la Cour ne les abandonnans point, car ce sont *leurs petits freres*, *succans les mammelles de la doctrine de salut*.

O qu'ils se plaisent auec les humbles; voyez

comme ils conduisent Abraham par des vallees symboles d'humilité.

Comme ils montent deuant Iacob par vn escalier mystique, composé de degrez d'humilité. Gene. 2.

Ils ne nous inspirent que ceste vertu, comme au contraire le diable qu'orgueil, tesmoin sa premiere suggestion, *Eritis sicut dij*.

Au demeurant les Anges sont ici recommandez de ce que tousiours ils voyent Dieu: beaux & dignes Heliotropes, regardans fixement ce Soleil radieux de la diuinité, qui les considere aussi amoureusement.

Ainsi ils portent par tout leur Paradis; & quel respect deuons-nous porter à ces saincts esprits qui nous assistent, & qui mettent si pres de nous ceste beatitude, comble de nos desirs?

Quand sera-ce, mon Dieu, que ie viendray comme eux, & apparoistray deuant vostre face? monstrez-là nous, & nous serons sauuez; car la vie eternelle c'est de vous voir, vous que les Anges en voyage desirent tousiours voir. Ps. 41.

Du moins, puis que ce bien nous est interdit en ceste valee de pleurs, où nul peut viure et vous voir, permettez que vostre saincte presence ne s'esloigne iamais de ma pensee; mais que *Prouidebam te in conspectu meo semper, quoniam à dextris es mihi ne commouear*. Que ie participe à ceste beatitude en mon pelerinage, de vous auoir tousiours pour l'vnique obiect de mes yeux & de mes vœux.

Quotquot viuimus peregrinamur à Domino.

Heureuse Frāce qui en ce pelerinage mortel as Ll 2 II.

pour guide & pour conducteur ce grand Archange S. Michel, duquel la singuliere protection & amitié tu as esprouuée en tant d'instances. *Qui habitat in adiutorio Altissimi, in protectione Dei cœli commorabitur, &c. Angelis suis mandauit de te.*

Pſal. 99

Nous tenons pour constant, que non seulement les hommes particuliers ont leurs Anges tutelaires: mais encore les maisons, les villes, les Prouinces, les Royaumes & Estats: certes, ô chere France, ta Monarchie ayant vn si grand Ange pour Patron, semble deuoir n'auoir autre limite que la consommation des siecles.

Son nom veut dire, *Quis vt Deus*, que si *Deus pro nobis qui contra nos?* Et quant à la valeur de nostre nation, *quis vt Gallus?* Ce sont nos peres qui ont tant de fois arboré la Croix en la Palestine, & fait trembler l'Idumée sous l'escorte de cét Archange, que l'on a souuent veu combatre auec eux & pour eux: c'est leur generosité qui a autrefois mis à composition la Romaine grandeur, qui a couronné la teste de ses Rois du diademe de l'Empire: C'est à nostre bras fatal à qui les predictions reseruent la destruction de la Turquesque tyrannie, pourueu que nous ne nous rendions point indignes de l'assistance de ce grand Archange.

Bien que son Ordre semble descheu par la rouille des siecles, si est-ce qu'il a esté releué si dignement par nos Roys derniers, ces deux grands Henrys d'eternelle memoire estant annexé à celuy du S. Esprit, que ceste noble crea-

Festives.

ture s'est encores annoblie, cedant humblement à son Createur; *ſuum ſolem ſua ſydera norunt.*

Il est l'intelligence motrice du grand corps de ceste Monarchie, c'est luy, à ce qu'on tient, qui apporta l'Oriflamme, & les trois fleurs de lys, nous aprenant que Dieu, *ex omnibus floribus orbis elegit ſibi lilium.* 4. Eſdr. 5.

C'est luy qui nous a apporté la saincte ampoulle, pour l'onction de nos sacrez Rois. *Quos vnxit Deus oleo Letitiæ præ conſortibus ſuis, & manus eius eis auxiliata, mittens eis auxilium de ſancto, & de Sion tuens eas.*

Nous esperons pieusement que ce sainct Ange nous aidera encores à terrasser l'heresie qui afflige ce Royaume, iadis exempt de tels monstres, auec les armes spirituelles non charnelles de la milice Ecclesiastique. 2. Cor. 10

C'est luy qui comme l'Ange armé de feu, chassera les Balaams & semeurs de fausse doctrine & de zizanie. Num. 22. Mat. 13.

Et ce bon-heur nous arriuera, si nous conuertissans à Dieu de tout nostre cœur, nous reprenons comme la foy de nos peres, aussi leurs bonnes mœurs & leur pieté: car les Anges se plaisent és contrees douces & pieuses. III. Ioel. 2.

Pource quand Hierusalem s'adonna à toute deprauation, & corruption, furent entendus les Anges crians, *Exeamus hinc.* Egeſip. de exci. Hieroſc.

Car comme les abeilles fuyent les charongnes, ainsi les Anges la puanteur du peché.

Au contraire comme les farouches Licornes s'appriuoisent par les Vierges, ainsi les

Lj 3

saincts Anges caressent volontiers les ames pures, & leur departent leurs plus douces & fauorables influences.

Ils les suiuent comme l'ombre le corps. *In manibus portans eas, ne offendant ad lapidem (ad petram scandali) pedem suum.*

Can. 6. L'ame pieuse est ceste couchette de Salomon, entouree de 60. des plus forts d'Israel; *& quid videbis in Sulamite nisi choros castrorum?*

4. Reg. 16.
2. Par. 22.
Genes. 32.

Voila pas que pour le bon Ezechias, vn Ange met en route tout l'ost de Sennacherib? Le Patriarche Iacob ayant veu des Anges, *castra Dei sunt hæc*, dit-il, & ils estoient venus pour luy prester main forte contre Esaü.

Abraham pour la probité est frequemment visité des Anges, comme aussi Tobie, Daniel, Isaye.

En la loy nouuelle nous ne voyons autre chose que ceste familiarité des Anges, auec les personnes pieuses. Sainct Pierre est deliuré par vn Ange. Sainct Iean l'Euangeliste en voit si souuent en Pathmos.

Saincte Agnes & saincte Cecile auoient ce priuilege de conuerser aussi priuément auec leurs Anges gardiens, comme s'ils eussent esté des personnes viuantes.

Sainct François estoit visité tant souuent, iusques à estre recreé par leur Musique.

Comme aussi la deuote saincte Françoise Romaine, qui viuoit il y a environ 100. ans, & qui pour la frequence des miracles qui se faisoient sur son tombeau, a esté canonisée par nostre sainct Pere Paul V. à present seant en la chaire Apostolique.

Combien de fois s'est pasmé à la melodie des Anges le B. Ignace fondateur de la saincte Compagnie de Iesus.

Et quel plus grand tesmoignage voulons nous de l'amour, que les Anges ont pour les ames deuotes; puis qu'ils font si grande feste à la conuersion d'vne pecheresse, comme se preparant en elle l'accroissement *du nombre des esleus leurs freres?*

Que si les mauuais Anges qui sont les Demons, viennent si promptement aux malheureux qui les inuoquent pour procurer leur perte; & si sous l'espoir malin de faire curee des ames, on voit des esprits familiers & meschans se ranger à faire tant de seruices: Helas! combien doit estre plus prompte enuers les gens de bien, l'assistance des bons Anges, dont le grand amour charitable ne respire que leur salut & prosperité; ce qui se voit clairement en l'histoire du ieune Tobie.

O combien donc, mes freres, deuons-nous IV. exciter nos cœurs à deuotion enuers ces bienheureux esprits, procureurs infatigables de nostre salut. *Qui me donnera,* ô mon cher Ange: *mon frere, qui succez les mammelles meilleures* Cant. 8. *que le vin de la beatitude de nostre Pere celeste, que ie vous rencontre à l'escart, & que personne ne nous voye là, ie vous carresserois & vous prodiguerois les plus sinceres affections de mon cœur.*

Helas, on appriuoise les plus sauuages fores, & les oyseaux plus farouches apprennent à venir estant reclamez ; que ne puis-je vous domestiquer, ô mon cher Assistant ; pourquoy me cachez vous vostre lumineux visage, comme vn Moyse, sinon pour espargner l'imbecillité de mes yeux? *Ainsi dis-je en l'excez de mon ame.*

Non qu'il faille desirer les visions des Anges, mes freres ; car les vrayes sont difficiles à recognoistre ; *le démon tenebreux se transformant souuent en Ange de lumiere*, par ses illusions.

Ps. 116.

De moins apprenons à les respecter en autruy selon l'enseignement de nostre texte, qui pour le respect des Anges nous defend de rien commettre de *scandaleux deuant mesmes des petits enfans*, qui n'auroient pas le jugement de recognoistre nostre mauuaise action.

2. Cor. 11.

Voire quand nous serons seuls, respectons nos Anges en nous mesmes, ne faisans aucune action indecente ny geste mal à propos, pour la reuerence de ces bien-heureux Esprits, qui quoy qu'inuisibles sont tousiours à nos costez.

Accoustumons-nous à les caresser, saluër, prier, inuoquer ; disons souuent l'*Angele Dei*, qu'on nous apprend en nostre ieune âge, au leuer, au coucher, ne l'oublions iamais, repetons-le plusieurs fois le iour, principalemét és occasions perilleuses pour le corps, ou pour l'ame.

Appellons-les à nostre aide és sainctes entreprinses, comme de la predication, de la correction, de la conuersion des pecheurs, ou des errans, comme faisoit ce bien-heureux Prestre Theologien de la compagnie de Iesus, Pierre Faber, qui traversant des pays heretiques operoit de grandes merueilles, assisté des Anges locaux qu'il inuoquoit auec beaucoup de deuotion. Bons Anges qui souspirans apres la reduction de ces peuples desuoyez, ne laissent encores, auec grande charité, de garder ces brebis errantes, n'ayans pas tant d'esgard à ce qu'elles sont, qu'à ce qu'elles pourroient estre si elles vouloient estre esclairees d'vne meilleure loy.

Ainsi lisons-nous en Daniel que l'Ange des Perses resista à l'Ange des Iuifs, qui alloit pour les retirer d'emmy ces peuples idolatres; & n'ust peu estre vaincu sans l'ayde de nostre S. Michel; & resistance n'estoit que de peu de bien spirituel qui arriuoit à ces Gentils par la frequentation des Israelites ne leur fust osté, tant cét Ange procuroit soigneusement leur salut. Quand ie lis ce debat, il me souuient du Poëte, *Dan. 10.*

Iuppiter in Troiam, pro Troia stabat Apollo,
Æqua Venus Teucris, Pallas iniqua fuit.

Que si, mes freres, nous sçauions mesnager bien à point les salutaires inspirations que nous insinuent, comme diuines influences, ces celestes esprits: comme celles des astres engendrent en terre toutes sortes de commoditez; ainsi toutes sortes de biens spirituels seroient produits en nos ames.

Helas! fussions-nous aussi prompts à executer leurs sainctes persuasions, que nous sommes enclins & foibles à nous laisser emporter aux premieres suggestions & tentations qui nous viennent de la part du malin. *Vnusquisque tentatur à concupiscentia sua tractus & illectus concupiscentia autem cùm conceperit, generat peccatum peccatum cum consummatum fuerit, generat mortem.*

Mat. 26. En ce conflict de la chair auec l'Esprit, le demõ se mesle auec celle-là *qui est infirme*, & le bon Ange auec cestuy-ci *qui est prompt*, estriuans ainsi de la possession de nostre cœur deuant Dieu, comme ces deux courtisanes deuant Salomon.

Rom. 8. Et pareils à l'enfant de l'embléme, *vt nos pluma leuat* de l'esprit, *sic graue mergit onus* de la

2. Pet. 5. chair: *Mais si par l'esprit nous mortifions les œuures de la chair, nous viurons.*

Fratres, sobrij estote & vigilate, quia aduersarius vester Diabolus, tanquam leo rugiens, circuitu quærens

Ps. 33. *quem deuoret.* Pource implorons auec crainte l'aide de Dieu & de ses Anges. *Immittet Angelus Domini*

3. Reg. 6. *in circuitu timentium eum, & eripiet eos.*

Ce furent ces saincts Esprits qui deliurerent Elisee d'entre les mains des Syriens, qui figurent nos ennemis inuisibles. Soyons donc *fortes in fide,* car autour de nous & de l'Eglise, *super muros Hierusalem constituit custodes,*

Et præcipuè primatem cælestis exercitus

Isay 56. *Michaelem in virtute conterentem Zabulon.*

Apprenez, 1. à estre humbles, 2. à recognoistre la singuliere protection de S. Michel sur la France, 3. combien les Anges aiment les deuots, 4. estre deuots aux Saincts Anges, & principalement à S. Michel.

Festiues.

IV. OCTOBRE.
Sainct François Temple mystique.
HOMELIE.

In diebus suis corroborauit templum.
Eccles. 50.

IL y a iustement auiourd'huy deux mois, mes chers freres, que sous le symbole du Temple de Salomon ie taschay de vous representer quelques merites de S. Dominique, fondé sur ceste vision du Pape Innocent III. qui le vid comme vn Atlas soustenant le faix du ciel de l'Eglise croulante: & voicy l'autre arc-boutant, qu'il vid aussi comme vn autre Hercule prestant ses espaules à ce fardeau, sçauoir le glorieux Sainct François duquel nous celebrons auiourd'huy la memoire; deux grands saincts contemporanees vnis d'vne amitié toute charitable, & bien que par diuerses routes, tirans à mesme but, & conspirans à pareille fin du soustien & restauration de la saincte Eglise. Cette vniformité m'oblige à conseruer la mesme inuention de l'ordre que i'obseruay en l'Homelie de S. Dominique: voicy donc vn discours de pareille forme, mais de diuerse matiere.

Qui vous fera voir, 1. que S. François est vn Temple viuant, 2. que luy conuiennent quelques priuileges du Temple de Salomon, 3. les mysteres du feu, 4. de l'eau, 5. de l'Vrim & Thumim, 6. du propitiatoire, 7. de la prophetie, & 8. du nom de Dieu. Entendez,

I. A la mienne volonté, mes tres-doux freres, que comme il y a quelque allusion entre le nom de Belley, & celuy de Beseleel cét industrieux ouurier du tabernacle, aussi i'eusse quelque participation de *son double esprit* pour fabriquer vn Temple spirituel & mystique en l'honneur de ce Seraphique Sainct, duquel nous honorons auiourd'huy la memoire. Que n'ay ie la lyre Thebaine pour luy eriger au son de ma voix vn monument d'immortelle durée?

Certes pour discourir dignement des merites de S. François, si on n'est bien suffisant, il faut estre bien temeraire; mais que n'osera nostre deuotion vers luy? elle osera nous *esleuer* *Tbr. 3.* *par dessus nostre portée.*

Entre les Pyramides de l'Egypte celle de Rhodope emporta le prix, parce qu'elle auoit esté fabriquée par vne femme, qui n'ayant rien approchant les richesses des Roys qui auoyent basty les autres, elle eut bien neantmoins le courage de les imiter. Ainsi c'est merueille que S. François auec la pauureté qu'il appelloit sa fidelle compagne, aye establi vn Ordre si fertile & multiplié, qu'il aille contr'imitant, voire deuançant la multitude des riches Monasteres desquels sainct Benoist Pere des Moynes a peuplé l'Occident. Il a donc erigé vne pyramide, mais renuersée, qui ne touche la terre que par le poinct de la simple necessité. *Habentes alimenta & quibus tegamur, his contenti simus,* & portant au ciel la largeur de sa base, y *thesaurisant* *Matt. 6.* *des thresors d'immortelle durée, où la rouille ny les mains rauissantes n'ont aucun accez.*

Or que ce Sainct aye esté vn temple viuant, & habitation du S. Esprit, les stigmates en ont donné vne si euidente preuue, que la dedicace d'vn Temple ne se remarque point mieux par son inscription, que celuy-ci *en portant en son corps la mortification de Iesus.*

II.

Temple priuilegié, comme celuy de Salomon, entre les singularitez duquel en voicy deux que ie choisis pour les appliquer à nostre Sainct. La 1. bien que iournellement remply de chairs immolees, neantmoins iamais on n'y sentoit de puanteur ny voyoit-on de corruption: ce qui me signifie la grande pureté & Angelique chasteté de sainct François, en laquelle il a singulierement excellé.

O qu'il a vescu en la chair comme sans la chair, sans aucune contagion de la sensualité, sa mortelle ennemie: il fuyoit tous plaisirs comme l'abeille les puanteurs.

Il ne cherissoit ques les espines des austeritez pour y conseruer ce beau lys: que les hayes des Monasteres bien resserrez, pour y garder *ceste fleur des iardins.*

O comme il *chastioit son corps pour le reduire en esclauage,* quand il l'appelloit *frere l'asne,* & qu'il se rouloit en la neige pour esteindre les ardeurs de la concupiscence.

1. Cor 9.
S. Bonauent. in eius vita

O comme il se blanchissoit comme le papier par les marteaux des mortifications.

Le 2. priuilege du Temple estoit que nulle beste veneneuse y pouuoit viure: & y a-il rien plus veneneux que l'argent? pource nostre S. l'a tellement banny de son Ordre, qu'il defend le maniement à ses Religieux.

Ainsi S. Anthoine trouuant des masses d'or dans les deserts, les fuyoit comme des serpens.

Car quel est ce metal, sinon vne dypsade, dont la picqueure glisse dans l'interieur vne alteration inextinguible?

Et que font les auares, sinon comme serpens se remplir de terre, se tapir dans les espines des richesses?

Sinon comme des araignes ourdir vne toile inutile, pour vn amas qui les traine à perdition?

S. François embrassant vne exacte pauureté qu'il a mise pour fondement de son Ordre, a vomy tous ces poisons, pratiquant le premier cette regle Euangelique, *Vade, vnde omnia quæ habes, &c.* Faisant cession de tous biens deuant l'Euesque d'Assize, pour acquerir ceste perle Euangelique, la saincte pauureté, qu'vn ancien appelle *ignotum bonum*.

Perdant les richesses comme Crates, de peur qu'elles ne le perdissent, & comme Spiridion quittant iusques à sa robbe pour se reuestir d'vn sac de couleur de cendre; car tel est l'habit de S. François.

III. Que si nous considerons ce feu perenne qui flamboit continuellement sur l'Autel du Temple, qui ne voit que c'est le vray Hieroglyphe de la grand charité qui a donné à nostre Sainct le tiltre de Seraphique?

C'est ce feu qui cherchant sa sphere, faisoit que sa continuelle *connersation estoit dedans les cieux*, n'y ayant rien icy bas capable d'arrester

Coloss. 3. tant soit peu ses pensees, non que ses affections.

C'est ce feu qui luy rendoit quelquefois le visage esclattant & flambant comme celuy d'vn Moyse & d'vn S. Estienne; combien de fois renenant d'extase ses freres n'ont-ils peu supporter la splendeur de ses yeux.

C'est ce feu qui bruslant au milieu des eaux des austeritez n'en a jamais peu estre esteinct, ains comme vt Ætna, il se renflammoit par les orages des afflictions & des maladies, s'estimant trop honoré de *souffrir pour nostre Seigneur*. *Cant. 8.*

Act. 5.

C'est ce feu qui le porta à aller chercher le martyre parmy les Sarrazins, où estant entré en dispute il s'offrit de prouuer son dire, en se iettant dans vn feu, d'où sans lesion il sortit, comme les trois enfans de la fournaise de Babylone.

Quoy? n'estoit-il pas luy mesme vne fournaise de diuin amour, qui l'eust sans doute estouffé, si Dieu n'eust par ses stigmates donné de l'air à ses flammes?

Et ne fust-ce pas vn Seraphin embrasé qui les luy imprima, comme iadis vn autre purifia auec vn charbon du sainct autel les léures d'Isaye? *Isa. 6.*

O que de bois odorans de douces meditations nostre Saint employoit pour nourrir tousiours ce feu sacré sur l'autel de son cœur. *In meditatione eius exardescebat ignis.*

Que si nous iettons l'œil sur les mysteres de l'eau qui estoit dans les deux lauoirs du Temple (laissant à part qu'ils figuroient nos benoitiers & nos fonds baptismaux) ils me representent les larmes de penitence & de compassion coulantes des yeux de nostre Sainct; pa-

IV.

teils aux *Piscines d'Esebon* claires & salutaires.

Ce que les Poëtes content de l'eau de la source des Ionides, qui guerissoit de toutes langueurs se peut dire avec plus de verité de celle des larmes penitentes; car il n'y a mal spirituel auquel elles ne remedient.

Et que nostre Sainct ayt eu le don des larmes nous l'apprenons de l'histoire de sa vie.

Vberibus semper lachrymis, semperque paratis In statione suâ.——

Larmes qu'il espanchoit ou par componction, ou bien par compassion des fautes d'autruy, pour faire cet office que S. Hierosme dit estre le propre du vray Religieux, *de plorer pour ses pechez, & pour ceux de tout le monde.*

Ainsi nostre Seigneur plora sur Hierusalem.

Ainsi le Pere Euangelique plora sur le Prodigue.

Ainsi ploroit S. Bernard sur la dureté du cœur des pecheurs, qui ne pouuoient se flechir à repentance.

V. Quand à l'Vrim & Thumim qui brilloit sur le grand Prestre il me signifie le brillement & bruslement de la predication de nostre Sainct, accompagnée du rare exemple de sa vie.

Il estoit vn vray *Boanerges* enfant du tonnerre, portant son esclair & son esclat en mesme temps.

On l'a veu comme vn Orphée adoucir les plus felons courages au son de la diuine parole.

On l'a veu suiui presque de pays entiers, trainer apres soy, à l'imitation de nostre Seigneur, des peuplades de monde dans les deserts, les repais-

repaissent là de la manne de ses diuins discours.

On la veu *rompre ce pain spirituel aux plus petits*, cerchant les dernieres chaires, les lieux moins signalez, & fuyant les theatres esleuez des grandes villes, comme des eschaffaux de pompe, & de vanité; il alloit comme nostre Seigneur preschant par les bourgades.

On le suiuoit comme les animaux la Panthere en l'odeur *des parfums* de sa saincte vie, plustost que de sa grande doctrine; car bien qu'il fust Theodidacte, si faisoit-il cōme S. Paul profession de fuir *sublimitatem sermonis*, cherchant plustost à bien faire, qu'à estre reputé beau diseur. Il parloit ordinairement *en l'abondance de son cœur, & par l'impetuosité du S. Esprit*; mode vrayement Apostolique.

Il persuadoit autant par son exemple, que par ses discours.

—— *Non sic inflectere sensus*
Humanos bona dicta valent, quàm vita loquentis.

Vne chandelle n'en peut allumer vne autre, si elle-mesme ne l'est; ny vn Predicateur persuader vne vertu; s'il n'en a la pratique.

Celuy qui porte le flambeau doit-il pas preceder?

Mais il arriue par malheur ordinairement, que comme celuy qui porte le flambeau esclaire derriere non deuant soy; ainsi prou de prescheurs illuminent autruy (car *declaratio sermonū Dei illuminat, & intellectum dat paruulis*) non pas eux-mesmes. Ps.118.

Semblables à ceux qui tirent vn canon sans bale, faisans bien du bruit sans aucun effect.

M m

Et au sac à sasser, qui vuide la farine & ne retient que le son.

Et à ce tauernier de Chio dont parle Plutarque, qui vendoit de tresbon vin, & n'en beuuoit que de poussé.

Et à l'Orféure qui fera bien vn Crucifix, mais sans y auoir deuotion.

Aussi voit-on combien leurs discours profitent, esclairans comme le Soleil en certaines regions sans eschauffer.

Car pour dire le vray,

Sic agitur censura, & sic exempla parantur,
Doctor quando alios quod monet ipse facit.

Celuy qui apprend aux autres les exercices du corps, n'enseignera iamais bien, si luy mesme ne voltige, ne manie vn cheual, ne prend les armes au poing. Ainsi iamais vn beau diseur ne profite, s'il ne se range à bien faire.

VI. Ie viens au propiciatoire du Temple, qui me figure la puissante oraison de nostre Sainct, auec laquelle il a obtenu choses grandes, iusques là qu'vn iour deuisant auec vn de ses freres de choses spirituelles, il luy arriua de dire qu'il auoit demandé peu de choses à nostre Seigneur auec ferueur qu'il n'eust obtenuës, *Postula in fide nihil hæsitans.*

Aussi recommandoit-il sur tout à ses Disciples l'esprit de saincte Oraison, plustost que celuy de l'humaine science; car à vray dire comme on aduance plus en mer par vn coup de vent que par cent de rames; aussi fait-on beaucoup plus de progrez en la vraye science, qui est vn dõ du S. Esprit, par la priere, que par aucun travail studieux, & curieuse lecture des liures.

Aussi disoit S. Thomas d'Aquin qu'il auoit beaucoup plus appris en priant qu'en lisant. *Da* Pf.118. *mihi intellectū, & scrutabor legem tuā*, disoit Dauid.

Les Gentils tenoient que Nemesis obtenoit tout ce qu'elle vouloit de Iupin; le mesme fait la priere de Dieu. *Quicquid petieritis fiet vobis, petite & accipietis. Inclinat Deus aurem suam ad preces nostras. Benedictus Deus qui non amouit orationem meam, & misericordiam suam à me.*

C'est vne chaisne d'or auec laquelle nous at- Pf.129. tirons *la copieuse propitiation & redemption de Dieu*.

C'est ceste *vergette de fumee* qui attire du ciel le feu, du diuin amour, pour deuorer le sacrifice de nos cœurs, car la fumee n'attire point Cant.3. tant le feu, comme la priere la grace.

Ce fut par vne instante priere que nostre S. obtint de *Iesus Christ* mesme, ce Iubilé de pleniere remission pour l'Eglise de nostre Dame des Anges lez Assize, qu'il appelloit sa *portioncule* pour estre son ordinaire habitation : *hîc habitabat quoniam elegerat eam.*

Ce fut par le moyen de la priere qu'il quintessentia és douze chapitres de sa regle la cresme & la fleur de la perfection & rigueur Euangelique ; regle que la commune tradition des deuots tient comme la loy de Moyse, luy auoit esté donnee de la main de nostre Seigneur, regle qu'il defendit de gloser ou interpreter autrement qu'à la lettre, & qui bien gardee mene infailliblement son obseruateur au ciel.

Quant à la Prophetie qui ignore que no- VII. stre S. en fust doüé tres excellemment ; ne predit-il pas la mortalité qui arriua à la ville de Damiette? Aduertit-il pas vn soldat de se confesser & tenir en bon estat ayant à mourir dans trois iours? Dit-il pas à vne femme qui vouloit se separer de son mary pour sa mauuaise vie, qu'il se conuertiroit bien tost, ce qui arriua? Combien prophetiza-il d'accidens à son Ordre, qui depuis sont arriuez? La fin de frere Helie fut elle pas telle qu'il l'auoit predite? Comme vne autre Cassandre, ou plustost comme vn autre Ionas, il predifit la ruine de plusieurs pecheurs, dont les vns se conuertissoient, les autres tombez en malheur se repentoient, mais trop tard, de ne l'auoir creu, & ne s'estre conuertis à Dieu

Exo. 20. debonnaire, *qui fait misericorde à milliers*.

Ce mot de Prophetie vient à *procul fando*, pource sainct François aimoit les retraittes du monde & les solitudes, pour de là, comme S. Iean-Baptiste, donner plus d'energie à sa voix, & d'efficace à la diuine parole.

Vn sage & iudicieux Predicateur, & qui desire aduancer le Royaume de Dieu, ne doit pas tant se communiquer ny familiariser auec le monde, qui se porte soudain à mescroire & à mespriser vne trop facile conuersation : mais comme vn farouche & chaste Hippolyte, il doit aimer les lieux solitaires, & de là lancer des flesches *ardantes aux cœurs des ennemis de Dieu*,

Psal. 79 qui sont les pecheurs, *sangliers sauuages qui demolissent sa vigne*.

Ce don de prophetie estoit assez commun

1.Cor. 11 en la primitiue Eglise, comme il appert en S.
13.14. Paul, parce que l'on fuyoit les conuersations

mondaines; & ceux qui se plaisent à traitter auec Dieu *cœur à cœur en solitude*, il leur communique volontiers ses secrets. Osee. 8.

VIII.

Il me reste de vous monstrer, mes freres, comme le nom de Dieu que ce grand Prestre portoit graué sur sa mitre, estoit bien plus noblement graué sur le cœur de nostre Sainct.

Certes il est tres-vray que le nom quatre-lettré *Iehoua* selon qu'il est escrit en Hebrieu, est improuonçiable; mais il s'est rendu proferable par le *Scin* qui y a esté interseré par le nom de *Iesus*.

Or c'est à ce beau nom *par dessus tout nom: nom qui signifie Sauueur, & auquel seul nous auons à estre sauuez; nom adorable & adoré sur les cieux, en la terre, & sous la terre*: c'est, di-ie, à ce beau nom que S. François a tousiours eu vne affection tres-cordiale.

Il pouuoit bien dire ce que S. Bernard de ce beau nom, qu'il estoit vne harmonie à son aureille, vne iubilation à son cœur, vne Iris à ses yeux, vne rose à son flair, & vn miel à sa langue.

Car toutes les fois que S. François proferoit ou entendoit proferer ce beau nom, on le voyoit se lecher les leures, comme s'il eust mangé *vn rayon de miel distillant*.

Souuent il tomboit en extase à la prolation de ce mot, comme son B. frere Gilles à celuy de Paradis.

Iesu dulcis memoria,
Iesu dulcedo cordium,
Tu esto nostrum gaudium
In sempiterna sæcula. Amen.

Colligez de ceste Homelie, mes tres-aimez, 1. que S. François a esté vn Temple mystique, 2. qu'il a eu espirituellement quelques priuileges de celuy de Salomon, 3. que le feu de ce Temple represéte sa charité, 4. l'eau ses larmes, 5. l'Vrim & Thumim sa predication, 6. le propitiatoire son oraison, 7. qu'il a eu le don de Prophetie, qu'il a esté infiniement deuot au nom de *Iesus*, lequel soit beny à iamais. Ainsi soit-il.

XVIII. OCTOBRE.

De l'Euangeliste sainct Luc.

HOMELIE.

Designauit Dominus & alios 72,

Luc 10.

APelles enduroit que l'on loüast ses peintures, non qu'on les sindiquast: car il souffrit Megabysus quand il les admiroit, mais le renuoya bien viste quand il les voulut controller. Nous ne sommes pas icy assemblez pour iuges des diuines peintures que le S. Esprit a tracées par la main de S. Luc: mais pour les reuerer; pource i'espere que sinon nostre discours, du moins nostre respect luy sera agreable.

Or pour ioindre l'Euangile à la feste, nous traiterons, 1. du soin que Dieu a de son Eglise saincte, sur ces mots, *Designauit alios 72.* 2. de l'vnion & bonne correspondance qui doit estre entre les Predicateurs, sur ceux-cy; *binos & binos misit illos.* 3. du nombre des Euangelistes, 4. de nostre sainct Luc excellent Peintre & Medecin. Escoutons.

Le soin principal d'vn bon pere de famille, mes freres tres-chers, est de constituer de bons ouuriers en ses terres, & des œconomes diligens & vigilans sur ses biens, qui soient dispensateurs legitimes, non dissipateurs inconsiderez de ses reuenus; & pensez-vous que Dieu qui donne la sagesse aux autres aye moins de circonspection pour la conduitte de sa chere maison, qui est l'Eglise fondee & cimentee de son sang, & qu'il ne se pouruoye pas *de seruiteurs prudens & fidelles pour les constituer sur sa famille?* *Mat. 24*

Voyez en la parabole comme il chasse les mauuais vignerons, & *vineam locat aliis agricolis.*

Voyez aux Cantiques comme il met des gardes à sa vigne, *qui frappent sans recognoistre.* *Cant. 5.*

Ce sont ces sentinelles dont parle Isaye, qui font vne continuelle ronde iour & nuict autour des murailles de Hierusalem. *Super muros tuos Hierusalem constitui custodes, tota die & tota nocte in perpetuum non tacebunt.* *Isa. 62.*

Salomon priant pour son Temple figure de l'Eglise, demande à Dieu qu'il en aye vn soin special & perpetuel. *Aperiantur quæso oculi tui Deus, & aures tuæ intentæ sint ad adorationem quæ fit in loco isto.* *2. Par. 6*

Dieu edifia autresfois des maisons aux sages

femmes d'Egypte ; pensez s'il manquera d'entretenir la sienne, *vivis ex lapidibus.*

Exod. 1.
Pf. 130.
Quàm magnificata sunt opera tua Domine, omnia in sapientia fecisti. Certes, mes amis, la belle disposition du monde marque en gros characteres la magnificence de l'ouurier, de telle sorte que S. Paul appele *inexcusables* ceux qui par icelles ne montent à la recognoissance du facteur:

Rom. 1.
mais comme ce qui rend vn horloge merueilleux, est ceste enclaueure des rouages l'vn en l'autre qui compasse si iustement le temps; aussi ceste concatenation des creatures faites *en nombre, poids, & mesure,* & subordonnees l'vn à l'autre, est ce qui rend plus admirable la composition de l'vniuers.

Car Dieu se contentant d'estre premiere & souueraine cause, il laisse regir ceste machine par les causes secondes ; ainsi les Astres influent çà bas; ainsi les cieux que *Dieu a fondez en son entendement,* sont roulez par des intelligences motrices : les hommes sont guidez par les Anges tutelaires : *Angelis suis mandauit, vt custodiant nos*

Pf. 90.
in omnibus viis nostris. Les hommes sont constituez *pour dominer tous les autres animaux, tant des*

Genef. 2
airs, que des eaux, que de la terre. Ie dis plus (en quoy reluit l'admirable sagesse de Dieu) qu'il en a constitué aucuns sur les autres hommes. *Omnis Pontifex ex omnibus assumptus supra homines quidem. Omnis anima potestatibus sublimioribus subdita sit, &c. Alios constituit Apostolos, alios Euangelistas, &c.* Pour verifier ce Prouerbe, *Homo homini Deus,* sçauoir en gouuernant doucement & suauement les autres.

Il a voulu que les Superieurs tinssent sa place, & comme ses Lieutenans representassent sa personne auec ceste menace, que *qui les mesprise le mesprise*: & sous peine de perir en *la contradiction de Choré*; il commande de leur obeyr, *Obedite præpositis vestris*.

Mais voyez combien il favorise plus son Eglise, qu'il n'a pas fait la Synagogue; à celle-là il enuoyoit les Patriarches & les Prophetes vn à vn, & clair-semez : mais pour celle-cy il enuoye des ouuriers à douzaines, voila pas douze Apostres; voila pas 72. Disciples, entre lesquels estoit nostre S. Luc?

Representez par les 70. Palmes qui estoient iouxte les 12. sources d'Helim?

Par les 12. Principes les Tributs, & les 70. Cōseillers que se choisit Moyse, par l'aduis de Iethro.

Par les 70. personnes que Iacob mena quand & soy en Egypte.

Ce sont là les premiers ouuriers que nostre Seigneur choisit, pour *les enuoyer en sa vigne*, ausquels ont succedé les Euesques tenans la place des Apostres, & les Prestres tenans celle des Disciples. Ce sont ses manoeuures *qui ont mis leurs mains à choses fortes*, desfrichans le monde d'idolatrie, & d'erreur.

Ce sont les instrumens desquels Dieu s'est seruy pour conuertir les Iuifs & les Gentils à la verité de nostre saincte foy : comme autrefois en Israel, *dolauerat in Prophetis* : metaphore tres-propre pour exprimer comme la fonction des Predicateurs est d'applanir les cœurs rab-

Exo. 13.
& 24.
Num. 11.
Ezech. 8
Gen. 46.

Luc. 10.
Prou. 31.

Osee 6.

boiteux, comme auec vne doloire, leur langue estant vn cousteau tranchant, & la parole de Dieu *Hebr. 4.* vn glaiue coupant des deux parts, & atteignant iusques à la diuision de l'ame & de l'esprit, des cartillages & des moëlles.

Mais comme quand vne doloire rencontre du fer dans du bois, ou touche de la pierre, elle se rebouche & perd son fil ; ainsi les cœurs ferrez & empierrez des hommes, ne se laissent pas tousiours tailler & façonner par la saincte parole ; ains quelquefois ils s'esleuent contre ceux qui parlent de retrancher les vices, iusques à les *Act. 7.* baffoüer, persecuter, tuer. *Quem Prophetarum nõ sunt persecuti patres vestri?* reproche S. Estienne aux Iuifs : Moyse, Elie, Daniel, les Apostres, les Disciples, quels n'ont esté persecutez & martirisez ?

II. Or comme pour se seruir d'vne doloire, il faut estre ferme, iuste, adroict, & que le bois soit bien disposé pour accomplir vne bonne besongne ; & comme ceux qui scient des grosses pieces doiuent s'entresoulager en leur trauail associé : aussi pour donner vn grand effect à la predication de la saincte parole, il est necessaire, non qu'expedient, que les Predicateurs soient ensemble en bonne vnion & intelligence, afin que l'Eglise soit ceste terre, *vnius labij,* en conformité de sentimens & affections.

Il n'appartient qu'à l'heresie d'auoir autant d'opinions que de testes, & autant de langues que Babel.

Autrement la Musique Euangelique qui doit

auoir vne consonance parfaite, degeneretoit en cacophonie.

Les Predicateurs sont tous membres d'vn mesme corps, regis d'vn mesme esprit, imbus de mesme doctrine, preschans la mesme foy: & bien que differens en talens, *omnes non eundem actum habent*, ils ont neantmoins vn mesme but, qui est d'annoncer la gloire de Dieu, & son nō à leurs freres, le loüer au milieu de l'Eglise, & procurer le salut des ames au milieu de la terre. *Ps. 21. Psal. 73.*

Ce seroit chose mōstrueuse de voir de la contrarieté entre les membres d'vn mesme corps, comme representoit Menenius Agrippa au peuple Romain diuisé, & encores plus prodigieuse de voir de la contradiction en la cité de Dieu, entre les fidelles, *qui spiritu Dei aguntur*, & qui n'ont rien tant recommandé que l'vnion.

De la diuision des Capitaines vient la dissipation d'vne armee: il ne faut pas que ceste mesme intelligence entre en celle *qui est appellee terrible, comme vn exercite bien ordonné*, & le mot du guet y doit estre vniforme. *Cant. 6.*

Chassez, ô Predicateurs, loin de vostre saincte profession, ce honteux & detestable vice d'enuie, par lequel *le diable a glissé la mort au monde*. Ce que vous ferez, si vous empeschez la vanité de se ramper quand & vous au throsne de verité, où vous montez pour enseigner aux autres le chemin de salut. *Sap. 1.*

Laissez aux ames viles & seruiles, la pratique de ce Prouerbe, *faber fabro inuidet*: en ce qui regarde le seruice du monde, chacun voudroit estre seul de son art en vne ville: mais en celuy de Dieu, il le faut prier instamment, que *mittat operarios in vineam suam*, & se resiouyr grandement quand la pluralité correspōd à la moisson.

Plus il y a de rameurs en vne chiorme, meilleur elle est: plus de cheuaux en attirail, plus fort il est: plus de soldats en vne armee, plus puissante elle est. *Modo annuncietur Christus, siue per ignominiam, siue per bonam famam*, que nous importe-il?

Benissons Dieu au contraire quand il pouruoit abondamment son Eglise de gens, *qui portent son sainct nom* dans les aureilles des escoutans: *Exaltent eum in Ecclesia plebis, in cathedra seniorum laudent eum*.

Ne sçauons-nous pas qu'en la triomphante Sion, *millia millium ministrant ei*? souhaittons qu'autant il y en ait en la militante. *Charitas non æmulatur, non quærit quæ sua sunt, congaudet autem veritati*.

Ce n'est pas que l'emulation ne soit bonne, pourueu qu'elle soit de Dieu & en Dieu, *Æmulor vos Dei æmulatione, æmulamini charismata meliora? sic currite vt comprehendatis*. O la belle chose quand on s'efforce à cercher non sa gloire, mais celle de Dieu par dessus ses compagnons: ainsi faisoit sainct Paul auec son *plus ego*.

Pericles refusé de la Preture s'en alla tout resiouy de ce qu'à Athenes on en trouuoit beaucoup de plus meritans que soy, & sans perdre courage se seruit de ce rebut comme d'vn esguillon pour paruenir à vn plus haut degré de vertu; c'estoit là vn braue courage, & que nous deuons imiter; benissant Dieu quand nous verrons qu'il a plusieurs serviteurs plus accomplis que nous, nous servans de leur exemple pour nous presser à mieux faire.

Or pour enseigner aux Disciples ceste grande vnion qui deuoit estre en eux, voila que nostre texte nous apprend que nostre Seigneur les enuoya *binos & binos*, comme tirans à mesme ioug.

Et les enuoya non en des theatres esleuez, Luc. 14. non és *premieres chaires*, mais par la campagne, és villages, és petites bourgades : bref, *in omnem locum in quo erat ipse venturus*. O la grande confusion pour ceux qui presumans trop de leur sçauoir, ne veulent estaler la marchandise de leur vanité qu'és grandes assemblees, qui cherchent les auditoires nombreux & frequentez, ils monstrent bien que c'est plustost leur propre gloire qu'ils recherchent que celle de Dieu, quoy qu'ils se couurent de pretexte qu'ils desirent profiter d'auantage pour l'autruy: mais c'est à l'auenture pour eux, selon ce traict.

In steriles campos nolunt iuga ferre iuuenci,
Pingue solum lassat, sed iuuat ipse labor.

Beny soit nostre Seigneur, mes freres, qui au courant de sa predication n'a point desdaigné les moindres lieux pour y porter le flambeau de sa doctrine; mais semble les auoir affectez & plus recherché, que ny l'audience de la rebelle Hierusalem, ny des plus amples citez.

Ainsi ont fait à son imitation, sainct Dominique & sainct François; celuy-là quittant son pays natal, parce qu'il estoit trop estimé & admiré, cherchoit les estrangers où il estoit mesprisé en ses sermons, pour n'en sçauoir pas bien la langue, ensuiuy en cela par vn de ses sectateurs en son Ordre S. Raymond de Pennafort. Quant à sainct François il est tout asseuré que ses delices estoient de conuerser & prescher parmy les villages, tirant apres soy comme iadis nostre Seigneur des peuplades de bonnes gens dans les deserts & solitudes: où il les nourrissoit de la manne sucree de la sacree parole, qu'il leur proferoit auec grande simplicité, *& prone spiritûs dabat eloqui illi.*

Et nostre Seigneur suiuoit de pres ces siens ambassadeurs, sçauoir ses Disciples, pour faire honte aux Pontifes, qui enuoyoient bien les Scribes & Pharisiens, mais eux ne bougeoint: pareils aux Prelats nonchalans ou indignes, qui conferans les Ordres donnent bien le pouuoir de prescher, mais ne le font pas eux-mesmes par defaut de diligence ou de capacité.

Tels que des Capitaines qui enuoyent leurs soldats recognoistre le danger, & les mandent aux coups où ils ne vont iamais.

Plusieurs aussi enuoyent deuant en leurs Dioceses, leurs Vicaires & Officiaux és visites, mais se contentantans de cela, ils ne les suiuent pas, ne voulant pas prendre tant de peine: mais ces Elisees ont beau mander leurs Officiers & Gyezis, le baston de leur iurisdiction & puissance, si eux-mesmes n'y vont en personne, se raccourcissans par compassion sur les paures ames, conferans la confirmation aux petits, & voyans de leurs propres yeux les reparations necessaires, *numquam resurget puer*, rien n'ira iamais bien, mais plustost en ruine & decadence: car il ne faut point *dominari in cleris*, mais se rendre *formam gregis ex animo*. 1.Pet.2.

Or entre ces septante deux Disciples choisis par nostre Seigneur, il y en a eu quatre appellez à l'office d'escrire l'Euangile. Quaternaire figuré par les quatre fleuues arrosans le Paradis terrestre, comme ceux-cy par *leur parole coulante côme la rosee*, abbreuuent tous les parterres de l'Eglise qui est *ce iardin clos*, dont ils sont *les fontaines seellees*, & *les puits d'eaux viues*.

III.
S. Aug.
l. 13 de cit c.21.
S. Hier. in Abac. c.3.l.2.
Deut.32
Cant. 3.

Ce nombre encores presfiguroit que ces quatre Euangiles deuoient resonner és quatre parties du monde. *In omnem terram exiuit sonus eorū, & in fines orbis terræ verba eorum. A Solis ortu vsque ad occasum laudabile nomen Domini.* Ps.18.

Et se peut encores rapporter selon sainct Gregoire aux quatre colomnes du tabernacle.

Exo.26.
Greg.
Mor.28
c.6.

Car quant aux quatre animaux que vit Ezechiel, le mesme sainct Pere en fait de longues paralleles; & ceste figure est toute vulgaire.

Hom. 2.
in Ezec
1.

Peuuent aussi ces quatre celestes escriuans estre conferez à ces quatre cheuaux attellez que vit Zacharie le Prophete, sortans du milieu de deux montaignes d'airain: car ils ont escrit de la diuinité & humanité de nostre Seigneur, qui sont *montes Dei*: & de l'Eglise qui est, *Mons domus Domini in vertice montium, & cuius fundamenta in montibus sanctis*. Principalement nostre sainct Luc, qui outre son Euangile a

Zach. 6.
& ibi.
Hier.

aussi despeinct les Actes des Apostres en la naissance de l'Eglise.

IV. Histoire qui est vne tapisserie de haute lisse, & vne peinture de grand prix; aussi part-elle de la main d'vn Sainct, qui auant qu'estre Chrestien auoit excellé és deux arts de la Peinture, & de la Medecine: c'est ce qui nous reste à vous representer.

Ie n'aurois pas le temps de m'estendre sur la dignité de la Peinture, aussi n'en ay-ie pas le desseing; ie diray seulement ce petit mot, que le peintre imite en quelque sens, Dieu, qui en se considerant forme en soy ceste *image de sa substance, qui est son Verbe increé*. Et cét autre auec son pinceau & ses couleurs forme l'image des accidens humains: auec tant de naïfueté qu'il semble communiquer à vne toille inanimee, quelque bluette de vie, ne manquant presque que la parole à vne espece de creation, qui n'est pourtant qu'vne recreation agreable.

Heb. 1.

Or l'Eglise qui iusques à ce temps conserue cherement & religieusement plusieurs portraits de nostre Seigneur & de sa saincte Mere, faits de la main de sainct Luc, comme celuy tant renommé de saincte Marie Majeure, & plusieurs autres que i'ay veus tant à Rome qu'en d'autres endroits de l'Italie, témoignent assez aux Nouateurs, que ce n'est pas depuis peu que l'vsage des images est en l'Eglise, y ayant esté depuis sa naissance; qui seroit aisé à prouuer, si ie me voulois arrester d'auantage à ce suiet.

Mais nostre Sainct voyant que sa peinture ne repre-

representoit que la surface & crouste exterieure des corps ; & voulans penetrer plus auant dans la cognoissance de la nature, se mit à l'estude de la Medecine, en laquelle il se rendit vn autre Esculape : car certes, comme le Peintre n'a autre object que l'exterieur, aussi le Medecin a pour le sien l'interieure composition de l'homme.

De l'inspection de laquelle, comme par vne eschelle ajoustée, il est facile à ceux qui en professent la cognoissance d'en retirer la recognoissance du facteur, & en deuenir sages.

Ainsi Salomon, & Sage, & Roy, ne desdaigna point ceste science : mais s'estudia à cognoistre toutes les plantes, depuis les cedres du Liban iusques à l'hysope.

Aussi dit bien vn ancien, que la seule medecine entre toutes les sciences, *Imperatoribus imperat.*

Et Dieu commande à tous sans exception d'honorer les Medecins, comme le deduit au large l'Ecclesiastique. Eccl. 38.

O que ceux de ceste profession honorable & honorée ont en l'exercice de leur art vn beau champ, pour se rendre grandement deuots par l'inspectiõ du grand artifice de nostre plasmateur en la formation de nos corps, & vn beau moyen pour esleuer leurs esprits, en considerãt la vilité de nostre terrestre nature, dans laquelle, *comme dans vn vase de terre nous portons le thresor incomparable de nos ames.* 1. Cor. 4.

Ainsi fit nostre Sainct, qui non satisfait de l'inspectiõ interieure des corps penetra encore plus auant dans l'intime cognoissance des ames, & de Medecin corporel, par sa conuersion à la foy Chrestienne, se fit Medecin spirituel, traçant des ouurages de saincteté; qui deuancent de bien loin ceux de santé, sortis de la boutique d'Hypocrate: car ceux-cy ne peuuent asseurer de la mort; mais ceux là portent à la vie, qui ne recognoit point de mort.

Or que ses recipez sont composez d'admirables ingrediens! il y a entré de l'hysope amere de penitence, de l'aloës de larmes, de la rheubarbe des mortifications, de la diette du iusne, de l'incision des disciplines, de la saignee de l'aumosne; mais principalement pour guerir tous nos maux, de la Panacee de la saincte Communion: ce sont les ordonnances de nostre sacré Medecin que ie vous propose, mes bons amis si vous voulez estre rendus, & sains, & saincts.

Ramassez de ce discours, 1. le soin de N. S. vers son Eglise, 2. la bonne intelligence qui doit estre entre les Predicateurs, 3. le nombre mysterieux des quatre Euangelistes, 4. que S. Luc a esté Peintre & Medecin corporel & spirituel. Par son intercession Dieu nous face misericorde.

XXVIII. OCTOBRE.

De la dilection du prochain & haine du monde, au iour des saincts Simon & Iude.

HOMELIE.

Hæc mando vobis vt diligatis inuicem. Ioan. 15.

Isaye eut en vision deux caualiers, destructeurs de Babylone, qui crioyent, *Cecidit Babylon, & omnia sculptilia deorum eius contrita sunt in terra*, Vraye figure de ces deux Saincts Apostres, desquels nous honorons auiourd'huy la memoire, puis qu'ils ont executé à la lettre ceste vision, faisans mille conuersions en Babylone, y renuersans les idoles du Soleil, & de la Lune, & y faisans taire tous les faux Oracles. Leur accouplement, comme en la vie, aussi en la mort, a esté continué par l'Eglise en leur celebrité; & nous les pouuons iustement *comparer aux cheuaux attelez aux chariots de guerre de Pharao*, puis qu'ils ont combattu l'idolatrie en l'vnion de leur charité: de laquelle l'Euangile parlant, nous inuite suiuant les traces de sa lettre à traiter, 1. de la dilection en general, 2. de celle du prochain, 3. de la haine & auersion que nous deuons auoir du monde, par l'imitation de N. S. 4. par la consideration de sa malice.

C'est icy, mes cheres ames, que N. S. tranche

Isay. 21.

Cant. 1.

du Legiſlateur en ſes termes, *Hæc manda vobis, vt diligatis inuicem*; comme encores ailleurs, *Ego autem dico vobis diligite inimicos veſtros*. Mais voirement tranché; car il dit beaucoup de choſes en peu de mots.

Voicy qu'il met la hache de Phocion dans les redondances de Demoſthenes: & côme Eſchines, qu'il fait le retranchement de ſes diſcours.

Autresfois il auoit dicté vne loy tant longue à Moyſe, mettant vn ioug peſant ſur le col du peuple Iuif: maintenant il la retranche; & de ſix cens tant d'ordonnances, que legales, que ceremoniales, il n'en reſerue qu'vne, les reduiſant toutes au poinct de la dilectiõ. Et y a il vn ioug plus doux & ſuaue, que celuy de l'amour, à quoy toutes choſes ſe portent ſi volontiers? S. Auguſtin gracieuſement & briefuement, *Breue præceptum tibi traditur, dilige, & fac quod vis*. Sainct Paul, *qui diligit, legem impleuit*.

Et remarquez comme il parle en ſingulier, *lex præceptum*, non en pluriel, pour denoter que tout aboutit à aimer. Tous les ruiſſeaux ſe rapportent à ceſte ſource, les rays à ce Soleil, les lignes à ce centre, les branches à ce tronc, rien ne vaut que ce qui vient de la charité, ou qui y tend. *Si charitatem non habuero, nil mihi prodeſt*, dict Sainct Paul; oyez Dauid, *Legem pone mihi Domine, &c. Niſi quod lex tua meditatio mea eſt, lex Domini conuertens animas*. Toutes les loix ſe terminent en vne.

Si Tribonian eſt loüé d'auoir par le commandement de Iuſtinian, reduit l'enorme pile des eſcrits de Droict à ces lambeaux, qui composent les Pandectes & le Code: quelle loüange donnerons-nous à nostre Legislateur d'avoir rangé en l'estenduë de deux mots, tant de commandemens de l'ancienne alliance?

Si les compilateurs des douze tables ont eu estat de los parmy les anciens Romains: en quelle estime auons-nous nostre Roy, qui a reduit le Decalogue en vn seul article d'amour?

Se rendant pareil, non aux peintres qui perfectionnent leurs ouurages en adioustāt, mais aux sculpteurs qui l'accōplissent en ostāt tousiours.

Et dissemblable aux architectes, qui sur vn petit modelle esleuent vn grand bastiment: car ayant fabriqué le grand edifice de l'vniuers d'vne parole, il en fit par apres l'abregé en l'homme: pource appellé Microcosme par les Grecs. Ainsi a-il fait de ses ordonnances, reduisant la multitude des anciennes loix à vn seul mot, qui est, *Dilige*: lequel denote la charité; perfection, en laquelle on peut iustement constituer l'vniuers des vertus.

C'est l'electuaire, la composition souueraine qui comprend en soy toutes les essences des simples vertus.

C'est le precepte des preceptes, & comme le firmament qui enclost dans son vaste sein tous les ordres inferieurs des autres commandemens. *Deut 33. Mat. 25.*

O loy d'amour, que tu es puissante, *Omnis vincit amor*, c'est celle *loy de feu* que Moyse vit *en la dextre de Dieu*: parce que l'obseruance d'icelle nous rend enfans de sa dextre, & nous met en la part *des esleus entre les agneaux*, nous separant *des boucs*.

Dans ceste loy est ce feu que nostre Seigneur est venu apporter au monde, pour l'embraser de dilection: en figure dequoy Dieu voulut donner son decalogue à Moyse, non seulement dans les flammes d'vn buisson, mais encores grauee de son doigt, qui est son esprit d'amour, *dextra Dei digitus*, & sur des tables de pierres à feu que nous appellons cailloux, selon le sentiment de quelques Rabbins.

Ps. 103. O Saincts Apostres *seruiteurs de Dieu, embrasez de zele, Moyses illuminez*: c'est en vos mains que ceste loy de flammes a esté mise, comme vn clair flambeau, pour en illustrer, & eschauffer le monde. *Ite, prædicate Euangelium omni creaturæ*: & cét Euangile aboutit là, *vt diligatis*.

O nouueaux Phaëtons! ô boutefeux excellens! ô carrossier d'vn beau Soleil! allez hardiment comme des Helies emportez sur ce char *Ps. 28.* flamboyant. *Et nemo sit qui se abscondat à calore vestro*.

Ainsi vont nos deux SS. Apostres, comme des boulets de canon, portez par le feu du sainct Esprit qu'ils auoient receu à la Pentecoste; vrays enfans du tonnerre; ils estonnent les démons, renuersent les idoles, confondent les magiciens: ils parcourent la Mesopotamie, l'Egypte, la Perse, & Babylone, là *populi sub eis cadunt*: & à peine peuuent-ils empescher ces Gentils adonnez à l'idolatrie de les adorer, tant ils estoyent rauis des miracles qu'ils leur voyoient operer au nom de Iesus.

Iud. 7. Voicy les champions de Gedeon, qui surmontent Madian auec la lampe de leur zele, &

le son de leurs predications.

O si nous auions vne estincelle de ceste loy de feu, que nous embraserions de cœurs: ad-mirons cependant l'excellent abregé de celuy, *Cui non est similis in legislatoribus.* *Iob. 36.*

Or voyez, mes amis, comme ces Apostres glorieux sont doublement vns, & vniquement deux, ce n'estoit en deux corps qu'vn cœur & vne ame, *cor vnum, & anima vna*: bel effet de ce feu diuin, la proprieté duquel est singulierement vnitiue.

Cét vnique precepte de charité pousse de son tronc d'amour deux branches de myrthe enlassees, qui sont la dilection de Dieu, & du prochain, figurees par l'ennoy des Apostres deux à deux, *Misit illos & binos.*

Et par ces petits cheureaux *iumeaux* dont parle l'Espouse aux Cantiques, *qui passent parmy les lys*, symbole de bien-veillance. *Cant. 3.*

Or laissans à part la premiere branche, nous dirons icy quelque chose de la seconde, à quoy nous inuitent ces mots de nostre texte, *Vt diligitis inuicem.* La dilection du prochain, pour estre iuste & legitime, doit auoir celle de Dieu pour fondement: car qui aime l'autruy autrement qu'en Dieu, & selon Dieu, il l'ayme d'vn faux & mauuais amour.

Les aspects des astres ne se forment qu'au concours qu'ils ont en la lumiere qu'ils tirent du Soleil: ainsi la vraye dilection, qui nous fait regarder nostre prochain de bon œil, doit auoir Dieu pour milieu, pour principe, & pour fin.

Exod. 25   Excellente figure de cecy, en la posture de ces deux Cherubins posez sur le propitiatoire; ils avoient les visages tournez l'vn vers l'autre, & regardoient l'arche: come nous enseignant qu'ils s'aimoient en celuy qui presidoit en ce sainct lieu. Ainsi devons-nous faire, mes tres-doux freres, & nous aimer les vns les autres, sainctement, fidelement, & vniquement en celuy auquel nous sommes vns, & qui nous a fait ceste misericorde de nous *incorporer en la societé de son fils Iesus*.

Que le sang de ce sainct Agneau soit à iamais le ciment, & la cole fine qui attache & vnisse nos cœurs d'vn nœud indissoluble; ô mes amis que ce lien est precieux! mais ne vous est-il pas aduis que toutes les autres ligatures sont de fil & de paille au prix de celle-là qui est toute d'or & de soye toute divine? allez me chercher des dilections fondees sur l'interest ou le profit, sur la volupté, ou sur l'alliance, ou sur d'autres fondemens de chair & de sang: ô que ces moindres astres disparoistront soudainement au Soleil de ceste divine dilection?

Le corps le mieux cimenté de tous les corps, la communauté la mieux policee, est sans doute celle de l'Eglise que nostre Seigneur a *acquise par son sang*: c'est vne republique contre la Hierarchie Monarchique, de laquelle les por-
Ephes. 2.   tes *de l'enfer* escorné par son Espoux, ne peuuent prevaloir: elle est appellee *armee bien rangee, & ainsi terrible & formidable à ses ennemis*: & côme en vne armee, ce qui vnit & ioint les soldats

est la commune affection qu'ils ont à leur Prin- *Coloss. 3.*
ce, pour le service duquel ils exposent leur sang
& leur vie : ainsi ce qui vnit les fidelles est *le lien
de la charité, lien de perfection qui les presse*; charité
par laquelle ils s'aiment vniquement en leur
vnique espoux.

Ce qui a rendu les Romains si puissans, est
qu'ils s'aimoient tous en vn commun objet, qui
estoit la grandeur de la chose publique. *Vtilitas populi suprema lex esto.* Que si l'vniformité
d'vn objet si vain a tant estendu leur Empire
terrestre : que ne taschons-nous d'en acquerir
vn celeste, par vne saincte dilection les vns des
autres en Dieu?

C'est ainsi que les saincts Apostres ont dilaté par tout les confins de la terre habitable le
Royaume de Dieu qui est son Eglise, *constituez
Princes d'icelle par toute la terre, où ils ont fait retentir le son de leur voix.*

Animez de ce beau feu, ils alloient aux martyres, ioyeux, comme au iour de leurs celestes
espousailles, *Ibant Apostoli gaudentes*, &c. com- *Act. 5.*
me iadis les Spartains à la guerre au son des flustes, faisant leurs delices des combats, où ils
moissonnoient la gloire.

Que si vn Platon parmy les aueuglemens de
son siecle a bien sceu iuger qu'il ne pouuoit
donner aucun ciment fondamental à sa Republique ideale meilleur que l'amour, comme
estant ceste passion d'vne force incomparable:
combien plus clairement devons-nous recognoistre que l'esprit vnitif de la Religion Chrestienne ne peut estre autre que la charité?

Mais à quoy tient-il, mes tres-doux freres, que nous ne vous aimions les vns les autres? la nature, mais pluſtoſt le Dieu de la nature ne nous a-il pas comme faits vns, par identité de ſubſtance? quels animaux n'aiment ceux de leur eſpece? d'où nous vient donc ceſte plus que brutale diſpathie, ceſte deſnaturee incompatibilité?

O fragilité de verre qu'eſt la noſtre, nous ne nous ſçaurions choquer ſans nous briſer.

Aimons-nous les vns les autres. *Alter alterius onera portemus, & ſic adimplebimus legem Chriſti*: nous ſommes freres, & de generation, & de regeneration.

Galat. 6.

Mais comment, aimer nos ennemis, ouy dea! & noſtre Seigneur les a bien aimez, & a prié pour eux? quoy? dit noſtre texte Euangelic, *le ſeruiteur ſera-il plus priuilegié que le maiſtre?* O que nous ſommes mauuais imitateurs d'vn ſi parfait exemplaire, ſoldats indignes d'vn ſi braue chef, enfans degenerez d'vn ſi braue pere, indignes eſcoliers d'vn tel maiſtre.

Mat. 10

Il n'y a qu'vn tour de main, mes bien-aimez demādez pardon ſi vous auez offenſé, pardonnez ſi vous auez eſté offenſez; en ſomme faites ce que vous dites en voſtre Patenoſtre, & il n'y a plus d'ennemis au mōde, tous amis, tous freres, tous vnis, tous vns.

Quelle vergongne eſt-ce de voir que la defiance, fleau ordinaire des peruers, rende ainſi les Heretiques, enfans *des tenebres* accorts & attachez par intelligence les vns aux autres, pour s'aſſeurer; & que les Catholiques, *enfans*

Luc. 16.

de lumiere, soient moins prudens? sans correspondance, sans vnion, sans dilection, s'amusans chacun à sa negotiation, sans penser aux nopces de l'A- *Mat. 22.*
gneau: s'aheurtans inutilement apres des questions vaines & peregrines, qui scandalisent, au *Hebr. 13*
lieu d'edifier?

—— *bem quò discordia ciues*
Perduxit miseros? ——

& pour cela, *Facti sumus in parabolam. Facti sumus opprobrium vicinis nostris, subsannatio & illusio his qui in circuitu nostro sunt.* Reprenons nos esprits mes freres, mais esprits d'vnion & de concorde; arrachons aux ennemis de l'Eglise l'auantage qu'ils prennent de nos mes-intelligences; & vous Seigneur, *Ne des hereditatem tuam in perditionem, vt non dominentur ei nationes, nequando* *Ps. 88.*
dicant gentes, vbi est Deus eorum: monstre que vous aimez les portes de Sion, plus que tous les tabernacles de Iacob. Ceste pointe, mes amis, m'a enleué plus loin que ie ne pensois; il nous faudra parcourir plus legerement les deux pieces qui nous restent.

La premiere desquelles est la haine, que nous **III.**
deuons porter au monde, si nous voulons estre sectateurs de N. S. & en son imitation est logee la cime de toute perfection: tous les soldats suiuent volontiers leur Capitaine, & poussent la teste baissee où ils le voyent donner. Iesus est nostre chef, qui nous crie: Courage, *Confidite, ego vici mundum*: que ne nous mettons nous donc à destruire son regne, ains sa tyrannie en nos cœurs, par vne saincte auersion de ses plaisirs & vanitez.

Quoy? Vrie pense qu'il iroit de son honneur de reposer en sa maison: voire par le commandement du Roy son Capitaine Ioab, dormant au camp sur la dure: & nous chercherons nos aises, nostre chef estant arboré en Croix? Non, non *allons, & commourons auec luy. Exeamus extra castra, improperium eius* (c'est à dire sa Croix) *portantes.*

Si nous auions de l'amour pour luy, nous le suiurions par tout; comme iadis Phædra son Hipolyte.

Nous dirions auec l'Espouse, *Tenui eum nec dimittam*, & auec S. Pierre, *Etiamsi oportet memori, moriar tecum.*

Les serfs anciennement en Cilicie se brusloient dans les funestes buschers de leurs maistres: si nous estions bons seruiteurs de Iesus, *rien ne nous pourroit separer de la charité, & les eaux des angoisses ne pourroient iamais esteindre le feu de nostre amour*. Sa Croix seroit nostre plaisir comme à l'Apostre, *qui se plaisoit en ses tribulations pour Christ*. L'histoire de la conqueste des Indes par les Portugais, nous apprend, qu'vn de ces Rois barbares prest d'estre supplicié, auec vn de ses plus fauoris, qui se lamentoit de mourir, Regarde (luy fit-il) l'estat où ie suis, & cesse de te plaindre. Ainsi semble-il que nous die N. S. en nostre texte: *Si le monde vous persecute, regardez qu'il m'a hay le premier, considerez s'il est vne douleur pareille à la mienne.*

Si ses delices vous attirent, contemplez mes douleurs, & s'il vous fasche de le quitter pour moy, regardez le Ciel que i'ay quitté pour vous.

2. Cor. 12

Se faut-il resoudre, mes freres, de quitter l'amour du monde, si nous voulons participer au divin: car son amitié est ennemie de Dieu: vn clou chasse l'autre & est-il pas bien raisonnable, que celuy-ci expulse celuy là? *Iacob. 4.*

Les Cherubins que Salomon fit effigier en son temple, regardoient desdaigneusement la porte; aimer Dieu, porte annexe auec soy vn desdain du monde. Imitons donc nostre Seigneur, mes freres, qui a esté vn parfait exemplaire du mespris du monde, où il a protesté ne vouloir establir son regne. *2 Para. 3*

IV. Que si nous voulons adiouster à cét esguillon la consideration de la malice du monde, sans doute nous serons inuitez à le hayr par vn puissant moyen. Or est-il que sa malice est si grande qu'il suffit de valoir quelque chose pour estre hay de luy, & d'estre iuste, comme au pitau d'Aristides, pour estre banny de ses graces: voila son langage ordinaire, *Venite circumueniamus iustum, mittamus lignum in panem eius*, Metaphore tirée de ceux qui mettent des arestes dans le pain, pour faire estrangler ceux qui en mangeront. *Plutar. en la vie de Aristides.*

C'est vn loup qui feint que les brebis luy troublent l'eau pour les deuorer.

C'est vn Esaü, vn Ismaël, qui ne cesse de persecuter les Iacobs, & les Isaacs? Qui ne haira vn ennemy iuré de la vertu: & si dispathique au bien? c'est ioindre les griffons aux cheuaux, que d'associer les gens vertueux & les mondains.

Monde louche qui voit toutes les perfections d'autruy, & qui comme Caligula hayssoit les braves, en veut aux personnes de valeur.

Comment ne te hayra-il, mon fils, si tu as tant soit peu de vertu, s'il a hay N. S. *la bonté & la vertu mesme?*

Ioan. 15.

S'il te loüe & te cherit, prens cela pour signe infaillible que tu ne vaux rien : car comme ceste est la vraye loüange qui prouient *à laudato*, ainsi est-ce vn vray blasme, que l'applaudissement d'vn meschant, tel qu'est le monde : pource tres-bien le Roy Psalmiste, *Qui hominibus placent confusi sunt, quoniam Dominus spreuit eos* : & le grand Apostre, *Si hominibus placerem, Christi seruus non essem* : qui plaist au monde deplaist necessairement à Dieu, *Pro qui non est, est contra* : on ne peut seruir ces deux maistres si dissemblables.

Galat. 1.

Que diroit vn Roy d'vn de ses subiets, qui auroit des intelligences auec ses ennemis, sinon qu'il exterminera de son Royaume, s'il les continuë?

Dieu est ialoux, & ne veut point que nous pratiquions d'autre amour que le sien: la loüange qu'vn galand fait d'vne femme, met elle pas aussi tost le mary en ceruelle? mes freres, gardez que le monde ne vous enjolle par ses applaudissemens ; son rechinement vaut mieux que son ris.

Où ay-ie failli? disoit Phocion aux acclamations du peuple rauy de sa harangue.

Et ce harpeur ancien n'auoit-il pas bonne grace, qui se depitoit de se voir loüé par des ignorans en la Musique?

Ie n'ay iamais desiré plaire au peuple, disoit Seneca, *i'ignore ce qu'il agree, & il agree ce que i'i-gnore, & moy i'agree ce qu'il ignore, comme il ignore ce que i'agree.*

Il n'aime que ses semblables les vicieux, & vn homme de bien doit dire, *Non est vt peccem tanti placere.*

Il n'aime que la vanité, la volupté, l'auarice: l'homme pieux n'aime que l'humilité, la mortification, la pauureté pour l'amour de Iesus: le moyen d'associer ces antipathies?

O mes freres, la grande ineptie que ceste sotte honte, qui nous empesche de nous adonner aux exercices de deuotion. Sur cecy, que dira le monde? il dira sans doute, que vous estes des fols: mais les sages vous diront, que *ceste folie est vne sagesse deuant Dieu*, lequel, *Stultam fecit sapientiam huius mundi.*

O qui craint le mouuement des fueilles, & le gazoüillis des langues ne doit pas se fourrer en la forest du monde.

Ce sont les petits feux, qui s'esteignent à de petits souffles, & de foibles deuotions, que celles qui sont obstaclees par de si minces preceptes; mais les grands se rengregent par les vents; & les fortes resolutions s'affermissent, & les bonnes charitez se renforcent par les malicieuses contradictions de ces langues mondaines.

Colligez de ceste Homelie, 1. que toute la loy Chrestienne consiste en la dilection, 2. quelle doit estre celle du prochain, 3. que l'imitation de N.S. nous inuite à hair le monde, & 4. sa malice nous y contraint, *Benedicat vos Deus, Deus noster, benedicat vos Deus. Amen.*

I. NOVEMBRE.

Le dernier Pseaume de Dauid, expliqué, & appliqué à la feste de tous les Saincts.

HOMELIE.

Laudate Dominum in sanctis eius.
Pseaume 150.

EN ceste solemnelle commemoration que l'Eglise militante fait de tous les Saincts de la Triomphante, i'ay pensé de vous exposer le dernier Pseaume du Royal Prophete ; où comme vn autre Ezechiel, il me semble auoir *descrit* *Ezech. 4 sur vne ardoise vn modelle & plan racourcy de tous les ordres de ceste saincte Hierusalem.* Le benoist Vincent Ferrier insigne trompette de la diuine parole m'en preste l'inuention ; nous la deduirons auec les materiaux que le S. Esprit nous suggerera, sans autre odre que la suite du texte. Espluchons-le :

I.   *Laudate Dominum in sanctis eius*, Ouy dea, mes tres doux freres, nous pouuons *loüer Dieu en ses Saincts* : quoy qu'en dient les Pretendans. Ie dy
Ps. 67.   plus que nous le deuons ; car puis, qu'il est admi-
Ps. 9. 15. rable en eux, pourquoy ne narrons-nous pas ses
Matt. 3.   merueilles ? ce sont ses enfans bien-aimez par ado-
2. Pet. 1.
Rom. 8. ption, esquels il prend son bon plaisir, & ce sont nos freres

freres; car nous sommes enfans des Saincts enfans de Dieu, ses heritiers & coheritiers de Christ. Or comme le sage enfant est la gloire du pere: ainsi la loüange des Saincts resulte à la plus grande gloire de Dieu.

Quel Roy n'est bien aise de voir loüer en soy la fidelité & obeissance de ses peuples ? Alexandre fut bien aise que la mere de Darius eut prins Hephestion pour luy.

Le bon seruiteur est l'honneur de son maistre: la Royne de Saba disoit à Salomon, *Beati serui tui qui stant coram te semper.* Pourquoy n'en dirons-nous autant à ceux, *qui suiuent l'Agneau où qu'il aille?*

Ils sont l'ouurage des mains de Dieu, qui a fait en eux choses grandes. Et pourquoy ne l'oüerons nous en eux l'ouurier de leur imperissable gloire?

Ils sont les amis: *Iam non dicam vos seruos, sed amicos meos.* Et pourquoy ferons-nous Dieu ennieux (qualité qui n'est propre qu'à l'esprit malin, *cuius inuidia mors venit in mundum*) veu mesmes que nous ne l'oüons ces siens amis qu'en luy, par luy, & pour lui, *per quod vnum quodque tale & illud magnis*, dit le patois de la Philosophie: combien plus loüable est Dieu, qui leur a donné d'estre loüables? Sap. 2.

Ouy, mais il s'appelle *Dieu ialoux, & qui ne donne sa gloire à personne la reseruāt à soy seul.* Aussi est-ce luy seul que nous loüons en eux, & eux en luy seul ; car toute loüange qui ne se rapporte à Dieu & est hors de Dieu, est fausse & adulterine. Si nous admirons les Astres, combien plus Exod. 20

le Soleil leur communique sa lumiere? *suum solem sua sydera norunt.*

Les soldats sont loüez en leur Capitaine, & cestuy-ci en ses champions; l'honneur de la victoire appartient au seul chef, *Numquid Paulus pro nobis crucifixus est?*

Dieu nous commande *d'aimer nostre prochain en luy*, & pourquoy non de le loüer en luy? si nous aimons en luy l'image de Dieu, pourquoy ne loüerons-nous en luy des vertus qui luy viennent de la grace *du Dieu des vertus?*

Ps. 83.   L'espoux n'entre iamais en ialousie, quand on loüe son espouse de chasteté & de fidelité; & ces benites ames, *la ioye & la couronne de Iesus*, qu'il a espousées par la foy en son sang, que tāt de fois il appelle *ses espouses*, que luy-mesme loüe *comme toutes belles*, specifiant leurs beautez aux Cantiques, pourront-elles point estre loüees en luy?

Quel pere se fasche de voir loüer ses enfans, d'estre nais d'vn tel pere? *Vt sitis filij Patris vestri, qui est in cælis.* Ce seroit trop estendre la ialousie de Dieu, que de le faire ialoux de soy-mesme, & d'vne loüange qui se refere toute à luy.

Quoy Dauid se loüe bien en luy, *In Domino laudabitur anima mea, audiāt mansueti & lætentur. Memento Domine Dauid, & omnis mansuetudinis eius. In Deo laudabimur tota die.*

Sus donc, mes freres, *Laudemus viros gloriosos,*
Eccles.   *parentes nostros, &c. Exurge gloria mea, exurge psal-*
44.   *terium.* Parce que, *in psalterio decachordo, in decem chordarum psallam Deo*: d'autant qu'au reste de
Ps. 32.   nostre Pseaume, nous examinerons dix degrez de bien-heureux:

Voicy le premier : *Laudate eum in firmamento*

virtutis eius. Quel est ce firmament de vertu, sinon la saincte Vierge, laquelle cōme le firmament est par dessus tous les cieux, & les ambrasse tous; aussi est-elle exaltee par dessus *tous les chœurs des Anges*, & embrasse en soy les perfections de tous les Saincts. *In plenitudine Sanctorum detentio eius.*

Eccles. 24.

Le firmament est le siege de Dieu, elle le throsne; s'il en est le marchepied, *Scabellum pedum suorum*: elle par humilité bien que mere, se dit *seruante du Seigneur.*

Luc. 1.

Là est la plenitude de la gloire, icy de la grace; *Aue gratia plena*: là est Dieu, icy Dieu, *Dominus tecum*: là Dieu dans le sein de son pere, icy Dieu dans le sein de sa mere.

Le firmament est incorruptible, la saincte Vierge n'a iamais esté attainte de la corruption du peché, *tota pulchra, & sine macula.*

Le firmament voit sous soy le Soleil & la Lune, & la Vierge est *reuestuë du Soleil, & a la Lune sous ses pieds.*

Apoc. 12

Il est ainsi appellé pour sa fermeté, & la Vierge a-elle pas esté confirmee en grace dés l'instant de sa conception? a-elle pas esté vn roc de constance emmy les agonies & trauerses qui ont changé cesté Noëmy en Mara?

En la passion de son fils tous les Apostres eclypserent; mais elle comme vne Niobé empierree, *ipsa immota manens*, demeurant ferme au pied de la Croix. *Stabat iuxta crucem mater Iesu.*

Ruth. 1.

Ioan. 19.

Elle est ce firmament de la terre, sur la sommité des montagnes, qui sont les Apostres, *Dij fortes terræ vehementer eleuati, montes Dei, & mon-*

Ps 71.

tes excelsis. Duquel le fruict a esté extollé par dessus le Liban.

Elle est nostre Tramontane ou estoille polaire tousiours fixe : frottons nos cœurs de l'aymant d'vne saincte charité, qui nous porte à l'imitation *de ce firmament de vertu,* par vne ferme resolution de seruir Dieu.

III. *Laudate eum in virtutibus eius.* Ces vertus sont les saincts Anges, ce que nous pouuons colliger d'autres passages : *Laudate Dominum omnes Angeli eius, laudate eū omnes virtutes eius. Benedicite omnes virtutes Domini Domino.* En sainct Luc, quand il est dit, *& virtutes cælorum mouebuntur.* S. Gregoire entend les intelligences motrices, car comme en nos corps la faculté motiue s'appelle vertu motiue : ainsi en est-il des Cieux qui sont roulez par les Anges. Et le Dieu des Anges est appellé *Dieu des vertus.*

Luc. 12.

Pſ. 83.

Ioint qu'il y a vn Ordre d'Anges qui s'appelle des Vertus, par lequel le Prophete denote tous les autres, cōme ordinairement nous entendōs par le mot d'Anges tous les esprits des trois Hierarchies, *Supra omnem principatum, & potestatem, & virtutem, & dominationem.*

Ephef. 1

Veu mesmes que le principal office des Anges, est par inspirations de nous porter à la vertu.

Les noms mesmes des Anges sont tirez de quelques vertus, comme Gabriel, Michael, *vertu de Dieu, force de Dieu. Cuius magnificentia & virtus in nubibus.*

La vertu est ainsi appellee *à virore, & viriditate, à vigore ;* & on nous peint les Anges ieunes, vigoureux, allaigres.

Somme il est dit de nostre Seigneur, que *virtus de illo exibat*: parce qu'il estoit l'Ange de grand conseil, & parce que *Angeli ministrabant ei*. *Matt. 5.*

Les Prestres qui sont appellez Anges du Seigneur apprendrõt de là à seruir Dieu vertueusement, & tous tant que vous estes tascherez de vous meubler de vertus Angeliques. *Mala. 2.*

Laudate eum secundum multitudinem magnitudinis eius, 3. degré où nous logerons les Patriarches esquels *magnificauit Dominus facere misericordiam*. Et sa misericorde est sa plus eminente grandeur. *Misericordia eius ædificabitur in cœlis, miserationes eius super omnia opera eius*. **IV.**

Or tous les Patriarches ont esté signalez en la misericorde & magnificence. Qui peut lire sans stupeur l'extréme soin qu'auoit Abraham de receuoir les pelerins, les guettant par les chemins comme vn chasseur la proye? *Gen. 18.*

Ainsi en faisoit Loth, ainsi Isaac, ainsi Iacob, ainsi Ioseph, ainsi Tobie.

Aussi ont-ils esté benits de fecondité en leurs races, & de multitude de biens, & en fin ils ont obtenu misericorde. Car *beati misericordes, quoniam ipsi misericordiam consequentur*. *Iucundus homo qui miseretur & commodat*. Ils nous doiuent apprendre à estre misericordieux.

Laudate eum in sono tubæ, quatriesme degré où je range les Prophetes, bien figurez par les clairons; car comme on les entend de loin, ainsi le nom de Prophetie vient *à procul fando*, car ils ont predit long temps deuant les choses qui deuoient arriuer. **V.**

Il est dit à vn d'entr'eux; *Clama, ne cesses, quasi tuba exalta vocem tuam*, & vn autre. *Canite tuba in Sion.*

Isay. 58.

Les trompettes ont quelquefois trois replis; & souuent les Prophetes, comme il est frequent en Dauid, ont pris le temps passé, present, & futur indifferemment & confusément; car tel est leur langage. Encores ceste triplicité denote la diuerse obscurité des sens de leurs Propheties.

La trompette sonne par le souffle; & les Prophetes ne resonnoient que par le sainct Esprit, ils estoient les organes. *Factum est verbum Domini ad illos. Spiritus Domini repleuit orbem terrarum, & hoc quod continet omnia, scientiam habet vocis; loquebantur sermones Dei.*

Il la faut tenir de la main : ainsi ils faisoient auant que de dire, & pratiquoient les vertus qu'ils enseignoient, ce qui donne vn merueilleux poids à la predication.

Elle est estroite du costé du sonneur, large de l'autre : ils estoient pour eux-mesmes rudes en penitences, mais fort indulgens à l'autruy.

Elle sonne, & la retraitte, & la charge ? ainsi tantost ils preschoient la paix, ores la guerre, & tousiours de guerroyer le vice à outrance, & de se retirer du peché.

Il y a des trompettes duittes au marteau, *in tubis ductilibus laudate Deum*: tels ont esté la plus part des Prophetes, persecutez par les tirans: Isaye, Ionas, Hieremie, Michee, Daniel en soit de clairs exemples.

Ils ont esté figurez par ces trompettes d'argent metal clair-sonnant & qui s'espreuue par le feu, auec lesquelles Moyse conuoquoit le peuple. Les Predicateurs peuuent de là tirer de bons enseignemens, d'estre austeres, bien-faisans, courageux, patiens, mortifiez, d'inuoquer l'aide du S. Esprit, *& propter Sion non tacendi.* *Num.* 10.

Passons au 5. degré des Apostres & Euangelistes, *Laudate eum in psalterio & cithara.* Le premier instrument qui est coustumierement de 10. ou 12. chordes represente les Apostres, & le second de 4. le nombre des Euangelistes; & ceux qui ont esté l'vn & l'autre comme S. Iean & S. Matthieu, ils ont vny ces deux instrumens pour faire plus grande harmonie. Il est vray que les tons des vns & des autres ont esté vniformes. *Seruantes vnitatem Spiritus in vinculo pacis, habentes cor vnum & animam vnam, idipsum sentientes:* car les Apostres ont presché ce que les Euangelistes ont escrit, & ceux-cy escrit cela mesmes que les autres ont presché, sçauoir Iesus, fils de Dieu, amour du Ciel & de la terre. VI.

Quelle lyre d'Orphee ou d'Amphion arriua iamais aux effets de la predication de sainct Pierre, qui à la premiere conuertit 3000. ames & à la seconde 5000. *Vix venefici incantantis sapienter.* *Act.* 1.2

Ces instrumens se touchent de la main, *& la main de Dieu estant auec les Apostres, & les poussans, In omnem terram exiuit sonus eorum. Dextera Domini faciens virtutem, dextera Domini exaltauit eos. Digitus Dei hic erat.*

La cythre ou guitherre n'a que 4. chordes: vn iour le Musicien Prynis à Sparte en voulut adiouster deux, mais les Ephores les luy couperent auec leurs haches. L'Eglise n'a iamais recogneu que les quatre Euangiles, de S. Matthieu, de sainct Marc, de sainct Luc, & de sainct Iean, & a tranchez comme apocryphes, ceux qui ont rodé autrefois sous le nom de l'Apostre S. Thomas, & de S. Barthelemy.

Cét instrument se ioüe auec la plume, & a des chordes d'airain : ce qui nous enseigne que la plume des Euangelistes, *Exegit monumentum ære perennius.* Apprenons de ce poinct à respecter & venerer la saincte parole, tant preschee que leuë, tant escrite que non escrite.

VII. *Laudate eum in tympano & choro.* 9. degré des Martyrs bien representez par le tambour qui resonne estant frappé : ainsi les Martyrs estans 2.Cor.4. maudits benissoient, persecutez enduroient, blasphemez ils prioient. *Percutimur, cædimur colaphis, &* Heb.11. *sustinemus,* dit sainct Paul: & encores, *Sancti per fidem vicerunt regna, vsti sunt, secti sunt, tentati sunt, &c.*

Le tambour anime au combat, ainsi *sanguis Martyrum vt sanguis Abel clamabat,* dit vn Docteur : vn autre l'appelle la semence du Christianisme.

Quelqu'vn voulant signifier sa patience prit pour embléme des tambours auec cét Epigraphe, *non percussa silent* ; ce qui a fait esclatter les Martyrs sont leurs percussions & persecutions. Oyez comme S. Laurens se mocque du tyran & de ses bourreaux. *Assatum est, versa & manduca.*

D'autres toutesfois dissemblables au tabour sçauoient bien endurer & se taire ; *Caduntur gladij more bidentium, non murmur resonat, non querimonia, sed corde tacito mens bene conscia conserua patientiam.*

Le tambour se fait d'vne peau gratee, lauee, sechee: ô que les Martyrs ont esté esgratignez, escorchez, rostis: pareils *à ces brebis qui montent du lauoir, & aux peaux noires & ridees des tabernacles de Cedar*: car sur leurs dos & leurs peaux les pecheurs fabriquoient, prolongeans leur iniquité en dilayant leurs supplices. *Cant. 1.* *Ps. 128.*

N. S. en la Croix, Roy glorieux des Martyrs *regnant par le bois*, n'a-il pas esté vn tabour battu & sonnant en ces belles paroles qu'il profera en y mourant? *sa peau atttachee à ses os, sa chair estant consommee, & en sorte qu'on luy nombroit tous les ossemens*? ô qu'il anime par son resonnement de bonnes ames à combattre sous cét estandart, *contra spiritualia nequitiæ*. *Iob. 19.* *Psal. 21.*

Quid videbitis in Sulamite nisi choros castrorum? voyez comme les tambours des armees il les appelle des chœurs de Musique? seroit-ce comme les Lacedemoniens qui alloient à la guerre au son des instrumens, aussi que les Martyrs allassét *ioyeux aux opprobres & aux supplices*? ouy certes; car les brasiers leur estoient des roses, & les glaiues des fleurs. *Act. 5.*

Les Rabbins disent que Iubal premier Musicien, dressa les tons de sa voix sur les battemens diuers des marteaux de son frere Tubalcain premier forgeron: ô que cela represente bien le *tympanum & chorū* des Martyrs, qui seruoient Dieu de fait en endurant, & de voix en le cófessant. *Corde creditur ad iustitiā, ore confes-* *Genes. 4 sio sit ad salutem, sed opere ad coronam*, dit vn glossateur: car, *non coronabitur nisi qui legitimè certauerit*. Frappez au corps, ils resonnoient en leur cœur, & esclattoient par leur bouche.

Voyla pas 10000. Martyrs tout en vn coup, qui loüent Dieu *in tympano & choro*? Colligez de ce poinct, mes freres, à loüer Dieu quand il vous iugera dignes de souffrir pour luy. *Gaudete & exaltate, quia merces vestra copiosa est in cælo.*

VIII. *Laudate eum in chordis & organo*, 7. degré où ie range les SS. Docteurs, tant escriuains & Predicateurs, que Confesseurs: les instrumens de chordes sont de bois sec, & les chordes de boyaux sechez & tirez par des cheuilles, ce qui represente leurs abstinences, ieusnes & macerations: afin que *totum corpus eorum lucidum esset, ossa arida audite vocem Domini*, & qu'ils peussent auoir l'esprit plus net, & le corps plus apte à l'estude des sainctes lettres, laquelle *qui ayme*, dit S. Hierosme, *foule les titillations de la chair*.

Les chordes s'allongent ou accourcissent; ainsi les Escritures se peuuent tordre; ainsi faut-il entendre le mot de στρεβλοῦσι de S. Pierre parlant de ceux qui de son temps *detorquoient les Epistres de S. Paul à leur propre perdition*.

2. Pet. 3.

Il n'appartient pas à tous de toucher ceste lettre qui tuë: ce ne sont que les maistres tres-experts qui sçauent accorder ces instrumens de l'vne & l'autre alliance, encores tous les Peres s'en disent-ils incapables.

C'est vne tablature de beaucoup de nottes, & dont chacun n'a pas la clef ny le secret de l'intelligence.

Festiues. 587

Il n'appartient pas à chacun *de deslier les seaux de ce liure cacheté.* *Apoc. 5.*

C'est le *pain des faces* de l'innombrable varieté de ses sens. Or les Docteurs escriuans ont touché toutes ses chordes.

Et ceux qui ont auec l'Escriture ioinct la predication ont touché ce laurier d'argent, loüans Dieu *in organo.* Les diuers tuyaux representent les diuers tons, *argue, obsecra, increpa, insta opportunè, importunè.* Desquels il se faut seruir en ce mestier, qui requiert plus d'industries & d'inuentions, qu'il n'y a de poils en nos testes : il faut presque estre vne Prothee, ie ne dy pas en opinions, mais en souplesses, pour se faire *tout à tous, pour les gaigner tous.* *Philip. 3*

Cét instrument ne sonne que par le vent ; & la predication ne va que par le souffle du S. Esprit, quand Dieu *souffle és Predicateurs ce spiracle de vie,* pour *allumer les charbons amortis :* aux Predicateurs ce mot vient mieux qu'aux Poëtes, *Genes. 2 Ps. 17.*

Est Deus in nobis agitante calescimus illo,
Impetus hic sacræ semina mentis habet.

Non enim vos estis qui loquimini, sed spiritus Dei qui loquitur in vobis.

Les Confesseurs aussi qui appellent les ames, sinon à la trompette du moins à la sourdine, sont ces souffleurs qui par secrettes inspirations dressent les ames des penitens à vne bonne harmonie de vertu. Apprenez de ce poinct à vous plaire d'ouyr la melodie de la diuine parole, car *qui ex Deo est, verba Dei audit :* l'Espouse, *sonet vox tua in auribus meis,* & aussi à suiure les bons conseils de vos Confesseurs.

IX. *Laudate eum in cymbalis benesonantibus.* 8. degré qui sera des Predicateurs qui n'ont rien escrit, mais, qui ont esté tres-exemplaires en leur vie; comme S. Dominique. S. François, S. Antoine de Padoüe: ou si vous voulez, de tant de grands personnages dont les actions ont esté des instructions & predications, comme sainct Paul l'Hermite, S. Antoine, S. Hilarion.

Les cymbales sont certains instrumens d'acier, qui frappez & accordez par mesure font quelque harmonie. S. Augustin sur ce Pseaume compare cela à la percussion des léures, d'où procede la prononciation de la parole.

Que si vous voulez par là entendre la conference de l'vn & l'autre Testament, la similitude en est assez propre ; car ils ont vne telle consonance, qu'vn ancien Pere dit, que *dans le* *Matt. 13* *vieil le nouueau est caché, & dans le nouueau le vieil manifesté.* Pource est-il escrit: *Omnis scriba doctus in regno cœlorū*, qui en ce lieu signifie l'Escriture saincte, *similis est patrifamilias qui profert de thesauro suo noua & vetera.*

Ces deux Testamens peuuent estre comparez à ces deux harpes dont parle Suetone, dont le toucher de l'vne estoit le resonnement de toutes deux, par vne merueilleuse sympathie.

Or ces exemplaires Predicateurs ont encore accordé leurs cymbales, quand ils ont fait aller mesmes pas à leurs actions qu'à leurs paroles. *Qui fecerit & docuerit, hic magnus vocabitur in regno cælorum.* Ainsi *Cæli enarrant gloriam Dei*, &c.

Marc. C'est ainsi qu'auec efficace ils ont presché l'Euan-
16. gile à toute creature, *sine pera, sine baculo, sine cal-*

ceamento, entierement à l'Apostolique. Faisans comme clairons tomber les murailles de Hiericho, les obstinations des cœurs plus rebelles. Pleins de charité, ils embrasoient *le monde de ce feu diuin que nostre Seigneur y estoit venu apporter:* car sans cette charité S. Paul declare *que sa predication seroit semblable à vn airain sonnant & vne cymbale tintante*, bien qu'il parlast le langage des Anges & des hommes plus eloquens. 1.Cor.13

Quant à ceux dont la seule vie a presché, la percussion des cymbales denote leurs merueilleuses mortifications souuent plus admirables qu'imitables. De ce poinct, mes amis, vous apprendrez, ou à bien dire, ou à bien faire, ou à marier la langue à la main.

Laudate eum in cymbalis iubilationis, voicy le 9. degré deu aux sainctes Vierges, qui sont comparees aux cymbales, parce qu'elles ont conserué leur chasteté en chastiant leurs corps, & les reduisant en seruitude, car *castitas* se dit à *castigando*. X.

1.Cor.9.

Comme la virginité *à viriditate*, parce qu'il n'y a rien qui rede le corps plus vigoureux, verdissant & florissant; aussi Diane Vierge & chaste est dite habiter les bois & les fleurs.

Ce sont les fleurons verdoyans qui ombragent l'agneau; car *Virgines sequuntur agnum quocumque ierit*.

Chantant *vn cantique nouueau* qui est ce chant de iubilation que nostre texte exprime. *Iobel* en Hebrieu veut dire vne trompette de corne de mouton, d'où vient le mot de Iubilé, parce qu'il se publioit auec de pareilles trompes, qui Ps.149.

tesmoignoient vne grande resiouyssance : de là le mot *Iubilus*, qui signifie vn son d'allegresse & de liesse, *in voce tubæ corneæ*. La corne est vne matiere froide, pure & dure : qualitez qui conuiennent aux corps vierges & chastes. Apprenons de ce poinct à aimer la chasteté & saincteté, sans laquelle nul ne verra Dieu pour le loüer au siecle des siecles, en verité & en esprit.

XI. Pource dit nostre Psalme, *Omnis spiritus laudet Dominum*. 10. degré où se rangent tous les autres bien-heureux tant mariez qu'innocens, que penitens, que continens, que le nom de confesseur comprend.

Il est dit, *omnis spiritus*, parce qu'il faut loüer Dieu, *non tam labiis quàm corde, psallam spiritu, psallam & mente*, dit l'Apostre. *Nisi spiritu facta carnis mortificaueritis, moriemini, car omnis caro fœnum, & sicut flos agri sic efflorebit. Spiritu ambulate, & desideria carnis nō perficietis. Omnis caro corrupit viam suam : & caro & sanguis regnum Dei non possidebūt*.

Pource est-il escrit qu'en la resurrection des morts, *corpus hoc animale resurget spirituale*. Et au ciel. *Omnes erunt sicut Angeli Dei qui sunt administratorij spiritus*. Apprenons de là à nous rendre spirituels, cherchans les choses d'enhaut, non celles de la terre, mortifians nos membres qui sont sur terre, afin de porter nostre conuersation dans le ciel, où les Saincts auec Iesus se resiouyssent sans fin.

Coloss. 3.

Mes tres-doux freres, en voilà assez, colligez de l'explication de ce Pseaume, 1. à loüer Dieu en ses saincts, 2. à imiter la fermeté de la saincte Vierge, 3. les vertus des Anges, 4. la Misericorde des Patriarches, 5. le zele des Pro-

Festiues. 591

phetes, 6. la charité des Apostres & Euangelistes, 7. la constance des Martyrs, 8. à admirer la sciéce des Docteurs, 9. à suiure le bon exemple des Predicateurs, 10. à pratiquer la chasteté des Vierges, 11. *adorer Dieu en esprit & verité.* Allez en paix.

II. NOVEMBRE.

De la mort, en la Commemoration des fidelles Trespassez.

Homelie.

Beati mortui qui in Domino moriuntur.

Apoc. 14.

C'Est auiourd'huy que nous pouuons dire a-uec Ezechiel: *Ossa arida vocem Domini audite.* Preschans en ceste solemnelle Commemoration que l'Eglise fait des ames des fidelles deffuncts. Ezech. 37.

En ce discours funebre, & de mort, ie desire par prelude vous estaler, 1. la grande disparité des deux iours d'hier & du present, 2. vous entretenir de la necessité de la mort, 3. qu'elle est mesprisable, 4. desirable, & 5. que *la mort des bons est precieuse deuant Dieu. Ossa arida,* esprits secs & arides, & vuides de la moëlle de deuotion, *audite vocem Domini.* Voix qui ressuscitera vos ames de la mort du peché à la vie de la grace; si vous l'escoutez attentiuement.

I. Mais quelle *conuenance*, mes tres-chers freres, *entre la lumiere & les tenebres* : entre la vie & la mort ; entre la gloire & la peine ; la ioye & la douleur ? Hier nous celebrions auec allegresse le triomphe des ames sainctes & bien-heureuses qui iouyssent de la gloire ; auiourd'huy auec larmes, les douleurs de celles qui gemissent sous les verges paternelles de la diuine Iustice au Purgatoire. Hier nous auions pour obiet la lumiere de celles-là ; auiourd'huy les tenebres de celles-cy ; afin que Dieu, *qui fecit de tenebris lumen splendescere*, les tire *de tenebris ad admirabile lumen suum*.

Hier nous estions vestus *indumento lætitiæ, & stolis albis candidi*, auiourd'huy, *versa est in luctum cithara nostra, & organum nostrum in vocem flentium, & vocamus lamentatrices*, & les paremens de deüil tesmoignent nostre douleur interieure ? Hier *coniouyssans & corregnans*, auiourd'huy *cômourans & compatissans*. Hier *nostre conuersation estoit toute dans le Ciel*: auiourd'huy sous la terre, *descendans en enfer tous vivâs*. Hier dâs les astres, *Sancti lucebût quasi stellæ in firmamento. Fulgebunt iusti, & tanquam scintillæ in arundineto discurrent*: auiourd'huy dans les tombeaux, *cum vulneratis dormientibus in sepulchris*.

Coloss. 3
Psal. 54.

Hier auec les victorieux de l'Eglise triomphante ; auiourd'huy auec les pauures esclaues & prisonniers de l'Eglise souffrante.

Hier nous chantions, *Exultabunt Sancti in gloria, &c.* auiourd'huy en suite. *Ad faciendam vindictam in nationibus increpationes in populis, ad alligandos Reges eorum in compedibus, et nobiles eo-*

Ps. 149.

tum in manicis ferreas, ut faciant in eis iudicium conscriptum.

Hier l'Eglise estoit Noemi ; auiourd'huy *Ruth. 1. Mara.*

Hier, *Germinans germinabat, laetabatur laetabunda, & laudans, quia gloria Libani data erat ei, decor Carmeli, & Saron,* auiourd'huy elle est Rachel *plorans filios suos ploratu & ululatu multo.*

Hier estoit le triomphe, auiourd'huy le rabat-ioye. Hier le feu, auiourd'huy la cendre.

Hier, à l'instar des Egyptiens, nous estions en esprit au banquet des nopces de l'Agneau, où les *Apo. 19.* Saincts se resiouyssent sans fin, auiourd'huy on nous presente vn squelette pour penser à la mort.

Hier iour de misericorde, car *Deus saluos facit propter misericordiam suā,* auiourd'huy de iustice.

Toutesfois emmy ces discordances i'aduise quelque conuenance, prenant garde au milieu de ces deux extrémitez, comme és nuances de la tapisserie, & és ombrages de la peinture.

Vsq; adeo quod tangit idem est, tamen vltima distant.

Car ie voy que ceste difference de solemnitez se fait en l'Eglise militante, constituee au milieu de l'Eglise triomphante & de la souffrante qui sont en l'autre vie, auec lesquelles elle est conioincte estroitement par cét article du Symbole *de la communion des Saincts,* n'ayans toutes trois qu'vn commun espoux qui leur suffit, comme Iacob à Lia & Rachel: sinon qu'il traicte l'vne en Amant, la seconde en Pere, & la troisiéme en Iuge, & toutes trois en Espoux: mais Espoux sanglant : car n'est-ce pas pour couronner l'vne, racheter l'autre, & glorifier la derniere, qu'il a espanché son sang : *Lauit nos de peccatis in sanguine suo agnus ferens peccata mundi, empti sumus pretio magno, non corruptibili auro & argento, sed sanguine agni immaculati, per cuius sanguinem non hircorum aut vitulorum, introibimus in Sancta æterna redemptione inuenta.*

Or comme les trois mondes, archetype, celeste & elementaire, ont de grandes correspondances & s'entretiennent par de secrettes concatenations : ainsi ces trois Eglises ont vne estroite alliance & admirable enchaisneure composant le corps mystique de N. S. auquel elles sont vnies : car quant à l'Eglise des reprouuez, elle est entierement separee de ceste conioncture par *vn grand chaos*, disoit Abraham au mauuais riche. Pource disoit Dauid, *Odiui Ecclesiam malignantium, & cum impiis non sedebo. ne perdas cum impiis Deus animam meam.*

Luc. 16.
Psal. 25.

Il est donc bien seant à ceux qui viuent sur terre dans le sein de l'Eglise militante, de se resiouyr des ioyes de ceux de la triomphante, & de compatir aux miseres de ceux de la souffrante, aspirant à ceux-là, & souspirant pour ceux-cy ; tirans de l'amour par les vns, & de la crainte par les autres.

Que s'il y a ioye ou dueil emmy les Anges, sur vn *pecheur penitent ou perverty*, pourquoy n'y aura-il allegresse & tristesse parmy les viuans, pour la saluation de ceux qui sont en gloire, & pour la compassion de ceux qui sont aux peines du Purgatoire?

Luc. 15.

L'Eglise militante a-elle pas engendré & regeneré dans son chaste sein les vns & les autres, tant les Iacobs sauuez, que les Esaüs suppliciez.

O l'excellent Trio qui se chante en ces deux iours au nom de Iesus, tant par les celestes, que par les terrestres, que par les souterrains. Hier l'Eglise militante prioit les Saincts d'interceder pour elle, & loüoit Dieu en eux; & les Saincts pleins de charité, prioient pour l'augmentation *du nombre de leurs freres*: auiourd'huy elle prie Dieu par l'entremise de ses Saincts de tirer les pauures affligez du Purgatoire, les *introduisant par le feu au refrigere*; & ces mesmes ames prisonnieres font retentir par les bouches des Predicateurs ce cry de Iob, *Miseremini mei, miseremini mei*, &c. Et les Saincts reciproquans tant de vœux, & si puissãs en leurs requestes vers Dieu, est-il possible que ceste armee de supplications ne fléchisse le cœur paternel de celuy qui *est toute misericorde*: Luy qui a promis *quand nous crierons de nous exaucer, & d'estre auec nous en tribulation, de nous en retirer, & nous glorifier en l'eternité*, nous monstrant son salutaire, qui est sa face, en la veuë de laquelle consiste nostre salut.

Mais quel est le motet que chantent tous ces trois chœurs, le voicy: *Redemisti nos Domine Deus in sanguine tuo, ex omni tribu & lingua, & populo, & natione, & fecisti nos Deo nostro regnum*. Les sauuez disent à part, *Misericordias Domini in æternum cantabimus*. Les viuans, *Salua nos Domine propter nomen tuum, ne memineris iniquitatum nostrarum antiquarum*. Et les ames souffrantes, *Eripe animam de morte, oculos meos à lachrymis, pedes meos à lapsu: Placebo Domino in regione viuorũ.*

Phil. 2.

Ditiez-vous pas que voila trois instrumens bien d'accord, & des voix vniformes en leur disparité ? Hier l'Eglise de la terre loüoit celle du Ciel, auiourd'huy elle l'implore à l'aide de celle qui est sous terre : & hier & auiourd'huy elle prie pour soy-mesme. Qui vit iamais vne plus consonnante dissonance, vne plus esgale disparité, vne diuersité plus vnie ?

Mais admirez, mes freres, ceste belle vicissitude du Ciel, de l'Eglise nostre mere appellee *Regnum Cælorum* : voyez comme par le roulement des orbes des solemnitez elle sçait ramener la nuict apres le iour, & faire succeder au Soleil de la gloire, *fulgebunt iusti sicut Sol*, les estoilles dans les tenebres du Purgatoire : ô que ce passage est gracieux, que ceste varieté agreable ! c'est ceste belle, *circumdata varietate*, qui plaist ainsi à son espoux, & qui va ainsi diuersifiant ses spirituelles saisons pour l'entretien de la vie deuote.

Considerez comme elle va destrempant & temperant le miel auec le fiel, le doux auec l'amer ; & la vie d'hier auec la mort d'auiourd'huy.

II.

Mort, port necessaire & ineuitable, poinct où aboutissent toutes les lignes de la circonference de nos iours : c'est vn *statut irreuocable*, dit l'Apostre, *qu'il faut mourir*. N. S. mesme ne s'est pas exempté de ceste loy, *Christus pro nobis mortuus est* : nous disons en nostre creance, *Crucifixus, mortuus & sepultus*.

Hebr. 9.

Voulions ou non, c'est vn faire le faut, qu'il faut franchir ce saut, & *aualer ce calice de vinaigre* ; à yeux clos ou ouuerts, il n'importe.

Il n'y a point de fuite qui puisse euiter la prise de ceste meurtriere:

Mors & fugacem persequitur virum,
Nec parcit imbellis iuuentæ
Poplitibus timidóque tergo.

C'est vn grand bransle, vn premier mobile, qui entraine apres soy toutes sortes d'orbes. *Omnes vna manet nox, & calcanda semel via lethi.*

Tous les fleuues doux coulent à la mer amere; & toutes les plus douces vies roulent dans l'amertume de la mort. *O mors quàm amara memoria tua, siccine separas, amara mors! Sicut aquæ dilabimur super terram, omnes morimur.*

———*Eunt anni more fluentis aquæ.*

Le temps nous traine à la mort malgré nous, comme ceux qui pour aller en vne gallere de prouë en poupe ne laissent d'aduancer, emportez par le vent: & qu'est ceste vie sinon du vent? *ventus est vita mea,* disoit Iob.

C'est vn abus à la mode des Peripateticiens de desguiser ceste necessité, & l'allanguir en periphrases. L'eschole Stoïque comme plus ferme & vigoureuse vient mieux auec la doctrine Chrestienne. *Morte morieris,* dit l'vne & l'autre, sans flatter le dé, ny pour pipper & amuser en vn poinct de telle importance.

Le poisson appellé *vmbrina,* dit Pline, pense estre caché en couurant sa teste, & dit-on le mesme de la perdrix: c'est vn erreur du vulgaire, qui pense se cacher de la mort en luy fermant les yeux: & au contraire, c'est pour en estre de tant plus saisi que l'on en est surpris, sans premeditation: car *les traicts preueus tou-*

çbent moins.

— si figit adamantinos
Summis verticibus dira necessitas,
Clauos non animum metu,
Non mortis laqueus expedies caput.

C'est le fait d'un esprit mol & mince, de ne pouuoir voir son sang, ny la pointe d'une lancette; pareil à ces malades, à qui il faut tãt d'appresls pour faire prendre une medecine, voire & vser de tromperie pour la leur faire aualer.

Ainsi aide-on la foiblesse des pauures patiens que l'on execute en leur bandant les yeux. Peu se soucient de tous ces artifices. Les Saincts Martyrs dont la constance regardoit hardiment la mort,

Voyez vn sainct Laurens qui s'en mocque couché sur vn gril.

Voyez vne saincte Apoloine qui se iette elle mesme dans le feu, pour oster au bourreau la gloire de luy auoir mise.

Vn sainct Ignace qui prouoque les lyons à le deuorer.

Vne saincte Agnes qui tient le col si ferme, qu'elle en fait trembler la main du bourreau, qui n'a ni le courage ny la force de luy aualer la teste.

Diriez-vous pas que ce sont des austruches qui deuorent & digerent le fer de la necessité de mourir?

III. Ils vont bien plus auant, car ils tournent ceste necessité en mespris, sçachans que

Luc l. 8.
bell. ciui

— Mors vltima pœna est,
Nec metuenda viris, —

Socrates sçachant que les Atheniens l'a- | Laert. l.
uoient condamné mourir, & la nature eux, | 2. en sa
fit-il. | vie.

Et ayant aualé la mortelle cicuë, *Ie dois vn coq* | Plato. in
à Esculape, dit-il à son disciple Criton, comme | Phædo.
iugeant que la mort le deliureroit de tous
maux.

Damindas disoit, que qui ne craint la mort | Plut. és
ne craint plus rien: & Agis, que ce mespris ren- | Apopht.
doit vn homme franc & libre ; aussi le Martyr | des La-
pouuoit-il dire, *Principes persecuti sunt me gra-* | ced.
tis, sed lætabor super eloquia tua, sicut qui inuenit | Ps. 118.
spolia multa.

Vn Lacedemonien à Philippe qui menaçoit | Plut.
ceux de Sparte de rauager leur pays, Hé! que | ibid.
peuuent redouter ceux-là, luy dit-il, qui mes-
prisent la mort? Caius Iunius, au rapport de Se- | Senec. de
neca, ayant ouy sa sentence de mort, s'amusa à | tran. an.
iouër aux eschecs, en attendant qu'on le vint | c. 14.
prendre pour le mener au supplice. | Athen.
| l. 14.

Quelqu'vn prest d'estre executé, comme i'ay | Dion.
leu dás Athenee, se mit à chanter son Epitaphe | Sicul. l.
à la mode des Cygnes : les vieillards des Ceens | 17. c 24.
mouroient ainsi en chantant. | Zonar. I
| Annal.

Vn des Courtisans de Iugurtha, comme on | Plut. en
le descendoit dans vne fosse pour l'y laisser | la vie
mourir de faim, par le commandement du Roy, | de Caius
Hercules, fit-il, vos estuues sont bié fresches, | Marius
se mocquant ainsi de la mort. | Suid. in
| verbo

Mais qu'est-ce la mort, dit vn ancien, sinon vne | ἀϑϱα-
œuure de nature, & n'est-ce pas vne enfantinerie de | νειν.
craindre vne œuure de nature? comme les enfans, | Ait. l. 4.
dit Seneca, qui craignent les hommes masquez. | de vita
| sua.

Ce sont à la verité des Payens qui nous donnent ces leçons honteuses du mespris de la mort : ô Dieu, comment eussent-ils esté enflez de courage, si esclairez de la foy qui nous illumine, ils eussent eu vne viue apprehensiõ de la vie du siecle futur. Aussi voyez cõme en vn mot S. Paul passe tout cela. *Quia neq; mors: neq; instantia, neq; fames, nil nos separabit à charitate Christi.*

IV. Il passe bien plus auant, iusques au desir de la mort, *Cupio dissolui, &c. Infœlix ego quis me liberabit de corpore mortis huius ? Mihi viuere Christus est, & mori lucrum.*

Senec. Epi. 24. Quint. decl. 377.
Scipion mourant disoit à ses soldats, *Imperator bene se habet bene*, c'est dõc vn bien que de mourir : pource adiouste Seneque le Philosophe,

Senec. Suasor. 6.
Adeo mors timenda non est, vt eius beneficio nil anteferendum sit.

Ne voyez-vous pas que Tithonus chez les Poëtes prefere la mort à vne immortelle mortalité ?

Zonar. 1 Annal. Ælian 3 c. 39. & Sic. 6.
Calanus Gymnosophiste inuita Alexandre à sa mort desirée, preparée, estudiée, non que volontaire, comme vn autre eust fait à ses nopces; & ce Roy au lieu d'admirer sa constance, le blasma de vanité.

Ælian 9 cap. 20. Apu. de Philoso. Plin. l. 4 c. 12.
Aristipe nauigeant en vne tempeste, comme les autres trembloient de peur, rioit de ioye; disant que la mort estoit aussi douce dans l'eau que sur la terre.

Les vieillards parmy les Hyperboreans, las de viure s'empoisonnoient en banquetant.

Les Spartiates desireux d'vne mort glorieuse se resiouyssoient allans en guerre au son des in-

strumens de Musique, *O mort*, disoit vn grand | Quintil.
Declamateur, *laudanda fortibus, expetenda mise-* | de l'a. 4.
ris, non recusanda omnibus. Salomon n'vse-il pas
de mesme langage, *Laudaui*, dit-il, *magis mor-*
tuos quàm viuentes.

Agamedes & Trophonius ayans acheué de | Plato A-
bastir le Temple d'Apollo en Delphes, & de- | xiocho.
mandé pour salaire le plus grand bien de ceste
vie, furent le lendemain trouuez morts dans
leur lict: par où on apprend, dit Seneca, que
Mors mala non est, imò sola bonum est generis humani.

Et ce mesme Philosophe l'appelle en quelque Epistre à Lucille, *animæ nostræ natalem.*

Attachons ces exemples & raisons aux Gentils, pour en appuyer ce beau mot de sainct Augustin, que *Mala mors putanda non est, quam bona*
vita præcessit.

Et n'appellons pas mauuais ce qui a esté desiré par tant de saincts personnages en la foy
Chrestienne. S. André, S. Hilarion, S. Ignace;
bref, tous les Martyrs ont ils pas souhaité de
mourir pour IESVS? & tous les Saincts n'ont
ils pas eu commun desir de mourir en Dieu?
Beati mortui qui in Domino moriuntur.

Car tout ainsi que *mors peccatorum pessima*, aus- | V.
si la mort des bons est precieuse deuant Dieu. Les Cygnes muets en leur vie, chantent à leur mort;
ainsi les bons, *quorum vita abscondita est cum Chri-*
sto in Deo, & cachez par humilité, parlent en leur
mort hautement par leurs œuures, *Opera enim*
illorum sequuntur illos.

Ceste vie est vne course de bague: *sic currite,*
vt comprehendatis brauium. C'est vn achemine-

ment à la mort, *ad mortem iter*, qui est ordinairement conforme à la vie. *Cursum consummaui, restat mihi corona*, disoit S. Paul, attendant vne bonne & heureuse catastrope : ainsi Dauid, *Me expectant iusti, donec retribuas mihi.*

Aux ieux Olympiques, le prix n'estoit pas donné aux mieux peignez, mais à ceux qui atteignoient mieux le but : la couronne n'est pas pour la vie delicieuse, mais pour la bône mort. *Qui perseuerera au bien iusques à la fin sera sauué, celuy ne sera salarié qui n'aura legitimement combatu. Mais qui aura bien bataillé & vaincu, mangera du fruict de vie, & aura la couronne inflestrissable de la gloire.*

Tels que nous serons trouuez au pas de la mort, tels serons-nous iugez : comme l'arbre tombera, il demeurera, soit pour estre mis en reserue, soit pour estre ietté au feu.

Sur tout ceux qui comme des vases seellez seront trouuez marquez de la lettre Tau, seront espargnez : figure que ceux qui auront *porté la Croix & suiuy Iesus, ayans sa mortification en leurs corps. Si Spiritu facta carnis mortificaueritis, viuentis.*

Comme le grain de froment qui ne fructifie que pourry.

Les lampes d'huile aromatique embausment esteintes, celles d'huile sale empuantissent : ainsi la *memoire des gens de bien est en benediction, & des peruers en malediction.*

Eccl. 46.

Taschons d'estre de ceux-là, mes bien-aimez, disans auec Balaam, *Moriatur anima mea morte iustorum, & fiat nouissima mea horum similia.*

Mais parlans comme luy, viuons mieux que luy; car le moyen de bien mourir est de bien viure, la consequence suiuant tousiours son principe.

C'est l'vtilité que nous deuons tirer pour nous de ceste feste des Morts, en laquelle ils nous semblent donner cét aduertissement, *Memor esto iudicij mei, sic erit & tuum, hodie mihi, cras tibi.*

Et d'autre part puis que nous sommes vnis auec les fidelles trespassez qui sont en Purgatoire: *par le lien de la charité qui est plus fort que la* Cant. 3. *mort*, & qui passe le tombeau; taschons de les soulager par nos suffrages & sacrifices, les tirās de ceste mer d'angoisses au port de la felicité: offrons des aumosnes pour eux, *thesaurisans au* Matt. 9. *Ciel, & y faisans des amis qui nous y precedent pour nous y receuoir vn iour.* C'est à quoy vise l'Eglise 2. Mac. en ce iour, que de vous exciter à ceste *saincte &* 12. *salutaire souuenance des morts*: & ie vous exhorte Luc. 1. à ceste deuotion par ce qu'il y a de plus sainct au Ciel & en la terre, qui sont *les entrailles de la misericorde* du doux Iesus, auquel soit honneur & gloire au temps, & en l'eternité. Amen.

Ruminez, 1. la belle diuersité de ces deux solemnitez d'hyer & d'auiourd'huy, 2. la necessité de la mort, 3. mesprisable, 4. desirable, & 5. preparez-vous à mourir de la mort des bōs, & sur tout à ne passer vne si saincte occasion de prier Dieu pour les paures trespassez, *Vt requiescant à laboribus suis.*

XI. NOVEMBRE.

Liberalité pieuse de S. Martin.

Homelie.

Dispersit, dedit pauperibus.
Pſalm. 111.

LA vie du grand ſainct Martin eſt vne tapiſſerie de haute lice, recamee des plus hautes couleurs de la perfection: mais comme en ceſte varieté de prospectiues, il y a touſiours quelque ſingularité qui arreſte noſtre œil; ainſi entre les actions de vertu, qui rendent ce ſainct Pontife recommandable, ceſte liberalité pieuſe qu'il fit de la moitié de ſa cappe à noſtre Seigneur en figure de pauure, eſtant encore & Catechumene & ſoldat, me ſemble de tel relief, que comme l'Egliſe en ſes images nous le repreſente en cét acte, i'ay penſé d'y arreſter entierement mon diſcours.

Traittant, 1. que c'eſt que pieuſe liberalité, 2. ſon merite, 3. ſa beauté, 4. ſes recompenſes, 5. ſes loüanges.

I. I'appelle pieuſe liberalité vne munificence charitable, libre, pure, iudicieuſe, faite à autruy, ſelon Dieu. Definition que i'ay taillee ſur pluſieurs modelles, que m'en ont fourny les Docteurs: & au retour de ſon explication roulera ce premier poinct.

Ces mots de *munificence charitable*, periphrasent ceux de liberalité pieuse; car liberalité est vne munificence qui vient de *munus & facio*, qui veut dire faire vn present; & pieté est autant que charité: epithetes qui distinguent fort bien ceste liberalité saincte dont ie pretends parler, d'auec la prophane & mondaine, qui se peut faire moralemēt par des infideles, ou par compassion naturelle, ou par vanité, comme il se lit de celles d'Alexandre le Grand: car celle que ie traicte a ses fondemens en la charité & en la grace, & partant est viue, & ses fleurs produisent des fleurs d'immortalité; mais l'autre passe comme le vent, & se perd dans l'oubli.

Ie la nomme libre, terme d'où deriue le nom de *liberalité*, qui vient ou à *libertate*, parce qu'il faut donner, *non ex tristitia aut necessitate, hilarem enim datorem diligit Deus.* Car il n'y a action où doiue plus reluire la franchise & bonne volonté. 2.Cor.6.

Ou bien à *liberatione*. Car *eleemosyna à morte liberat. Peccata tua eleemosynis redime, & misericordiis pauperem. Beatus qui intelligit super egenum & pauperem, in die mala liberabit eum Dominus. Date eleemosynam, & ecce omnia sunt vobis.*

I'ay adiousté *pure*, pour euiter les frauduleuses munificences: car les presens du siecle, dit vn ancien, imitent les hameçons qui exposent vne mousche pour prendre vn gros poisson: auec ces mauuais appasts ont tenté l'integrité des Iuges, *munera excæcant oculos sapientum*, la pudeur des filles & femmes, la fidelité des subiects; c'est vne clef de trahison, & vn piege de malice, & vne couuerture de mauuais desseins, comme il appert és presens que les Gabaonites firent à Iosué qui le deceurent, & luy firent transgresser l'ordonnance de Dieu.

C'est vn aymant qui attire les cœurs de fer.

Vn ambre-gris auec lequel la balaine attire les poissons pour les deuorer.

D'vn artifice pareil à la seiche, qui cachee dans le sable pousse ses bras dehors qui seruent de leure pour attraper de la proye.

Presens cauteleux pareils à celuy du cheual de bois, par lequel les Grecs prirent & surprirent Troye la grande.

La vraye liberalité doit estre fondee sur la pureté de l'intention, & n'auoir autre visee que la beauté de son acte, sans espoir de recompense; autrement ce seroit prester, non donner, *& munera essent mercimonia*, dict quelque ancien.

Il y a de plus, *iudicieuse*; qualité essentielle à la vraye liberalité, & sans laquelle elle degenere en prodigalité: c'est elle qui tient la balence & pese le temps, les lieux & les personnes, qui compasse la despence & la recepte, qui adiuste les presens aux reuenus.

C'est ceste Nemesis qui nous faict marcher la bride en main, & qui nous esperonnant à aymer nostre prochain comme nous mesmes, nous retient de l'aymer plus que nous mesmes.

C'est elle qui fit bien donner la moitié du manteau à nostre sainct Martin, mais qui l'empescha de le donner entier.

C'est elle qui nous fait *comme les arbres iuxte les ruisseaux produire nos fruicts en temps, & empesche les fueilles de nostre substãce de dechoir, mais plustost la faisant abonder & prosperer.*

C'est elle qui conserue l'humide radical de nos corps & de nos biens, blasmant les ieusnes immoderez, & les liberalitez dereglees.

C'est elle selon le conseil de Corynna, qui nous apprend *à semer de la main non à plein sac.*

C'est elle qui nous fait aller droict entre les deux extrémes, nous apprenant à mesnager nostre fait selon nos forces, & à ne faire pas comme ce prodigue ancien, duquel on disoit, *Perdere scit, donare nescit, dissipare, non dispensare.*

En fin il y a, *faites à autruy selon Dieu.* Ce qui rend ceste vertu diuine, & vne branche de la charité, *sans laquelle* S. Paul dit, *que donnant toutes ses facultez aux panures, il ne feroit rien.* 1.Cor.15

Selon Dieu voila le niueau & la regle infaillible de toute bonne œuure. Car *quoy que nous facions, il le faut opererer à la gloire de Dieu.* 1.Cor.10

Les Geometres ont ceste maxime, *Quæ sunt æqualia vni tertio, inter se sunt æqualia.* Si nous prenons Dieu pour ce tiers, nous aimerons en luy nostre prochain à l'esgal de nous mesmes, luy faisant selon la regle de nature & de droict, *comme nous voudrions qu'il nous fist.*

Selon Dieu, ces mots excluent encores les presens des prodigues, les dõs desquels vn ancien comparoit aux signes qui paissent és precipices qui ne sont mangees que par les corneilles : ainsi leurs biens ne sont devorez que par les corbeaux d'escornifleurs, & autres vicieux de semblable farine. *Et substantia eorum quasi torrens siccatur.*

I.
Eccl. 24. Au lieu que la vraye liberalité est vne fontaine indeficiente, vn puits *d'eaux viues* intarissable, qui se remplit à mesure qu'on la puise.

Ecc. 25. Tel est son merite, que iamais ses presens honnestes & legitimes n'appauurissent leur donateur : au contraire *le centuple luy est promis,* nō que le *septuple. Da in altissimo secundum datum eius, in bono oculo adinuencionem facit manuum suarum, quoniam Dominus retribuens est, & septies reddet ei.*

O que Dieu est bon, mes freres, de tenir controlle de nos moindres & plus menuës liberalitez, *iusques à vn verre d'eau froide,* encores à quoy, prodigue de grace ! il a promis la vie eternelle ; afin que vous appreniez par là l'extréme valeur de la plus petite action de vertu, iointe aux merites du fils de Dieu, & faite en charité.

C'est peu de chose à David, & qui ne luy auoit cousté qu'vn traict de fonde & vn iect de pierre, d'auoir terrassé Goliath ; sa condition estoit bien vile, n'estant qu'vn bergerot, & le plus petit de ses freres, pour aspirer à la fille du Roy : & neantmoins parce que Saül, s'il retournoit victorieux, luy auoit promis Michol en mariage, elle luy appartenoit iustement & legitimement. Ainsi non tant pour nos actions le Ciel nous est deu, que par la promesse de Dieu, qui a promis *de rendre à vn chacun selon ses œuures,*

Festiues. 609

œuures, & que ceux qui feront bien, iront à la vie eternelle.

Aussi S. Paul appelle couronne de iustice, celle que Dieu iuste iuge luy deuoit rendre au iour de la retribution, apres auoir combatu vn bon combat, & consommé sa course. 2.Tim.4

Qui ne sera esmeu à bien faire, ayant les remunerations de nostre Dieu? *Benedic anima mea Domine, & noli obliuisci omnes retributiones eius, qui coronat te in misericordia, qui replet in bonis desiderium tuum.*

Mais Seigneur que pouuons nous vous dôner que vous ne nous ayez premierement donné? N'est-ce pas de vous que procede & descend tout bien? *Quid habes quod non acceperis, & si accepisti quid gloriaris?* Que sommes nous donc, sinon thresoriers, depositaires, & dispensateurs des biens que Dieu nous a commis? C'est tout vn, Dieu se plaist à couronner en nous ses dons, &

Placatur donis Iupiter ipse suis.

C'est luy *Qui dat semen seminanti, & panem ad manducandum præstat:* & luy-mesme, *Qui multiplicat semen nostrum, & auget incrementa frugum iustitiæ nostræ vt in omnibus locupletati abundemus.* 1.Cor.9.

Voila qu'Abraham luy presente son vnique Isaac en holocauste: aussi tost il luy promet de multiplier sa femme par dessus le sable de la mer, & le faire pere de plusieurs gens & nations.

La veue de Sarepte donne pour l'amour de Dieu vn petit de farine & d'huile au Prophete, & admirez la multiplication qui s'en ensuit. 2.Reg.4

Somme, *Dimitte & dimittemini,* (aussi prions nous, *dimitte nobis debita nostra*) *date & dabitur* Luc.6.

nobis mensuram bonam & refertam & cogitatam, & superfluentem dabunt in sinum vestrum.

III. Outre ce merite, la beauté de ceste vertu nous conuie encores à la pratiquer: car l'homme n'imite tant Dieu en rien comme à bien faire à l'autruy, se rendant en cela vray *fils de son Pere celeste*.

Tout bien, dit la maxime Philosophique, *de sa nature est diffusif de soy-mesme*: pource Dieu qui est la mesme bonté s'est voulu communiquer par l'emanation des creatures pour leur donner vne participation de son estre: voire, & vn rayon de sa bonté; car en les creant il est escrit, *Vidit Deus cuncta quæ fecerat, & erant valde bona*: de sorte que ce grand vniuers n'est autre chose qu'vne image de la liberalité de Dieu.

Genes. 2

Ce n'estoit pas assez à sa bonté infinie de nous creer quand nous n'estions, nous tirant par son eternelle idee des cachots inuisibles du rien: mais quand par la malice du peché nous auons perdu cet estre d'innocence & de grace, auquel il nous auoit formez au principe de nostre creation, il a encliné les cieux, & est descendu (aussi disons-nous en nostre creance, *Propter nostram salutem descendit de cœlis: Et incarnatus est, &c.*) pour nous recreer par sa vie, & nous viuifier par sa mort, *nous rachetant d'vn grand prix, non par le sang des veaux ou des agneaux, mais par le sien propre, auec lequel il a cancelé nos debtes, & blanchy comme neige nos pechez qui estoient rouges comme l'escarlate*. Vray Pelican il nous a regenerez en son sang. *Lauit nos de peccatis nostris in sanguine suo*.

Isay. 1.

Il va encores plus auant en ses liberalitez : car son amour estant plus fort que la mort, passe aussi le tombeau: car estant mort vne fois sanglantement pour nos pechez, & ne pouuant remourir, il a trouué vne inuention de renouueller sa mort & passion au sacrifice non sanglant de l'Eucharistie, nous prodiguant en ce diuin Sacrement, toute la substance de son corps & de son sang auec son ame & sa diuinité, tant il est vray que, *Si dederit homo omnem substantiam pro dilectione, quasi nihil despiciet eam.* Rom. 6.

Ce sont là des liberalitez qui ne doiuent iamais mourir en vostre memoire, mes freres; aussi dit-il, *Hæc quotiescumque feceritis, in mei memoriam facietis. Quotiescumque manducabitis carnem filij hominis, & bibetis eius sanguinem, mortem eius annuntiabitis donec veniat.* O mon ame, *Quid retribuam Domino, pro omnibus quæ retribuit mihi?* cela mesmes de iouyr de ses presens, *Calicem salutaris accipiam, & nomen Domini inuocabo.* Psalm.

Car comme le plus grand plaisir que l'enfant puisse faire à sa nourrice est de succer sa mammelle, qui n'a que trop de laict: ainsi le plus agreable seruice que nous puissions rendre à Dieu, est de iouyr de ses biens auec action de graces.

Si le Soleil, ou le feu pouuoient desirer, ils ne souhaiteroyent rien tant, sinon que l'on vsast, celuy là de sa lumiere, cestuy-ci de sa chaleur.

Mais que dirons-nous de la gloire qui resulte de l'exercice de ceste noble vertu? voyez comme és triomphes & magnificences elle tient le premier rang, ce ne sont que liberalitez & largesses

Qq 2

Isay. 58. Oyez nostre texte, *Dispersit dedit pauperibus, iustitia eius manet in saeculum saeculi*: voyez le merite de iustice, & voicy la gloire. *Cornu eius exaltabitur in gloria*: pource, *Omni petenti te tribue, & erumpet quasi mane lumen tuum, & gloria Domini colliget te, & antibit faciem tuam iustitia tua. Iucundus homo qui miseretur & commodat, disponet sermones suos in iudicio, gloria & diuitiae in domo eius & iustitia eius manet in saeculum saeculi.*

Alexandre Prince affamé de gloire sçachant combien ceste vertu luy en acqueroit, ne demandoit qu'à conquerir; & enquis pourquoy il alloit ainsi ravageant tout: pour enrichir, dit il, mes ennemis de leurs propres despoüilles, & mes amis d'honneurs & de commandemens: & interrogé quelle part il s'en reseruoit; nulle autre, dit-il, que la ioye d'auoir beaucoup donné.

L'Empereur Titus pensoit auoir perdu vn iour auquel il n'auoit fait aucune liberalité; bien dissemblable à ceux qui pensent auoir perdu leur iournee, quand ils n'ont rien amassé, à tort ou à droict.

IV. Que si ceste vertu est de si grand merite deuant Dieu, & gloire deuant les hommes, & comme ie viens de monstrer aux deux poincts precedens; ie trouue qu'elle est encores de plus grande vtilité, mesme en ceste vie: car il n'y a vsure, ni trafic maritime, qui enrichisse plus que la liberalité.

Il n'y a fumier qui engraisse plus vn terroir, & le face dauantage multiplier. Dieu promet au

Matt. 25. seruiteur bon & fidele de le constituer sur beaucoup s'il est trouué fidele sur peu, & s'il sçait mesnager son bien, selon l'intention du maistre qui est Dieu, lequel entend qu'on en face largesse : pource l'Eglise l'appelle, *omnium bonorum largitorem*.

S. Germain Euesque d'Auxerre, estant par les champs, rencontra vn pauure auquel il commanda à son aumosnier de donner trois escus qui luy restoient; cestuy-ci en retint vn, par prudence humaine, pour subuenir à quelque necessité : & voila soudain qu'vn homme à cheual vient apres luy, qui luy apporte deux cens escus, que luy mandoit vn gentilhomme chez qu'il auoit couché: lors se tournat vers son Chappellain. Si vous n'eussiez point (luy fit-il) retenu l'escu de ce pauure, Dieu nous en eust enuoyé trois cens. *Suar. in eius vita*

Le mesme presque se lit estre arriué à sainct Marcel Abbé, qui recogneut à neuf cens escus qu'on luy donna que le despensier en auoit retenu des dix qu'il luy auoit commandé de donner aux pauures. *Idē Sur. in eius vita.*

S. Theophanes Abbé distribuant tous les iours, grande quantité de pains aux pauures, neantmoins les greniers du Monastere ne diminuoyent en rien des mesures du bled que l'on y mettoit. *Simeon Metaphraste en sa vie*

Et S. Vuillibrordus Euesque d'Vtrec estant à table, comme on luy vint dire que quelques pauures estoient à la porte qui auoient grande soif, il commanda qu'on leur portast la bouteille de son vin, de laquelle douze qu'ils estoient beurent à satieté, & luy fut rapportee pleine: tant il est vray que la liberalité pieuse augmente le bien, & iamais ne diminuë : car la benediction de Dieu est sur la teste du iuste & du liberal.

Dieu multiplia les biens d'Abraham, de Iob, & de Loth, parce qu'ils estoient charitables.

Et Noé benit Iaphet, qui auoit couuert sa nudité, pourtant, *Egenos vagosque induc in domum tuam, Frange esurienti panem tuum, Cum videris nudum, operi eum, & carnem tuam ne despexeris.*

Isay. 58.

V. Au demeurant ceste vertu est de tel esclat qu'il n'y a que les ingrats qui ne la voyent, & n'y a que les ingrats qui ne la loüent, côme il n'y a que les hyboux qui fuyent le Soleil, auquel ressemble la liberalité: car comme cét astre esclaire tout le monde, aussi ceste vertu illustre toute la vie de l'homme qui est vn petit monde.

Comme à sa veuë tout se resiouït, aussi la liberalité est veuë de bon œil de Dieu, des hommes & des Anges. Comme il communique, & diffond ses rayons sans s'interesser; ainsi le liberal fait du bien sans se ruiner.

Car ceste vertu est pareille à la lumiere d'vn flambeau, qui se communique sans se diminuer: ains comme le feu elle croist par la communication.

Considerons que tout donne; les cieux, leur mouuement: les astres, leurs influences; le feu, sa chaleur; l'air, son rafraischissement: l'eau son humidité: la terre, mille fruicts: les animaux, leur propre chair pour nostre aliment; tout cela nous fait leçon tres-expresse de liberalité.

Celuy qui a dit, que qui auoit trouué les bien faits, auoit inuenté des liens pour garotter les cœurs, auoit grande raison: car certes il n'est rien plus attrayant que la liberalité, l'ambre n'attire point tant la paille, & la pierre lunaire l'acier.

Artaxerxes donna vne seigneurie à vn paysan qui luy auoit presenté vne orange d'extraordinaire grosseur.

Et donnerons-nous pas volontiers l'orange de nostre cœur à celuy qui nous promet le Royaume des Cieux?

Mais que donnerons-nous à ce tres-liberal bien-faicteur, qui comme Eschines & Socrate s'est donné luy-mesmes à nous? *Dilexit me, & dedit semetipsum propter me*: & que luy pouuons-nous donner, sinon nous-mesmes, nous *qui sommes son peuple, ses oüailles, & l'ouurage de ses mains?* Disons-luy donc, *Suscipe me Domine secundùm eloquium tuum, & viuam.* *Pſ.* 94.

O que ceste liberalité luy sera beaucoup plus agreable que celle du demy-manteau de nostre S. Martin, auquel pour remerciement, il apparut la nuict en estant couuert, & luy disant: *Martinus Catechumenus hac veste me contexit.* *Pſ.* 118.

Apprenez de ceste Homelie, 1. que c'est que liberalité pieuse, 2. son merite, 3. son lustre, 4. son salaire, & 5. son excellence. Et allez en paix.

XXV. NOVEMBRE.

Loüanges de saincte Catherine.

HOMILIE.

O quàm pulchra est casta generatio cum claritate! Sap. 4.

CE qu'est l'esclat en vne bague, l'est la vertu de l'ame en la Noblesse du corps: car à vray dire,

Nobilitas sola est atque vnica virtus.

La S. Vierge & Martyre Catherine issuë de sang Royal, &

Virtutum supérans nobilitate genus,

nous sert auiourd'huy de peremptoire preuue, *quàm pulchra sit casta generatio cum claritate.*

Pour le present nous ne traiterons que, 1. de sa noblesse, 2. de son zele, 3. de son sçauoir. 4. de sa virginité.

I. Entre les Biens exterieurs, desquels il plaist à Dieu de nous gratifier, la noblesse de naissance ne tient pas des derniers rangs; ains ie croy que les cœurs mieux paistris, luy assigneront tousiours la premiere place; car c'est vn aduantage que l'or & l'argent ne peut acquerir, non pas mesmes la vertu; qui de vray nous peut rendre les premiers nobles de nostre race, mais non d'ancienne extraction: ceux donc doiuent se resiouyr en Dieu, & l'en remercier, sur qui tombe le sort de ceste ciuile prerogatiue.

Non que ie la prefere à la vertu; car ce seroit postposer la cause à l'effet par vn ordre preposteré, d'autant qu'il est tout certain que la noblesse tire son origine de la vertu, & se conserue par icelle ; autrement il vaudroit mieux estre vertueux roturier.

Malo pater tibi sit Thersites, dummodo tu sis
Æacidæ similis, Vulcaniaque arma capessas,
Quàm te Thersitæ similem producat Achilles.

En la comparaison des trois sortes de biens de l'ame, du corps & de ceux que vulgairement on nomme, de fortune, ceux de l'ame l'emportent sur les deux autres; combien plus fortement donc la noblesse meslee de l'ame & du corps l'emportera-elle sur les autres sortes de biens? comme les richesses & les plaisirs, obiects indignes d'arrester vn beau courage, qui ne se paist que de l'honneur, & non de tout honneur, mais du vray, qui est fondé sur vne solide & essentielle vertu.

Si c'est donc vne chose de telle estime, qu'elle n'a point de prix en terre; combien s'en doiuent tenir redeuables à Dieu ceux qu'il a obligez de ce tiltre en leur naissance, & combien doiuent-ils prendre garde à maintenir par vertu ce que la vertu de leurs ancestres leur apporte de lustre : autrement ils se rendent doublement blasmables, estans vicieux, en degenerant d'vn estoc, qui promettoit d'eux toute autre sorte de vie.

Certes comme l'enchasseure redouble la grace de la pierre, qui y est bien posee ; ainsi resplendit plus esclatement la vertu entee en la noblesse, autrement:

Iuuenal. Satyr. 8.
> *Stemata quid faciūt? quid prodest Pontice longo Ordine censeri? &c.*

Que ce ne soit vn grand esguillon de vertu, il est indubitable, ioint que *le sang ne peut mentir*, dit nostre Prouerbe, la race noble a certains feux ou scintilles que les Latins appellent *igniculos*, lesquels sortent tousiours du sein, & donnent tesmoignage de la generosité du cœur.

Matt. 2.
Nostre S. Prototype d'humilité, bien qu'il prit la forme d'vn esclaue, qu'il se declare estre venu pour seruir, non pas estre seruy, qu'il se soit humilié iusques à la mort de la Croix, il n'a pas neātmoins negligé la noblesse de race, venante en droite ligne de Dauid.

Et ce qui a rendu en nos iours plus illustre le martyre de ceste genereuse Royne d'Escosse Marie, que la fureur d'vne impie Iesabel fit cruellemēt passer par la main d'vn bourreau, n'est ce pas sa qualité Royale, qui n'exempta pas sa personne venerable & sacree de la manie de ceste barbare & felonne, qui ensanglanta ses mains du sang d'vne Princesse de son sang? *Sanguine sanguinem tangendo.*

C'est tant d'estre Roy ou Royne, qu'icy bas nous ne pouuōs imaginer de plus grāde grandeur, ny de sang plus respectable: & c'est aussi ce qui illustre grādement le martyre de nostre Saincte Catherine, qui née de race Royale a ioint vne couronne empourpree de son sang à la blanche de sa virginité. *O quam pulchra est ca-*
Sap. 4.
sta generatio cum claritate.

Et ceste clarté s'est manifestee en son zele,

Festiues. 619

vertu qui esclatte merueilleusement ? c'est celle qui a tiré des plus sombres & profondes solitudes S. Antoine, & des autres Saincts Hermites incognus au siecle pour venir au monde resister aux torrens de l'heresie, qui inondoient l'Eglise & regorgeoient par tout de leur venin.

Et qui (comme respondit vn iour quelqu'vn d'entr'eux à vn Empereur, qui luy reprochoit d'auoir laissé sa cauerne) les faisoit sortir de leur doux repos, pour venir trauailler aux necessitez de l'Eglise ; ne plus ne moins qu'vne vierge bien nee sort de sa chambre où elle estoit tousiours recluse pour porter de l'eau à la maison bruslante de son pere.

Tel qu'vn fleuue grossy des neiges fonduës saute des bords de son lict, pour s'en aller bouffissant, porter ses vagues espanduës par la campagne, se mettant au large pour l'arroser : tels ses champions enflez de beaux desirs qu'ils auoient conceus en leurs meditations sainctes, *volans comme nuees exhalees des antres & deserts,* alloient dispersans *la rosee de leur parole sur les plantes viues de l'Eglise. Quasi imber super herbam & stillæ super gramina.* *Isay.60.* *Deut.32*

Ils quittoient pour vn temps les gracieux embrassemens de Rachel contemplante, pour s'employer aux necessaires embarrassemens de l'agissante Lia.

En leur meditation le feu de la charité estant allumé en leurs cœurs, portoit soudain leurs corps à ces eslancemens zelez pour la gloire de Dieu, & le soustien de son Eglise saincte, *leur dilection forte comme la mort* leur faisoit rechercher vn honorable tombeau dans vn glorieux martyre.

Ce fut vn zele ardent, qui comme vn feu ne se pouuant contenir dans le sein de ceste Vierge S. dont nous honoros la memoire, la porta à vn excez digne de son courage & de sa charité: car voyant confluer grande multitude de peuple à des sacrifices genereux que l'Empereur Maxence auoit commandé estre faits en Alexandrie, ayant pitié de tant de personnes abusees, elle commença publiquement à declamer contre l'idolatrie, & à detester ces immolations victimees à des faux Dieux: & comme elle estoit sçauante és arts liberaux, & en outre en la science des Saincts, remplie de l'esprit de sçauoir, sagesse & intelligence, chacun luy prestoit volontiers l'oreille, & plusieurs recognoissoient leurs erreurs par ses enseignemens.

Sap. 10.
Isa. 11.

Voyla l'Empereur aduerty, qui respectant son sang & son extraction, luy donna audience où elle fit merueille de bien dire, à la confusion du Paganisme, & aduantage de la foy Chrestienne: menacée elle poursuit sans crainte.

—— *fidens animi, atque in vtrumque parata*
Vincere Paganos, vel certé occumbere morti,

Ps. 118.

Elle pouuoit bien dire auec Dauid, *Loquebar de testimoniis tuis in conspectu regum, & non confundebar*: & auec S. Paul, *Non erubesco euangelium, virtus enim est Dei in salutem omni credenti*: appuyée sur ceste parole, *Quando steteritis ante reges, & præsides, nolite cogitare quid loquamini,* &c. Et fortifiée de ceste autre, *Nolite timere eos qui occidunt corpus, sed timere eum qui potest animam & corpus perdere in gehennam.*

Elle pouuoit encore chanter auec le Psalmiste, *Principes persecuti sunt me gratis, & à verbis* Pf. 118. *tuis trepidauit cor meum*: car la crainte de Dieu contraire à la crainte humaine, qui donne du tremblement & de l'effroy, donne au contraire de la hardiesse, quand on confere le peu de proportion qui est entre les supplices momentanees des martyres, & les tourmens eternels des enfers. *Hoc enim leue & momentaneum tribulationis tempus, æternum gloriæ pondus operatur.*

Dieu luy donna en ceste occurrence, comme au Prophete, *vne face de diamant* infrangible, *& plus dure que le front*, ny des tyrans ny des bourreaux. Isa. 48. Ezech. 3

Qui ne pouuans contredire ses raisons, la veulent effrayer par menaces, & vaincre par clameurs: elle ferme, *Tanquam dura silex, aut ve Marpesia cautes*: & come vn roc inefcroulable, se mocque des vagues de leurs vains efforts, parce que, *Quando tumescebant super eam fluctus, timebat Deum quem prouidebat in conspectu suo, quoniam à dextris erat illi ne commoueretur.*

Ces vents allument le feu de sa charité, au lieu de l'esteindre, son cœur est comme vn fer embrasé, plus chaud que le feu mesme: elle s'esleue par dessus soy, & par dessus la force & la portee de son sexe, pressee de ces côtradictions, elle se relance comme vne palme contre son accablement, & va deffiant les plus huppez Philosophes, se promettant de confondre leurs erreurs, & de prouuer que, *Non est Deus sicut Deus noster, & non est alius præter Deum nostrum Iesum Christum.* Thr. 1.

Le Tyran, *Videbat & irascebatur, dentibus suis*

fremebat & tabescebat : mais qu'eust-il fait à ce *torrent de feu sortant de la face de Dieu* par la bouche de ceste fille?

Galat. 1.   I'adouuë que *le zele sans science* est vn glaiue en des mains furieuses ; & pareil au premier de S. Paul, auec lequel il persecutoit les Chrestiens, *estant zelateur des traditions de ses peres.*

Mais accompagné de science & de prudence, c'est vn outil pareil au feu qui sert à tous artifices, & *vn zele de iustice.*

III.   Tel estoit celuy de nostre Saincte, qui doublement sçauante, & de la science acquise, & de l'infuse, sçauoit manier ce *zele comme vn glai-*
Hebr. 4. *ne tranchant de deux parts, & comme vn autre Che-*
Genes. 3. *rubin en defendre la voye du Paradis*, qui n'est autre que la foy en celuy qui est *la voye, la verité, & la vie.*

Or par ceste science, ie n'entens point tant ceste profondité de Theologie subtille, ceste curieuse recherche de l'inteligence de l'Escriture : cognoissance qui peut estre acquise auec trauail : par vn esprit d'ailleurs mal morigeré. I'entés plustost *la science des Saincts*, qui est celle de salut, celle que sainct Paul professe, & non autre sçauoir *Iesus, & iceluy crucifié*, se mocquât
Sap. 10.   de tout autre sçauoir, comme d'vne *cymbale tintante d'vn airain sonnant*, & mesprisant *les eloquens termes de l'humaine sagesse*, & les subtilitez de la vaine Philosophie, protestant que *Vani sunt omnes in quibus non subest scientia Dei.*

En ceste science estoient tres-versez les SS. Antoine, Hilarion, Spiridion (celuy qui confondit ces Heretiques qui ne vouloient ceder à vn

Festiues. 623

Couelle (Dominique, François, Charles Borromée, Ignace de Loyola, la B. mere Terese, S. Catherine de Sienne, & entr'autres nostre S. Catherine Vierge & Martyre.

Laquelle en la prison où Maxance la fit mettre, confondit & conuertit à la vraye foy de Iesus Christ cinquante Philosophes que l'Empereur luy auoit mandez pour disputer auec elle, *Sed illa confortata confundebat illos*: pouuant dire *Si consistant aduersum me castra, nõ timebit cor meũ. Si exurgat aduersum me prælium in Deo sperabo*: lequel, *Ex ore infantium & lactentiũ perficit laudem suam, vt destruat inimicum & vltorem. Qui dat paruulis os & sapientiam*: comme il fit à Moyse & à Isaye.

Qui estoient les Apostres, sinon gens grossiers & ignorans? voulant Dieu, *Per stultitiam fidei saluos facere credentes, & eligens infirma vt confundat fortia, stulta vt destruat sapientes, & ea quæ nõ sunt, vt destruat ea quæ sunt*: comme il opera par les bras de Iudith.

Dauid disoit à propos de ceste sçauante ignorance, *Quoniam non cognoui litteraturam, introibo in potentias Domini, & memorabor iustitiæ tuæ solius*.

O que les sciences humaines sont abiectes, comparees à ceste diuine science de Dieu, lequel, *Scit cogitationes hominum quoniam vanæ sunt, omnis enim sufficientia nostra est à Deo, non sufficientes cogitare aliquid de nobis tanquam ex nobis*: ce sont petites Estoilles qui s'esuanoüissent au leuer de ce Soleil de la diuine irradiation.

Sous les pieds donc, & dans le fonds de l'oubly, ô lettres douces, que l'on surnomme humaines, mais pluſtoſt inutilement inhumaines, voſtre charmante piperie a bien eu le credit de regenter mes premiers ans, & de fournir à ma plume pluſieurs rapſodies; deſquelles le monde par ſon accueil fait vn iugement plus fauorable que ie n'en fais: ie vous dône maintenant le libelle de reputation, *Res veſtras vobis habete:* ie fay diuorce auec vous, laiſſans voſtre gland apres auoir rencôtré *le froment eſleu* de la ſimple doctrine de ſalut: ie laiſſe vos eaux troubles, limonneuſes & Egyptiatiques, ayant trouué le *puits des eaux viues, la ſource d'eau viue* q̃ deſiroit la Samaritaine, ſçauoir la douce & humble deuotion. A ceſte ſcience ſe tenoit le bon. S. François, quand il commandoit à ſes freres de ne preſcher, que la vertu & le vice; la peine & la gloire, *Cum breuitate ſermonis:* & cela non auec eſtude, mais par l'exercice de la ſaincte oraiſon.

Ce ſont les diuerſitez de l'Autheur.

O ſcience des ſciences! qui apprent à aimer & ſeruir Dieu, l'adorer, & annoncer, *In oſtenſione ſpiritu, & virtutis in ſpiritu & veritate:* tu es ceſte verge de Moyſe (*& verge de direction au Ciel*) qui operes tant de merueilles en l'Egypte de ce monde, qui fais tant de conuerſions, & qui deuores les ſerpens des autres ſciences prouenuës pour la pluſpart de la ſoupleſſe *du vieux ſerpent,* qui nous a appris à nos deſpens, à ſçauoir le bien & le mal.

Exod. 10.

Geneſ. 3.

Iſa. 59.

Qui ne ſuit que la lumiere naturelle, va apres vn ardent, qui le conduit en des precipices: les ſoupleſſes philoſophiques, ou pluſtoſt ſophiſtiques

stiques *sont des tissus d'araigne*, c'est se laisser guider à vn aueugle, que se laisser mener aux raisonnemens en matiere de foy, *qui est vne captination d'intellect*. 1.Co.10.

C'est cingler en haute mer auec vn esquif, que de profonder les mysteres diuins auec vn ayde si foible & debile.

Le beaucoup sçauoir humain engendre plusieurs occasions de douter, dit le Philosophe, mais la foy est toute certitude.

Au demeurant, c'est vne viande vertueuse, qui donne bien des tranchees au cerueau, si elle n'est corrigee par l'anid de l'annihilation & humilité. Car *qui se putat aliquid scire, cùm nihil nondum scit quomodo oporteat scire.*

Viande indigeste & creuë, & qui doit estre cuitte auec vne grande chaleur de charité, *Scientia inflat, charitas ædificat.*

C'est vn Soleil d'hyuer qui brille assez, mais n'eschauffe point, ces belles inuentions, ces delicates conceptions, ces subtiles questions, ces gentilles interpretations, ces mignardes descriptions, ce triage des beaux mots; ce sont des bluettes qui brillent aux entendemens, mais qui n'enflamment point les volontez. C'est la vanité qui se plaist en ces menus agencemens, nullement la verité de la *saine doctrine*. Mais quoy; sainct Paul a predit, que *Erit tempus cùm sanam doctrinam non sustinebunt, sed ad sua desideria coaceruabunt sibi magistros prurientes auribus, & à veritate quidem auditum auertent, ad fabulas autem conuertentur.* Le monde est presque ainsi faict, se diroit volontiers aux prescheurs ce qu'au- 2.Tim.4

R r

trefois, *loquere nobis placentia.*

La solide doctrine de salut est, & plus ronde, & plus rude, amere comme la Medecine, mais salutaire; reuesche au goust, mais profitable à l'interieur: *plaire aux hommes n'est pas faire le seruice de Dieu.*

Gal. 1.

Ce fut par de simples, mais veritables illiations que nostre Saincte refuta les vaines illusions de ces 50. Philosophes qu'elle conuertit à la foy, & furent martyrisez; de maniere qu'ils pouuoyent dire ce qu'autrefois S. Cyprian disoit de saincte Iustine, *Accessimus Magi,* (car ce mot veut dire Philosophe parmy les Perses) *recessimus Christiani.*

Elle obtint donc pour la gloire de Dieu ceste signalee victoire, pour laquelle nous pouuons bien dire aussi bien que de Iudith, *Vna mulier Hebræa fecit confusionem in domo Nabuchodonozor.*

Iud. 14.

IV. Que si la science luy a apporté vn tel trophee deuant les hommes, combien plus grand deuant Dieu & les Anges, est celuy que par sa virginité elle a emporté contre sa propre chair? *Car viure en la chair sans se contagier est vne vie plus Angelique qu'humaine,* dit S. Hierosme.

Elle a gardé ceste virginité en sa verdeur & fraischeur, comme vn beau lys blanchissant, parmy les espines des mortifications & austeritez: car c'est le vray manege qui rend docile, & souple nostre *corps animal.*

1. Cor. 13.

Comme la mere-perle se conserue, nourrit, & polit dans sa nacque, ainsi la chasteté dans la garde exacte des sens. Et comme elle ne se stante que de la rosee du Ciel: ainsi la chasteté n'ayant rien de terrestre, n'a autre espoux & amour que celuy *qui habite au Ciel*, *que la cou-* Ps. 112. *ronne de misericorde & de miserations.*

Ce farouche amant ne se plaist, comme la Licorne, & ne s'apprivoise que dans le sein des Vierges, aussi est-il dit, *Dilectus quemadmodum* Ps. 102. *filius vnicornium.*

Vn signalé & miraculeux tesmoignage de la grande pureté de nostre saincte Vierge, est que apres auoir enduré les roües sans lesion de son corps, elle fut en fin condamnee par le cruel Maxence, sans esgard de sa Royale extraction, à estre decapitee: ce qu'estant faict son col versa du laict au lieu de sang, ce qui denotoit sa candeur virginale, qui n'auoit iamais eu aucun commerce auec la chair & le sang.

Le mesme se dit estre arriué en la decollation du glorieux Apostre des Gentils.

A tant, mes tres-doux freres, vous estes instruicts, 1. de la Noblesse, 2. du zele, 3. de la science, 4. de la virginité de saincte Catherine: *Cuius meritis & precibus Dominus nos benedicere, & adiuuaretur, Amen.*

FIN.

VN MOT AV LECTEVR.

CEs Homelies Festiues, bien que posterieures en leur naissance aux Dominicales, sortent neantmoins bessonnes, & comme d'vn mesme part, de la presse de l'Imprimeur ; ce qui me fera contenter de la Preface des precedentes, puis que diuerses en la matiere elles se trouuent pareilles en la forme. Ce que ie te demande seulement, mon tres-cher Lecteur, c'est la continuation de ces yeux de colombe lauez dans le laict de douceur, pour parcourir les ruisselets de ces abregez, afin de me donner courage de te promener sur les plains courans des secondes & plus amples Homelies que ie projette ; & ceste tienne charité, patiente, benigne, qui souffre tout, qui couure la multitude des defauts, qui congratule aux labeurs d'autruy, qui n'est point ialouse, ny rioteuse, qui ne syndique malignement, qui ne reprend mal à propos, m'a desia paru en tant d'instances, que i'ay toute occasion d'esperer en ta faueur. Prie nostre Seigneur par l'entremise de ces grands Saincts, dont ie tasche de celebrer icy les eloges, qu'il confirme mes trauaux, de son esprit principal : afin que ie narre son nom à mes freres, & que ie le louë au milieu de son

Eglise, y enseignant ses mystes, estre fi deuuais pour me faire consentir à luy. Supplie-le aussi qu'il benisse mes estudes de quelque progrez qui soit pour mon salut, pour ton seruice, mon Lecteur mon amy, & pour sa gloire. Adieu. De Belley ce iour S. Laurens, 1616.

www.ingramcontent.com/pod-product-compliance
Lightning Source LLC
Chambersburg PA
CBHW071201230426
43668CB00009B/1030